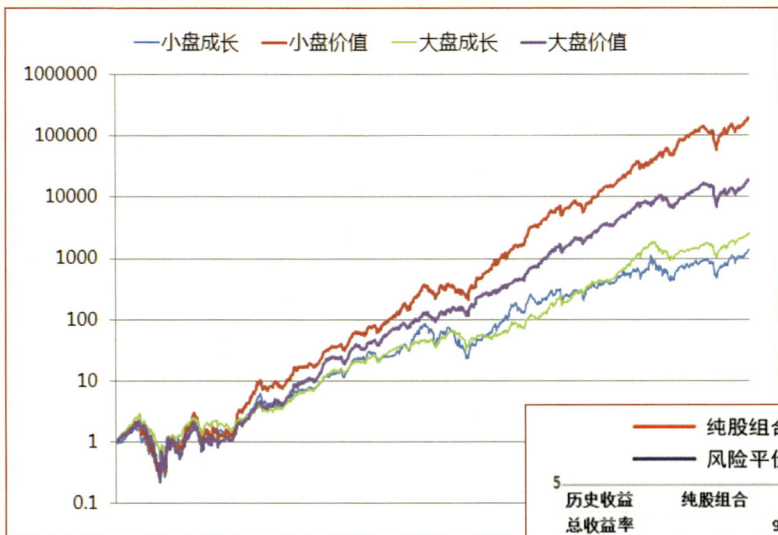

❖ 图 6.1 股票三因子模型的回测结果

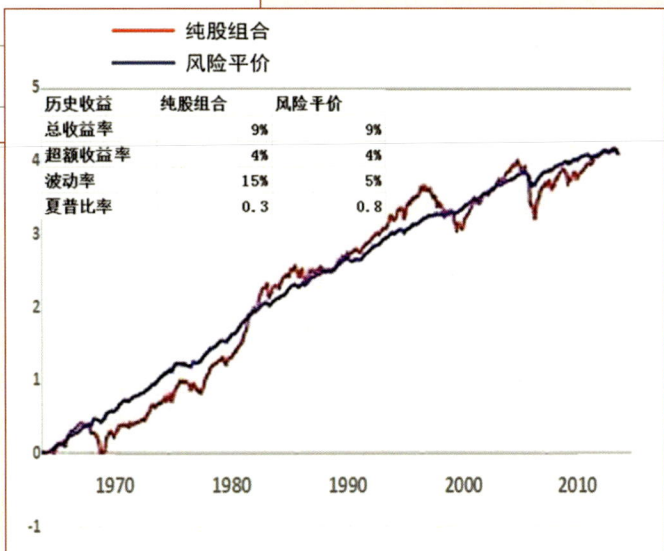

| 历史收益 | 纯股组合 | 风险平价 |
|---|---|---|
| 总收益率 | 9% | 9% |
| 超额收益率 | 4% | 4% |
| 波动率 | 15% | 5% |
| 夏普比率 | 0.3 | 0.8 |

❖ 图 8.3 风险平价与纯股组合的净值对比
（1970—2015 年）

◇ 数据来源：Bridgewater Daily Observations，星潮 FOF 整理

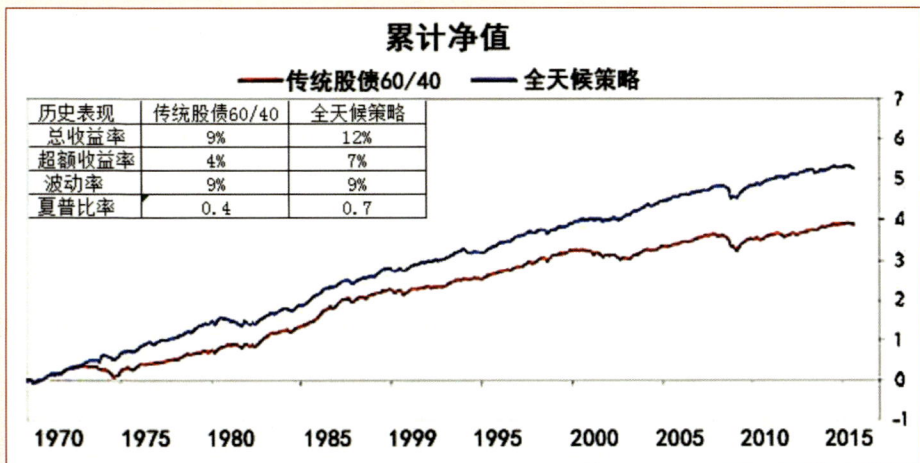

## 累计净值

| 历史表现 | 传统股债60/40 | 全天候策略 |
|---|---|---|
| 总收益率 | 9% | 12% |
| 超额收益率 | 4% | 7% |
| 波动率 | 9% | 9% |
| 夏普比率 | 0.4 | 0.7 |

❖ 图 8.4 股债风险平价与传统配置组合的净值对比（1970—2015 年）

◇ 数据来源：Bridgewater，星潮 FOF 整理

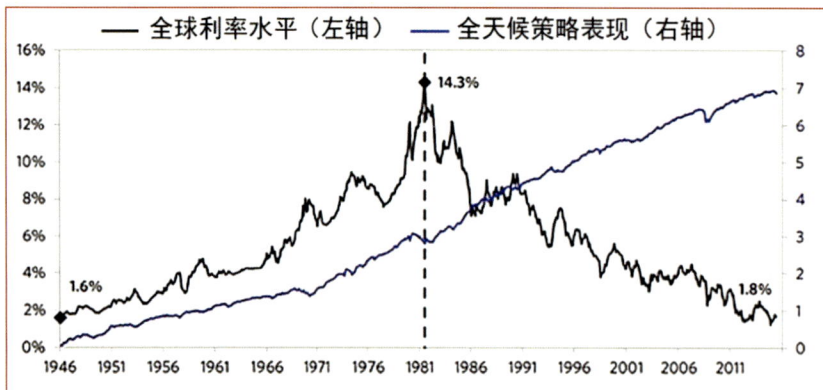

❖ 图 8.5　全天候策略在不同利率水平下的净值表现（1946—2015 年）

◇ 数据来源：Bridgewater Daily Observations，星潮 FOF 整理

❖ 图 9.2　最大回撤控制效果——全区间控制回撤 20%

❖ 图 11.2　火鸡策略的产品净值走势

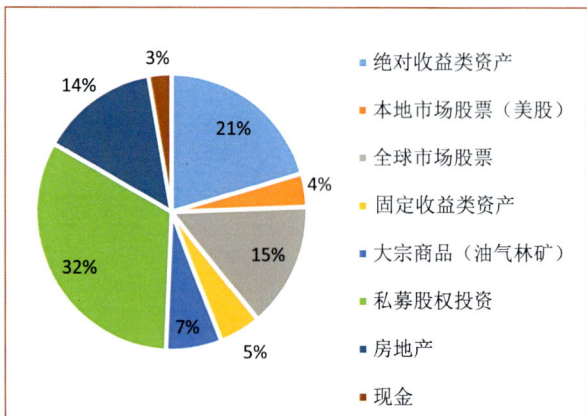

❖ 图 22.5　耶鲁基金模式资产配置

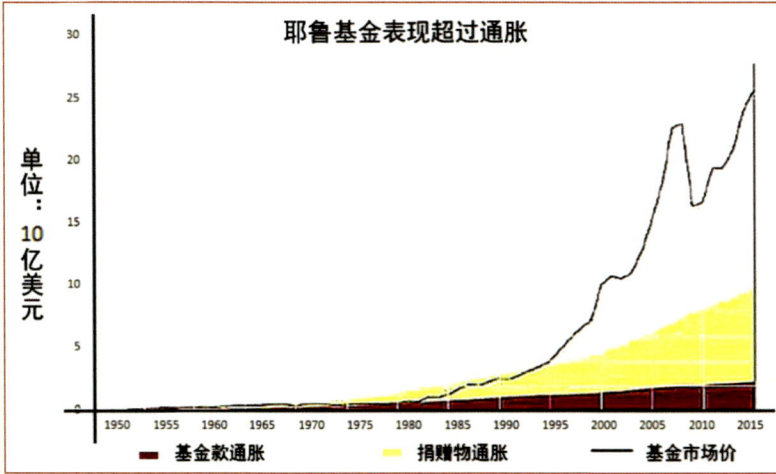

❖ 图 22.8　耶鲁基金表现情况
◇ 数据来源：星潮 FOF 整理

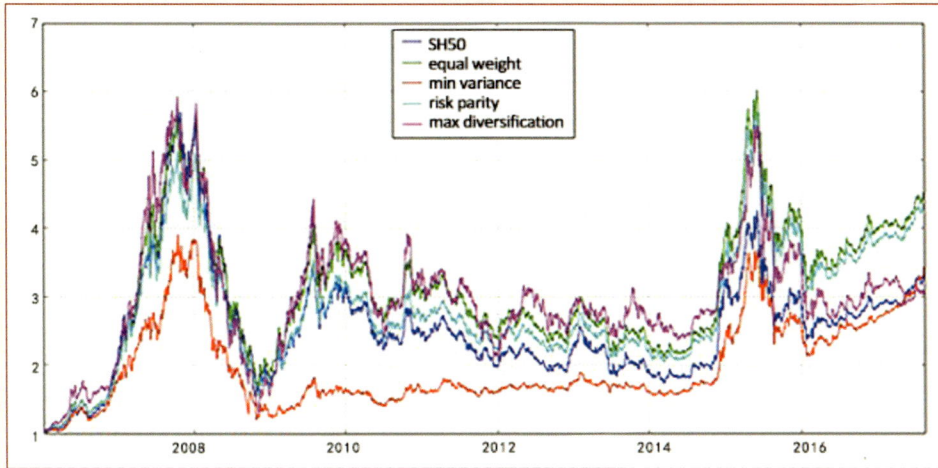

❖ 图 28.1　上证 50 指数在不同权重优化下的组合累计收益率（年度调仓）

❖ 图 28.2　价值因子 Smart Beta 回测结果

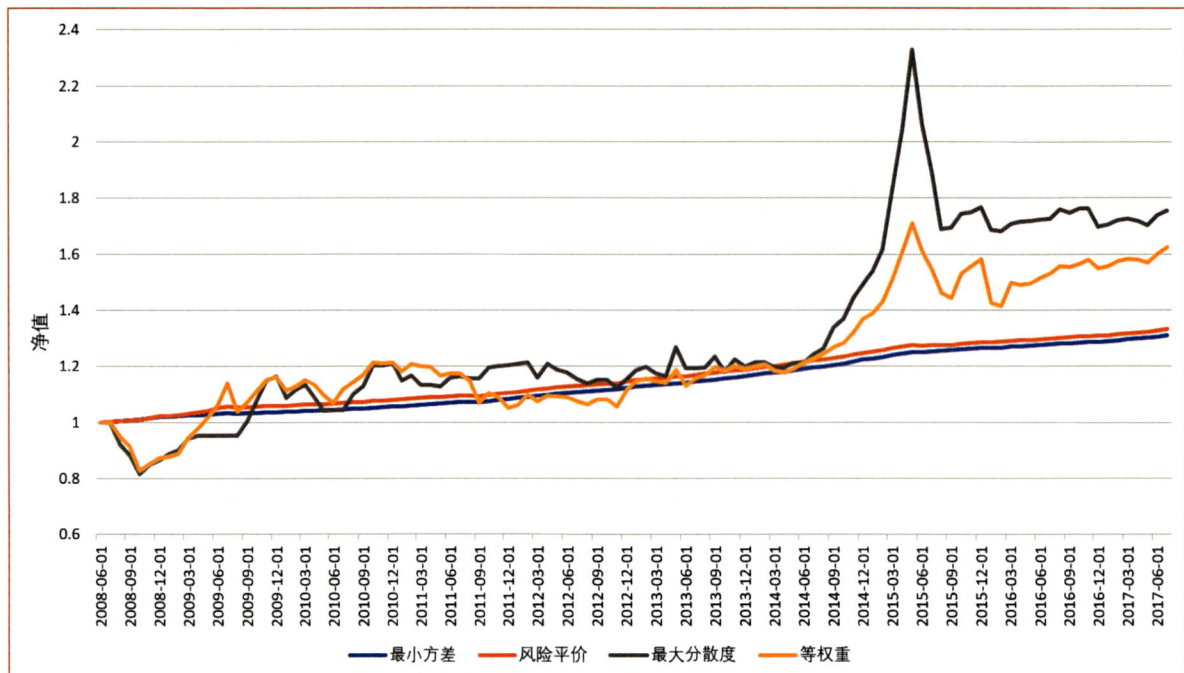

❖ 图 28.3　回测净值曲线图（含货币型基金指数）

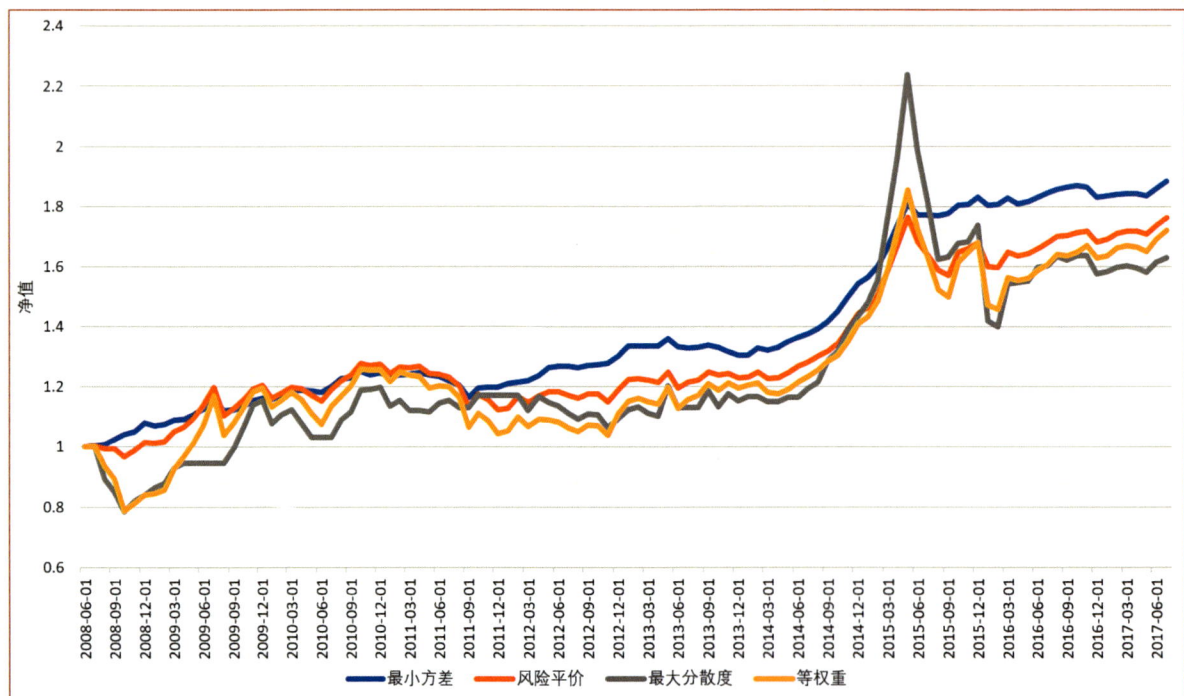

❖ 图 28.4　回测净值曲线图（剔除货币型基金指数）

❖ 图 29.2　净值走势

❖ 图 30.2　Logistic 模型
　　收益率对比图

❖ 图 30.3　有序多分类 Logistic 模型收
　　益率对比

❖ 图 31.1　时间序列动量策略收益净值图

❖ 图 31.3　大类资产横截面动量策略净值走势

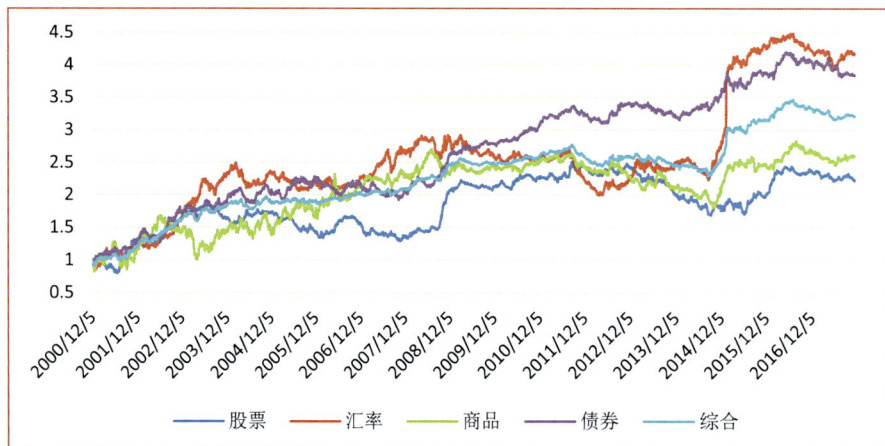

❖ 图 31.4　改进的横截面动量策略净值走势

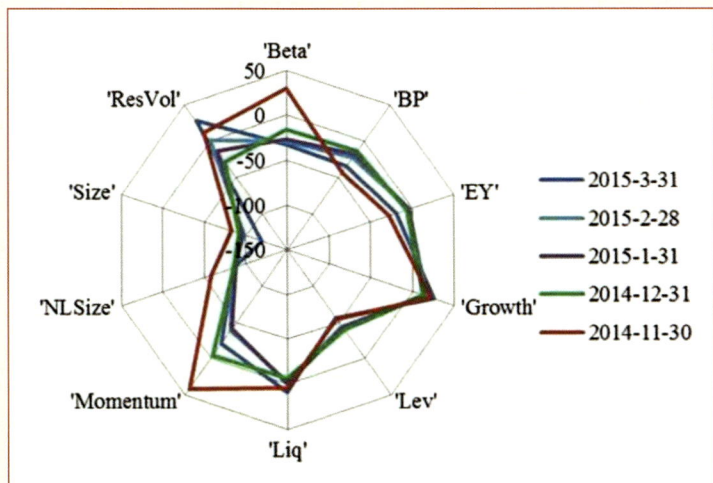

❖ 图 32.2　多期风格雷达——大摩多因子策略（数据日期：2015 年 4 月）

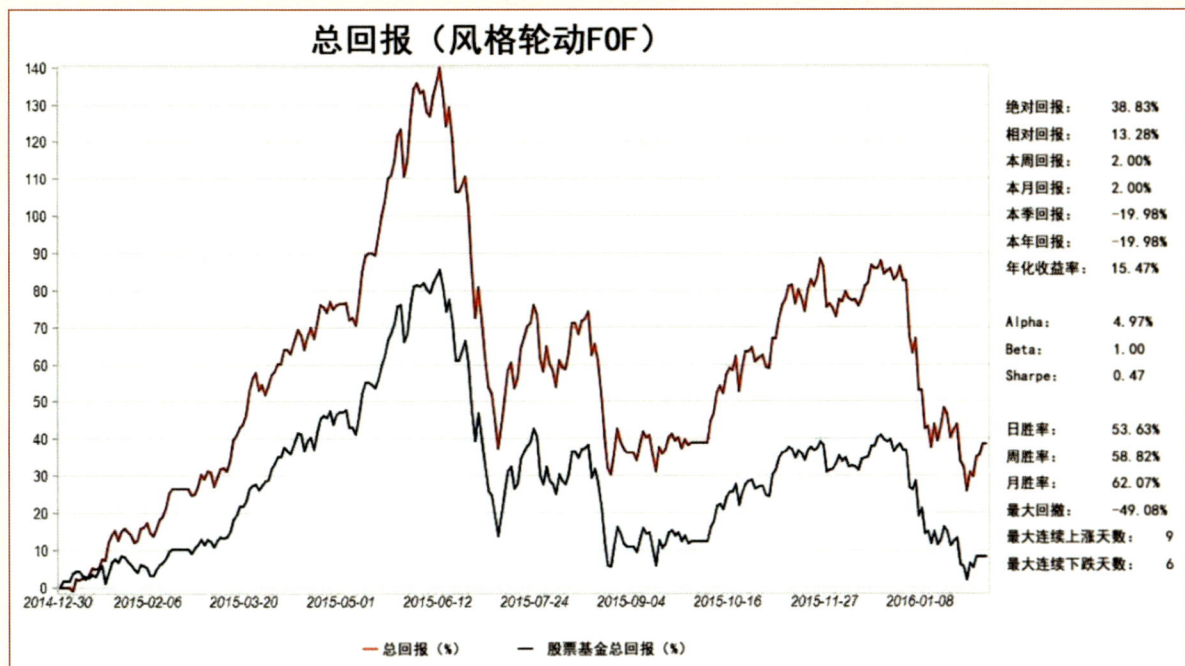

❖ 图 32.3　基于风格雷达的 FOF 策略表现（数据日期：2014/12—2016/1）

◇ 数据来源：Wind，兴业证券研究所

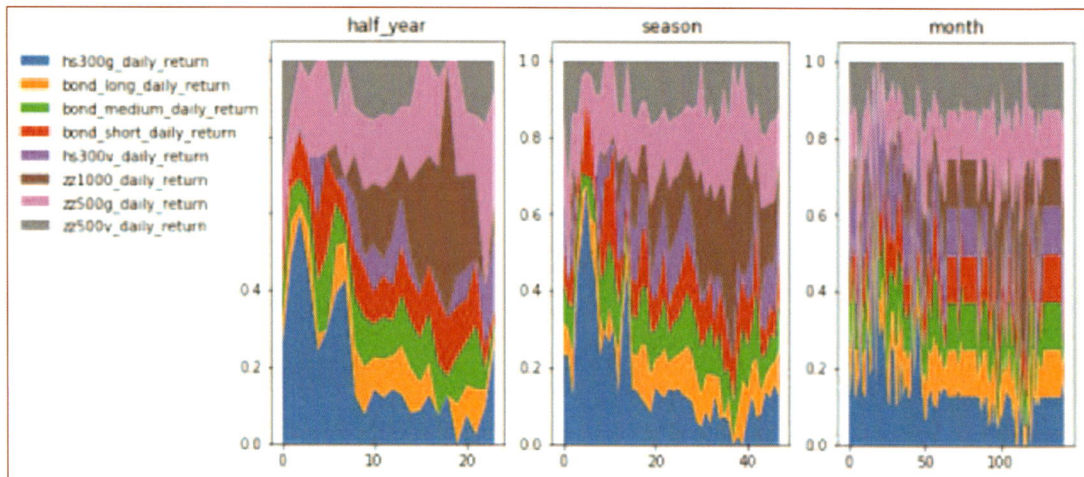

❖ 图 33.2　某只基金的半年、季、月
　频风格画像
◇ 数据来源：国泰君安研究所

❖ 图 33.3　策略净值曲线
◇ 数据来源：星潮 FOF

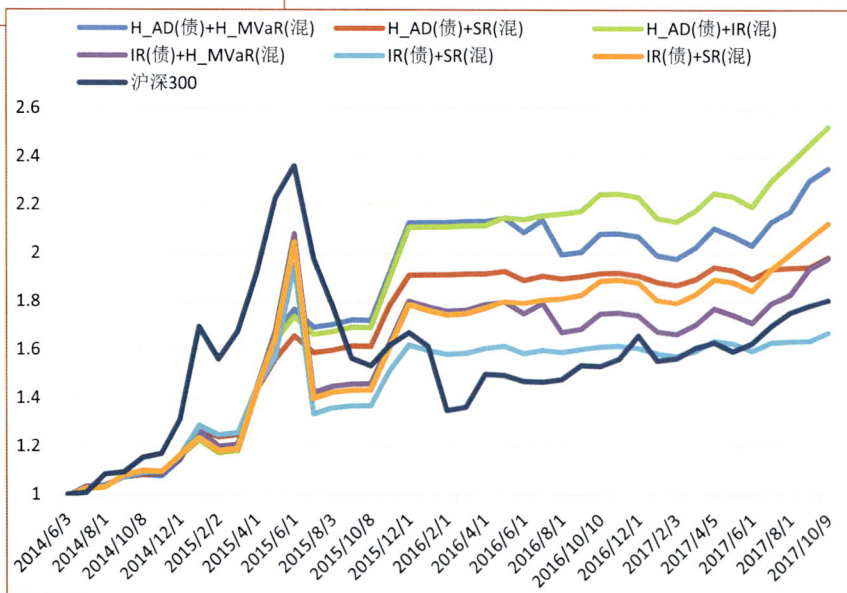

❖ 图 34.1　奇异谱择时模
　型的回测结果

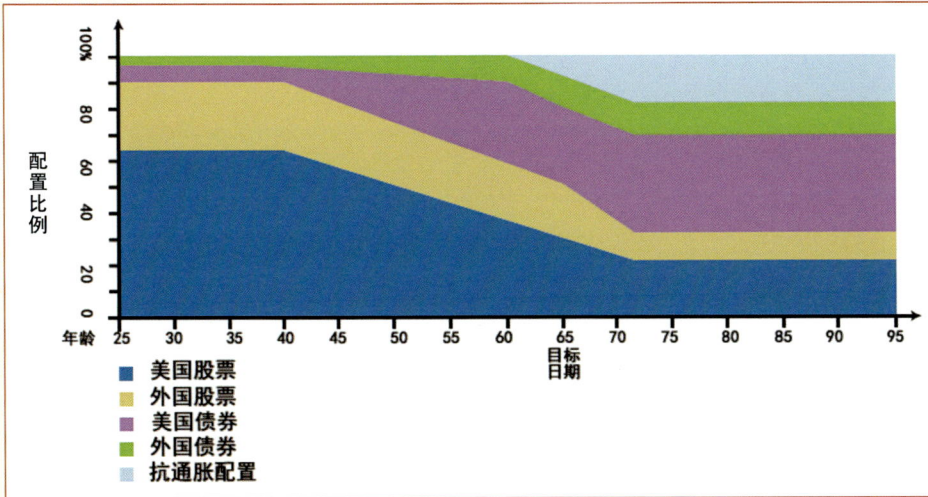

配置比例

年龄 25 30 35 40 45 50 55 60 65 70 75 80 85 90 95

目标日期

■ 美国股票
■ 外国股票
■ 美国债券
■ 外国债券
■ 抗通胀配置

❖ 图 35.1　国外目标日期基金的资产配置变化
◇ 数据来源：星潮 FOF 整理

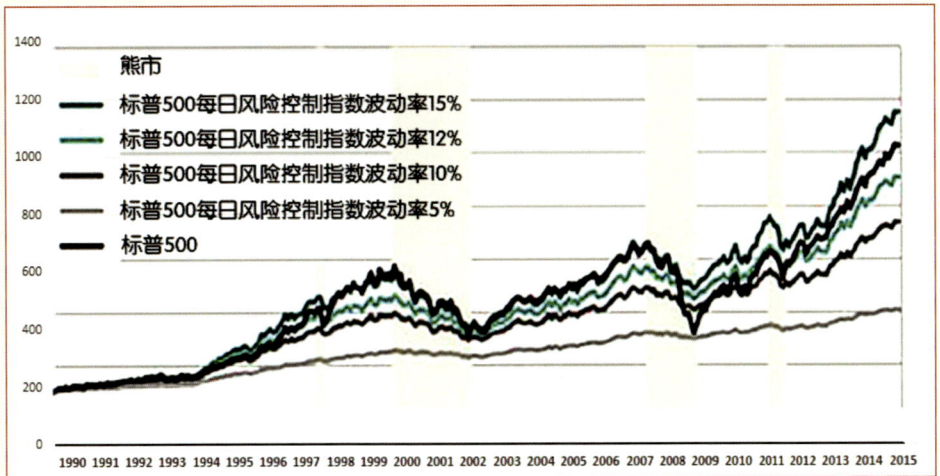

熊市
标普500每日风险控制指数波动率15%
标普500每日风险控制指数波动率12%
标普500每日风险控制指数波动率10%
标普500每日风险控制指数波动率5%
标普500

❖ 图 36.2　标 普 500 每日风险控制系列指数走势图
◇ 数据来源：标普道琼斯指数公司，星潮 FOF 整理

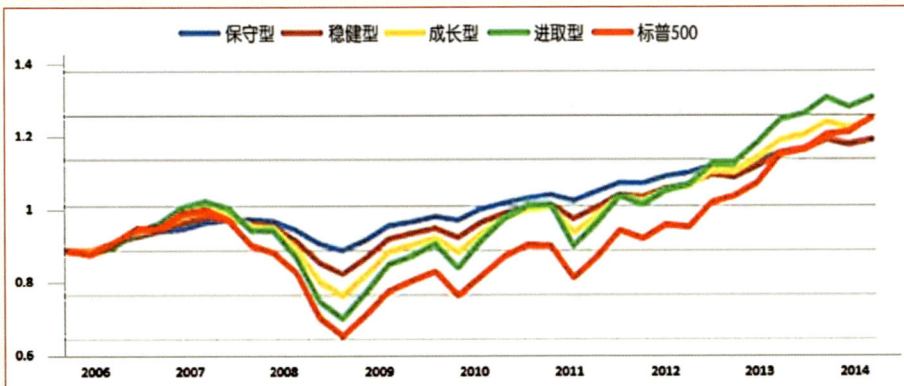

保守型　稳健型　成长型　进取型　标普500

❖ 图 36.3　标 普 500 目标风险系列指数走势
◇ 数据来源：Bloomberg，星潮 FOF 整理

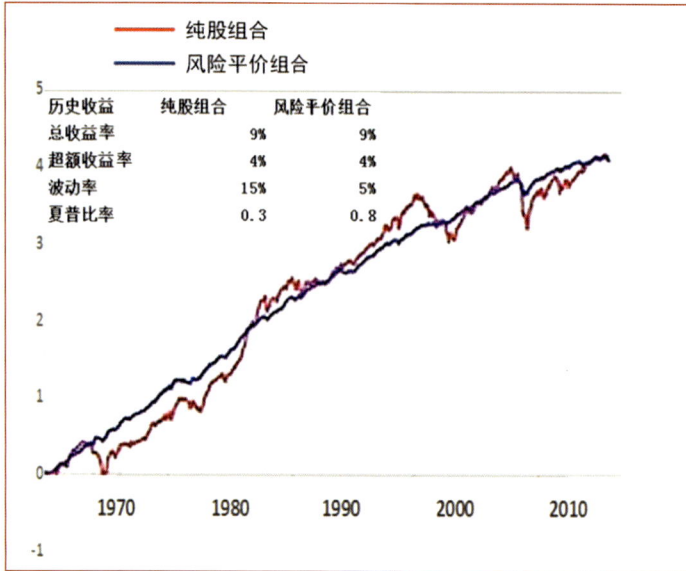

| 历史收益 | 纯股组合 | 风险平价组合 |
|---|---|---|
| 总收益率 | 9% | 9% |
| 超额收益率 | 4% | 4% |
| 波动率 | 15% | 5% |
| 夏普比率 | 0.3 | 0.8 |

❖ 图 37.2 风险平价组合与纯股组合的净值对比（1970—2015 年）
◇ 数据来源：Bridgewater Daily Observations，星潮 FOF 整理

❖ 图 37.3 全天候策略与传统股债 60/40 的净值对比（1970—2015 年）
◇ 数据来源：Bridgewater，星潮 FOF 整理

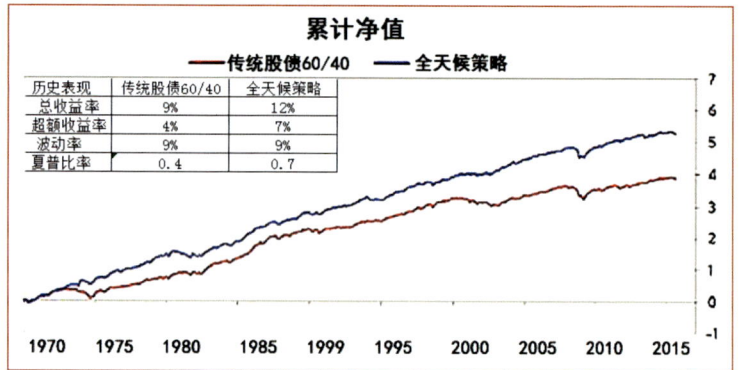

累计净值

| 历史表现 | 传统股债60/40 | 全天候策略 |
|---|---|---|
| 总收益率 | 9% | 12% |
| 超额收益率 | 4% | 7% |
| 波动率 | 9% | 9% |
| 夏普比率 | 0.4 | 0.7 |

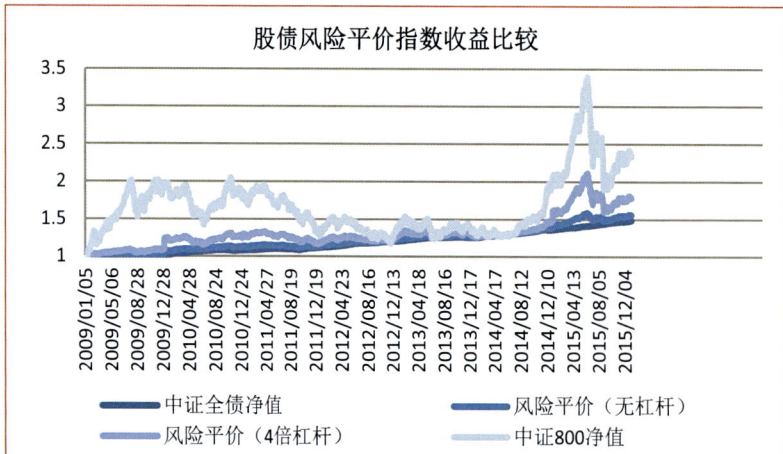

股债风险平价指数收益比较

中证全债净值　　　风险平价（无杠杆）
风险平价（4倍杠杆）　　　中证800净值

❖ 图 37.4 股债风险平价指数收益情况
◇ 数据来源：星潮 FOF 整理

❖ 图 40.1　多因子模型的收益率曲线
◇ 数据来源：[ 周冠伟 2016]

❖ 图 41.1　大 / 小盘轮动策略收益率曲线
◇ 数据来源：[ 周冠伟 2016]

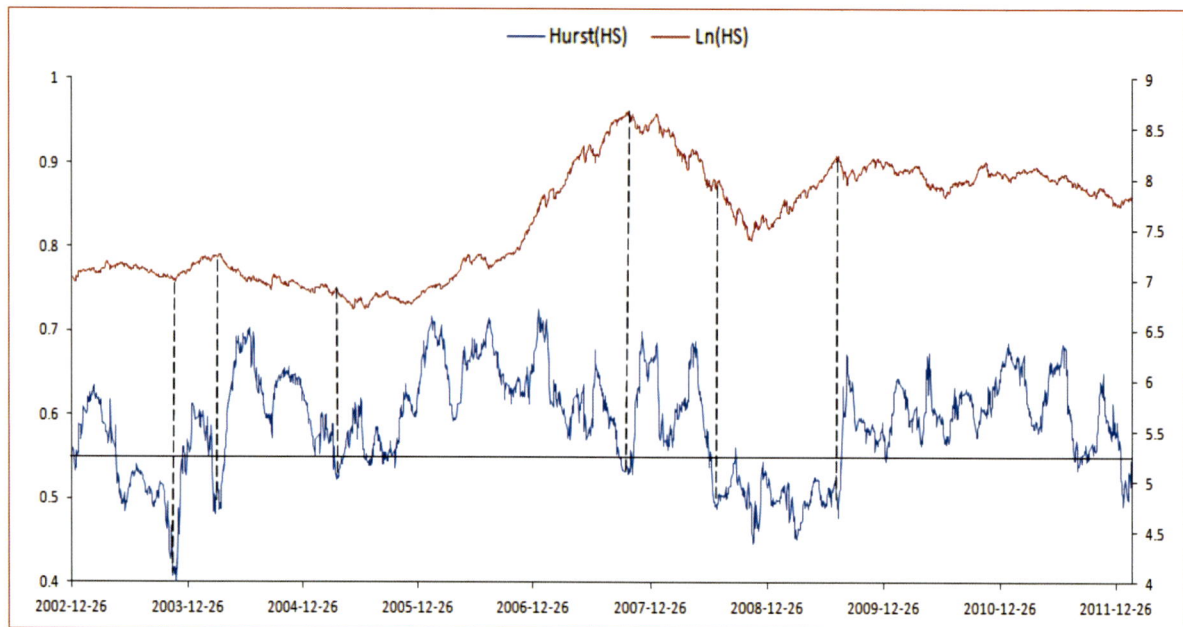

❖ 图 44.1　上证指数与对应 Hurst 指数的关系
◇ 数据来源：[ 高钢杰 2012]

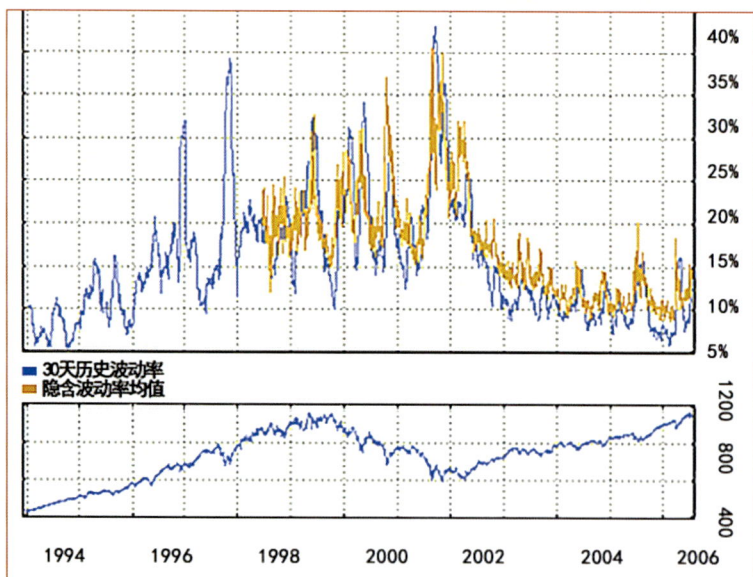

❖ 图 48.5　S&P500 期权的隐含波动
　　率及 30 天历史波动率（1994.12—
　　2007.6）
◇ 数据来源：[ 金志宏 2016]

大数据金融丛书

# 量化投资与 FOF 基金入门

丁鹏 著

电子工业出版社

Publishing House of Electronics Industry

北京·BEIJING

## 内 容 简 介

本书主要阐述了量化投资与 FOF 基金方面的知识,通过阐述 49 个问题的方式,将基础概念和主要知识做了入门级的探讨,内容包括 FOF 的基本知识、资产配置原理、基金选择与策略组合、风险管理与绩效评估,以及量化选股模型、量化择时模型、对冲套利策略、期权策略、国外对冲基金主要案例。

本书适合从事资产配置、FOF 基金、量化投资的专业人士阅读,包括银行、保险、证券、基金等领域的从业人员。

图书在版编目(CIP)数据

量化投资与 FOF 基金入门 / 丁鹏著. —北京:电子工业出版社,2019.1
(大数据金融丛书)

ISBN 978-7-121-35260-7

Ⅰ. ①量… Ⅱ. ①丁… Ⅲ. ①投资—基本知识②证券投资—投资基金—基本知识 Ⅳ. ①F830.59 ②F830.91

中国版本图书馆 CIP 数据核字(2018)第 240984 号

策划编辑:李 冰
责任编辑:李 冰    特约编辑:田学清  等
印    刷:北京盛通商印快线网络科技有限公司
装    订:北京盛通商印快线网络科技有限公司
出版发行:电子工业出版社
         北京市海淀区万寿路 173 信箱    邮编 100036
开    本:787×980    1/16    印张:24    字数:555 千字    彩插:6
版    次:2019 年 1 月第 1 版
印    次:2022 年 4 月第 4 次印刷
定    价:119.80 元

凡所购买电子工业出版社图书有缺损问题,请向购买书店调换。若书店售缺,请与本社发行部联系,联系及邮购电话:(010)88254888,88258888。

质量投诉请发邮件至 zlts@phei.com.cn,盗版侵权举报请发邮件至 dbqq@phei.com.cn。

本书咨询联系方式:libing@phei.com.cn。

# 前　言

笔者的《量化投资——策略与技术》出版于 2012 年，《FOF 组合基金》出版于 2016 年，这两本书都得到了业内朋友的大力支持，但是也有很多人，特别是理工基础薄弱的朋友觉得这两本书过于专业，希望能有一本比较浅显的、入门级别的书籍。为此，笔者花费了大半年的时间，将两本书中的核心内容摘录出来，并且用尽可能简洁的语言进行阐述，于是就有了这本《量化投资与 FOF 基金入门》。

本书分为 5 部分，分别为基本概念、基金评价、资产配置、选基与产品和量化策略，对资产管理进行了全方位的说明。

第一部分主要阐述了有关投资的基础性的概念，如什么是 FOF、为什么要分散投资，这其实是现代金融理论奠基人马科维茨在《证券选择理论》一书中已经证明过的结论，他的结论也开启了量化投资的时代。投资领域的一些"大神"级人物都利用量化投资的方法获得了持续稳定的收益，如西蒙斯、德邵、德曼、达里奥等。对于交易员来说，很多人赚了钱是糊里糊涂的，亏了钱也是糊里糊涂的，根本没有搞明白收益到底来源于哪里，在第 6 章中专门讨论了这个问题，即投资收益的来源主要有三个因子：时间因子、风险因子和信息因子。真正可以持续稳定的收益一定来自信息不对称。

第 7 章说明了完整的 FOF 的架构应该是自上而下的，包括 5 个步骤，分别是产品设计、资产配置、策略组合、管理人选择和投后管理，而不是到处做尽职调查，而这也正是目前国内大多数 FOF 机构最容易犯的错误。

第二部分是基金评价，其目的就是从海量的基金产品中找到真正有管理能力的基金经理和基金产品。很多人容易走入两个陷阱：规模陷阱和历史收益率陷阱。这两个陷阱产生的根本原因在于"投资不可能三角"。对于任何投资策略来说，收益率、风险度、资金容量，三者不可兼得。所以，对于 FOF 机构来说，如何寻找到靠谱的基金经理是很重要的，而这不仅仅要看历史收益率，还要看基金经理的人品等很多定性方面的因素。对于基金公司、基金产品的评价，国外的主要评级机构有晨星、理柏、标普，国内的评级机构主要介绍了笔者团队提出的星潮评价模型，这个模型中采用了笔者原创性的指标和体系，特别是加入了对策略短板的分析，因为这个世界上没有一个策略是完美的，所以策略的短板决定了它所能达到的极限。此外，还要对基金经理的历史业绩进行绩效归因分析，找到其收益来源，到底是以能力为主，还是以运气为主，这样才能客观地评价基金经理的真正能力。

第三部分是资产配置。资产配置是整个投资行业的核心问题。学术研究的结论表明，资产配置贡献超过 90%的收益。无论是对于 FOF 来说，还是对于交易员来说，做好资产配置都是重中之重。在战略资产配置层面主要有传统的股债模式、全天候模式、耶鲁基金模式和美林时钟模式；在战术资产配置方面主要有核心-卫星模式、杠铃配置模式、逆向配置模式、成本平均模式和买入并持有模式等。在策略的筛选与组合方面，则需要考虑策略之间的相关性，并且基于相关性最低或者最大分散化的方式进行策略的筛选和组合。同时笔者也预判了全球未来的战略资产配置机会，认为新科技进步和"一带一路"倡议会带来大量的投资机会。

有关具体的配置模型，则专门讨论了传统的均值-方差模型和风险平价模型这两个主流的配置模型。对于最近受追捧的非市值加权方式的智慧贝塔也进行了详细的阐述。对于资产配置中极为重要的资金管理方法，笔者提出两个公式：基于因子平价的D-公式和基于最大分散化的 R-公式，可以为具体的资产或者策略组合中最有效的资金分配进行数量化的计算。

第四部分是选基与产品。选择基金是所有 FOF 机构必须进行的工作，那么是否也可以用量化模型来选择基金呢？答案是肯定的，这些量化模型主要包括：Logistic模型通过风格分析来判断基金未来的机会；动量模型试图追逐最优秀的基金产品并认为该产品的业绩会持续；风格雷达模型对市场的风格轮动进行判断，看哪类子基金未来会有机会；收益率分解模型尝试对基金收益来源进行分解，探究基金业绩的内部因素，分离基金的择风格能力和选股能力，尝试发现基金业绩背后的稳定特质；奇异谱择时在传统的均线理论基础之上，通过奇异谱分析，提取移动窗口之间最主要的差异作为特征并忽略其他信息，从而最大化信噪比，提升了择时的准确性和 FOF 的配置效果。

做完了基金选择，就可以进行 FOF 产品的组合了。对于公募 FOF 来说，主要有三大类基金：目标日期基金、目标风险基金和全天候基金。目标日期基金就是随着日期的临近调整股票和债券的比例，越是临近退休，则债券比重提高而股票比重降低，这样可以降低风险，是一种适合退休基金的 FOF 模式。目标风险基金就是根据波动率来调整资产的比例，波动率变大则降低该类别资产的配置比例。全天候基金就是采用风险平价理论，在股票和债券之间进行灵活配置，提高低风险资产的配置比例，降低高风险资产的配置比例，从而在不同的经济周期都可以持续稳定盈利。在第 38、39 章中，对基金经理的运气和技能的分解，以及国外资产管理公司进行了阐述，希望给读者一种他山之石的作用。

做 FOF 就像指挥战争，纯粹依靠纸上功夫肯定是要打败仗的，所以一位杰出的将军必须了解具体的战斗该怎么打。同样的道理，一名优秀的 FOF 基金经理必须了解旗下子基金的策略原理，本书的第五部分"量化策略"对此进行了详细的阐述。

股票类策略介绍了 4 个，分别是多因子模型、风格轮动模型、动量反转模型和事件驱动策略。多因子模型就是寻找不同的因子和股价之间的关系，从而寻找超额收益；市场上股票的风格有大/小盘风格、成长-价值风格，在不同的周期内，往往某类风格占优势，寻找到这种风格的规律就可以赚取更多的超额收益；动量效应就是强者恒强，反转效应就是前期跌得惨的后面会有超额收益，动量反转策略就是寻找这种规律，从而进行轮动配置；事件驱动策略就是寻找很多事件性的机会，比如大股东增持、股权激励、成分股调整等一系列可能会影响股价的因素来获取阿尔法收益。

除阿尔法收益外，还可以追求贝塔收益，这就是择时模型需要做的事情，一般有拐点择时和趋势择时两种。拐点择时就是试图抄底摸顶，主要介绍了 Hurst 指数择时和 SVM 分类择时；趋势择时模型则主要介绍了单线突破类模型和通道类模型。

统计套利和期权类策略是最近十几年在华尔街十分流行的策略，主要通过不同的金融产品和波动差来进行双向交易，赚取稳定收益。这种方法对冲了市场风险，无论市场涨跌，往往都能获得收益，这使其成为 FOF 配置的重要选择之一。

本书通过对 49 个问题的阐述，全面而又简单明了地介绍了有关量化投资与 FOF 组合基金的知识，希望帮助投资者在实际操作中提高成功率。

本书的附录部分介绍了笔者多年思考和投资经验的理论总结——策略组合理论，它从根本上奠定了投资组合的理论基础，是对目前各种投资理论的集大成之作。

# 目 录

## 第一部分 基本概念

## 第二部分　基金评价

# 第五部分　量化策略

# 附录 策略组合理论（SGT）

# 第一部分 基本概念

第一部分将阐述与量化 FOF 有关的一些基本概念，包括 FOF 的定义、分散投资的原理、量化投资的本质、主要量化投资策略、投资收益的来源、FOF 的模式和风控，并介绍国外 FOF 的发展经验。这些内容可以让读者对有关量化 FOF 的基础知识有一个全面的理解。

# 1 什么是 FOF

FOF（Fund of Funds，基金中的基金）有三层含义。

从广义上来说，FOF 就是多类资产配置，投资于不同市场、不同资产和不同策略的组合基金。例如，可以将资金在股权、不动产、股票、大宗商品等领域进行分散配置。

从狭义上来说，即按照国内证监会的定义：FOF 就是将 80% 以上的基金资产投资于经中国证监会依法核准或中国基金业协会备案基金份额的公募基金和私募基金。

从微观层面来说，FOF 就是多策略组合。很多基金公司，特别是私募基金公司，往往不会依靠单一策略去获利，会有多个策略团队协同工作，比如股票多头、阿尔法、CTA、套利、期权对冲等。在这种模式下，很多私募基金会将基金产品开设多个内部虚拟账户，由不同的交易员进行操作，也可以达到分散投资、降低风险的目的。

## 1.1 FOF 的本质是分散投资

根据子基金资产的不同，可以将 FOF 分为股权 FOF、公募 FOF、私募 FOF 和混合 FOF 四大类，分别对应 4 个不同的子基金策略。

（1）股权 FOF 就是子基金为一批非上市公司的股权，不管是风投、VC，还是 PE，都属于一级市场的投资行为。这种做法的代表公司就是美国的黑石，它也是全球最大的股权投资基金。

（2）公募 FOF 就是子基金为公开募集的基金，在美国称为共同基金，在国内称为公募基金，我们熟知的公募基金公司的货币基金、债券基金、混合基金、股票型基金都属于这种。这种做法的代表公司是美国的先锋基金（Vanguard），它的目标日期基金是目前全球最大的公募 FOF。

（3）私募 FOF 就是子基金为一批非公开募集的基金，在美国称为对冲基金，在国内称为私募基金。私募基金的优点是投资范围广、策略灵活、投资能力强，所以往往可以获得比公募基金更高的收益。这种做法的代表公司是美国的巴克莱，它也是美国对冲基金研究的领先企业。

（4）混合型 FOF 就是什么子基金都可以投资，既有一级，也有二级；既有公募，也有私募。这样做的好处是可以支持更大的规模，毕竟资产管理到达一定规模后，依靠单一市场、单一资产都无法获得超额收益。这种做法的代表公司是美国的贝莱德，也叫黑岩，是全球最大的资产管理公司，2016 年年底其资产管理规模超过 5 万亿美元。

如图 1.1 所示为 FOF 的整体架构。

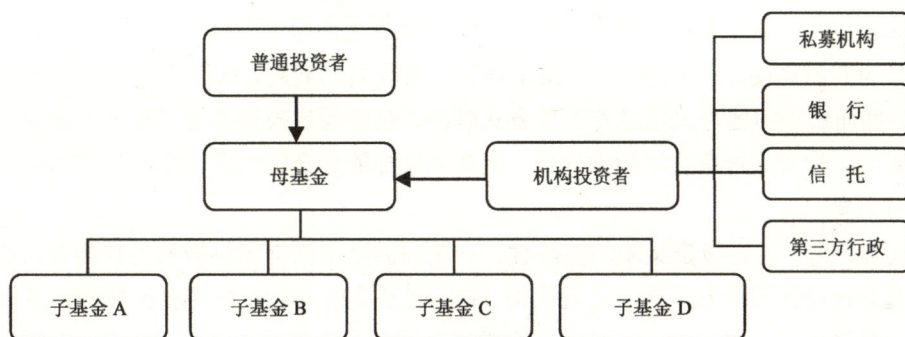

图 1.1　FOF 的整体架构

由于投资范围和运作方式等不同，FOF 基金和普通基金相比有许多特点。

### 1. 专业度高，风控能力强

FOF 基金掌舵人多为基金业从业经验丰富的老牌管理者，并辅以资深研究员及投资决策委员会，使其投资决策更加科学化并拥有精准的市场判断。此外，FOF 基金经过专业投资人的二次筛选，可以同时投资于不同种类的多只基金，充分分散投资风险，从而获得长期稳定的收益。虽然 FOF 短期内在收益上可能比不上单只基金，但其波动较小、控制下行风险的特点使其成为许多风险偏好较低、风控意识较强的投资者的投资标的。

### 2. 规模效应明显，运作成本较低

普通投资者借助 FOF 基金的规模和影响力可实现对高门槛基金的投资。此外，由于资金的规模效应，FOF 基金在管理费、投资顾问费和分销费上相对于普通开放式

基金有一定优势。基金投资策略中最重要的环节是资产配置，而 FOF 将行业内精选股票的任务交给了其投资的标的基金，从而降低了自身的运作成本。

由于 FOF 的规模较大，在与标的基金合作时，具有一定的话语权，可以获得更加优厚的服务。这有点类似于团购的概念，很多小投资人集合在一起，往往就有了更大的费率折扣和收益回报。

### 3. 收益稳健，期限长

FOF 基金较强的风险分散化特性带来的是单一行业或单一股票对整体业绩的贡献微弱，因而相较一般基金，FOF 基金在获取绝对收益上表现出天然的弱势。FOF 平均业绩与共同基金平均业绩十分接近，但普遍低于股票型基金。

业绩的弱势也与费用高有关。由于存在二次收费的问题，FOF 基金费用高于单只基金。然而费用问题可以通过若干种方式解决，包括通过投资本公司旗下的基金，从而实现单一收费或持有费用较为低廉；或者降低标的基金的收费，使得客户承担的总体费用不变。

此外，为了保证投资策略的持续性，一般标的基金都会保持较长的封闭期，业内通常都会设定封闭期为一年，这就使得 FOF 母基金的调仓次数也会比较少，从而避免了频繁调仓带来的成本，当然也会造成流动性偏弱的缺点。这就使得 FOF 的投资人天然地会偏向于长期资金，如银行、保险、国企等大机构投资人。

正是因为 FOF 具有这些特点，所以它在国外得到了飞速的发展，历经数十年而不衰。

# 1.2 国外共同基金 FOF 发展历程

国外共同基金 FOF 发展历程如图 1.2 所示。

图 1.2 国外共同基金 FOF 发展历程

### 1. 萌芽期

FOF 起源于 20 世纪 70 年代的美国，其最初形式为投资于一系列私募股权基金的基金组合。因为私募股权基金的投资门槛较高，大多数投资者无法企及，于是就有机构发行了 PE FOF 以降低投资门槛。第一只证券类 FOF 由先锋基金（Vanguard）于 1985 年推出，该只共同基金 FOF 70% 的资产投资于股票类基金，30% 的资产投资于债券类基金，投资标的均为公司旗下的基金。该基金推出后大受欢迎，同时也带动了先锋基金旗下其他基金的销售。1986 年年末，先锋公司旗下基金规模增长 44.23%。

1987 年，美股在经历了 2 年的疯狂后，遭遇了一次惨重的股灾，这促使投资者开始思考如何根据市场的不同情况配置不同种类的基金。共同基金在股灾中也不断开发新的产品，基金类型在这一时期快速增多。市场多变性与基金多样性促使投资者产生了基金筛选需求，自此 FOF 的发展有了其客观驱动因素。

同一时期，美国开启了 401k 计划，该计划主要采用雇员与雇主共同缴纳养老金的模式，为之后养老金规模扩大及入市打下了基础。养老金对风险的敏感度极高，FOF 分散风险、追求稳健收益的属性与其需求不谋而合。401k 计划无疑刺激了 FOF 的发展，FOF 真正开始走上发展之路。

### 2. 发展成熟期

20 世纪 90 年代，美国企业养老金计划由固定待遇型计划（DB Plan）逐渐向固定供款型计划（DC Plan）转变，这促使越来越多的养老金计划入市。根据美国投资公司行业协会（ICI）的统计，约 60% 的退休投资计划（以退休为目标的定向投资计划）参与者持有目标日期基金（Target Date Funds，以固定日期为目标的定向投资计划），这部分资金在固定的时间点提取，为基金的发展带来了稳定的资金来源。

1996 年，美国出台的《全国证券市场改善法案》取消了对共同基金公司发行 FOF 产品的限制。如图 1.3 所示为近年来国外共同基金 FOF 数量与规模。

同时，经过 10 年的长期牛市，20 世纪 90 年代后期，资本市场的火热达到巅峰，也就是大家所熟知的互联网泡沫。资本市场的高收益与基金行业的壮大给 FOF 的发展提供了足够多的底层资产。在此期间，FOF 的管理规模占共同基金总规模的比重进入 1% 的数量级，如图 1.4 所示。

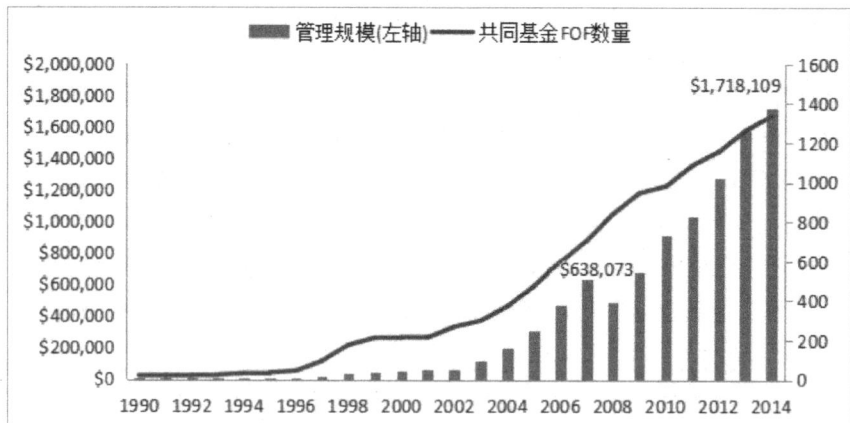

图 1.3　国外共同基金 FOF 数量与规模（单位：百万美元）

数据来源：ICI，星潮 FOF 整理

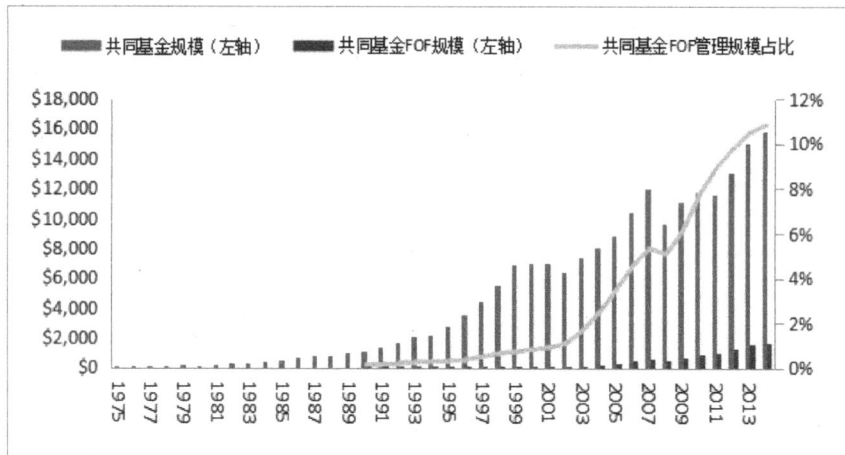

图 1.4　共同基金与共同基金 FOF 管理规模对比（单位：百万美元）

数据来源：ICI，星潮 FOF 整理

### 3. 爆发式增长期

2000 年至今，共同基金 FOF 进入了一个爆发式增长的阶段。自 2000 年开始，FOF 基金数量增长了 627%，管理规模增长了惊人的 3014%。经过 1985—1990 年的萌芽与 20 世纪 90 年代一系列的政策支持和市场准备，共同基金 FOF 的土壤真正成熟了，并迎来了爆发式的增长。

2016 年，中国证券投资基金业协会秘书长贾红波先生提出要大力发展 100 家大型私募 FOF，此后，国内的 FOF 行业就如火如荼地发展起来。当然，其中也有很多机构在理念上存在偏差，有的甚至将 FOF 当作概念来炒作。那么，国内的 FOF 应该定位成哪类理财产品呢？

# 1.3 国内 FOF 应该定位为类信托

从 2015 年开始，大量固定收益类信托产品开始打破刚兑，这意味着中国过去 30 年固定收益这种无风险理财方式走到了一个转折点，随着未来经济增速的放缓，固定收益类理财产品将面临收益率下滑、风险上升的过程，在这种情况下，几十万亿信托产品急需一个替代，所以笔者认为国内 FOF 最好的定位方式是类信托。

目前国内理财产品的风险-收益关系可以用图 1.5 来表示。

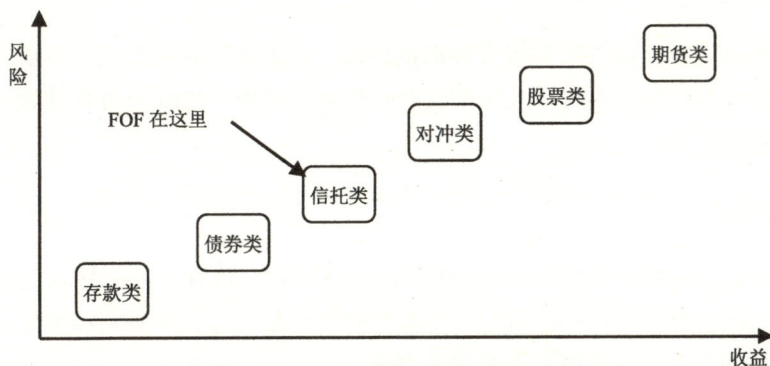

图 1.5 国内理财产品的风险-收益关系

### 1. 存款类

存款类是风险最低的一类理财产品，包括各种银行存款、协议存款、货币基金、逆回购等。其中，货币基金的投向绝大多数也是银行的协议存款，所以也归结到存款类。

### 2. 债券类

债券类主要是指国债、金融债和高等级企业债。国债是中央政府发行的债券，有国家信用背书；金融债主要是国有大型商业银行、保险公司发行的债券，风险也很低；

高等级企业债一般都是评级 AAA 以上的央企债。

### 3. 信托类

信托类主要是一些地方债、低等级企业债。国内近 10 年的基础设施建设带来了地方债的海量增长，它们大都是通过信托方式融资的，但最近也开始不断出现风险。笔者认为，FOF 的定位应该就在这个区间，收益率比一般的信托产品略微高一些，风险控制则强得多。因为 FOF 的投向主要是二级市场，流动性风险要明显小于信托。

### 4. 对冲类

对冲类就是各种量化对冲产品，包括阿尔法套利、期现套利、统计套利、分级基金套利等。一般来说，没有敞口的对冲类产品，风险是可控的，收益率也比较适中。对冲类产品是 FOF 标的基金的主要构成部分。

### 5. 股票类

股票类就是以股票为主要投资标的的产品，一般分为主动管理类和被动管理类两种。根据国外的经验和国内近几年的变化，被动投资类，也就是指数基金，在大多数时候都会获得优势。

### 6. 期货类

期货类就是以各种金融衍生品为标的的投资产品，这种产品的特点自然是收益比较高，但是风险也会高得多。因为期货本身的波动率远远大于股票和债券，再加上有杠杆，所以期货类产品的风控要求非常严格。

笔者认为，FOF 的健康发展首要的是搞清楚自身的定位问题，如果 FOF 的母基金管理人试图追求高收益，那么，这恐怕违背了 FOF 发展的初衷。笔者在图 1.5 中将 FOF 定位为类信托的一种，这样，在与客户交流的时候就会比较清晰。FOF 只要在收益风险比上比信托略微强一些，就会获得很大的优势。

在实际的产品发行中，可以将 FOF 的构建方法与债券和股票产品结合起来，根据客户的风险偏好不同，构建纯 FOF、收益增强型 FOF 和风险降低型 FOF 三大类，如表 1.1 所示。

表 1.1  星潮 FOF 分类

| 类　型 | 配置模式 | 目　标 |
|---|---|---|
| 纯 FOF | 全配置 | 与信托相比，有更高的收益风险比 |
| 收益增强型 FOF | 以固定收益为主+FOF 收益增强 | 收益比债券基金高 |
| 风险降低型 FOF | 以 FOF 为主+权益类辅助 | 风险比股票基金低 |

### 1. 纯 FOF

纯 FOF 就是标的基金的资产配置，是完全开放式的，标的基金的类别不限定，可以是股票、债券、对冲基金、CTA 等。通过风险平价和资金管理，使得母基金的收益风险比较为优质。这种产品的对比理财产品就是信托，通过各种量化模型的配比，使得收益风险比较信托有一个合理的超越即可。

### 2. 收益增强型 FOF

收益增强型 FOF 就是以各种固定收益产品为主，如将大部分资金配置在银行理财或者债券上，用少部分资金做 FOF 的配置，使得该产品相对于主产品有一个收益上的增强。针对固定收益类的客户而言，有 1%左右的收益增强就相当有吸引力了。

### 3. 风险降低型 FOF

风险降低型 FOF 就是在高收益的产品基础上用 FOF 配置来平滑收益曲线，比如将 60%的资金配置在 FOF 上，将 40%的资金配置在股票或者 CTA 上，从而使得在整体收益率较高的情况下，波动率得以相当程度的降低。对于风险偏好型客户而言，这种类型的产品会有更高的认可度。

总而言之，FOF 的核心其实是通过多资产、多策略、多市场、多周期的分散投资，追求风险可控情况下的合理收益。

# 2　为什么要分散投资

　　很多人可能会有疑虑，巴菲特不是一直强调要集中投资，要将鸡蛋放在一只篮子里面吗？为什么 FOF 一定要做分散投资呢？集中投资的收益不是更高吗？

　　这些问题一直困惑着很多的投资人。很多做过交易的，特别是做过股票交易的投资人都知道，想要赚大钱，就得单票满仓，这样收益才会高。明明是集中投资的收益更高，而且"股神"巴菲特也说过，要重仓持有优质股票，那为什么众多的机构投资人，特别是华尔街的一些对冲基金大牛，都在说要分散投资呢？这个问题是由现代金融学的教父级人物——哈里·马科维茨解决的。

　　马科维茨于 1947 年从芝加哥大学经济系毕业并获得学士学位，1950 年、1952 年在芝加哥大学分别获得经济学硕士和博士学位。证券组合选择理论就是他在考虑学位论文题目时提出的。当时他偶然想到将数学方法运用于股票市场的可能性，进而提出了有关预期收益率和风险之间关系的资产选择理论，成为后来资本市场理论最重要的奠基石和核心，为现代证券投资理论的建立和发展奠定了基础。1952 年，马科维茨在他的学术论文《资产选择：有效的多样化》中，首次应用资产组合报酬的均值和方差这两个数学概念，从数学上明确地定义了投资者偏好，第一次将边际分析原理运用于资产组合的分析研究。

　　1952 年，在取得芝加哥大学经济学博士学位后，马科维茨加入了兰德公司。在兰德公司就职期间，马科维茨开始将其理论应用于实际业务，在与同事的交流探讨过程中开发了一系列应用于证券组合与资产分析的新技术、新方法。马科维茨在此期间并未研究证券组合理论，但从乔治·但泽那里学到了优化技术，并把它运用在均值-方差边界速算法中。受詹姆斯·托宾（美国经济学家，1981 年诺贝尔经济学奖获得者）之邀，于 1955—1956 年到耶鲁大学考尔斯基金会工作一年，这一年他有较充足的时间进行理论上的思考及与朋友交流，并形成了 1959 年出版的著作《资产组合：有效的多样化》的框架。

　　由于其出色和开创性的工作，马科维茨与威廉·夏普及默顿·米勒分享了 1990

年的诺贝尔经济学奖。马科维茨对金融经济学的主要贡献在于：提出了有关预期收益率和风险之间相互关系的资产组合选择理论，为现代证券投资理论的建立和发展奠定了基础。马科维茨的著作为投资管理者进行金融管理指明了方向，使大多数投资管理者可以依据他所提出的均值-方差分析来估计证券风险、设计不同的投资管理结构。他的关于证券组合选择理论的方法，有助于投资者选择最有利的投资，以求得最佳的资产组合，使投资报酬最高而风险最小。

## 2.1　单只证券的收益率与风险

### 1. 单只证券的期望收益率（Expected Rate of Return）

无风险证券的期望收益率：

$$R = \frac{P_T - P_0 + D}{P_0}$$

式中，$R$ 表示投资者的收益率；$P_0$ 表示投资者所持证券的期初价格；$P_T$ 表示证券在持有期期末的价格；$D$ 表示投资者在证券持有期间所获得的资本收益，由股息或利息构成。这一计算公式是非常粗略的。事实上，由于证券市场的不确定性，收益率 $R$ 会存在产生不同结果的可能。这就需要引入概率进行分析。

考虑风险的期望收益率：

若收益率 $R$ 服从的是离散型分布，则采用加权求和的方式。

$$E(R) = \sum_{i=1}^{N} R_i \cdot P_i$$

式中，$R_i$ 为第 $i$ 种可能的结果发生时的投资收益率，$P_i$ 为第 $i$ 种可能的结果发生的概率，$N$ 表示共有可能的结果数。

若收益率 $R$ 服从的是连续型分布，则采用积分的方式。

$$E(R) = \int_{-\infty}^{+\infty} R \cdot f(R) \mathrm{d}R$$

式中，$f(R)$ 为收益率 $R$ 的密度函数。

### 2. 单只证券收益率的方差（Variance）和标准差（Standard Deviation）

若收益率 $R$ 服从的是离散型分布，则方差的计算公式为

$$\sigma^2 = \mathrm{Var}(R) = E\big[R - E(R)\big]^2 = \sum_{i=1}^{N}\big[R_i - E(R)\big]^2 \cdot P_i$$

式中，$\mathrm{Var}(R)$ 或 $\sigma^2$ 表示方差。

若收益率 $R$ 服从的是连续型分布，则方差的计算公式为

$$\sigma^2 = \mathrm{Var}(R) = E\big[R - E(R)\big]^2 = \int_{-\infty}^{+\infty}\big[R - E(R)\big]^2 \cdot f(R)\mathrm{d}R$$

标准差（Standard Deviation）是方差的平方根，它通过对方差开方恢复了原来的计量单位。相对于方差来说，标准差更容易进行比较。

$\sigma^2$ 表示方差，标准差是方差的平方根，即 $\sigma = \sqrt{\mathrm{Var}(R)}$。

方差和标准差代表了证券的风险。计算得出的方差越大，风险越大。

例如，投资项目 A 和 B 的收益率如表 2.1 所示，测算投资项目 A 和 B 的期望收益率与风险。

表 2.1 单只证券的案例

| 项目 A | | 项目 B | |
|---|---|---|---|
| 收益率 $R_A$（%） | 概 率 | 收益率 $R_B$（%） | 概 率 |
| 5 | 0.1 | 3 | 0.1 |
| 8 | 0.2 | 3.5 | 0.1 |
| 10 | 0.4 | 9 | 0.2 |
| 11 | 0.2 | 10 | 0.2 |
| 13 | 0.1 | 11 | 0.2 |
| | | 12.5 | 0.1 |
| | | 15 | 0.1 |

项目 A：

$$期望收益率\ E(R_A) = 9.6\%$$

$$方差\ \mathrm{Var}(R_A) = 4.24\%$$

$$标准差\ \sigma_A = 2.06\%$$

项目 B：

$$期望收益率\ E(R_B) = 9.4\%$$

$$方差\ \mathrm{Var}(R_B) = 12.29\%$$

$$标准差\ \sigma_B = 3.50\%$$

## 2.2  证券组合的收益率与风险

在投资风险证券时，人们为了规避风险，往往购买两种或两种以上的证券，即采取组合投资的策略，计算证券组合的期望收益率和方差。

### 1. 证券组合中各证券之间收益率的相关性

在测算证券组合的风险时，不仅要测算每种证券的风险，而且要测算在证券组合中每种证券之间的关系对收益率的影响，这是证券组合分析与单只证券分析的最大不同。这就需要计算协方差。

协方差用来衡量证券收益率之间的变动关系。

$$协方差\ \sigma_{XY} = \mathrm{Cov}(X,Y) = E\left\{\left[R_X - E(R_X)\right]\left[R_Y - E(R_Y)\right]\right\}$$

$$相关系数\ \rho_{XY} = \frac{\sigma_{XY}}{\sigma_X \sigma_Y}$$

相关系数在–1～+1 之间。–1 表示两种证券的收益率变化方向完全相反，即证券完全负相关；+1 表示完全正相关；其他数值表示一般相关关系。

马科维茨认为，证券组合的回报率不确定，没有哪只证券与其他证券有完全的相关关系。

### 2. 证券组合的期望收益率

证券组合的期望收益率是证券组合中每种证券收益率的加权平均值。

$$E(R_p) = \sum_{i=1}^{N} W_i E(R_i)$$

式中，$E(R_p)$ 表示整个组合的期望收益率，$W_i$ 表示第 $i$ 只证券的投资金额在组合投资总额中所占的比重。

### 3. 证券组合的方差

$$\sigma_p^2 = E\left[R_p - E(R_p)\right]^2$$
$$= E\left\{\left[\sum_{i=1}^{N} W_i(R_i - E(R_i))\right]^2\right\}$$

$$= E\{\sum_{i=1}^{N} W_i^2[R_i - E(R_i)]^2 + E\sum_{i=1}^{N}\sum_{\substack{j=1 \\ i\neq j}}^{N} W_i W_j[R_i - E(R_i)][R_j - E(R_j)]\}$$

$$= \sum_{i=1}^{N} W_i^2 E[R_i - E(R_i)]^2 + \sum_{i=1}^{N}\sum_{\substack{j=1 \\ i\neq j}}^{N} W_i W_j E[R_i - E(R_i)][R_j - E(R_j)]$$

$$= \sum_{i=1}^{N} W_i^2 \sigma_i^2 + \sum_{i=1}^{N}\sum_{\substack{j=1 \\ i\neq j}}^{N} W_i W_j \sigma_{ij}$$

$$= \sum_{i=1}^{N}\sum_{j=1}^{N} W_i W_j \sigma_{ij}$$

### 4. 证券组合与风险分散

$$\sigma_p^2 = \sum_{i=1}^{N} W_i^2 \sigma_i^2 + \sum_{i=1}^{N}\sum_{\substack{j=1 \\ i\neq j}}^{N} W_i W_j \sigma_{ij} = N \times \frac{1}{N^2} \times \sigma^2 + N \times (N-1) \times \frac{1}{N^2} \times \sigma_{ij}$$

$$= \frac{1}{N} \times \sigma^2 + (1 - \frac{1}{N}) \times \sigma_{ij}$$

假设在 $N$ 种证券的情况下，每种证券的方差 $\sigma_i^2$ 都相等，表示为 $\sigma^2$；每种证券的投资比例 $W_i$ 也相等，为 $\frac{1}{N}$；用 $\sigma_p^2$ 表示证券组合的方差，$\sigma_{ij}$ 表示证券 $i$ 和 $j$ 之间的协方差。

当 $N$ 越来越大时，证券组合风险将收敛于 $\sigma_{ij}$，如图 2.1 所示。

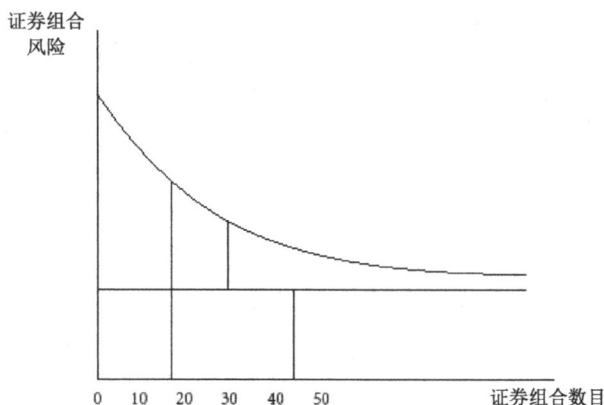

图 2.1　证券组合风险

## 2.3　证券组合的选择

马科维茨认为，可行集中包括无数个可供投资者选择的证券投资组合，投资者可通过有效集理论（Efficient Set）来找到最佳的投资组合。所谓最佳的投资组合，一般要满足两个条件：

（1）在相同风险的水平下具有最大收益率的证券组合。

（2）在同样收益率的水平下具有最小风险的证券组合。

在图 2.2 所示的可行集中，所有组合中 $S$ 点的期望收益率最大，$G$ 点的期望收益率最小，因为可行集中所有的点都位于 $S$ 点的下方、$G$ 点的上方。从 $S$ 点到 $G$ 点这个区间包含了各种证券组合的期望收益率。在同样的期望收益率水平下，风险最小的证券组合位于在从 $G$ 点经 $P$ 点到 $S$ 点的曲线段上。因此，符合在相同收益率的水平下具有最小风险的证券组合在从 $G$ 点到 $S$ 点的左边界上。

在图 2.2 所示的可行集中，所有组合中 $P$ 点的风险最小，$H$ 点的风险最大，因为可行集中所有的点都位于 $P$ 点的右方、$H$ 点的左方。从 $P$ 点到 $H$ 点这个区间包含了各种证券组合的所有风险。具有最高期望收益率的证券组合位于在从 $P$ 点经 $S$ 点到 $H$ 点的曲线段上。因此，符合在相同风险的水平下具有最大收益率的证券组合在从 $P$ 点到 $H$ 点上方的边界上。

有效集应该是曲线段 $GS$ 和 $PH$ 的交集，也就是曲线段 $PS$，因为只有在曲线段 $PS$ 上的证券组合才能同时满足上述两个条件，所以这条线段也叫作有效边界。

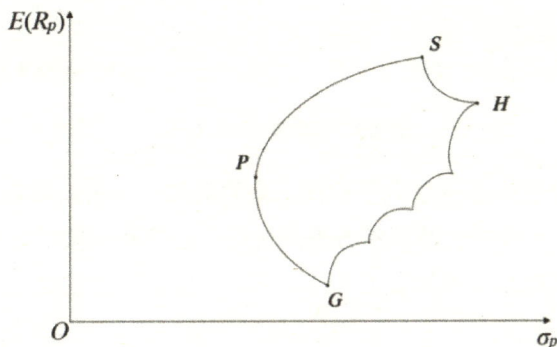

图 2.2　有效边界

无差异曲线 *I*：斜率为正；下凸（意味着在边际效用递减原理的作用下，随着投资者每次等量风险的增加，所获得的期望收益率越来越高）。

在同一条无差异曲线上给投资者带来的效用是相同的，如图 2.3 所示。无差异曲线和有效边界的对比如图 2.4 所示，风险偏好的区分如图 2.5 所示。

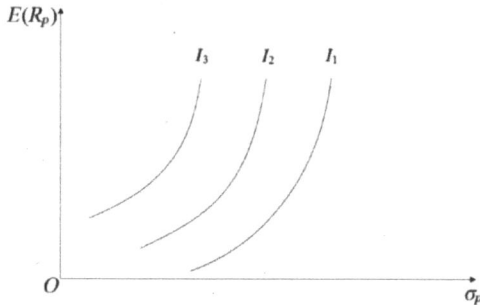

图 2.3 无差异曲线

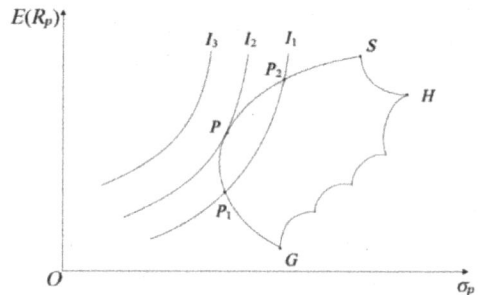

图 2.4 无差异曲线与有效边界的对比

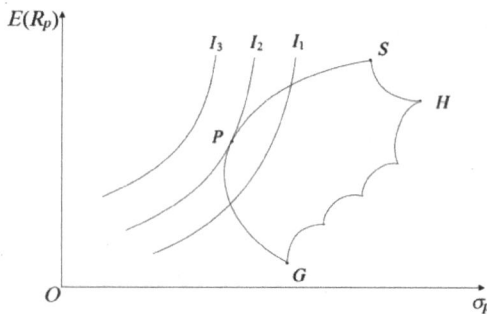

（a）风险厌恶程度高

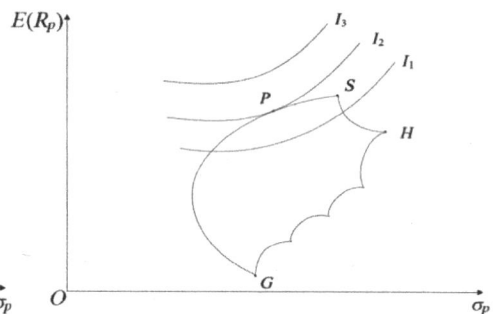

（b）风险厌恶程度低

图 2.5 风险偏好的区分

马科维茨的证券选择理论奠定了现代金融的数量化分析的基础，第一次将概率论引入投资分析领域，用预期收益率和方差来进行收益率和风险的度量，从而在数学上证明了分散投资比集中投资表现好的基本原理。这也是以分散投资为特征的共同基金诞生的理论基础。

这个理论的伟大之处就在于第一次将方差作为风险因子引入投资分析体系，在他之前的分析都以追求收益率作为唯一指标，根本没有考虑到风险的问题。同样，这也

16

就解释了为什么不能做集中投资，那就是集中投资虽然收益率可能较高，但是一旦风险爆发，损失可能会非常惨重。例如，在 2015 年牛市顶部重仓买入少数股票的投资人，在股灾 1.0 的行情中，损失 50% 以上的比比皆是。如果采用的是融资方式，则可能血本无归。

金融市场交易的本质是人性，所谓"天有不测风云"，没有人可以保证没有天灾人祸发生。巴菲特说要将鸡蛋放在一只篮子里面的前提条件是，你必须拥有一只绝对不破的铁篮子。如果考虑到巴菲特背后有保险资金的持续支持，并且他可以利用自己的影响力入股上市公司，甚至改组管理层，你就会知道他为什么敢将鸡蛋放在一只篮子里面了。对于没有铁篮子的普通投资人来说，做好分散，赚取风险可控情况下的合理收益，才是最切实的做法。

马科维茨的重大贡献可以用两句话来概括：

（1）在均衡考虑收益和风险的情况下，分散投资是唯一的持续盈利之道。

（2）一次好的投资，要么是同样收益率的情况下风险更低，要么是同样风险的情况下收益率更高。

马科维茨第一次将数学的方法引入投资领域，这也开创了一种新的投资方式——量化投资。自他以后，大量的机构投资人开始利用数学、计算机的方式来对金融市场进行分析，试图找到市场的缺陷，从而获得丰厚的收益。这种方法在华尔街风行了三十几年，美国市场 70% 的交易量由量化交易的基金所贡献。

# 3 什么是量化投资

对于读者来说，价值投资是一个耳熟能详的名词，量化投资则是近几年才开始崭露头角的投资理论。那么，量化投资和价值投资的主要区别在哪里呢？用一句话来概括：价值投资主要是赌小概率事件，而量化投资主要是赌大概率事件。

## 3.1 一个小游戏

巴菲特说过：投资者之所以需要进行分散投资，是因为他们不懂得自己的每一笔投资。是这样吗？让我们用一个简单的掷硬币游戏来回答这个问题。

假设我们有一枚不均匀的硬币，在多次投掷中，它有 51% 的概率会出现正面，有 49% 的概率会出现反面。假设我们可以选择赌注（Bet），在下一次投掷中，若出现正面，那我们赢得相应的赌注；若出现反面，那我们输掉所有的赌注。那么，现在有两种策略。

A：投掷 1 次，赌注为 1000。

B：投掷 1000 次，每次赌注为 1。

你会选 A 还是 B？或许巴菲特会选 A，因为我们知道硬币是不均匀的，所以我们有 2% 的概率优势。现在我们来进行统计分析，计算一下这两种策略的收益风险比。

### 1. 期望收益

A：$0.51 \times 1000 - 0.49 \times 1000 = 20$

B：$1000 \times (1 \times 0.51 - 1 \times 0.49) = 20$

可见，这两种策略有相同的期望收益。

### 2. 风险评估

A：$stdev(1000,0,0,0,\cdots,0) = 31.6$

B：$stdev(1,-1,1,1,-1,\cdots,1) = 1$

可见，A 策略的标准差远大于 B 策略的标准差。

### 3. 夏普比率（Sharpe Ratio，SR）

A：$SR = 20/31.62 = 0.63$

B：$SR = 20/1 = 20$

可见，B 策略的收益风险比远高于 A 策略的收益风险比。

### 4. 全输概率

A：输掉全部资本的概率= 0.49

B：输掉全部资本的概率= $0.49 \times 0.49 \times \cdots \times 0.49 = 0.49^{1000}$

可见，在这个案例中，比起单笔投资，分散投资可以带来超过 20 倍的收益风险比。

总的来说，我们可以获得如下公式：

$$SR_{multiple\ bets} = SR_{single\ bets} \times SQRT_{number\ of\ bets}$$
$$= C \times alpha \times SQRT_{number\ of\ bets}$$

其实，这里的硬币投掷就好比一次交易。我们交易的目的就是尽可能提高收益，且降低风险，也就是最大化 SR。所以，从这个简单的游戏中可以看出，投资的核心其实是大数定律：通过多次交易，将一点点的概率优势最终转化为胜率，只要交易次数足够多、策略足够分散，从长期来看，就一定是盈利的。

价值投资总说要重仓持有少数优质股票，但它其实隐含了一个假设：市场上的大牛股永远是少数，所以价值投资在本质上是赌小概率事件，这也就解释了除巴菲特之外，鲜有其他成功的价值投资者。而量化投资是赌大概率事件，所以华尔街做量化投资成功的大师比比皆是。

## 3.2 量化投资的定义

什么是量化投资？笔者在《量化投资——策略与技术》一书中下过一个定义：量化投资是以数据为基础，以模型为核心，以程序化交易为手段，以追求绝对收益为目标的投资方法。

简单来讲，量化投资就是利用计算机技术并采用一定的数学模型实现投资理念和投资策略的过程。传统的投资方法主要有基本面分析法和技术分析法两种，与它们不同的是，量化投资主要依靠数据和模型来寻找投资标的和投资策略。

量化投资中模型与人的关系有点类似于病人和医生的关系。在医生治病的方法中，中医与西医的诊疗方法不同，中医是望、闻、问、切，最后判断出结果，在很大程度上取决于中医的经验，定性程度大一些；西医就不同了，先让病人去拍片子、化验等，这些都要依托医学仪器，最后得出结论，对症下药。

医生治疗病人的疾病，投资者治疗市场的疾病。市场的疾病是什么？就是错误定价和估值。没病或病得比较轻，市场是有效或弱有效的；病得越严重，市场越无效。投资者投资于被低估的证券，直到把它的价格抬升到合理的价格水平为止。

但是，定性投资和量化投资的具体做法有些差异，这些差异如同中医和西医的差异。定性投资更像中医，更多地依靠经验和感觉判断病在哪里；量化投资更像西医，依靠模型判断，模型对于量化投资基金经理的作用就像 CT 对于医生的作用。在每天的投资运作之前，投资者会先用模型对整个市场进行一次全面的检查和扫描，然后根据检查和扫描结果做出投资决策。

与传统定性的投资方法不同，量化投资不是靠个人感觉来管理资产的，而是将适当的投资思想、投资经验，甚至包括直觉反映在量化模型中，利用电脑帮助人脑处理大量信息，帮助人脑总结归纳市场的规律，建立可以重复使用并反复优化的投资策略（经验），并指导投资者的投资决策过程。

量化投资和传统的定性投资在本质上是相同的，二者都是基于市场非有效或弱有效的理论基础，而基金经理可以通过对个股基本面、估值、成长性等方面的分析研究，建立战胜市场、产生超额收益的组合。不同的是，传统的定性投资较依赖对上市公司的调研，并加以基金经理的个人经验及主观判断；而量化投资则是将定性思想与定量规律进行量化应用的过程。

量化投资策略有五大方面的优势，分别为纪律性、系统性、及时性、准确性和分散化。

（1）纪律性：严格执行量化投资模型所给出的投资建议，而不是随着投资者情绪的变化而随意更改。纪律性的好处有很多，一方面可以克服人性的弱点，如贪婪、恐惧、侥幸心理，也可以克服认知偏差（行为金融理论在这方面有许多论述）；另一方面可以跟踪和修正量化投资模型。

量化投资作为一种定性思想的理性应用，客观地在组合中去体现这样的组合思想。一种好的投资方法应该是透明的盒子，而不是黑盒子。每个决策都是有理有据的，无论是股票的选择、行业的选择，还是大类资产的配置等，都是有数据支持、模型支持及实证检验的。

（2）系统性：量化投资的系统性特征主要包括多层次的量化模型、多角度的观察及海量数据的处理等。多层次的量化模型主要包括大类资产配置模型、行业选择模型、精选个股模型等。多角度的观察主要包括对宏观周期、市场结构、估值、成长、盈利质量、分析师盈利预测、市场情绪等多个角度的观察。

量化投资的系统性还涉及海量数据的处理。人脑处理信息的能力是有限的，当一个资本市场只有 100 只股票时，这对定性投资基金经理而言是有优势的，因为他可以深刻分析这 100 只股票。但在一个很大的资本市场上，比如有成千上万只股票的时候，强大的量化投资的信息处理能力能反映它的优势，能捕捉更多的投资机会，拓展更多的投资渠道。

（3）及时性：及时、快速地跟踪市场变化，不断发现能够提供超额收益的新的统计模型，寻找新的交易机会。

（4）准确性：准确、客观地评价交易机会，克服主观情绪偏差，妥善运用套利的思想。量化投资正是在寻找估值洼地，通过全面、系统性的扫描，捕捉错误定价、错误估值所带来的机会。定性投资基金经理的大部分时间在琢磨哪家企业是伟大的企业、哪只股票是可以翻倍的股票；而量化投资基金经理把大部分精力花在分析哪里是估值洼地、哪个品种被低估上，买入被低估的，卖出被高估的。

（5）分散化：在控制风险的条件下，量化投资策略充当准确实现分散化投资目标的工具。分散化，也可以说量化投资是靠概率取胜的。这表现为两个方面：一方面，量化投资不断地从历史中挖掘有望在未来重复的历史规律并且加以利用，这些历史规律都是有较大概率获胜的策略；另一方面，依靠筛选出股票组合来取胜，而不是依靠一只或几只股票取胜，从投资组合理念来看也是捕获大概率获胜的股票，而不是押宝到单只股票上。

## 3.3　量化投资的理论发展

量化投资和数理金融具有很大的共同性，很多量化投资的理论、方法和技术都来自数理金融。数理金融学是近几十年来兴起的新学科，而其作为学科名称正式出现至今不过十几年的时间。下面我们就从数理金融的发展来回顾整个量化投资的历史。

### 1. 20 世纪 50—60 年代

马科维茨于 1952 年建立的均值-方差模型第一次把数理工具引入金融研究。在马科维茨工作的基础上，Sharpe（1964）、Litner（1965）、Mossin（1966）研究了资产价格的均衡结构，他们提出的资本资产定价模型（Capital Asset Pricing Model，CAPM）已成为度量证券风险的基本量化模型。随后，CAPM 形成了度量金融投资领域投资绩效的理论基础。

20 世纪 60 年代，投资实务研究的另一个具有重要影响的理论是 Samuelson（1965）与 Fama（1965）提出的有效市场假说（Efficient Market Hypothesis，EMH），这一假说主要包括理性投资者、有效市场和随机游走三方面。该假说成立就意味着，在功能齐全、信息畅通的资本市场中，任何用历史价格及其他信息来预测证券价格的行为都是徒劳的。

### 2. 20 世纪 70—80 年代

20 世纪 70 年代，随着金融创新的不断进行，衍生产品的定价成为理论研究的重点。1973 年，Black 和 Scholes 建立了期权定价模型，实现了金融理论的又一大突破。该模型迅速被运用于金融实践，使金融创新工具的品种和数量迅速增多，金融市场创新得到空前规模的发展。此后，Ross（1976）建立了套利定价理论（Arbitrage Pricing Theory，APT）。在投资实务中，多因子选股模型可以被看作 APT 理论最典型的代表。

### 3. 20 世纪 80—90 年代

20 世纪 80 年代，现代金融创新进入鼎盛时期，诞生了所谓的 20 世纪 80 年代国际金融市场四大发明，即票据发行便利（NIFs）、互换交易、期权交易和远期利率协议。金融理论的一个新概念——金融工程也诞生了。金融工程作为一门新的学科从金融学中独立出来。

20 世纪 80—90 年代，对期权定价理论的进一步研究刺激了对倒向随机微分方程求解的发展，从而对期权定价理论的研究开启了新的动力。同时，对倒向随机微分方程的理论和数值计算的研究又会促进对期权定价理论数学模型的新研究。

20 世纪 90 年代，金融学家更加注重金融风险的管理。可以说，风险管理是自 20 世纪 90 年代以来对金融机构管理的中心论题。在风险管理的诸多模型中，最著名的风险管理数学模型是 VaR（Value at Risk）模型，其中以 J.P.摩根的风险矩阵（Risk Metrics）为主要代表。目前，这种方法已被全球各主要银行、公司及金融监管机构所接受，并成为重要的金融风险管理方法之一。

同时，在这一时期还形成了另一个具有重要影响力的学术流派——行为金融学。有效市场理论在 20 世纪 70 年代在学术界达到其顶峰，是那个时期占据统治地位的学术观点。但是，在进入 20 世纪 80 年代以后，关于股票市场的一系列经验研究发现了与有效市场理论不相符合的异常现象，如日历效应、股权溢价之谜、期权微笑、封闭式基金折溢价之谜、小盘股效应等。面对这一系列金融市场的异常现象，一些研究学者开始从传统金融理论的基本假设入手，放松关于投资者是完全理性的严格假设，吸收心理学的研究成果，研究股票市场投资者行为、价格形成机制与价格表现特征，取得了一系列有影响力的研究成果，形成了具有重要影响力的学术流派——行为金融学。

### 4. 20 世纪 90 年代末至今

20 世纪 90 年代末，非线性科学的研究方法和理论在金融理论及其实践上的运用极大地丰富了金融科学量化手段和方法论的研究。无疑，这将开辟金融科学量化非线性的新范式的研究领域。

非线性科学的研究方法和理论不仅在金融理论研究方面开辟了崭新的非线性范式的研究领域，而且在金融实践和金融经验上也取得了累累硕果。其中最为著名的是桑塔费（Santa Fe）于 1991 年创立的预测公司，它是使用非线性技术极为有名的投资公司之一。其声名远扬主要应归功于其创始人：Doyne Farmer 博士和 Norman Packard 博士。他们在系统地阐述李雅普诺夫指数对于混沌分类的重要性方面和重构相空间的延迟方面都做出了重要贡献，而且还使用一些不同的方法，如遗传算法、决策树、神经网络和其他非线性回归方法等建立模型。令人遗憾的是，根据专有合同，他们的技术属于瑞士银行集团。因此，他们投资过程的细节和业绩记录都是专有财产。

总之，非线性科学的研究方法和理论为人们进一步探索金融科学数量化的发展提供了最有力的研究武器。目前的研究表明，发展一种将人们所能看到的非线性结构并入金融理论和金融经验的研究与应用的过程才刚刚起步，这里有许多工作需要人们去开创、丰富和发展。

在这门学科的发展过程中，大量的学者和产业界的专家将数学模型、计算机技术应用于金融投资中，也创造了辉煌的业绩。如表 3.1 所示是 2016 年美国对冲基金经理收入排行榜，在前 10 名中，有 8 名采用的是量化交易策略，足见量化投资的威力。有关量化投资的一些入门级的知识，可以参考《打开量化投资的黑箱》一书。

表 3.1 2016 年美国对冲基金经理收入排行榜

| 姓　　名 | 对冲基金公司 | 个人所得税（单位：美元） |
| --- | --- | --- |
| 詹姆斯·西蒙斯（James Simons） | Renaissance | 15 亿 |
| 迈克尔·普拉特（Michael Platt） | BlueCrest | 15 亿 |
| 雷·达里奥（Ray Dalio） | Bridgewater | 14 亿 |
| 大卫·泰珀（David Tepper） | Appaloosa | 7.5 亿 |
| 肯·格里芬（Ken Griffith） | Citadel | 5 亿 |
| 丹·勒布（Dan Leob） | Third Point | 4 亿 |
| 保罗·辛格（Paul Singer） | Elliott | 4 亿 |
| 大卫·肖（David Shaw） | DE Shaw | 4 亿 |
| 约翰·欧文德克（John Overdeck） | Two Sigman | 3.75 亿 |
| 大卫·西格尔（David Sieger） | Two Sigman | 3.75 亿 |
| 迈克尔·辛茨（Michael Hintze） | CQS | 3.25 亿 |
| 杰弗里·泰尔彭斯（Jeffrey Talpins） | Element | 3 亿 |
| 斯坦利·德鲁肯米勒（Stanley Druckenmiller） | Duquesne | 3 亿 |
| 布雷特·伊坎（Brett Icahn） | Icahn | 2.8 亿 |
| 大卫·谢克特（David Schechter） | Icahn | 2.8 亿 |
| 克里斯托弗·霍恩（Christopher Hohn） | The Children's | 2.5 亿 |
| 赛斯·克拉曼（Seth Klaman） | Baupost | 2 亿 |
| 伊斯雷尔·英格兰德（Israel Englander） | Millenium | 2 亿 |
| 杨明昌（Danny Yong） | Dymon Asia | 2 亿 |
| 克里斯托弗·洛克斯（Christopher Rokos） | Roks | 2 亿 |
| 彼得·穆勒（Peter Muller） | PDT Partners | 2 亿 |

从整个量化投资的发展来看，主要有四大流派，分别为数学派（西蒙斯）、物理派（德曼）、计算机派（德邵）和金融学派（达里奥），他们 4 人也是整个行业公认的"大神"级人物。

# 4 膜拜量化大神

从表 3.1 中可以看出，在美国对冲基金经理收入排行榜中，主要是量化投资这个流派的顶尖高手，本章就来介绍其中几个典型的金融大鳄。

## 4.1 文艺复兴科技：西蒙斯

詹姆斯·西蒙斯（James Simons）是世界级的数学家，也是伟大的对冲基金经理之一。在华尔街，韬光养晦是优秀的对冲基金经理恪守的准则，西蒙斯也是如此，即使华尔街专业人士，对他及他旗下的文艺复兴科技公司也所知甚少。然而在数学界，西蒙斯却是一位赫赫有名的数学大师。

西蒙斯 1958 年毕业于麻省理工学院数学系，1961 年获得加州大学伯克利分校的数学博士学位，那时候他才 23 岁。1964—1968 年，西蒙斯成为美国国防研究院的研究人员，他同时也在麻省理工学院和哈佛大学教授数学。1968 年，他被纽约州立大学石溪分校授予数学学院院长的职位。

1976 年，西蒙斯赢得美国数学协会的 Oswald Veblen 几何学奖，用来表彰他在多位平面面积最小化研究中的成果，这项成果证明了伯恩斯坦猜想中 $N$ 维的第 8 维，同时也成为佛拉明的高原问题猜想的有力证据。

西蒙斯最著名的研究成果是发现并实践了几何学的测量问题，这项研究成果被命名为陈氏-西蒙斯定理（这是一项与美籍华裔数学家陈省身共同研究的成果）。

### 1. 关于大奖章基金

1988 年，西蒙斯成立了大奖章基金，最初主要涉及期货交易，当年该基金盈利 8.8%，1989 年则开始亏损，不得不在 1989 年 6 月停止交易。在接下来的 6 个月中，西蒙斯和普林斯顿大学的数学家勒费尔（Henry Larufer）重新开发了交易策略，并从基本面分析转向数量分析。

经过几年炫目的增长,大奖章基金的资金规模在 1993 年达到 2.7 亿美元,并开始停止接受新资金。1994 年,文艺复兴科技公司的雇员从 12 人增加到 36 人,交易的金融产品增加到 40 种。在鼎盛时期,公司有 150 名雇员,交易 60 种金融产品,基金规模则有 50 亿美元。在 150 名雇员中,有 1/3 是拥有自然科学博士学位的顶尖科学家,涵盖数学、理论物理学、量子物理学和统计学等领域。所有雇员中只有两位是华尔街老手。而且该公司既不从商学院中雇佣职员,也不从华尔街雇佣职员,这在美国的投资公司中几乎是独一无二的。

自 1988 年创立以来,大奖章基金的年均回报率高达 34%,这还是扣除了 5% 的管理费和 44% 的绩效以后给投资人留下的收益率。2004 年,西蒙斯仅佣金就赚了 5 亿美元,15 年来其资产从未减少过。

为了说明这一点,我们收集了 1988—2009 年大奖章基金的年收益率值,并与 S&P500 及中国上证指数进行对比,如表 4.1 和表 4.2 所示。

表 4.1　1988—2009 年大奖章基金、S&P500、中国上证指数年收益率

| 年　　份 | 大奖章基金年收益率 | S&P500 年收益率 | 中国上证指数年收益率 |
|---|---|---|---|
| 1988 | 49.40% | 16.60% | |
| 1989 | −4.10% | 31.50% | |
| 1990 | 55.90% | −3.10% | 32.86% |
| 1991 | 39.40% | 30.50% | 129.41% |
| 1992 | 34% | 7.60% | 166.57% |
| 1993 | 39.10% | 10.10% | 6.84% |
| 1994 | 70.70% | 1.30% | −22.30% |
| 1995 | 38.30% | 37.60% | −14.29% |
| 1996 | 31.50% | 23.00% | 65.14% |
| 1997 | 21.20% | 33.40% | 32.22% |
| 1998 | 41.50% | 28.60% | −3.97% |
| 1999 | 24.50% | 21.00% | 19.18% |
| 2000 | 98.50% | −9.10% | 51.73% |
| 2001 | 31.20% | −11.90% | −20.62% |
| 2002 | 29.10% | −22.10% | −17.52% |
| 2003 | 25.30% | 28.70% | 10.27% |
| 2004 | 27.80% | 10.90% | −15.40% |
| 2005 | 29.50% | 4.90% | −8.33% |

续表

| 年 份 | 大奖章基金年收益率 | S&P500 年收益率 | 中国上证指数年收益率 |
|---|---|---|---|
| 2006 | 44.30% | 15.80% | 130.43% |
| 2007 | 73.00% | 5.50% | 96.66% |
| 2008 | 80.00% | −37.22% | −58.14% |
| 2009 | 39.00% | 27.11% | 64.63% |

表 4.2　1988—2009 年大奖章基金、S&P500、中国上证指数年收益率的统计性分析

| | 大奖章基金年收益率 | S&P500 年收益率 | 中国上证指数年收益率 |
|---|---|---|---|
| 平均数 | 0.436900 | 0.101295 | −0.384670 |
| 中值 | 0.386500 | 0.105000 | 0.147250 |
| 最大值 | 0.985000 | 0.376000 | 1.665700 |
| 最小值 | 0.212000 | −0.372200 | −14.29000 |
| 标准差 | 0.210681 | 0.197963 | 3.326102 |

　　分析 1988—2009 年大奖章基金年收益率数据可以发现，从 1988 年建立起，除 1989 年出现负增长（−4.10%）外，其余年份公司的收益率均为正值。其中，大奖章基金在 1998 年的亚洲金融危机中保持了 41.50%的高增长率，在 2008 年的全球金融危机中保持了 80.00%的惊人增长率，这些优异的表现与公司采取的量化投资分析策略密不可分。

### 2. 模式识别技术

　　西蒙斯采用的一个重要策略技术就是模式识别。所谓模式识别，就是利用计算机数据模型对现有的知识进行分类，从而对未来进行预测的技术。模式识别在日常生活中的用处有很多，比如语音识别、指纹识别、人脸识别等。这种模式识别技术同样可以用于金融市场中，比如识别出市场的底部和顶部特征，识别出当前是趋势还是震荡等，这就为下一步的交易打下了良好的基础。目前用得比较多的模式识别技术是人工神经网络（Artificial Neural Networks，ANNs）。

　　人工神经网络是一种模仿动物神经网络行为特征，进行分布式并行信息处理的算法数学模型。这种网络依靠系统的复杂程度，通过调整内部大量节点之间相互连接的关系，从而达到处理信息的目的，并具有自学习和自适应的能力。

　　人工神经网络是受到生物（人或其他动物）神经网络功能的运作启发而产生的。由于人工神经网络通过一种基于数学统计学类型的学习方法（Learning Method）得以

优化，所以人工神经网络也是数学统计学方法的一种实际应用。

一个人工神经网络由三部分组成，如图4.1所示。

（1）输入层：众多神经元接受大量非线性输入信息。输入的信息称为输入向量。

（2）输出层：信息在神经元链接中传输、分析、权衡，形成输出结果。输出的信息称为输出向量。

（3）隐藏层：简称"隐层"，是输入层和输出层之间众多神经元和链接组成的各个层面。隐层可以有多层，习惯上会用一层。隐层的节点（神经元）数目不定，但数目越多，神经网络的非线性越显著。

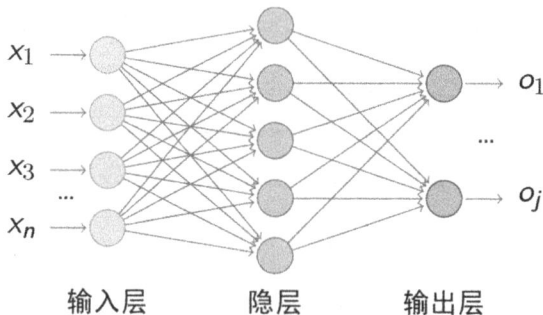

图4.1　人工神经网络模型

这种模式识别技术在交易中可以识别市场的高点和低点，寻找最好的交易机会，并且自动进行委托交易。目前，高盛、桥水等顶尖对冲基金也开始进行这方面的研究和投资。

### 3. 热心慈善

西蒙斯把大量金钱花费在慈善事业上，他是数学研究的主要赞助人，在全球范围内赞助会议、项目等。西蒙斯和他的第二任妻子玛丽莲·西蒙斯联合创办了保罗西蒙斯基金会，这是一只主要资助医疗、教育及科学研究的福利基金。玛丽莲担任该基金会的主席，詹姆斯担任该基金会的秘书和投资人。

为了纪念他和前妻芭芭拉所生的孩子保罗，他在纽约州立大学石溪分校修建了一座占地 0.53 平方公里的公园。1996 年，34 岁的保罗在骑摩托车的时候死于车祸。西蒙斯的另一个儿子尼克 23 岁时在从巴厘岛到印度尼西亚的旅途中溺水身亡。由于尼克生前曾在尼泊尔工作，所以西蒙斯家族成为尼泊尔最大的医疗事物捐助者。西蒙斯还创建了美国数学协会（Math for America），这是一个专门改善美国公立学校数学教育的非营利性组织。

2006 年，布鲁克海文国家实验室曾因为经费短缺打算关闭重离子对撞实验机的项目，但是西蒙斯带领公司的高管向该项目进行了资助，解决了经费问题。同年，西蒙斯向纽约州立大学石溪分校捐赠了 2500 万美元，这笔经费主要用于大学的数学和物理研究。

2008 年 2 月 27 日，当时的纽约市长 Eliot Spitzer 宣布纽约将接受西蒙斯基金会6000 万美元的捐赠，用于在纽约州立大学石溪分校建立西蒙斯几何和物理研究中心。这是纽约历史上私人向公立大学进行的最大捐赠。

西蒙斯家族的基金会已经承诺近几年捐赠 3800 万美元用于研究自闭症的成因，同时基金会再拿出 1 亿美元用于投资，投资所得全部用来研究自闭症的治疗，西蒙斯将亲自过问投资的去向和使用，这一切都因为他心爱的女儿患上了自闭症。西蒙斯提供了家人的 DNA 进行研究，并给予援助，帮助解决研究问题。当麻省理工学院向西蒙斯请求脑部研究经费的时候，西蒙斯规定该项目要有自闭症研究，并且由他亲自选定科学家。

有关西蒙斯更多的故事，大家可以阅读《解读量化投资：西蒙斯用公式打败市场的故事》一书。

## 4.2  德邵基金：德邵

### 1. 超级学霸

德邵是一个超级学霸，从斯坦福大学计算机专业的博士毕业之后，不到 30 岁就进入哥伦比亚大学担任教授，专门研究超大规模并行计算。此后，他进入华尔街著名投行摩根士丹利做量化交易员。两年后，他成立了自己的对冲基金公司，并进行高频交易，公司员工一度达到 1300 多人，并且大多拥有博士学位。在他的带领下，定量分析交易也逐步登上了投资界的顶峰。20 年来，德邵管理的资产规模从初创时的 2800 万美元增加到 300 亿美元，可以说是人生赢家。

大家可能对大规模并行计算不是很了解，从概念上来说是指很多台计算机同时使用多种计算资源解决计算问题的过程。并行计算是提高计算机系统计算速度和处理能力的一种有效手段。普通计算机的运行速度比较慢，特别是普通家庭使用的微型计算机，计算能力其实并不强。但在某些领域需要使用的一些大型计算机，比如天体物理的运行、卫星云图的分析、军事导航的规划、天气预报等，这些计算量和计算速度远不是普通计算机所能解决的，需要大型计算机进行处理。现在很多计算机程序采用的是串行的方式，指令流一条一条进去，速度非常慢。通过大规模的并行计算，可以将计算机的运行速度成倍提高，而在这个研究领域，德邵取得了非常出色的成绩，是这个领域的领军人物。

然而，德邵觉得在哥伦比亚大学并没有完全实现自己的人生价值。斯坦福大学是一个顶级学府，这个白色的象牙塔看上去像世外桃源一般，其实并不然，每位老师都要去寻找研究课题，需要资金资助项目，要么向国家申请科研经费，要么找其他人士资助。学校中的许多研究以理论为主，其研究具有前沿性，但一般在 5 年之后才能看到效益。

凡是科学领域的基础性研究，一般很难获得大规模的资金支持。德邵也一样，虽然他在学术界名声赫赫，但和当年的西蒙斯一样，他很清贫。二人想，既然有这么好的数学模型和计算机能力，为什么不去金融市场博一搏呢？

### 2. 高频交易

就像哥德巴赫猜想被誉为数学皇冠上的明珠一样，如果说量化投资是投资领域的皇冠，那么高频交易几乎可以说是这顶皇冠上的明珠。

在金融市场上，每时每刻都有大量的投资者进行买卖，但是大多数普通投资者的交易速度比较慢。如果投资者可以在价格上涨之前买入，在价格下跌之前卖出，就会获得短线的差价收益，我们称之为短线交易。当这个交易时间差缩短到秒级以下时，一般就称为高频交易。主要的高频交易策略有以下几种。

1）流动性回扣交易策略

为了争取更多的交易订单，美国所有的证券交易所都为那些创造流动性的券商提供一定的交易费用回扣，通常为 0.25 美分/股。不论是买单还是卖单，只要交易成功，交易所就向该流动性的原始提供券商支付回扣，同时向利用该流动性进行交易的券商征收更高的费用。随着这种激励机制的日益普及，越来越多以专门获取交易回扣为盈利目的的交易策略便应运而生。

假设在某案例中某投资者的心理成交价格为 30~30.05 美元。如果交易系统中的第一个买单（如 100 股）配对成功，以 30 美元的价格成交，那么，交易系统中的第二个买单（如 500 股）便跳显出来。再假设该买单也配对成功，以 30 美元的价格成交。根据上述交易信息，专门从事流动性回扣策略的高频交易者的计算机系统就可能察觉到该投资者其他后续 30 美元买单的存在，于是，回扣交易商计算机采取行动，报出价格为 30.01 美元的买单 100 股。毫无疑问，那些曾以 30 美元的价格出售股票的券商更愿意以 30.01 美元的价格出售给该回扣交易商。

在交易成功之后，回扣交易商立刻调整交易方向，将刚刚以 30.01 美元购得的 100 股股票以相同价格，即 30.01 美元挂单卖出。由于 30 美元股价已不复存在，故该卖单很可能被该投资者接受。

这样一来，尽管回扣交易商在整个交易过程中没有盈利，但由于第二个主动卖单给市场提供了流动性，从而获得了交易所提供的每股 0.25 美分的回扣佣金。不言而喻，回扣交易商所获得的每股 0.25 美分的盈利是以机构投资者多付出的 1 美分为代价的。

2）猎物算法交易策略

在美国，超过一半的机构投资者的算法报单遵循 SEC 国家最佳竞价原则（National Best Bid or Offer，NBBO）。所谓 NBBO，即当客户买入证券时，券商必须保证给予市场现有的最佳卖价；同样，当客户卖出证券时，券商必须保证给予市场现有的最佳买价。根据该原则，当一个报单由于价格更为优先从而在排序上超过另一个报单时，为了能够成交第二个报单，常常调整股价并与前者保持一致。事实上，一只股票的算法报单价格常常以极快的速度相互攀比追逐，从而使该股票价格呈现出由高到低、由低到高的阶段性变动趋势。这也正是在实际交易中经常看到数量有限的 100 股或 500 股小额交易常常将股价推高或拉低 10 美分甚至几十美分的原因。

猎物算法交易策略是在对上述股价变动历史规律进行研究的基础上设计出来的。一般来说，该策略通过制造人为的价格来诱使机构投资者提高买入价格或降低卖出价格，从而锁定交易利润。

假设在某案例中某投资者遵循 NBBO 并且心理成交价格为 30～30.05 美元。像上例中的流动性回扣交易商一样，猎物算法交易商用非常相似的程序和技术来寻找其他投资者潜在的连续算法订单。在计算机确认价格为 30 美元的算法报单存在后，猎物算法交易程序立即发起攻击，报出价格为 30.01 美元的买单，从而迫使该投资者迅速将后续买单价格调高至 30.01 美元；然后猎物算法交易商进一步将价格推高至 30.02 美元，诱使该投资者继续追逐。

以此类推，猎物算法交易商在瞬间将价格推至该投资者所能接受的价格上限

30.05 美元，并在此价格将股票卖给该投资者。猎物算法交易商知道 30.05 美元的人为价格一般难以维持，从而在价格降低时进行补仓，赚取利润。

3）自动做市商策略

众所周知，做市商的主要功能是为交易中心提供交易流动性。与普通做市商一样，自动做市商高频交易者通过向市场提供买卖订单来提高流动性。不同的是，他们通常与投资者进行反向操作。自动做市商高频交易者的高速计算机系统具有通过发出超级快速订单来发现其他投资者投资意向的能力。例如，在以极快速度发出一个买单或卖单后，如果没有被迅速成交，则该订单将被马上取消；如果成交，则系统即可捕捉到大量潜在、隐藏订单存在的信息。

假设在某案例中某投资者向其算法交易系统发出价格在 30.01～30.03 美元之间的系列买单，外界无人知道。为了发现潜在订单的存在，自动做市商高频交易者的高速计算机系统开始以 30.05 美元的价格发出一个 100 股的卖单。由于价格高于投资者价格上限，因此没能引起任何反应，于是该卖单被迅速撤销。计算机系统又以 30.04 美元的价格再次探试，结果还是没能引起任何反应，于是该卖单也被迅速撤销。计算机系统再以 30.03 美元的价格继续探试，结果交易成功。基于此，计算机系统意识到一定数量的价格上限为 30.03 美元的隐藏买单的存在。于是，运算功能强大的该计算机系统随即发出 30.01 美元的买单，并利用其技术优势赶在机构投资者之前进行成交，然后再以 30.03 美元的价格反卖给机构投资者。

除德邵之外，华尔街还有大量的高频交易商，他们利用高速的计算机系统，在瞬息万变的交易市场中赚取了不菲的利润。

## 3. 征服计算化学

对于曾经在哥伦比亚大学任教的德邵教授而言，在金融市场上拼杀并不仅仅是为了赚钱，他一直认为自己是一个科学家，而不仅仅是一个交易员、投资者。在登上个人财富的顶峰之后，他决定回归科学研究领域，这位低调而神秘的科学家兼对冲基金经理于 2001 年宣布再次投身科学研究。

事实上，程序化交易也不是那么有趣的。将强大的盈利系统开发出来后，每天系统都在不知疲倦地交易，机器不觉得无聊，但是人类会觉得无所事事。德邵并不老，作为 50 多岁就位列世界 500 富的顶尖计算机专家，他依然年轻力壮。由于整天无事可做、精神空虚，于是这位比有钱人懂科学、比科学家有钱的计算机专家决定回到学校，从事他的老本行。但这一次德邵着眼的领域和以前不太一样，他选择了一个新的领域——计算化学。

计算机的发展的确给人类社会带来了翻天覆地的变化，现在也逐步向很多科研领域进发。计算机的开发和应用与人类科学的发展息息相关，笔者研究的人工智能领域在近几十年里发展得也相当不错，我们常用的语音识别、语音合成、语音输入软件，包括一些机器人技术，都属于计算机和人类交互的应用领域。计算机除能研究应用科学外，还能研究文科。几年前，谷歌运用其强大的数据库和识别系统做了一个计算历史学库，把所有的历史文献全部输入数据库，用计算机分析其中的关系，发现了很多历史上的未解之谜，这要比历史学家在成千上万的史料中查找一些蛛丝马迹效率高得多。

同样的情况也发生在化学研究领域。很多化学研究员一直在实验室中用试管、烧杯做实验，虽然精度、条件有所提高，但效率依旧不高，因为当时计算化学用于实际问题中的计算精度并不高。德邵觉得这样做研究效率实在太低，于是决定在这个领域进行大刀阔斧的改革，开发强大的化学计算机解决这个问题。他建立了团队，计划开发专门用于计算化学的超级计算机，取名为 Anton。

大约在 2004 年，德邵研究中心（D. E. Shaw Research）正式成立，很快做出了第一台 Anton。Anton 比传统计算机强大太多，比一般的超级计算机要快 10000 倍，比最好的超级计算机要快 1000 倍，超级计算机和 Anton 相比完全不在一个数量级。

在计算化学方面，Anton 采用模拟分子运行。如果用传统计算机模拟需要 1 个月，但用 Anton 这台超级计算机，只要 1 秒钟就可以计算模拟，这简直是天壤之别。俗话说"工欲善其事，必先利其器"，正是这个道理。

神器在手，天下我有！有了这个神器，德邵团队开始在 *Science* 和 *Nature* 两大顶级期刊上陆续发表文章，一举成为计算化学领域的领头羊，这就是一颗极客的心。

## 4.3 高盛量化：德曼

德曼的故事同样传奇，他是从理论物理领域跨界到量化投资来的，并且利用其在物理学方面的知识，在金融衍生品市场上赚取了大量的收益。我们先来看看他的简历。

### 1. 励志人生

1962—1966 年：物理学士，南非开普敦大学。

1966—1973 年：物理博士，美国哥伦比亚大学。

1973—1975 年：博士后，美国宾夕法尼亚大学。

1975—1977 年：博士后，英国牛津大学。

1977—1978 年：博士后，美国洛克菲勒大学。

1979—1980 年：助理教授，美国科罗拉多大学博尔德分校。

1980—1985 年：研究员，美国贝尔实验室。

这是一个标准的贫穷物理研究员的资历，他的老师是著名的华人物理学家李政道。德曼一度醉心于物理学研究，用他自己的话来说：走艰辛的物理之路，和上帝对话。

德曼在年轻时就对物理学内容充满激情，同时也对现实怀抱有着极度渴望。激情与渴望贯穿了他的生命，当然，失望也是常态。在十六七岁时，他希望自己成为另一个爱因斯坦；在 20 岁出头的时候，他觉得能够成为第二个费曼就足够了；又过了两年，他觉得能够成为李政道就可以了；然后，他开始羡慕隔壁房间能够出国参加研讨会的博士后。他对自己的期望呈现着大多数人必然经历的"时间衰减"，也恰如金融股票期权随着到期日的临近所表现出来的逐渐失去潜在收益那样。

然后他就开始乱投简历，终于有两所学校聘请他了，一所是芝加哥伊利诺理工大学，靠近费米实验室，有一台巨大的高能粒子加速器；另一所是科罗拉多大学博尔德分校，其理论粒子物理曾经收到上百份简历。他去参观了一下，打听到自己的简历排在第 3 位。一段时间过去了，排在第一位的一个女生找到更好的工作走了，排在第二位的已婚帅哥搞到东海岸一个终身职位走了，终于轮到了他。结果老婆不答应，于是德曼只好挥泪告别了老婆和儿子，继续追逐他的物理学之路。但是在那个年代，理论物理的问题基本上已经解决了，德曼的智商好像也很难接近诺贝尔的高度，于是在能源危机爆发之初的 1980 年，他加盟了贝尔实验室。

对于一名沉浸于学界 20 多年的物理学家而言，进入工业世界无异于堕入刑罚之地，只能为了钱而非兴趣工作。在贝尔实验室的商业分析系统中心，他只是庞大的科层体系中的一个小角色，不仅焦虑与压抑如影随形，更让他无所适从的是官僚作风和低效率的环境。因此，当高盛向他招手的时候，他毫不犹豫地来到了华尔街。

华尔街从来就不是一个学术之地，高盛亦然。但是，在成为宽客之后，他居然如鱼得水，沉醉于通过数学来呈现纷繁复杂的人类活动，运用数学工具来赚取利润。同时，他也享受高盛的竞争氛围。高盛有着特殊的企业文化，与其他公司相比，更多一点绅士风格，更多一点人文关怀，更能包容思想的多样性，更少一些论资排辈。在高盛，只要有所专长，就能与众不同；只要有所贡献，就能获得尊重。因此，尽管他进入高盛时已经年过四十，却仍有一种重返青春的感觉。

兴趣是最好的导师，志趣相投的同事则是事业取得成功的最佳伙伴。费希尔·布莱克是他在高盛遇到的最好的领导，也是最好的老师和同事。这位终其一生都沉迷于均衡理念的天才，是第一批由金融学术界投奔华尔街的学者，并且早在 20 世纪 60 年代就利用市场本身的均衡条件发明了迄今为止金融业界影响最大的布莱克-斯科尔斯-默顿模型。费希尔独特的个人魅力和行事风格不仅感染了德曼，也激发出他更多的热情。费希尔与他合作开发了至今仍被业界广泛采用的布莱克-德曼-托伊模型，并且提示他量化模型中没有考虑到的其他一些因素，让他懂得世界是难以名状的、复杂的。更为可贵的是，在他离开高盛到所罗门兄弟公司经历了糟糕的一年后，费希尔仍以包容之心接纳他，并接替了自己在高盛量化策略小组的领导职位。毫无疑问，费希尔是德曼在不平凡的宽客生涯中所遇到的最重要的人。

在高盛，德曼不厌其烦地对各种量化模型进行延展、调校，追求将各种期权产品设计得更为精细。他详细描述了自己工作的全过程，也展示了期权领域的激烈竞争。当诸如障碍期权、股票最大价格的期权、股票平均价格的期权、回望期权、超表现期权、期权的期权等奇异期权在 20 世纪 70 年代末、80 年代初第一次被发明出来的时候，只是将理论界向前推进一步罢了。而十数年后，新期权结构化产品的发展已经像一场军备竞赛。任何创设了客户广为接受的产品的公司，在其他公司复制产品设计之前，都可以从领先优势中获取利润；而竞争者往往在几个月内就能倒推出一个产品的设计理念，加上一些新花样，再把产品推向市场。

如果说布莱克-斯科尔斯-默顿期权定价理论的诞生为世界提供了智慧的基石，促成了金融学领域的一场具有颠覆性意义的革命，那么德曼就是这场革命所催生的华尔街新贵——宽客中具有代表性的一员。随着金融学的方法论从以哲学思辨和历史描述为主过渡到以定量描述和模型检验为主，宽客们游刃有余地不断完善和创新投资策略，运用数学金融工具使金融市场变得更有效率，所创造的财富也令人瞠目。德曼是第一代宽客的典型代表。经过爱因斯坦那辉煌的一代，科学有了突飞猛进的发展；可是到了德曼这一代，大家做着拿诺贝尔奖的梦，却发现没有什么突破可做，找教职也极其困难。正是因为这个学科太成熟了，所以大家个个都是多面手，能做实验，懂哲学，会建模，能解方程，会计算，最重要的是他们中的好多人会编程！那个年代计算机不会出现在个人家里，但是会出现在物理实验室里，德曼的贝尔实验室的经历使得他去高盛的时候编程水平领先华尔街起码 10 年。

德曼于 2000 年被国际金融工程师协会选为年度金融工程师，成为第一个获得这一奖项的实务工作者。2003 年，他离开高盛，重返哥伦比亚大学成为一名教授和金融工程项目负责人。返璞归真后，他对金融学家和物理学家之间的区别进行了回顾：物理学家转行成为金融学家后，并不过多指望他们的理论，而很多经济学家却天真地这样做；物理学家能够清楚地知道基础性理论和现象学模型之间的区别，而训练有素的经济学家却从来没有见过真正一流的模型。

那么，为什么物理学方法在金融学中难以很好地发挥作用呢？或许也正如德曼所说，在物理学里，你是在同上帝下棋，它并不经常改变规则；而在金融学里，你是在同上帝创造出来的人类下棋，这些人凭借他们短暂的判断来对资产进行评估。真实的金融和人类世界与物质世界不同，比我们用来了解它的任何模型都要无限度地更加复杂。

德曼后来将自己的经历写了一本自传的书《宽客人生》。毫无疑问，《宽客人生》是一部充满诚意的作品。德曼对自身的从业经历进行了完整的呈现，也对自己由一个物理学家转型为金融学家的心路历程有着透彻的剖析。这是一个关于天才、奋斗和创新的故事，是一个关于科学家发现华尔街、华尔街接纳科学家的故事，同时也是一个关于人们应该如何正视自己、正视贪婪的故事。尽管今天的华尔街已经不乏这类故事，但由一位宽客"鼻祖"式的量化金融大师娓娓道出，自然有一番别样的风味。

### 2. 德曼的模型

#### 1）BDT 利率模型

在德曼之前，拉维对固定收益的建模贡献是通过对债券收益率而并非债券价格建模，但缺点是拉维假设不同期限的债券是相互独立的，事实上不同期限的国库券都可以被分解为 6 个月的零息债券，它们是相互联系的。拉维的做法很显然违反了一价定律，更不用说在此基础上为期权定价了。

德曼接替拉维的工作后，主要修正此错误，用不同期限的市场利率，如 1 个月/半年/三年的市场利率作为基准数据，并据此为远期利率建模。此模型的一个关键原则就是把更长期的债券看成由连续的短期债券投资所产生出来的。因为实务交易部门的需要，建模必须简单、一致，能够合理地反映现实，所以 BDT 假设市场只关心单一因素——短期利率，然后用二叉树拓展即可。

德曼在尝试改变二叉树时间间隔的时候，不经意地发现了二叉树时间间隔和利率运动的均值回归的关系。发展出一种利率模型只需要一个好想法和几个人就可以，但是要把这种模型变成用得上的工具就需要更多人了，而且市场数据的搜集也是一个大问题。

2）丹麦王国日经指数看跌权证

20 世纪 80 年代末，随着日经指数不断攀升，高盛有组织地大笔买入这样的看跌期权。这些看跌期权是以日元计价的，高盛在买回这些低价的看跌期权后，又高价卖给那些看跌日经指数的美国买家，而美国买家是用美元来实现收益的。这其实就是一个双币期权，或者称为 GER（Guaranteed Exchange Rate Option，保障汇率期权）。GER 的价值取决于美元兑日元的汇率的变动和日经指数变动之间的相互关系，并不是日经指数和日元之间的相互关系，这个义务仓的收益设计是独立于日元价值的。

德曼重新思考这个问题并找出更加直观的方法向交易员教导这个结果。德曼思考了计价单位的选择，先用美元计价来推导一遍，然后用日元计价来推导一遍，结果确实如此。既然设计 GER 的时候针对美国买家是美元收益，应该独立于日元，为什么 GER 收益却取决于日经指数变动和以美元计价的日元价值之间的关系？后来德曼找到了答案：GER 的回报是用美元支付的，不受美元兑日元的汇率的影响，只有当日经指数变动的时候，回报才会变化。但是为了对冲 GER，必须对冲掉日经指数变动的风险，这就需要持有一定数量的日经指数期货。而日经指数期货却是以日元计价的，在 GER 定价的时候，需要考虑到这两个成本。

20 世纪 80 年代末 90 年代初的奇异期权主要针对想从别国获利的投资者，通过结构化，通过购买法国 CAC-30 指数等来达到购买别国股票分散风险获利的目的，而不用真的购买法国的股票以避免高额成本。总之，不同的奇异期权的发行方可能是为了达到自己的目的而提高收益或者降低成本，而购买方同理。20 世纪末期，法国高师等越来越多的数学家创造出更复杂的奇异期权来为客户量身定做。这类复杂的奇异期权之所以受销售员欢迎，是因为可以收取更多的费用。德曼的这个贡献让高盛从这些期权产品中获取了大量的收益。

3）波动率微笑曲线与建模

波动率微笑曲线是 1990 年 12 月德曼在高盛日本东京分公司的期权交易员那里看到的。按照原始的 BS 公式，把波动率设为常数，在横轴为执行价格、纵轴为到期时间、垂直竖轴为隐含波动率的三维图形里面应该是一个没有起伏的平坦曲面。但实际情况却是执行价格越低，隐含波动率越大得像 45°角的凸面一样。如果 BS 公式有问题，那么德尔塔对冲也就要修改了。正像衡量债券的价值不是价格而是收益率，德曼认为衡量期权的价值不能看价格而需要看隐含波动率。1987 年股灾之前的隐含波动率曲面还是比较平坦的，而之后就开始出现倾斜的弯曲。因为 1987 年的股灾已经改变了市场结构和预期，所以投资者开始愿意花钱购买期权来保险。

德曼认为 BS 公式对股票波动率的限定性太强了，不符合实际：一方面，股价不一定以恒定的波动率来扩散；另一方面，有时候股价根本就不会发生扩散。德曼根据市场发生股灾的可能性的百分比来分配波动率进行建模。到了 1993 年，德曼团队在奇异期权上碰到越来越多的微笑曲线，从而不得不下决心来解决这个问题，至少能应对当前的困境。德曼仍用二叉树来为波动率曲面建模，时间间隔的长短可以看成波动率的幅度，将二叉树延展并扭曲成凹凸状，而二叉树每个小三角的颜色深浅就代表波动率的大小。指数期权二叉树图像是横轴是指数大小、纵轴是期权到期日的二维图像，指数越高，波动率越低，小三角形颜色也就越淡；反之亦然。而在转换为指数期权的隐含波动率二维图像后，就可以解释现实中股票市场为什么会出现微笑曲线了。

德曼提出自己的局部波动率和隐含二叉树，但这仅仅找到了一个看似可以解释现象的原因，上升为理论还需要德曼团队经过艰苦卓绝的奋斗，例如，证明隐含二叉树和隐含波动率曲面之间的映射关系是否存在唯一性的问题。波动率微笑毫无疑问是期权中最有魅力的部分，通过解决波动率微笑曲线的定价，可以在期权市场上稳定地获得颇丰的套利收益，德曼做到了这一点。有关德曼更多的故事，可以阅读他写的自传《宽客人生》，这本书将他的人生经历和后来的宽客之路写得非常好，绝对值得一读。

# 4.4　桥水基金：达里奥

达里奥是目前全球最大的对冲基金桥水的创始人。和其他三位大师不同的是，他并没有很强的数理背景，而是通过对经济和金融市场的深刻理解，才获得了如此辉煌的成就。

### 1. 高尔夫俱乐部的球童

1949 年，达里奥出生于纽约皇后区杰克逊高地的一个意大利裔家庭。在达里奥 8 岁时，全家迁往马萨诸塞州。

"我当年是一名差生，"达里奥回忆道，"学过的东西总是记不住，也不喜欢上学。"

从 12 岁起，达里奥就在附近的高尔夫俱乐部里当球童，俱乐部的会员包括很多华尔街投资人。达里奥把获得的小费攒了起来，后来用这些钱买了人生中的第一只股票——美国东航空，这笔投资为达里奥带来了3倍的收益。从那时起，达里奥意识到投资股票是一个简单的游戏。在几年后进入附近的长岛大学读书时，他手上的股票投资组合已价值几十万美元。

在选修了几门金融课后，达里奥发觉，竟然还有他喜欢的课程，"静坐"便是其中之一，这门课帮他养成了以后的工作习惯：大多数早晨，在走进办公室之前，他都会陷入冥想。

"这是一种精神练习法，能让你清除杂念，"达里奥说，"创造力来自开放的思想。"

从长岛大学毕业后，达里奥进入哈佛商学院读书。读书期间，他做生意赚取学费，卖过鱼叉、油、棉花等。

离开哈佛商学院后不久，他加盟了希尔森海顿斯通公司。这是一家主要从事零售经纪预算业务的公司，老板是桑福德·威尔。达里奥在期货分部工作，每天和牧场主、粮农等人打交道，告诉他们如何规避风险。

一次，达里奥和分部的上司外出喝酒。因话不投机，达里奥动手打了上司。在不久后的"加州食品与谷物种植者协会"的年会上，他付钱给一名异国舞者，让她在众目睽睽下脱掉外衣。这些举动导致他被炒了鱿鱼。

丢掉了工作的达里奥说服一些老客户雇他做顾问，并在一套两居室里成立了桥水公司。那一年，他26岁。

1985年，通过公关，世界银行的职工退休基金同意让桥水公司管理它们的部分资金。1989年，柯达公司也看中了桥水公司。当时，柯达公司的大部分资金在股票市场里。

达里奥的观点多年未变，那就是通过投资各种各样的市场，如美国和国际债券，利用杠杆交易（用小额资金进行数倍于原始金额的投资），冒较小的风险获取最大的收益。

"达里奥有全新的思考方式。"曾主管柯达退休基金的拉斯蒂·奥尔森说。

达里奥的部分创举是：设立一只主要迎合机构投资者而非富豪个体的对冲基金。在桥水公司管理的大约1000亿美元中，只有一小部分来自富豪，以及政府经营的主权财富基金；几乎1/3来自公共养老金，如宾夕法尼亚州公立学校雇员退休系统；另外1/3来自企业退休基金，如柯达和通用公司的退休基金。

桥水公司为其机构客户提供了两种不同的对冲基金：一种是以积极型投资为特

点的基金——绝对阿尔法（Pure Alpha）；另一种是以资产分配为主要策略的对冲基金——全天候（All Weather）。除此之外，公司还出版了一本名为 *Daily Observation* 的日常刊物，供全世界的投资者付费阅览。

### 2. 绝对阿尔法

绝对阿尔法对冲基金是在 1989 年建立的，这种对冲基金投资于多个品种资产，希望在获得市场超额收益的同时承担更低的风险。绝对阿尔法通过积极的资产管理技术在一系列不相关资产里分散投资降低风险。它拥有 30 个或者 40 个同时交易的债券、货币、股指和大宗商品头寸，以避免投资于单一市场所造成的价格大幅度波动。

在绝对阿尔法投资策略下，桥水公司以波动性为标准建立了两种不同的对冲基金：Bridgewater Pure Alpha I——12%的目标波动率和 100 亿美元的管理资产；Bridgewater Pure Alpha II——18%的目标波动率和 230 亿美元的管理资产。

自成立以来，绝对阿尔法对冲基金只在 3 个年度遭遇亏损，但亏损的幅度均不超过 2%。在过去的 20 年里，绝对阿尔法对冲基金获得了接近 15%的年收益率。

从图 4.2 中可以看出，1991—2011 年，Bridgewater Pure Alpha II 的累计收益率为标普 500 指数累计收益率的 3 倍。

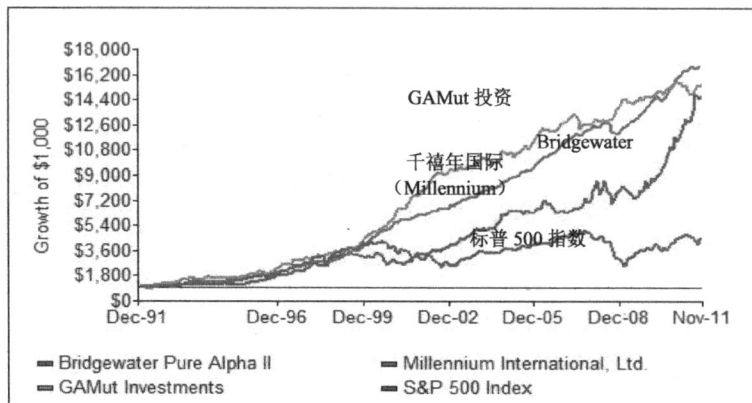

图 4.2　桥水公司的绝对阿尔法与其他基金的累计收益率对比

**数据来源：MPI Case Study**

绝对阿尔法策略的主要理论基础是法玛的三因子模型，这个简单的模型对整个金融市场的影响力巨大，在本书后面的章节中我们还会讨论这个模型，它主要阐述了一个很简单的道理：从长期来看，要想在股票市场上获得超额收益，就必须配置那些价值高的、规模小的股票。

### 3. 全天候基金

1996 年，桥水公司建立了第二只对冲基金——全天候对冲基金，通过建立最优的贝塔资产组合来获得更高的市场收益率。2011 年，全天候对冲基金已经拥有 460 亿美元的资产，成为美国最大的基金。

全天候对冲基金的核心理念之一是风险平价。通过资产配置，对低风险资产运用更高的杠杆，对高风险资产运用低杠杆，使得投资组合里所有资产的预期收益率和风险都接近相同。

图 4.3 给出了截至 2011 年年末，在累计收益率相同的情况下，全天候投资组合与股票市场组合的风险对比。全天候对冲基金的投资组合收益率的波动一直不大，在获得与股票市场相同的累计收益率时，其风险仅仅是股票市场风险的 1/3（4.5%:15.1%）。

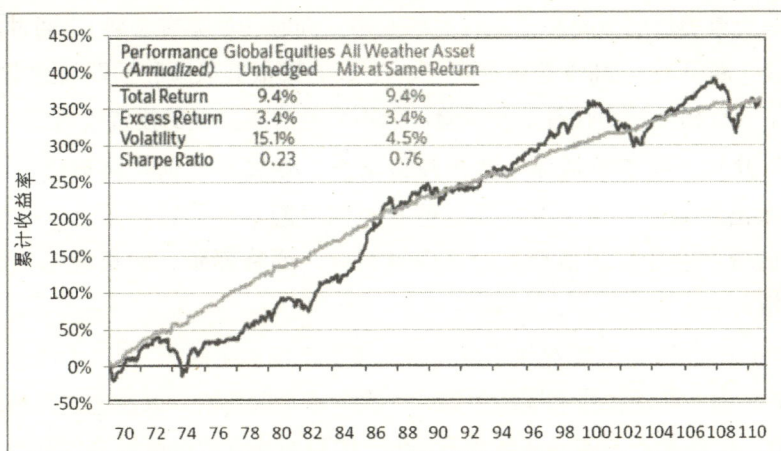

图 4.3　全天候投资组合与股票市场组合的风险对比

**数据来源：桥水公司官网**

全天候对冲基金的核心理念之一是风险平价，而与这种理念相对应的便是构建最优的贝塔组合的投资策略。风险平价是指平衡多种收益资产的风险敞口，以期在未来任何环境下都可以获得稳定的回报。

达里奥之所以运用风险平价投资原则，是因为他发现传统的平衡资产配置有一个非常严重的问题——传统的投资组合方法通过忍受很高的短期风险（集中投资于股票）来获得较高的长期回报。例如 60% 的股票和 40% 的债券，从表面上来看，这样的资产配置已经平衡了；但是从风险的角度来看，这样的资产配置是极度不平衡的——有将近 90% 的风险来自股票，而债券投资所带来的风险只占 10%。

如果短期的风险高度集中在一种类型的资产上，那么很容易带来长期低回报的巨大风险，从而威胁到未来的偿债能力。这是因为如果环境变化造成了市场的长时间低迷，则每种资产的收益率都会受到非常大的影响，所以集中持有股票的长期风险对于投资者而言将是巨大的。这些传统的投资组合由于十分依赖股票的表现来实现其预期收益率，所以它们将受制于股票市场的波动（贝塔），这与平衡资产配置的初衷是相悖的。

为了履行风险平价的投资理念并构建最优贝塔组合，通常需要以下两个步骤。

第一，通过使用杠杆降低或者增加资产的风险水平，使每种资产都拥有相近的预期收益率和风险。通过借款购买更多的低风险（低贝塔）、低收益率资产（如债券），使其具有与股票类似的风险和预期收益率水平。同时（如果有必要），通过去杠杆化减少高风险（高贝塔）、高收益率资产（如股票），降低其风险和预期收益率水平。这样就形成了具有相近预期收益率和风险，但不同经济相关性的投资收益流。

第二，从以上投资收益流中选出投资组合，使其在任何经济环境下都不会与预期收益率出现偏差。这主要是通过持有类似风险水平的投资组合来实现的，并且组合里的资产会在以下情形之一表现得很好：通货膨胀、通货紧缩、经济增长或经济下滑。

自 1996 年以来，全天候对冲基金经历了股票市场的牛熊市、两次大的经济衰退、一次房地产泡沫、两次扩张和紧缩时期、一次全球金融危机，以及这之间市场无数次的波动起伏。在各种不同的经济环境下，全天候对冲基金的投资组合的夏普比率都超过 0.6 的期望值，在名义目标风险 10% 以下，它的表现明显好于股票、债券及传统的资产组合。

全天候策略的理论基础是风险平价模型，这个模型是由钱恩平博士提出的，在他的《风险均衡策略》一书中有详细阐述，这也是整个 FOF 资产配置的重要理论基础之一。

　　除了上面提到的 4 位大神级的量化大师，华尔街通过量化投资赚取大笔收益的人比比皆是。更多有关这些对冲基金大佬的故事，可以去看《富可敌国》一书，这是笔者看过的最好的有关对冲基金人物传记的书。

　　说到这里，读者肯定很好奇：既然量化投资这么好，那么有哪些量化投资策略呢？需要什么样的理论基础呢？

# 5 主要量化投资策略

国际市场上的量化投资策略要丰富得多，而国内的金融市场由于各种衍生品的缺乏，所以真正能发挥作用的策略不够丰富，总的来说，可以分为阿尔法市场中性策略、贝塔策略、套利策略和期权策略四大块。

## 5.1 阿尔法市场中性策略

阿尔法市场中性策略是目前国内市场上主要的量化对冲策略。根据 CAPM 理论，股票收益可以分解为两部分：一部分是承担整体市场风险的 Beta（贝塔）收益；另一部分是股票自身风险所带来的 Alpha（阿尔法）收益。管理人通过构建优势股票组合，同时卖空股指期货，对冲掉股票组合中市场涨跌的影响（Beta 收益），获取股票组合超越指数的收益（Alpha 收益），如图 5.1 所示。

图 5.1 阿尔法市场中性策略的原理

阿尔法市场中性策略的关键是选出的股票组合收益要持续跑赢指数，即在市场上涨时平均涨幅大于指数，在市场下跌时平均跌幅小于指数，并且持续稳定。管理人从估值、成长、动量、市值、预期变化、资金关注、技术指标、事件等多个维度进行量化选股，构建投资组合，同时以沪深 300 行业配置比例为基准，对系统筛选出的股票根据宏观经济和行业景气状况进行差异化配置，并定期根据各因子变动动态调整组合。

阿尔法市场中性策略的主要风险体现在选股策略上。由于股票市场的规律性变化、一些突发事件的影响和统计模型本身的概率属性，所以选股模型在某些月份或特殊时期有可能失去效用，出现做多的股票跑输市场的情形，从而产生短期的亏损。这就需要投资者有正确的认识，也要求基金经理能不断完善投资模型和操作技巧，增加获胜概率。

## 5.2 贝塔策略

贝塔策略主要进行方向性投资，也称择时策略。这种策略一旦做对，则自然收益会很高；但是如果做错，则损失也会很大。2015 年上半年的大牛市，很多私募基金的收益动辄翻倍；但是当股灾来临的时候，很多著名的大佬也折戟沉沙。方向性策略总的来说可以分为两类：拐点择时和趋势择时。

### 1. 拐点类择时策略

拐点类择时策略主要依靠复杂的数学模型对走势进行判断，主要策略有以下几类。

1）SVM 模型

SVM 模型是分类模型中的重要工具，它主要通过机器学习的方法对大量的历史数据，特别是行情的模式数据进行学习，从而训练出一种能对行情进行判断的模型。著名的 AlphaGo 利用的就是这种深度学习技术，从大量的历史对局中学习出对弈原理。既然如此复杂的围棋都可以通过机器学习来判断局势，那么金融市场也完全可以做到。

2）Hurst 指数

Hurst 指数本来是流体力学中的一个概念，后来被用于金融市场。传统的金融市场模型是随机游走模型，但是基于分形理论构建的分形市场模型则通过 Hurst 指数的值来判断大盘是否到达拐点。当 $h=0.5$ 时，市场处于随机游走状态，不具备可预测性；当 $h<0.5$ 时，大盘存在均值回归的可能性，也就是曾经上涨的未来可能下跌，曾经下跌的未来可能上涨；当 $h>0.5$ 时，大盘的原有趋势将会延续。

3）市场情绪

投资者的交易行为往往受到情绪的推动，由于羊群效应的存在，从而驱动行情超预期发展，如底部的时候往往会超跌、顶部的时候也会超涨。那么可以根据一些情绪类的指标，如新增开户数、舆情指标、恐慌性指数、分级基金溢价率等，构建情绪指标模型。在实际操作中，可以反投资者情绪操作，在投资者情绪低迷的时候买入，在投资者情绪高涨的时候卖出，从而获得较高的超额收益率。

4）噪声指数

金融市场存在大资金，当有重大消息的时候，一定会有机构提前知道消息，并且进行相应的操作，这种操作会带来行情的噪声指数发生突变。我们以小波分析为工具，对行情数据进行频谱分析，就可以追踪到这种突变的情况，从而跟随大资金的步伐，获取市场大幅波动所带来的收益。小波分析可以将普通的时序数列分解成不同频率的波函数，利用波函数就可以将时序数列分解成主趋势的低频部分和噪声的高频部分，从而在频域进行更加精准的分析。

## 2. 趋势类择时策略

趋势类择时策略主要利用各种指标来捕捉市场趋势，并且以多次小的失败为代价，试图抓到一次大的行情来盈利。其主要理论基础是技术分析，主要有如下几种策略。

1）均线模型

均线模型是最简单的一类趋势策略，主要采用交叉法则，如上穿 5 日均线做多、下穿 5 日均线做空，这就是我们常说的金叉、死叉。均线模型有很多变种，如简单均线、MACD、自适应均线等。均线模型成功的关键在于参数的设置，不同的金融市场和品种需要不同的参数，这个参数需要通过历史数据的回溯来获得。

2）海龟模型

海龟模型来自著名的商品投机家理查德·丹尼斯与他的老友比尔埃·克哈特的一个著名实验：优秀的交易员到底是天生的还是后天可以培养的？后来的实验结果表明，普通人利用简单的交易策略，只要长期坚持，也能成为优秀的交易员。这就是后来人称的海龟交易系统。

海龟交易系统采用两个通道突破开仓，这两个系统分别被称为系统一和系统二。系统一（以 20 日突破为基础的偏短线系统）：只要有一个信号显示价格超过前 20 天的最高价，系统就会发出做多信号。系统二（以 55 日突破为基础的较简单的长线系统）：只要有一个信号显示价格超过前 55 日的最高价就买入。

3）凯特纳通道

凯特纳通道交易系统是由技术分析专家 Chester Keltner 开发出来的，最初他是使用 10 日均线来绘制这个指标的。凯特纳通道有 3 条线，中心线是由(最高价+最低价+收盘价)/3 得出的平均价格的 10 日均线，而波动的部分是以单根 K 线的（最高价–最低价）的 10 日均线为基础进行计算的，上通道就是中心线加上波动部分，下通道就是中心线减去波动部分。

# 5.3 套利策略

由于交易者行为的差异，不同的交易品种之间会出现微小的定价偏差，可以从中进行套利交易，赚取稳定的套利价差。主要有以下几种策略。

### 1. 期现套利策略

根据沪深 300 股指期货与沪深 300 指数基差到期时必定收敛的特性，当期货指数与沪深 300 指数的基差足够大时，可以通过构建一个反向组合来获得基差收敛过程中产生的收益。如果基差升水，则做多沪深 300 指数，同时做空沪深 300 股指期货；如果基差贴水，则融券做空沪深 300 指数，同时做多沪深 300 股指期货。当到交割日的时候，该基差将强制收敛。

### 2. 跨期套利策略

当两个不同到期月份合约之间的价差偏离其合理区间时，可以通过在期货市场同时买入低估值合约和卖出高估值合约，在价差回归后进行反向平仓的方式来进行跨期套利交易。在股指期货受限之后，目前还可以支持较大规模的套利策略也就只有商品期货领域的跨期套利策略了，但是商品期货的跨期套利从理论上来说是一种统计套利，价差并不存在必然的收敛，只是统计规律上的收敛，所以在真实的交易中仍需进行严格的风险管理。

### 3. 分级基金折溢价套利策略

分级基金折溢价套利策略有两种：当母基金出现折价时，买入母基金并进行分拆，在二级市场上分别卖出分级基金的 A 份额和 B 份额；当母基金出现溢价时，在二级市场上分别买入分级基金的 A 份额和 B 份额，进行合并后卖出或者赎回母基金。

### 4. ETF 套利策略

ETF 套利策略同样分为折价套利和溢价套利。折价套利是当 ETF 价值小于对应的一揽子股票市值时，在买入 ETF 后，赎回一揽子股票，再在股票市场上卖出进行套利；溢价套利是当 ETF 价值大于对应的一揽子股票市值时，先从股票市场上购入一揽子股票，申购 ETF 份额，然后在二级市场上卖出 ETF 份额进行套利。

ETF 套利成功的关键在于高速的套利系统，但是在 2015 年券商的 IT 系统接口关闭之后，ETF 套利就很难运行了，未来的发展仍有赖于 IT 系统接口的重新开放。

### 5. 可转债套利策略

可转债具有内在转股价值，该价值是可转债当日转股所获得的市值。当市场出现可转债价格等于或小于转股价值时，买入可转债，同时做空对应转股数的股票。国外市场可转债套利的机会有很多，因为做空机制成熟；但在国内市场目前融券很不发达的情况下，可转债套利只有很小的空间可以进行。

## 5.4　期权策略

期权具有杠杆大、方向灵活的特点，成为金融衍生品中重要的风险管理工具。特别是在 BS 模型发表以后，期权定价有了理论基础，从而成为华尔街量化交易的最佳品种。国内的期权品种目前非常稀缺，但是也正在发展中，未来发展空间巨大。

期权套利是由期权合约或合约之间定价偏差所带来的套利机会。期权套利策略灵活多样，包括买卖权平价关系套利策略、价差期权组合套利策略、期权凸性套利策略、期权箱体套利策略等。期权套利是国际金融市场交易量最大的一类策略。由于期权有着收益无限、风险有限的特征，因而成为主流对冲基金必配的交易策略。并且由于国外期权交易量巨大，也可以容纳大资金运作，所以在 FOF 的配置中很多采用期权套利策略。

### 1. 股票-期权套利

股票和期权的套利组合有两种：一种是在做多股票的同时买入认沽权证，用多头套利来表示；另一种是在做空股票的同时买入认购权证，用空头套利来表示。多头股票-期权套利综合分析如表 5.1 所示。

表 5.1　多头股票-期权套利综合分析

| 组合方式 | 在买入股票的同时，买入该股票的认沽权证<br>在买入 A 股票的同时，买入指数的认沽权证 |
|---|---|
| 使用范围 | 后市方向不明确，但认为会有显著的价格变动，波动性会增大。波动性越大，对期权部位越有利。只要价格波动超过高平衡点或低于低平衡点，就会有盈利 |
| 最大风险 | 所支付的全部权利金。随着时间的损耗，对部位不利 |

### 2. 转换套利

正向转换套利是指在买入看跌期权、卖出看涨期权的同时，买入相关期货合约的交易。其中，看涨期权和看跌期权的执行价格和到期日是相同的，相关期货合约的交割月份与期权合约的到期月份也是相同的。正向转换套利收益的计算公式如下：

$$正向转换套利收益=(看涨期权权利金-看跌期权权利金) -$$
$$(期货价格-期权执行价格)$$

反向转换套利与正向转换套利的操作相反，是指在买入看涨期权、卖出看跌期权的同时，卖出相关期货合约的交易。其中，看涨期权与看跌期权的执行价格和到期日都相同，相关期货合约的交割月份与期权合约的到期月份也相同，并且在执行价格上尽可能接近期货价格。反向转换套利收益的计算公式如下：

$$反向转换套利收益=(看跌期权权利金-看涨期权权利金)-$$
$$(期权执行价格-期货价格)$$

### 3. 跨式套利

跨式套利（Straddle）也称马鞍式期权、骑墙组合、等量同价对敲期权、双向期权（Double Options）、底部跨式期权（Bottom Straddle），是指以相同的执行价格同时买进或卖出不同种类期权的交易。跨式套利包括买入跨式套利和卖出跨式套利两种。

宽跨式套利又称异价对敲或勒束式期权组合，是指投资者同时买进或卖出相同标的物、相同到期日但不同执行价格的看涨期权和看跌期权的交易。根据投资者买卖方向的不同，宽跨式套利可以分为买入宽跨式套利与卖出宽跨式套利两种。

### 4. 蝶式套利

蝶式套利的原理和垂直套利相似，都是利用同时买进和卖出同一商品、同一到期月份但不同敲定价格的看涨或看跌期权合约进行套利的。不同的是，蝶式套利由两个买卖方向相反、共有一个相同并居中的执行价格的垂直套利交易所组成。

具体的套利方式是：买入（或卖出）低执行价格的看涨（或看跌）期权，卖出（或买入）居中执行价格的看涨（或看跌）期权，同时买入（或卖出）高执行价格的看涨（或看跌）期权。其中，居中执行价格的期权的交易数量是低执行价格和高执行价格期权交易量之和，这相当于两个垂直套利的组合。低执行价格和高执行价格的期权分居于居中执行价格的两边，形同蝴蝶的两只翅膀，所以称为蝶式套利。

根据买卖方向的不同，蝶式套利分为买入蝶式套利和卖出蝶式套利两种。

限于篇幅，这段只能大致介绍一下几大类策略的原理，有关这些策略的详细操作和具体运作方式，请参见笔者拙著《量化投资——策略与技术》。

# 6 投资收益的来源

中国有句古话:"知其然,知其所以然。"在投资领域中也是一样的,你不但要知道怎么赚钱,还得知道为什么这么做可以赚钱。这样,当策略出现回撤的时候,到底是坚守还是止损,才会有一个理论上的指导。

解决这个问题的有三位教父级人物,一位是提出资本资产定价模型(CAPM)的夏普,一位是提出套利定价模型(APT)的罗斯,还有一位是提出股票三因子模型的法玛。

## 6.1 资本资产定价模型(CAPM)

20 世纪 60 年代初期,金融经济学家开始研究马科维茨的模型是如何影响证券估值的,这一研究导致了资本资产定价模型(Capital Asset Price Model,CAPM)的产生。现代资本资产定价模型是由夏普(1964 年)、林特纳(1965 年)和莫辛(1966 年)根据马科维茨最优资产组合选择的思想分别提出来的,因此资本资产定价模型也称为 SLM 模型。

资本资产定价模型对资本资产的定价问题从理论上给出了一个十分完美的解答,以一个简洁的方程描述了单个资产收益与市场收益之间的关系。这一模型是建立在一些严格条件之上的,尽管有些假设与现实不符,但还是抓住了一些主要因素,对实际问题在一定程度上给出了有力的说明,具有一定的指导作用。

资本资产定价模型考虑的是一种单一期限的情形,投资者在期初进行投资,在期末卖出资产,期间不考虑消费问题,同样假设市场上存在 $N$ 个风险资产和 1 个无风险资产,同时假设:

(1)所有资产均为责任有限的,即对任何资产,其期末价值总是大于或等于零。

(2)市场是完备的,即不存在交易成本和税收,而且所有资产均为无限可分割的。

（3）市场上有足够多的投资者使得他们可以按市场价格买卖他们所想买卖的任何数量的任何可交易资产。

（4）资本市场上的借贷利率相等，且对所有投资者都相同。

（5）所有投资者均为风险厌恶者，同时具有不满足性，即对任何投资者，财富越多越好。

（6）所有投资者都追求期末财富的期望效用最大化。

（7）所有投资者均可免费地获得信息，市场上的信息是公开的、完备的。

（8）所有投资者对未来具有一致性的预期，都正确地认识到所有资产的收益均服从联合的正态分布。

（9）对于任何风险资产，投资者对其评价有两个主要的指标：风险资产收益率的均值和方差，均值代表预期收益，方差（或标准差）代表风险。

前 4 个假设是对资本市场的一种理想化假定，概括起来，其实质是认为一个理想的市场应该是完备的、无摩擦的，从而对资源的配置是有效的。当然，这种理想的市场在现实中是不存在的，但是我们可以对这些条件进行放松，并发现放松后对原来的结果影响不是根本的，也就是说，这些理想的假设抓住了主要矛盾，结果也就十分有意义。同时，随着科学技术尤其是信息技术的发展，现实中的资本市场也正一步一步地向这一理想市场靠近。

假设（5）、（6）、（8）、（9）是关于投资者的假设。风险厌恶的假设是有代表性的，当然我们并不否认存在风险偏好的投资者；同时，这些假设还对投资者的选择标准给出了说明；而假设（7）则是关于市场有效性的假设。

在满足了上述的假设之后，CAPM 模型可以表示为

$$E(R) = R_f + [E(R_m) - R_f] \times \beta$$

式中，$E(R)$ 为股票或投资组合的期望收益率；$R_f$ 为无风险收益率，投资者能以这个利率进行无风险的借贷；$E(R_m)$ 为市场组合的收益率；$\beta$ 是股票或投资组合的系统风险测度。

从模型当中我们可以看出，资产或投资组合的期望收益率取决于三个因素：（1）无风险收益率 $R_f$，一般将一年期国债利率或者银行三个月定期存款利率作为无风险利率，投资者可以以这个利率进行无风险借贷；（2）风险价格，即 $[E(R_m) - R_f]$，是风险收益与风险的比值，也是市场组合收益率与无风险利率之差；（3）风险系数 $\beta$，是度量资产或投资组合的系统风险大小尺度的指标，是风险资产的收益率与市场组合

收益率的协方差与市场组合收益率的方差之比，故市场组合的风险系数 $\beta$ 等于 1。

对于这个公式，可以用更加容易理解的方式来表达，即：

投资收益率=无风险收益率+贝塔收益率+阿尔法收益率

举一个更加通俗的例子：长江上有一条船，船上有一个人在行走，那么这个人的速度是多少？学过物理学的人都知道，人的绝对速度由三部分组成：

绝对速度=江水的速度+船的速度+人的步行速度

这个江水的速度是大自然给你的，是地球的重力送给你的速度，在投资中相当于无风险收益率，无论你做不做，这个收益率都是存在的，一般行业用国债的一年期收益率代表这个无风险收益率，目前各种存款、国债、货币基金等都属于这个范畴。这也就是发达国家的资金想进入新兴市场的原因，因为新兴市场的经济增长率高，所以能给予的无风险收益率也比较高。

船的速度就有讲究了，到底是帆船还是轮船，是快艇还是邮轮，这个速度就有差别了，在投资中相当于指数收益率。如果想获得更高的收益，那就做贝塔收益率比较大的指数，比如中小盘指数；如果求稳，就做贝塔收益率比较小的指数，比如蓝筹股指数。你愿意承担多大的风险就做对应的指数。当然，指数在长期肯定是涨的，但在短期就不一定了，可能会有下跌的风险。

真正对这个绝对速度有重要影响的是人的步行速度，这就是体现了人的能力，这就相当于投资中的阿尔法收益率。有多种方法可以获取这个阿尔法收益率，比如，价值投资的基金经理通过基本面分析来获取阿尔法收益率，量化基金经理通过数量分析来获取阿尔法收益率，等等。阿尔法收益率的大小体现了基金经理的核心价值所在。

当然，夏普是不承认有阿尔法收益率的，在他的公式里面没有阿尔法收益率这一项。

**CAPM 模型可以用一句通俗的话来概括：超额的收益来自超额的风险。**

如果投资人想获得高额的收益，那必须承担高额的风险。换句话说，主动管理能力并不存在。这一结论引发了华尔街基金的一次大的分裂，共同基金分裂为两大分支：主动管理和被动管理。既然主动管理能力并不存在，那为什么还要给这些主动管理的基金经理支付高额的管理费和绩效呢？

在这种思路的指引下，作为被动投资的代表，先锋基金（Vanguard）于 1974 年由约翰·鲍格尔（John Bogle）创立，目前是全球最大的公募基金。截至 2017 年 3 月 31 日，Vanguard 集团在全球管理超过 4.2 万亿美元的公募基金、独立管理账户及 ETF

资产。先锋基金主要以被动投资的各种 ETF 为主，并且基于内部的 ETF 管理自己的 FOF 产品——DT 基金。在不断降低费率的思路下，先锋基金很快获得了业内的认可，管理规模 30 年翻了几万倍。

那么，到底有没有阿尔法收益呢？这个问题一直在业界和学术界的争吵中没有得出答案，直到 1992 年，尤金·法玛在他的著名的股票三因子模型中给出了答案。

## 6.2　股票三因子模型

尤金·法玛是芝加哥商学院的经济学家，也是 2013 年诺贝尔经济学奖的获得者，他的学术研究极大地推动了金融学成为经济学科下的重要独立领域。在尤金·法玛得奖之后，许多人介绍其学术贡献，言必称"有效市场假说（Efficient Market Hypothesis，EMH）"。的确，有效市场假说是尤金·法玛在早年学术研究中的一大贡献。不过考虑到 2013 年诺贝尔经济学奖的颁奖原因是三位经济学大师在资产定价方面的经验研究，显然只提一个"有效市场假说"是远远不够的。

其实，华尔街的投资大鳄对于"有效市场假说"是不屑一顾的，比如"股神"巴菲特就说过："如果市场总是有效的，那我只能沿街乞讨。"但是，这并不妨碍投资大鳄对尤金·法玛的尊敬和关注，因为他在资产定价方面的另一项学术贡献——法玛/弗兰奇三因子模型实实在在地改变了华尔街尤其是对冲基金业的玩法，为他们带来了数以亿计的真金白银。

在此之前的 CAPM 模型认为，一只股票的回报高低是由其贝塔（Beta）值决定的。举个例子：大盘涨 1%，这只股票却要涨 1.5%，而学术界则会说这只股票的 Beta 值是 1.5（1.5%÷1%=1.5）。CAPM 理论认为"一分风险，一分收获"，一股票的 Beta 值越大，预期收益就越大。这个理论看起来很美，也符合"天下没有免费午餐"的想法，盛行一时。然而，20 世纪 80 年代的大量经验研究却发现，股市实际的运作与 CAPM 模型并不一致，业界并不能认可学术界研究对于他们实际交易的指导性，直到 1992 年尤金·法玛和同事肯尼思·弗兰奇（Kenneth French）的那篇著名论文——《股票回报的交叉选择》的发表（此后被引用超过了 10 000 次）。尤金·法玛用 1941—1990 年的美股数据指出：除衡量波动风险的 Beta 值之外，股票的市值和估值同样会影响回报——更直接地说，小盘股和低市净率的价值股会有更好的回报。正因为这篇论文太著名了，所以后来用 Beta 值、市值、估值来预测股票回报的模型就被称为法玛/弗兰奇三因子模型，这三个因子分别为风险因子、规模因子和价值因子。

这个模型认为，一个投资组合（包括单只股票）的超额回报率可由它对三个因子的暴露来解释，这三个因子分别是市场资产组合（$R_m - R_f$）、市值因子（SMB）、账面市值比因子（HML）。这个多因子均衡定价模型可以表示为

$$E(R_{it}) - R_{ft} = \beta_i \left[ E(R_{mt}) - R_{ft} \right] + s_i{}^E(\text{SMB}_t) + h_i{}^E(\text{HML}_t)$$

式中，$R_{ft}$表示时间 $t$ 的无风险收益率；$R_{mt}$表示时间 $t$ 的市场收益率；$R_{it}$表示资产 $i$ 在时间 $t$ 的收益率；$E(R_{mt}) - R_{ft}$ 为市场风险溢价；$\text{SMB}_t$为时间 $t$ 的市值（Size）因子的模拟组合收益率；$\text{HML}_t$为时间 $t$ 的账面市值比（book-to-market）因子的模拟组合收益率。

$\beta_i$、$s_i$和$h_i$分别是三个因子的系数，回归模型表示如下：

$$R_{it} - R_{ft} = \alpha_i + \beta_i(R_{mt} - R_{ft}) + s_i\text{SMB}_t + h_i\text{HML}_t + \varepsilon_{it}$$

同时弗兰奇维护了一个数据库，用美国过去 100 年的数据得出如图 6.1 所示的统计结果：从长期来看，只要坚持购买小盘价值股，其收益率要比购买大盘股的收益率高出 140 倍。

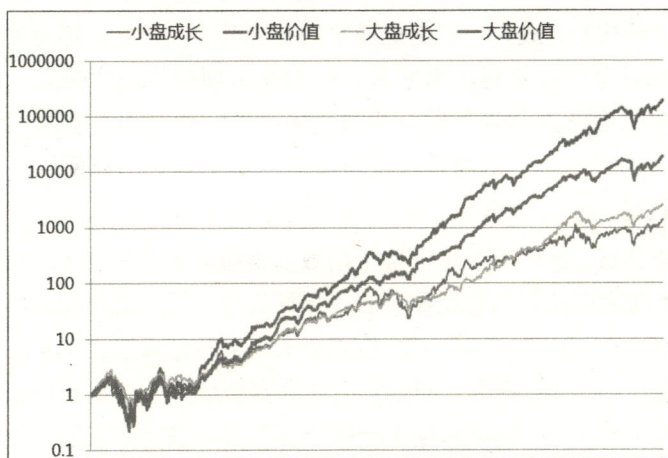

图 6.1　股票三因子模型的回测结果

这个结果如此的简单，也如此的深刻，对整个美国的金融行业，特别是华尔街带来了巨大的影响，直接导致了对冲基金这个行业的大发展。

在共同基金领域，基于法玛的理论研究，基金公司推出了规模基金和风格基金两个新大类基金，通过前者投资者可以选择购买大盘股或小盘股，通过后者投资者可以

选择购买价值股或成长股。这样的分类方式如今已经成为基金业的标配和基本模式，基金评级机构晨星的基金分类也基于此，如表 6.1 所示。

表 6.1　晨星的基金分类

| 价 值 型 | 混 合 型 | 成 长 型 |
| --- | --- | --- |
| 大盘价值 | 大盘混合 | 大盘成长 |
| 中盘价值 | 中盘混合 | 中盘成长 |
| 小盘价值 | 小盘混合 | 小盘成长 |

这一门派里最得法玛真传和满意的当属他的研究助理大卫·布斯。大卫·布斯带着法玛的理论成果奔向了华尔街，成立了 Dimensional 基金，严格执行三因子理论，主打小盘价值股，目前管理的基金规模约为 4000 亿美元。Dimensional 基金的董事会成员包括：诺贝尔经济学奖得主尤金·法玛和肯尼斯·佛伦奇、诺贝尔经济学奖得主迈伦·斯科尔斯、爱德华·拉泽尔（美国总统经济顾问委员会主席，首席经济顾问），已经去世的另一位诺贝尔经济学奖得主默顿·米勒也曾是董事会成员。

2008 年，大卫·布斯作为尤金·法玛的得意门生向芝加哥大学商学院捐赠了有史以来最大的一笔捐款，他身体力行地学以致用，将尤金·法玛流派的学说应用于业界并取得了巨大的成功，成为华尔街最成功的共同基金之一；芝加哥大学商学院也因此更名为 Booth 商学院。值得注意的是，作为全美顶尖的商学院之一，芝加哥大学商学院一直与哈佛商学院并驾齐驱，从这里毕业的行业老大、资本大鳄数不胜数，能站在这些巨人的肩膀上，将商学院重新命名，说明大卫·布斯已经得到了业界和学术界最大的认可。

在对冲基金领域，他们不满足于推出指数基金赚取相对较低（0.5%～1.3%）的管理费，而是想直接利用法玛的理论赚大钱，标杆人物当属尤金·法玛的另一个得意门生阿斯内斯，他创立了 AQR 资本，将出色的学术成果转化成了实实在在的投资成果。AQR 喜欢持有无人问津的股票，期望它们在真实价值被市场重新认识时能够收复失地。当然，作为对冲基金，阿斯内斯也会做空那些高估值的成长股，他的成名战当属在 2000 年发生互联网泡沫时发表了一篇题为"泡沫逻辑"的论文，粉碎了支持科技股高估值的理论，并在随后的科技股大跌中获得丰厚回报，其管理的资产也从 1998 年公司创立时的 10 亿美元增值到 2004 年的 120 亿美元，如今已达 1300 亿美元，位居 2016 年世界对冲基金排行榜第二名。

可以说华尔街的对冲基金几乎有一半以上的规模来自尤金·法玛的理论成果，所以他们被统称为芝加哥学派。尤金·法玛实在是人生大赢家，自己的理论获得了诺尔贝经济学奖，几个学生也赚了大钱，他自己作为董事会成员，钱肯定也没少赚，堪称宗师级人物。

# 6.3　套利定价模型（APT）

在尤金·法玛提出股票三因子模型之前，也就是 20 世纪 70 年代，罗斯就提出过套利定价理论，用一系列的因子来描述资产的定价关系。其主要假设有：

（1）资本市场处于均衡状态。

（2）投资者喜爱更多的财富而不是更少的财富。

（3）资产模型可用指数模型来表示。

引例：某人 A 希望有人陪他抛硬币赌博，为此他提出这样一套赌博方案，即抛出正面给对方 100 元，抛出反面给对方 0 元。对其他人来说，这是没有任何投入就可得到非负收入，且有 50%概率得到正收入的投资机会。该方案对其他人来说，零成本，无风险，收益非负。

这样的情况会出现吗？如果 A 周围有许多人，则他们将相互竞争。某人 B 答应愿意按照 A 的方案陪他赌博；某人 C 可能提出对 A 较为有利的方案，比如，抛出正面 A 给他 50 元,抛出反面给对方 0 元;某人 D 可能提出对 A 更为有利的方案，比如，抛出正面 A 给他 30 元,抛出反面给对方 0 元;以此类推，直到 A 给对方的钱降低为0，即套利机会消失。

根据"一个价格"的规律，同一种资产不可能在一个或 $n$ 个市场中以两种不同的价格出售，否则会出现套利机会。

套利是指利用相同资产的不同价格赚取无风险利润。它是一种广泛应用的投资策略，就是将资产以相对高的价格出售，同时以相对低的价格购买同一种资产。低价购买驱使资产价格上涨，高价出售驱使资产价格下跌，最后价格趋于相等，使获利机会消失。

## 1. 单因子模型

套利定价理论假设资产收益率可以用指数模型（因子模型）来解释。首先假设它是单因子模型：

$$r_i = E(r_i) + b_i F + e_i, i = 1, 2, \cdots, n \tag{6-1}$$

式中，$r_i$ 是资产 $i$ 的收益率。

$E(r_i)$ 是资产 $i$ 的预期收益率。

$F$ 是资产 $i$ 的公共因子，并且其期望值为 0。

$b_i$ 是因子 $F$ 的载荷（资产 $i$ 对公共因子的灵敏度）。

$e_i$ 是随机误差项，$E(e_i) = 0$，且与 $F$ 不相关。

一般地，一个套利组合由 $n$ 个资产组成，权重为 $x_i$ $(i = 1, 2, \cdots, n)$。投资者没有使用其财富进行套利，因此套利资产组合要求无净投资（初始投资为 0 的投资组合），即

$$\sum_{i=1}^{n} x_i = 0$$

同时还要求套利资产组合充分多样化。

由式（6-1）可得

$$\sum_{i=1}^{n} x_i r_i = \sum_{i=1}^{n} x_i E(r_i) + (\sum_{i=1}^{n} x_i b_i) F + \sum_{i=1}^{n} x_i e_i$$
$$\approx \sum_{i=1}^{n} x_i E(r_i) + (\sum_{i=1}^{n} x_i b_i) F \tag{6-2}$$

当 $n$ 足够大时，充分多样化的资产组合可以忽略非因子风险的影响。

如果还要求套利资产组合不受因子风险的影响，那么

$$\sum_{i=1}^{n} x_i b_i = 0 \tag{6-3}$$

将它代入式（6-2）可得

$$\sum_{i=1}^{n} x_i r_i \approx \sum_{i=1}^{n} x_i E(r_i)$$

因此，如果资产组合没有套利机会，那么在均衡状态必须有

$$\sum_{i=1}^{n} x_i E(r_i) = 0$$

投资者套利的目标是使套利组合的预期收益率最大化，即寻求以下优化问题的解：

$$\max \sum_{i=1}^{n} x_i E(r_i)$$

$$\text{s.t.} \begin{cases} \sum_{i=1}^{n} x_i = 0 \\ \beta_P = \sum_{i=1}^{n} x_i b_i = 0 \end{cases}$$

采用拉格朗日乘数法，建立拉格朗日函数，如下：

$$L = \sum_{i=1}^{n} x_i E(r_i) - \lambda_0 \sum_{i=1}^{n} x_i - \lambda_1 \sum_{i=1}^{n} x_i b_i$$

要求 $L$ 的最大值，应将其对 $x_i$ 及 $\lambda_0, \lambda_1$ 求偏导数并令其等于 0，得到如下方程组：

$$\frac{\partial L}{\partial x_i} = E(r_i) - \lambda_0 - \lambda_1 b_i = 0, i = 1, \cdots, n \qquad (6\text{-}4)$$

$$\frac{\partial L}{\partial \lambda_0} = \sum_{i=1}^{n} x_i = 0$$

$$\frac{\partial L}{\partial \lambda_1} = \sum_{i=1}^{n} x_i b_i = 0$$

由式（6-4）可以求出使套利组合收益率最大的 $E(r_i)$ 与 $b_i$ 的关系，如下：

$$E(r_i) = \lambda_0 + \lambda_1 b_i, i = 1, \cdots, n \qquad (6\text{-}5)$$

式中，$\lambda_0, \lambda_1$ 为常数。式（6-5）表示在均衡状态下预期收益率和因子载荷的线性关系。这条直线叫作套利定价线，或者叫作 APT 资产定价线。

$\lambda_0$ 是资产没有因子载荷（$b_i = 0$）时的收益率，它是无风险收益率，记作 $r_f$，那么式（6-5）可记为

$$E(r_i) = r_f + \lambda_1 b_i \qquad (6\text{-}6)$$

至于 $\lambda_1$，可以考虑因子载荷为 1 的资产组合 $P$，就是

$$E(r_P) = r_f + \lambda_1 b_P$$

其中 $b_P = 1$，所以

$$\lambda_1 = E(r_P) - r_f$$

$\lambda_1$ 是因子载荷为 1 的一个资产组合的超额收益率——超过无风险利率的那部分，叫作因子风险报酬或风险溢价。令 $\delta_1 = E(r_P)$，那么

$$\lambda_1 = \delta_1 - r_f \qquad (6\text{-}7)$$

代入式（6-6），可得

$$E(r_i) = r_f + (\delta_1 - r_f)b_i$$

### 2. 套利定价的多因子模型

假定每个资产的收益率满足多因子模型

$$r_i = E(r_i) + b_{i1}F_1 + b_{i2}F_2 + \cdots + b_{ik}F_k + e_i, i = 1, 2, \cdots, n$$

式中，$r_i$ 是资产 $i$ 的收益率。

$E(r_i)$ 是资产 $i$ 的预期收益率。

$F_j$ 是资产 $i$ 的第 $j$ 个公共因子，并且 $E(F_j) = 0(j = 1, \cdots, k)$。

$b_{ij}$ 是资产 $i$ 的第 $j$ 个公共因子的载荷。

$e_i$ 是随机误差项，$E(e_i) = 0$，且与 $F_j$ 不相关，$j = 1, \cdots, k$。

和单因子模型类似，因为是无风险套利，且不使用新的投资，假设 $w_i(i = 0, \cdots, n)$ 是套利资产组合资产 $i$ 的权重，那么要求

$$\sum_{i=1}^{n} w_i = 0$$

构成的资产组合如下：

$$\sum_{i=1}^{n} x_i r_i = \sum_{i=1}^{n} x_i E(r_i) + (\sum_{i=1}^{n} x_i b_{i1})F_1 + (\sum_{i=1}^{n} x_i b_{i2})F_2 + \cdots + (\sum_{i=1}^{n} x_i b_{ik})F_k + \sum_{i=1}^{n} x_i e_i$$

如果这个资产组合充分多样化，则非因子影响可以被忽略，可得

$$\sum_{i=1}^{n} x_i r_i \approx \sum_{i=1}^{n} x_i E(r_i) + (\sum_{i=1}^{n} x_i b_{i1})F_1 + (\sum_{i=1}^{n} x_i b_{i2})F_2 + \cdots + (\sum_{i=1}^{n} x_i b_{ik})F_k \quad （6\text{-}8）$$

因为套利资产组合没有因子风险，因此

$$\sum_{i=1}^{n} x_i b_{ij} = 0, j = 1, 2, \cdots, k$$

这 $k$ 个等式成立。于是有

$$\sum_{i=1}^{n} x_i r_i \approx \sum_{i=1}^{n} x_i E(r_i)$$

只有在 $\sum_{i=1}^{n} x_i E(r_i) = 0$ 时，套利资产组合处于均衡状态，这时

$$E(r_i) = \lambda_0 + \lambda_1 b_{i1} + \lambda_1 b_{i2} + \cdots + \lambda_k b_{ik}, i = 1, \cdots, n$$

和单因子模型类似，$\lambda_0$是公共因子载荷$b_{ij}=0$（$j=1,\cdots,k$）时的无风险利率，记作$r_f$，$\lambda_j$是第$j$个公共因子的风险报酬。令

$$\lambda_j = \delta_j - r_f$$

式中，$\delta_j$是所有其他公共因子的载荷为0、因子$j$的载荷为1的一个资产组合上的期望收益率。因此，$E(r_i) = \lambda_0 + \lambda_1 b_{i1} + \lambda_1 b_{i2} + \cdots + \lambda_k b_{ik}, i=1,\cdots,n$可写为

$$E(r_i) = \lambda_0 + (\delta_1 - r_f)b_{i1} + (\delta_2 - r_f)b_{i2} + \cdots + (\delta_k - r_f)b_{ik}, i=1,\cdots,n$$

因此，

资产$i$的预期收益率=无风险利率+$\sum\limits_{j=1}^{k}$（因子$j$的风险报酬×资产$i$的因子$j$的载荷）

当然，APT模型的最大问题是没有人知道到底应该是哪些因子，以及到底需要多少个因子，更多的只是一个理论框架，所以很多人认为APT模型是对CAPM模型的一个扩充，后来的多因子选股策略也可以说是从APT模型起源的。但是APT模型远不如法玛的股票三因子模型来得简单直接，而且需要实操性。这个模型太复杂了，有这么多公式，这也是这个模型没有在业界获得巨大成功的另一个原因。

# 6.4 策略三因子模型（STF）

STF模型是笔者多年工作的一个经验总结，这个模型没有任何假设，并不认为市场一定会处于均衡状态，也不追求完美状态。实际上，市场永远没有均衡状态，一直在均衡状态上下波动。市场也不存在完美状态，因为社会是进步的，永远有新的游戏规则出现，所以这是一个不完美的市场。在这样的市场中，策略的收益主要是由哪些因子贡献的呢？笔者认为最重要的是三个因子：时间因子、风险因子和信息因子。

$$S(i) = F_1(\text{time}) + F_2(\text{risk}) + F_3(\text{info})$$

式中，$S(i)$代表策略$i$（Strategy）的预期收益率，time、risk、info分别代表时间因子、风险因子和信息因子，$F_1$、$F_2$、$F_3$分别代表对应的三个函数。对于这三个因子的解释如下。

## 1. 时间因子

从长期来看，资产的价格都是上涨的，不管是不动产、股票还是债券，在大的时

间周期上，其价格都是向上的，其背后的原因是通货膨胀。现代社会采用的是主权货币制，这就决定了不管是美元、欧元还是人民币，其发行量都是不断增加的。货币如水，资产如船，水涨船高。这就是时间所带来的收益。

时间因子更多地表现在债券的收益率和股票的分红率上。债券通过收益率返还给投资人，股票通过分红率为投资人创造收益。

### 2. 风险因子

这个风险因子和 CAPM 模型中所说的风险系数 $\beta$ 的内涵一致，如果想获得更高的收益率，就必须做高风险的投资。比如，做天使投资的收益率显然要高于做 PE 的收益率，一级市场的收益率显然要高于二级市场的收益率，就是这个道理。当然，高风险的投资不一定就意味着高收益，也可能会亏得很惨，甚至血本无归。

### 3. 信息因子

信息因子的意思就是，如果想获得超越别人的更多的收益，就必须掌握更多的信息。这在尤金·法玛的"有效市场假说"中也有提及。当处于半强有效市场的时候，就必须依靠私人信息来战胜市场，这个私人信息既可以是内幕消息，也可以是通过数据挖掘等技术获得的信息。

要想在市场上长期战胜对手，就必须拥有信息优势，也就是我们常说的信息不对称。这种信息不对称可以来自科技手段、分析模型或者独特的市场壁垒等。

在这三个因子中，只有信息因子是最有价值的，这也是众多量化投资大师的盈利原因所在，比如德邵依靠的是高速计算机系统、西蒙斯依靠的是人工智能的模型。从长期来看，只有拥有了信息优势的策略，才是稳定、可靠的策略。

我们在了解了主要的量化投资策略和策略背后的原理之后，就可以进行 FOF 的设计和运作了。那么，一个完整的 FOF 产品应该如何运作呢？

# 7  完整的 FOF 怎么做

业内目前做 FOF 的机构最常犯的一个错误就是一开始就进行各种尽职调查,很多人的做法是将各大排行榜上的数据从高到低排序,然后一个个去考察。当然,这种做法是符合人性的,但很容易陷入各种尽职调查陷阱,有关这方面的话题将在第 11 章中详细解释。

一个完整的 FOF 产品的投资流程应该是"自上而下"的设计,而不能摸着石头过河。总的来说,可以将其分为 5 个步骤:产品设计、资产配置、策略组合、管理人选择、投后管理,如图 7.1 所示。

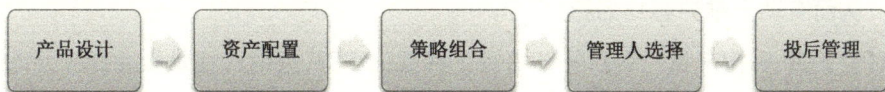

产品设计 ➡ 资产配置 ➡ 策略组合 ➡ 管理人选择 ➡ 投后管理

图 7.1    FOF 运作流程

## 7.1    产品设计

产品设计的实质是产品定位问题,主要取决于客户的需求、预期收益、能承受的风险水平、投资期限等。

产品设计首先要搞清楚的一个问题就是:你的产品到底卖给谁?是卖给风险厌恶型客户,还是风险偏好型客户?目前很多 FOF 投资往往忽略这一环节,产品设计定位不明确,则相应的资产配置管理就经常错位。

举个例子:张艺谋导演的大片《金陵十三钗》投资额巨大,国际巨星云集,但是票房惨淡;而小成本电影《小时代》无论是制作水平还是艺术价值都难说完美,但是票房却非常靓丽,其关键原因就在于客户定位分析的准确性。《小时代》的客户定位很清晰,就是给三、四线城市的高中女生做梦用的,其主角的帅气和漂亮、场景的绚丽、情节的浮夸，无一不是为了达到这个目的。所以，客户定位是任何商业模式一开始就要考虑清楚的。

第二个问题就是：FOF 到底是作为目标还是作为手段？如果是作为目标，就是全程控制组合的构建；如果是作为手段，就可以作为增强配置。

对于风险厌恶型客户，如银行、保险、央企等大型机构投资者，FOF 可以作为固定收益的一个增强品种。曾经有一个债券投资很出色的机构和笔者交流，说他们也想做 FOF，但是很苦恼，不知道从何下手，因为他们对权益类和对冲基金类不是很熟悉，如果自建团队做孵化，那么成功率也不知道有多高。笔者当时给出的建议是做一个债权增强品种，将大部分资金依然配置在传统优势的债券上，拿出一部分资金以 FOF 的方式构建权益类和对冲基金类的组合，这样可以比传统的纯债券有更好的收益增强表现。

对于风险偏好型客户，如券商、信托公司、期货公司的客户，FOF 出色的风险管理能力又可以让产品熨平波动。例如，券商可以发行一个产品，将大部分资金配置在 FOF 上，拿出少量资金做纯股票型的投资，这样可以比传统的权益类产品有更好的稳定性，从而有助于维护客户的稳定。

对于 FOF 机构来说，客户特征决定了构建的 FOF 类型，这是必须在一开始就明确的事情。因为客户特征决定了后面的资产配置、策略组合、管理人选择和投后管理等内容。

# 7.2 资产配置

资产配置主要分为战略资产配置和战术资产配置两个层次，而且必须自上而下，做好顶层设计。

战略资产配置考虑的是在不同的市场环境下该如何配置大类资产。具体到基金投资者上来说，比如，如何配置股票类、债券类、对冲类、货币市场类基金产品的比例，或者如何配置浮动收益类产品和固定收益类产品的比例，以及大类资产配置中的细类资产投资比例。

战术资产配置就是具体到每个类别下面挑选合适的品种，比如，在股票资产中，到底是选择低风险的蓝筹股，还是选择高收益的成长股。

FOF 资产配置如图 7.2 所示。

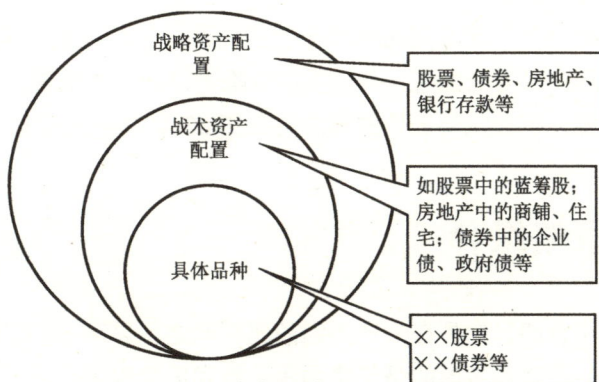

图 7.2　FOF 资产配置

目前，多数 FOF 基金经理花在"投什么"上的精力要远大于花在"如何投"上的精力，但是后者往往比前者更重要。资产配置就是用来解决"如何投"的问题的。那么，为什么说"如何投"或者各大类资产配置比例的设置及调整更重要呢？

2005—2013 年，在中国基金市场上运行期满的基金中，最好的货币市场基金业绩是最差的货币市场基金业绩的 1.26 倍，最好的债券基金业绩是最差的债券基金业绩的 5.26 倍，最好的股票基金业绩是最差的股票基金业绩的 5.08 倍。但与此同时，股票基金的平均业绩是货币市场基金平均业绩的 9.78 倍，是债券基金平均业绩的 2.95 倍，而最好的股票基金业绩是最好的货币市场基金业绩的 41.91 倍。显然，配置哪类资产比具体配置哪个品种重要得多。

在 FOF 里，大类资产配置的概念主要指对应于一个大资产类别的基金类别。比如，对应于股票市场的股票基金，对应于债券市场的债券基金，对应于商品市场的期货基金，对应于房地产市场的 REITs（不动产基金）等。

而类别资产是介于大类资产（如房子、股票、债券、银行存款）与具体品种之间的一个资产分类。比如，房地产中的住宅、商铺，股票里的蓝筹股、成长股，债券里的企业债、政府债等。当然，在 FOF 里，类别资产主要指的是某大类基金下的细类基金，即按照风格划分的细类基金，如股票基金下的大盘蓝筹基金、小盘成长基金等。

在类别资产里有一个有趣的现象：如果按照某些分类方式，则同类的基金长期业绩会趋同，而不同类的基金长期业绩会分化，称为基金的业绩收敛与分层现象。简而言之，如果选对了细类基金，那么这个细类基金下的大部分品种业绩都差不多，而细类基金之间的业绩差距则会拉大。比如，如果选择了大盘蓝筹股票基金，那么在十几个月之后，这个类别里的大部分基金收益差距会逐渐收窄，但是大盘蓝筹基金和小盘成长基金之间的收益差距则会拉大。

资产配置的关键是采用风险平价的方法，也就是说，低风险的资产要增加配置，高风险的资产要降低配置，并且根据风险平价的方式来进行不同资产、不同策略之间的资金分配。有关风险平价的理念将在第 27 章中详细阐述。

# 7.3 策略组合

策略组合的目的是在资产类别的比例确定了以后，进行具体的交易策略层面的组合。这一阶段需要考虑的是策略的相关性和风险因子的暴露问题。

而在策略分类中，有一个"不可能三角"，也就是策略的收益率、风险、资金容量三者是不可兼得的，任何策略都只能满足其中两项最优，因此，在进行策略组合的时候需要综合考察。有关这个"不可能三角"的问题，参见附录 1。

到了策略层面，关键的问题是尽可能降低策略之间的相关性，因为相关性过强的策略之间会同涨同跌，从而带来相关性风险。那么，如何进行相关性的分析呢？首要的是定义策略之间的相关系数，这样就可以确定不同策略之间的关联性。这里定义策略的相关系数如下：

令策略 $x$ 的预期收益率为 $x_i(i=1,2,\cdots,n)$，策略 $y$ 的预期收益率为 $y_i(i=1,2,\cdots,n)$，则 $x_i$ 与 $y_i$ 的相关系数即策略 $x$ 和 $y$ 的相关系数。

$$\rho_{xy} = \frac{\sum_{i=1}^{n}(x_i - \bar{x})(y_i - \bar{y})}{\sqrt[2]{\sum_{i=1}^{n}(x_i - x)^2 \sum_{i=1}^{n}(y_i - y)^2}}$$

当 $\rho_{xy} = 1$ 时，表示策略 $x$ 和 $y$ 完全正相关。

当 $\rho_{xy} = -1$ 时，表示策略 $x$ 和 $y$ 完全负相关。

当 $\rho_{xy} = 0$ 时，表示策略 $x$ 和 $y$ 完全不相关。

在实际交易中，我们希望策略之间最好不相关，也就是尽量进行 $\rho_{xy} = 0$ 的策略之间的组合。

在做好策略的相关性分析以后，就需要根据相关性进行不同策略之间的匹配。这时候需要对策略的基本逻辑进行分析，比如阿尔法类策略、择时类策略、套利类策略、期权类策略。对于不同的策略，要分析具体适用的市场行情和风格。例如，如果认为股市可能有一波牛市，则需要对择时类策略加大配置；如果认为市场未来不被看好，则增加阿尔法类策略的配置。

# 7.4 管理人选择

不管是 FOF 还是 MOM，最终都要体现到标的基金的管理人选择上来，就像不管你买的是奔驰还是宝马，你得请一位好司机，除非你自己开。业内通行的做法是标的基金的优选以定量为基础，结合定性的研究。在考察维度上，需要结合标的基金本身的收益风险特征、基金经理的管理能力及标的基金所在基金公司的整体实力三个维度的内容综合考虑。

完整的基金评价体系涉及业绩衡量、业绩评价与业绩归因三个方面：业绩衡量回答业绩"是"什么的问题；业绩评价回答业绩"好坏"的问题；业绩归因回答业绩"好坏"的原因。

筛选标的基金的量化方法可以依照量化指标，如阿尔法值、贝塔值、詹森值等绩效指标，加上基金公司及经理人等因素作为计算参数，用严格的统计方法设计出一整套量化方案。量化分析一般要先考察基金短、中、长期绩效，从月、季、一年、两年乃至更长时期内绩效表现较好的基金中初步筛选出符合条件的标的基金池，然后结合风险特征，选出收益较高、风险较低的基金。总体而言，量化选择方法主要依据基金的历史业绩，同时也要考虑基金的风险特征等。

在量化筛选之后，还需要对初步选定的标的基金进行定性分析。事实上，决定基金业绩的主要因素是基金经理的管理能力，因此，定性分析主要针对基金经理展开。负责建立基金池的投资决策小组及 FOF 基金经理人通过拜访标的基金经理人，来了解他们管理基金的哲学、选股和投资策略、团队风险控制、基金经理操作经验、绩效稳定性等。

由于基金公司的整体实力会对单只基金的业绩产生影响，因此，除对标的基金进行优选外，还涉及对标的基金公司的考察。业内通行的做法是考察公司商誉和管理能力、资产管理规模、旗下基金过去绩效表现、旗下基金周转率、旗下基金费率等指标，在其他条件相同的情况下，会优先考虑标的基金公司实力雄厚的基金。

对于这个问题，笔者认为，业内的评价体系过于重视对单个产品的评价，而忽略了对公司整体的评价，特别是对于私募基金而言，对公司整体的评价起着至关重要的作用。为此，笔者结合多年的实战经验，提出了"星潮评价体系"，从公司的股权结构、投资经理的教育背景、投资经理的从业经历等多方面进行公司层面的评级（具体参见第 18 章）。

## 7.5 投后管理

作为组合产品，与单只基金相比，在市场上涨时，FOF 难以体现出优势；但是在控制下跌的风险上，FOF 有可能做得更好，从而获得较高的收益风险比。普通股票基金在长期投资回报上是令人满意的，但是波动性和向下的跌幅非常大。从 2005 年 7 月到 2015 年 6 月，公募基金中股票基金的年化收益率达到 20.94%，但是年化波动率也高达 48.58%，年度最大跌幅高达 51.42%。由于股票基金本身的产品特性，所以其很难规避系统风险。

此外，过去 FOF 基金没有在总体上得到认可，主要是因为没有控制好下行风险。在面临系统风险的时候，下跌的幅度很大，没有发挥出 FOF 控制风险的优势。未来 FOF 管理人的目标就是控制好产品的下行风险。如果 FOF 产品能够取得与一般股票基金相当的业绩，但把业绩波动和下跌幅度控制为普通股票基金的一半，那么这样的产品无疑会具有较强的吸引力。所以，投后管理最关键的是风险控制（以下简称"风控"）与绩效归因。对于风控来说，主要有事前风控、事中风控和事后风控三个环节。

事前风控就是确定不同策略之间的风险特征，以及如何利用"风险平价"的方法来降低整个组合的风险（有关"风险平价"的内容参见第 27 章）。

事中风控就是对产品的各种风险指标进行监控，包括"净敞口""总持仓比例""单品种持仓比例""黑名单" 4 个方面，并且可以实时监控管理人是否有违背基金合同约定、超越风险指标的交易行为。

事后风控就是对盘后的持仓组合计算最大风险损失值，也就是通常所说的 VaR，计算在不同置信区间下的最大可能损失值，从而为 FOF 的配置调整提供数据上的依据。

有关事中风控和事后风控的内容参见第 9 章。

绩效评估就是对实际的业绩进行分析，分解其中的运气成分和实际的管理能力成分。

当某个基金产品的业绩产生以后，需要深入研究的是该业绩产生的原因，到底有多少是运气成分，有多少是基金经理的管理能力，这就是业绩归因所要完成的工作。运气和能力就好像速溶咖啡和咖啡伴侣一样，常伴每个投资者左右，而且在加满水之后，你还不大容易分清到底哪个是哪个。

Brinson 和 Falcher 对这个问题提出了一个很好的解决思路。假设我们对自己的投资业绩的判断标准是沪深 300 指数,那么从我们自己的资产组合的配置上来看,组合的收益率会受到三种效应的影响。

第一种是资产的配置效应。假如沪深 300 指数有 28 个行业,那么我们选择的对 28 个行业的投资比例(也就是权重)很显然会影响组合的收益率。第二种是个股的选择效应。对于沪深 300 指数中的 300 只股票,我们会选择其中的一些股票进行投资,这部分就是我们通过选择个股获得的收益。第三种是两种效应的交互效应,即我们同时进行行业配置和行业下的个股选择而获得的收益。这样说似乎很抽象,我们来画一张简单的表。为了叙述简便,假如有一个只有 3 个行业的沪深 300 指数,我们将其作为自己的业绩基础,如表 7.1 所示。

表 7.1  配置效应案例

| 行　　业 | 沪深 300 指数 | | 某基金组合 | |
|---|---|---|---|---|
| | 行业权重 | 收益率 | 行业权重 | 收益率 |
| 行业 1 | 20% | 2% | 10% | 2% |
| 行业 2 | 30% | 3% | 30% | 4% |
| 行业 3 | 50% | 4% | 60% | 9% |
| 总计 | 100% | 3.3% | 100% | 6.8% |

很显然,该组合从行业配置到个股选择,都和沪深 300 指数的设计不一致,而且很显然(或者说很幸运)获得了更高的收益率,那么这样的收益率实现究竟是源于基金经理对行业权重的调配,还是源于对行业内部股票的选择呢?这个问题一方面可以归结为基金经理投资收益的来源,另一方面也可以让我们思考该基金经理究竟在股票投资的哪一方面更有优势。所以我们建立另一张表格,如表 7.2 所示。

表 7.2  配置效应组合收益率分析

| | 某基金组合收益率 | 沪深 300 指数收益率 |
|---|---|---|
| 某基金组合行业权重 | 组合行业权重×组合收益率(1) | 组合行业权重×沪深 300 指数收益率(2) |
| 沪深 300 指数行业权重 | 沪深 300 指数行业权重×组合收益率(3) | 沪深 300 指数行业权重×沪深 300 指数收益率(4) |

在表 7.2 中,式(1)和式(4)就是表 7.1 中的结果,而式(2)和式(3)看上去就特别奇怪,好像没有什么特别的含义。但是如果我们运用简单的减法,就会发生一些有趣的事情,如表 7.3 所示。

表 7.3　绩效归因分析

| 效应类型 | 计算方法 |
| --- | --- |
| 资产配置效应 | (2) − (4) |
| 个股选择效应 | (3) − (4) |
| 交互效应 | (1) − (2) − (3) + (4) |

　　用式（2）减去式（4），实际上就是假如我们和沪深 300 指数一样买入 300 只股票，但是在 300 只股票所属的 3 个行业中投入的资金比例不同，这样式（2）和式（4）的差异就反映了我们在行业配置上的能力，即资产配置效应。而类似地，用式（3）减去式（4），就是我们在和沪深 300 指数进行一致的行业配置的时候，因为对股票选择的不同，所以获得的收益率也不同，也就是个股选择效应。而用式（1）减去式（2）和式（3）再加上式（4），就是资产配置和个股选择同时作用的交互效应。

　　通过这样一个简单的计算，我们就可以像剥洋葱一样，层层深入，大致把投资收益的来源分解成不同的类型。根据表 7.1 中的数据，我们自己的投资组合的收益率比沪深 300 指数的收益率要高出 3.5%，而用刚刚介绍的分析方法可以计算得到，其中资产配置效应给我们自己的投资组合所带来的收益率提升是 0.2%，而个股选择效应所带来的收益率提升是 2.8%。那么剩下的还没有被这两个效应解释的 0.5% 的收益率就是这两个效应交互作用的结果，也就是说，你可能在业绩好的行业里配置了更多的资金并买到了表现更好的股票，而在业绩差的行业里配置了更少的资金并同样买到了表现更好的股票。

# 8 有几种 FOF 模式

FOF 的核心其实是资产配置和策略组合。从产品募集方式来看，主要有公开募集和非公开募集两种，对应的就是公募 FOF 和私募 FOF。公募 FOF 的投向只能是公募基金，私募 FOF 则不受投资范围的限制，因此私募 FOF 的收益率和灵活性相比公募 FOF 会有一定的优势。

对于公募 FOF 来说，主要有目标日期、目标风险和风险平价三种模式；对于私募 FOF 来说，则以风险平价和多策略组合为主。

这里介绍三类公募 FOF 的配置方法，这也是国外共同基金 FOF 的主要配置方法，分别为目标日期策略、目标风险策略和风险平价策略，如表 8.1 所示。

**表 8.1　三类资产配置策略概述**

| 配置策略 | 配置目标 | 风控手段 |
| --- | --- | --- |
| 目标日期策略 | 随时间实现风险的逐步降低 | 随时间降低高风险资产比例，提高低风险资产比例 |
| 目标风险策略 | 设定风险上限，并尽可能提高 Beta 值，以分享市场上涨收益 | 根据历史波动率调整权重，控制资产风险上限 |
| 风险平价策略 | 长期的相对稳健收益 | 根据历史波动率调整权重，保证各个资产的风险贡献度相同 |

## 8.1　目标日期策略

目标日期基金诞生于 20 世纪 90 年代。富国银行（Wells Fargo）和巴克莱（Barclays）针对美国 401k 计划的市场快速增长的需求，于 1994 年推出了业内首个目标日期共同基金系列。

由于其独有的针对养老市场特点的运作方式，目标日期基金自推出以来发展迅速。美国投资公司协会（ICI）的数据显示，截至 2015 年年底，美国目标日期共同基金市场规模达到 7630 亿美元，其中超过 7000 亿美元以 FOF 形式运作。

典型的目标日期基金的资产配置思路为：随着到期日临近而主动调整权益类和固定收益类资产配置比例，随着到期日期临近逐渐降低资产的风险。具体流程为：

（1）分析投资者所面临的风险。

（2）绘制权益类资产下滑曲线（Glide Path）。

（3）决定权益类资产和固定收益类资产下各细分类别的配置比例。

国外目标日期基金（TDFs）的资产配置原则为：在 40 岁之前，配置 90%的权益类资产；40~72 岁权益类资产配置比例逐步下降；72 岁以后维持 30%的权益类资产配置比例不变，如图 8.1 所示。

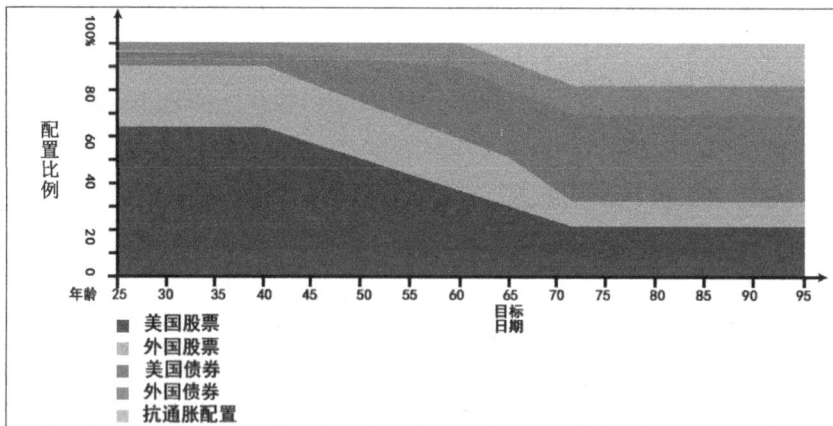

图 8.1　国外目标日期基金的资产配置变化

数据来源：星潮 FOF 整理

## 8.2　目标风险策略

目标风险基金采用基于风险的投资方式。目标风险基金在成立之初便以不同的形式确定了预期风险收益水平，且往往不会随着时间的迁移而变化。

目标风险基金的名称中通常含有其风险偏好，以标普目标风险系列指数为例，通常以进取（Aggressive）、成长（Growth）、稳健（Moderate）或者保守（Conservative）等表现其风险偏好；而标普 500 每日风险控制系列指数的名称中则直接表明其最大控制波动率，如 S&P Daily Risk Control 15%。

国外主要有两类目标风险策略指数：第一类为每日风险控制指数，代表是标普500 每日风险控制系列指数；第二类为目标风险指数，代表是标普 500 目标风险系列指数，如表 8.2 所示。

表 8.2　目标风险策略指数

| 指数规划 | 标普 500 每日风险控制系列指数 | 标普 500 目标风险系列指数（2015 年前） |
|---|---|---|
| 风险控制方案 | 通过调整资产权重，使得资产池的波动率达到预定的最大波动率水平 | 控制预期下行风险小于最大可容忍概率 |
| 目标优化函数 | 无 | 资产池 Beta 值最大化 |
| 再平衡周期 | 每日 | 每年 |
| 能否使用杠杆 | 能 | 不能 |

**数据来源：标普道琼斯指数公司**

标普 500 每日风险控制系列指数由两部分组成：标的指数（风险资产，此处为标普 500 指数）和现金资产（无风险资产）。当标的指数的波动率上升时，资产池中标的指数的比重将会被调低，而现金资产的比重将会上升；当标的指数的波动率下降时，将进行反向操作，如图 8.2 所示。

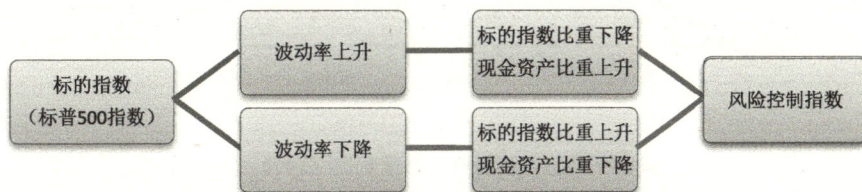

图 8.2　标普 500 每日风险控制系列指数原理图

**数据来源：标普道琼斯指数公司，星潮 FOF 整理**

一般地，每日风险控制指数将最大波动率设为 5%、10%、12% 及 15% 等水平。当标的指数（风险资产）的波动率小于预定的最大波动率水平时，可以采用杠杆进行操作，实现总资产的波动率等于最大风险水平。

# 8.3　风险平价策略

由于股票的风险远远大于债券的风险，导致在传统的资产配置方法中，组合的风险被股票所支配。而风险平价理论认为，应当加大债券类资产的杠杆，使债券获得与股票相近的预期收益率与波动率，从而保证整个组合风险的均衡。

纯股组合将 100%的资产配置于股票市场，而全天候（All Weather）组合按照风险平价理念进行资产配置。从图 8.3 中可以看到，在收益率相同的情况下，全天候组合的净值曲线更加平稳与光滑，回撤也显著低于纯股组合。而从具体的统计数据可知，风险平价组合在将自身的波动率控制在纯股组合波动率 1/3 的同时，获得了与高风险的纯股组合相当的收益。

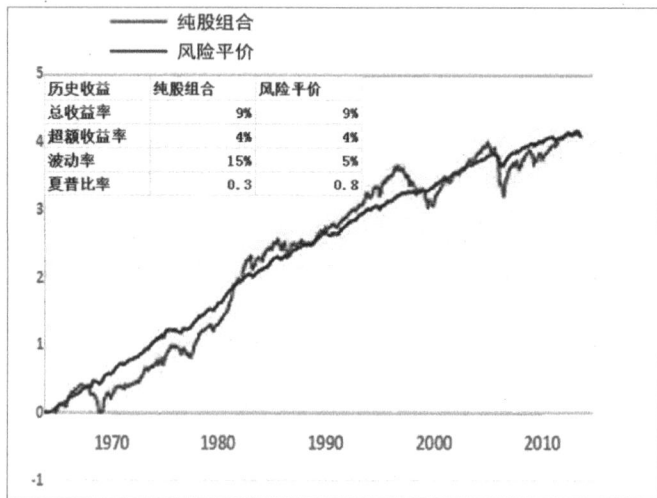

图 8.3　风险平价与纯股组合的净值对比（1970—2015 年）

**数据来源：Bridgewater Daily Observations，星潮 FOF 整理**

为了和传统的资产配置组合，即 60/40 组合（60%投资于股票，40%投资于债券）进行比较，把风险平价组合的投资标的也限制在股票和债券之内，优化目标是组合内债券资产与股票资产保持风险平价。图 8.4 便是这两种配置思路的净值对比。可以看到，在收益率相当的情况下，风险平价组合相比于传统资产配置组合依旧在波动率和回撤方面有着较大的优势。

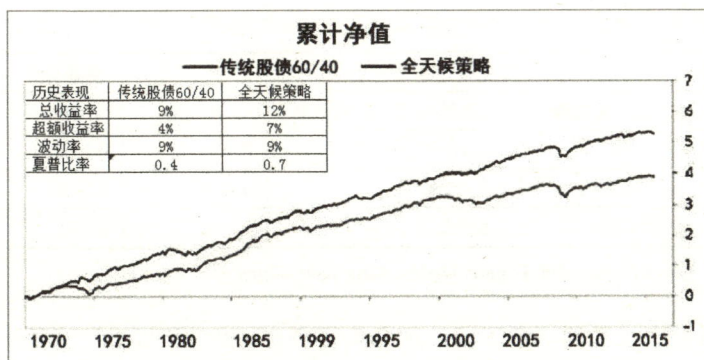

图 8.4　股债风险平价与传统配置组合的净值对比（1970—2015 年）

**数据来源：Bridgewater，星潮 FOF 整理**

　　为了实现风险平价，需要通过杠杆的方式提升债券类资产的预期收益率与波动率，这就会增加债券类资产的利率风险。一旦利率大幅上涨，过高的杠杆是否会放大风险平价组合的亏损呢？

　　图 8.5 展示了全天候策略在不同利率水平下的净值表现。显然，无论是在利率上行还是下跌阶段，全天候策略都能实现较为稳定的净值增长。

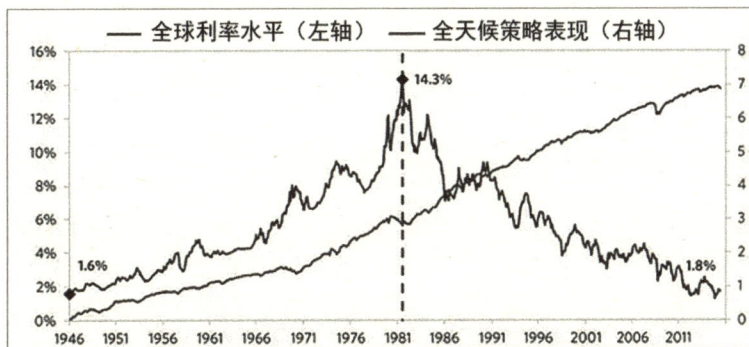

图 8.5　全天候策略在不同利率水平下的净值表现（1946—2015 年）

**数据来源：Bridgewater Daily Observations，星潮 FOF 整理**

　　从图 8.5 中可以发现，全球利率水平的变化可分为泾渭分明的两个阶段：1981 年之前的趋势性上涨及 1981 年至今的不断走低。表 8.3 对这两个时间段分别进行统计，考察增加了债券的杠杆后，利率水平的高低对风险平价策略的影响。

表 8.3　剔除利率下行影响后风险平价策略的表现（1946—2015 年）

| | 年化收益率 | | 夏普比率 | |
|---|---|---|---|---|
| | 未调整 | 剔除利率下行的影响 | 未调整 | 剔除利率下行的影响 |
| 传统 60/40 组合 | 7.2% | 6.8% | 0.40% | 0.35% |
| MSCI 指数 | 7.4% | 7.4% | 0.24% | 0.24% |
| 风险平价策略 | 11.2% | 9.5% | 0.74% | 0.57% |

数据来源：BlackRock: Will Rising Rates Sink Risk Parity?

　　由于全球利率水平的不断下降，债券类资产自 1982 年以来一直处于牛市，这是否是风险平价策略在最近 30 年一直表现良好的直接原因呢？从表 8.3 中可以看到，即使剔除利率下行所带来的利好，风险平价策略依旧比传统资产配置组合有着更高的年化收益率和夏普比率。

　　私募 FOF 可以投资的资产和策略是不受限制的，可以在股票、现金、债券、期权、大宗商品中进行选择，还可以采用不同的灵活投资策略，所以相对于公募 FOF 来说有更大的灵活性。在实际操作中，私募 FOF 主要以风险平价为主。

# 9 FOF 应该如何进行风险管理

风险管理是投资的核心问题。对于 FOF 来说，由于资金规模巨大，尤其需要对风险进行严格管理。

## 9.1 基本概念

### 1. 期望收益与风险

这可以说是投资领域的终极问题，这个问题或许没有统一的标准答案，但在很大程度上决定了如何做策略的研发、如何管理风险，以及如何进行资产配置等关键问题。

到目前为止，大家能够一致认同的就是，收益这个变量本身是随机的、不确定的，而且极难预测，因此，单纯谈论收益，从长期的系统化投资角度来讲，意义不大，一两次赚多少钱跟你的系统化投资没有太大关系，而研究的重点要放在期望收益上，也就是在概率意义及大样本意义上的期望水平。与收益相对应的是风险，如何定义风险也有着不同的版本。

期望收益来自哪里？这是做策略研发的一个核心问题。你首先要有一个基本的逻辑作为引导来开发你的策略，然后运用数据和模型进行去伪存真、抽丝剥茧的分析，但是在这个过程中，逻辑是必不可少的一条主线，那么这个逻辑就是你思考的期望收益的来源。有关收益来源问题，在第 6 章中有详细的阐述。

### 2. 标准差

对于风险的度量，目前大多数采用"标准差"这个指标。那么，到底什么是标准差？简单地说，标准差就是差异的程度。

当我们面对一堆数字的时候，既可以很容易地找出这组数字的中值，也可以很容易地计算出平均值。但是只有这两个数字还不够，因为这样无法勾勒出这一堆数字整体的概念。此时，标准差的作用就可以体现出来了。

标准差是一组数值自平均值分散开来的程度的一种测量观念。一个较大的标准差，代表一组数据里大部分的数值和其平均值之间差异较大；一个较小的标准差，代表这些数值较接近平均值。

如图 9.1 所示，有两组数的集合{1, 4, 9, 14}和{5, 6, 8, 9}，其平均值都是 7，但第二个集合里的数字明显与 7 距离"更近"。通过公式计算出第一个集合的标准差约为4.9，第二个集合的标准差约为 1.5。

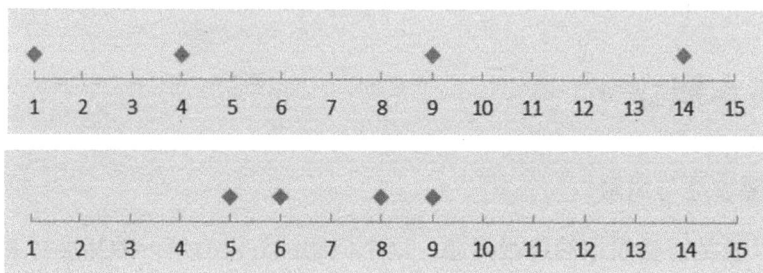

图 9.1　标准差示意图

计算流程如下：首先计算出该组数据里每个数字与平均值的差，然后将所有的差值进行平方，接下来求出均值，最后开平方。

### 3. VaR

Group of Thirty（三十国集团，也就是 G30）于 1993 年建议以风险资本（Capital-at-risk）即风险价值法（VaR）作为合适的风险衡量手段，特别是用来衡量场外衍生工具的市场风险。1995 年，美国证监会（SEC）也发布建议，要求美国公司采用 VaR 模型作为三种可行的披露其衍生交易活动信息的方法之一。机构的动向使得 VaR 模型在金融机构中进行风险管理和监督的作用日益突出。

VaR 按字面的解释就是"处于风险状态的价值"，即在一定置信水平和一定持有期内，某一金融工具或其组合在未来资产价格波动下所面临的最大损失额。摩根大通把 VaR 定义为"在既定头寸被冲销（be neutraliged）或重估前可能发生的市场价值最大损失的估计值"；而 Jorion 则把 VaR 定义为"在给定置信区间的一个持有期内最坏的预期损失"。

Jorion（1996）把 VaR 定义为

$$VaR=E(\omega)-\omega^* \tag{9-1}$$

式中，$E(\omega)$ 为资产组合的预期价值；$\omega$ 为资产组合的期末价值；$\omega^*$ 为资产组合在置信水平 $\alpha$ 下的最低期末价值。

又设

$$\omega=\omega_0(1+R) \tag{9-2}$$

式中，$\omega_0$ 为持有期初资产组合的价值；$R$ 为在设定持有期内（通常是一年）资产组合的收益率。

$$\omega^*=\omega_0(1+R^*) \tag{9-3}$$

式中，$R^*$ 为资产组合在置信水平 $\alpha$ 下的最低收益率。

根据数学期望值的基本性质，将式（9-2）、式（9-3）代入式（9-1），则有

$$VaR=E[\omega_0(1+R)]-\omega_0(1+R^*)$$
$$=E\omega_0+E\omega_0(R)-\omega_0-\omega_0R^*$$
$$=\omega_0+\omega_0E(R)-\omega_0-\omega_0R^*$$
$$=\omega_0E(R)-\omega_0R^*$$
$$=\omega_0[E(R)-R^*] \tag{9-4}$$

根据式（9-4），如果能求出在置信水平 $\alpha$ 下的 $R^*$，即可求出该资产组合的 VaR 值。

## 9.2　Barra 多因子风险模型

Barra 是一家国际领先的投资决策和风险管理工具的提供商，其开发的 Barra 多因子风险模型对整个金融市场的发展影响甚大，这里介绍其部分典型的风险模型。

相似的资产会有相似的回报，这是多因子模型的基本假设。由于某些特定的原因（因子），资产会表现得十分类似，如价量变化、行业、规模或者利率变化。多因子模型就是为了发掘这些因子，并且确定收益率随因子变化的敏感程度。

通常来说，多因子模型包括宏观因子模型、基本面因子模型和统计因子模型。这几种模型在分析不同的大类资产风险收益的时候有不同的效果。

单个资产的多因子模型可以表示成

$$r_i = \sum_{k=1}^{K} x_{ik} f_k + u_i$$

式中，

$x_{ik}$ 是第 $k$ 个因子的风险暴露，比如我们常说的 PE、PS 这些值。

$f_k$ 是第 $k$ 个因子的收益率，是通过多元回归得到的系数。

$u_i$ 是第 $i$ 个资产的非因子收益率。

在历史上的某个时间截面，每个资产相当于一个样本，那么所有的资产就可以通过多元线性回归得到 $f_k$。

$$\begin{bmatrix} r_{(1)} \\ r_{(2)} \\ \vdots \\ r_{(n)} \end{bmatrix} = \begin{bmatrix} x_{(1,1)} & x_{(1,2)} & \cdots & x_{(1,k)} \\ x_{(2,1)} & x_{(2,2)} & \cdots & x_{(2,k)} \\ \vdots & \vdots & \ddots & \vdots \\ x_{(n,1)} & x_{(n,2)} & \cdots & x_{(n,k)} \end{bmatrix} \begin{bmatrix} f_{(1)} \\ f_{(2)} \\ \vdots \\ f_{(k)} \end{bmatrix} + \begin{bmatrix} u_{(1)} \\ u_{(2)} \\ \vdots \\ u_{(n)} \end{bmatrix}$$

$x$：$n$ 种资产对 $k$ 个不同因子的风险暴露矩阵。

$$\begin{bmatrix} x_{1,1} & x_{1,2} & \cdots & x_{1,k} \\ x_{2,1} & x_{2,2} & \cdots & x_{2,k} \\ \vdots & \vdots & \ddots & \vdots \\ x_{n,1} & x_{n,2} & \cdots & x_{n,k} \end{bmatrix}$$

$F$：$k$ 个因子的因子收益率协方差矩阵。

$$\begin{bmatrix} \mathrm{Var}(f_1) & \mathrm{Cov}(f_1, f_2) & \cdots & \mathrm{Cov}(f_1, f_k) \\ \mathrm{Cov}(f_2, f_1) & \mathrm{Var}(f_2) & \cdots & \mathrm{Cov}(f_2, f_k) \\ \vdots & \vdots & \ddots & \vdots \\ \mathrm{Cov}(f_k, f_1) & \mathrm{Cov}(f_k, f_2) & \cdots & \mathrm{Var}(f_k) \end{bmatrix}$$

$\Delta$：非因子收益率方差对角矩阵。

这几个东西究竟有什么用呢？重要的结论出现了：

$$\mathrm{Risk} = XFX^{\mathrm{T}} + \Delta$$

该式就是通过矩阵运算后得到的资产组合的风险。

Barra 多因子风险模型在实际运用中有三大块，分别是权益风险模型、固定收益风险模型和价差风险模型，具体内容在笔者的拙著《FOF 组合基金》中有详细阐述。

## 9.3　FOF 风险管理

9.1 节是有关风险管理的基本概念，9.2 节阐述了 Barra 多因子风险模型，下面就可以将这几个模型应用在 FOF 的风险管理中，主要有如下几个方面。

### 1. 投资组合风险分析

FOF 的投资标的主要是基金，基金投资的主要是股票、债券等资产，所以 FOF 投资组合风险可以分成两层来分析。

第一层是 FOF 直接投资标的的投资组合风险。第二层则穿透到直接投资标的的下一层，即到股票、债券这一层。第一层主要是基于基金风格、基金之间相关性、协方差的分析。第二层则跟常见的组合管理系统一样，将 FOF 的底层资产合起来，看成一个整体组合。底层资产我们只能通过基金的半年报和年报获取，然后分析其详细持仓，以此来分析 FOF 整体的风险特征。

例如，有一个 FOF 产品，投资一些主动基金，但是穿透分析底层资产发现，这些底层资产都是指数成分股，如中证 800 指数的成分股，其实这个 FOF 产品和一个指数基金的投资效果是差不多的，那么耗费两层费用来投资一个指数就没有太大的意义了。

另一个比较极端的例子是：有一个 FOF 产品，投资一些主动基金，但是穿透分析底层资产发现，这些底层资产特别偏某个特定的行业，如医药行业，其实这个 FOF 产品和一个医药行业指数的投资效果是差不多的，但这种投资方法的风险比较集中，需要引起管理人的注意。

FOF 本身是基金，所以有一般基金的风险。同时，FOF 的投资标的主要是基金，又有着与普通基金不一样的风险，如流动性风险。

由于基金的申购、赎回效率没有股票、债券直接交易的效率那么高，所以 FOF 的流动性问题比普通基金的流动性问题更加严重。

考虑一种极端情况：当投资者的赎回量较大时，FOF 产品需要赎回其投资的标的基金，如果其中一些子基金没有到开放期无法赎回，那么 FOF 管理人只能赎回其他可赎回的品种，从而影响正常的投资计划。

## 2. 风险管理系统开发

FOF 风险管理系统一般包括组合层面、股票层面等。

1）组合层面风险管理系统

组合层面风险管理系统主要有以下几种。

- 规模、业绩指标监控：主要跟踪投资标的的规模和业绩。跟踪规模主要是为了防止投资比例超过规定，跟踪业绩可以帮助管理人更好地把握其投资标的。

- 风格分析：风格分析有两种方法，一种是根据历史详细持仓和历史季报中的行业分布来分析出基金的风格；另一种是用数据拟合的方法分析出基金的风格。前一种方法更加准确，但是数据比较滞后；后一种方法可以每天跟踪，但准确性不如前者。

- 费率分析：主要分析基金的管理费、赎回费、申购费等，特别注意基金是否有业绩提成、基金有哪几类份额、各种份额的费率情况。

- 运作方式分析：主要分析基金是否上市交易、申购/赎回的时间、是否定期开放、是否封闭等。

2）股票层面风险管理系统

股票层面风险管理系统主要基于半年报和年报披露的详细持仓数据，穿透到底层进行整个组合的风险分析。主要分析的方面有：分析行业暴露情况：分析组合在各个行业上的权重与市场权重的差异；分析风格暴露情况；分析哪些行业超配、哪些行业低配。其中，风格暴露情况主要分析 FOF 产品整体的风格是偏大盘还是偏小盘、是偏价值还是偏成长等。

## 3. 产品最大回撤控制

最大回撤控制是产品运行管理中最重要的指标之一，对于最大回撤的控制方法如下：

（1）设置目标最大回撤$\varphi$。

（2）每天计算当前最大回撤$\mu$。

（3）计算目标仓位$\emptyset$。

$$\emptyset = F(\mu, \varphi, \sigma)$$

式中，$\sigma$为组合波动率。一般比较简单的仓位控制方式如下：

$$\emptyset = \min\left(\max\left(1 - \frac{\mu}{\varphi}, 0\right), 1\right)$$

（4）根据计算的理论目标仓位，调整仓位到目标水平。

有了控制模型，还需要对最大回撤进行历史数据的回溯测试。下面就是一个基于沪深 300 指数投资的回撤控制。我们假设用这种回撤控制的方法直接投资指数，根据策略的要求调仓，可以控制回撤在目标范围之内，如图 9.2 和表 9.1 所示。

图 9.2　最大回撤控制效果——全区间控制回撤 20%

表 9.1　最大回撤控制案例分析

|  | 总收益率 | 最大回撤 | 年化波动率 | 最高净值 | 最低净值 |
|---|---|---|---|---|---|
| 原组合 | 15.0% | -46.7% | 24.1% | 1.68 | 0.65 |
| 回撤控制策略 | -5.8% | 19.5% | 8.3% | 1.16 | 0.83 |

# 10 国内外 FOF 发展经验

他山之石，可以攻玉，国外 FOF 的发展经历可以对我国未来 FOF 的发展起到重要的借鉴作用。我们来看看国外共同基金 FOF 的发展历程，如图 10.1 所示。

| 1985年 | 1985—1990年 | 1990—2000年 | 2000—2014年 | 2015年以后 |
|---|---|---|---|---|
| • 第一只公募FOF基金由Vanguard率先推出 | • **萌芽期**<br>• FOF发展一直处于探索状态 | • **发展成熟期**<br>• 企业养老金DC Plan与《全国证券市场改善法案》催化FOF的发展 | • **爆发式增长期**<br>• 管理规模占比从1%扩大至11% | • 新的机遇<br>• 新的发展<br>• 新的挑战 |

图 10.1　国外共同基金 FOF 的发展历程

## 10.1　马太效应明显

美国共同基金 FOF 行业集中度极高，前三大 FOF 管理人占据近半壁江山，前十大 FOF 管理人占据近 3/4 的市场份额，如表 10.1 所示。

表 10.1　2012 年美国共同基金 FOF 市场份额

| 基金公司 | 共同基金 FOF 市场份额 |
|---|---|
| Vanguard（先锋基金） | 20.2% |
| Fidelity Investment | 16.4% |
| T.Rowe Price（普信基金） | 11.3% |
| 前三 | 48% |
| PIMCO | 5.5% |
| John Hancokc | 5.1% |
| Principal Fund | 3.5% |
| GMO | 3.5% |

续表

| 基金公司 | 共同基金 FOF 市场份额 |
|---|---|
| JPMorgan | 3.5% |
| American Funds | 3.1% |
| MFS | 1.9% |
| 前十 | 74% |

数据来源：Bloomberg，星潮 FOF 整理

由表 10.1 可以看出，2012 年，前十大 FOF 管理人的资金管理规模占比为 74%，较 1999 年明显下降 14.17 个百分点。FOF 市场的未来不再由少数大公司占有，随着新公司的加入，行业集中度会明显下降。新公司的加入一方面丰富了 FOF 的产品和数量，使投资者有了更多的选择；另一方面使各资产管理公司面临更多压力，需要开发更多适合投资者需求的 FOF 产品，从而赢得更高的市场占有率。

因为 FOF 的竞争主要是体系的竞争，所以对于一般的私募基金来说，三五个人，有几亿元的管理规模，也可以生存得很好；但是对于 FOF 来说，笔者大致测算了一下，没有 20 亿元的规模都无法覆盖成本，因为 FOF 的收入大部分要分给底层的子基金和募资渠道。而且 FOF 需要大量的人员进行尽职调查、投后管理和客户维护，还需要搭建各种数据平台和 FOF 基金的 IT 系统，也是一大笔开销。所以 FOF 体现出明显的马太效应——强者恒强。FOF 在国外的情况也深刻地说明了这一点。

## 10.2　第三方投资顾问

FOF 是采用内部管理人还是引入第三方管理人一直是业内讨论的焦点问题，通过对美国市场上的主要 FOF 管理人进行研究，总结出如表 10.2 所示的几种模式。

表 10.2　美国市场主要 FOF 管理模式

| 管理模式 | 案　　例 |
|---|---|
| 内部 FOF 管理人+内部基金 | 先锋基金的目标退休基金（Vanguard Target Retirement 2025）<br>富达基金的自由系列（Fidelity Freedom 2020） |
| 内部 FOF 管理人+全市场基金 | John Hancock 的 Life Style 系列基金，投资于多家外部基金 |
| 第三方 FOF 投资顾问+内部基金 | 目前最大的 FOF 产品，PIMCO 全资产基金的资产配置方案由 Research Affiliates 提供，而 FOF 资产投资于 PIMCO 旗下基金 |

续表

| 管理模式 | 案　　例 |
|---|---|
| 第三方 FOF 投资顾问+外部标的基金投资顾问 | Transamerica 全美保险资产配置基金，由 Morningstar 担任投资顾问，投资于 30～40 只不同的基金，标的基金由第三方资产管理人担任投资顾问 |
| 全外包模式 | 富国优势绝对回报基金，全部投资于 GMO 管理的 FOF-GMO 无基准配置基金，该 FOF 进一步投资 GMO 旗下的其他标的基金 |

数据来源：Bloomberg，星潮 FOF 整理

　　产品线完整的大型基金公司可以采用"内部 FOF 管理人+内部基金"模式，该模式可以将费用降到最低，如 Vanguard、Fidelity、T.Rowe Price 都采用 FOF 零收费模式。该模式可以引入外部管理人，变成"第三方 FOF 管理人+内部基金"模式，太平洋资产管理公司（PIMCO）采用该模式，收取 0.225%～0.475%的年管理费，零售份额收取 0.25%～1%的一次性销售服务费，标的基金统一收取 0.77%的年管理费。

　　投资全市场基金的 FOF 产品为数不多，主要是因为避免不了双重收费的问题。拥有成熟优质客户基础的机构可以选择"内部 FOF 管理人+全市场基金"模式，如大都会人寿保险旗下的 John Hancock 担任 FOF 投资顾问，收取 0.5%的年管理服务费，标的基金收取 0.75%～0.92%的年管理费。该模式可引入外部管理人，变成"第三方 FOF 管理人+全市场基金"模式。这种模式适合渠道非常强势的机构，如 Transamerica。

　　近年来，由于 ETF 的普及，美国市场上还诞生了一批新型的基于互联网的投资顾问公司。这些机构或面向 401k 计划的发起企业，或直接面向投资者个人，提供个人"定制版"的资产配置及 FOF 基金配置，所投的基金大多是费率低廉的指数基金或 ETF。这种模式为国内的第三方财富管理机构提供了参照。但值得注意的是，美国这些投资顾问机构大多直接向投资者收取基于资产的管理费，而不是国内第三方机构采用的销售佣金模式，收费方式的差别直接影响财富管理机构的行为。FOF 的出现为财富管理机构从"卖产品"到"管资产"的转型提供了可行的路径。

　　由于 FOF 需要融合资产配置、策略组合、风险管理等综合投资技能，使得一般的机构很难胜任这种高端的投资工作，未来第三方 FOF 投资顾问的模式也会越来越盛行。

# 10.3 国外 FOHF 发展历史

FOHF（Fund of Hedge Fund）意为对冲基金中的基金，和前面的共同基金中的基金不一样，FOHF 以对冲基金为投资标的。共同基金存在一个巨大的问题，就是无法化解市场风险，当指数下跌的时候，大部分共同基金也会下跌。但是对于很多机构投资者而言，他们的资金是不能有损失的，这种类型的客户追求的是绝对收益。对冲基金通过各种金融衍生品对冲后，化解了市场风险，从而为客户创造绝对收益。FOHF 就是这样一种以对冲基金为投资标的的组合基金，通过不同类型的对冲策略的组合，试图为那些风险厌恶型客户提供持续稳定的绝对收益。

虽然共同基金 FOF 与 FOHF 的投资标的不同，但其投资框架与理念基本相同，而且发展壮大的土壤也如出一辙——对冲基金数量迅速增加及对冲基金的封闭特性最终推动了 FOHF 的产生与蓬勃发展。全球 FOHF 和对冲基金数量对比如图 10.2 所示。纵观国外 FOHF 的发展历史，我们可以将其发展历程分为萌芽、快速发展及发展停滞三个阶段。

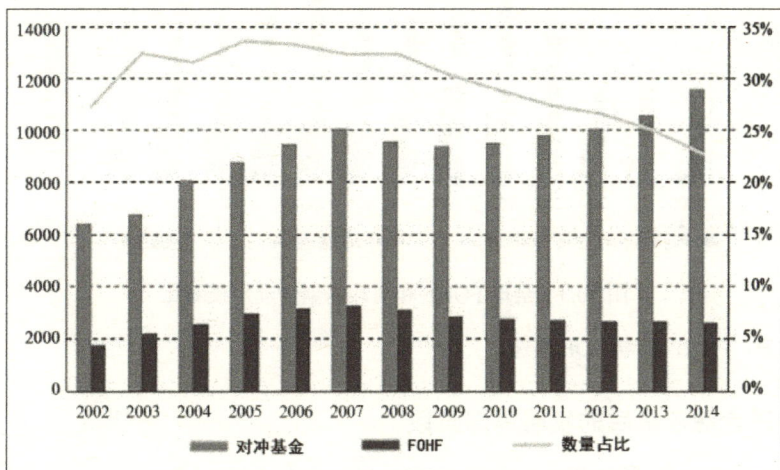

图 10.2　全球 FOHF 和对冲基金数量对比

数据来源：FHR，星潮 FOF 整理

## 1. 1990 年以前：萌芽阶段

1969 年 11 月，罗斯柴尔德家族推出了世界上第一只 FOHF 产品"Leveraged Capital

Holdings"。由于当时社会财富积累不多，而对冲基金门槛较高，且美国股市正处于漫长的动荡和整理阶段，所以对冲基金及 FOHF 的发展相对缓慢。20 世纪 90 年代，随着美国慢牛行情的来临，以及 401k 计划和 DC Plan 的推行，FOHF 进入快速发展期。

### 2. 1990—2007 年：快速发展阶段

20 世纪 90 年代，由于 FOHF 的投资收益超出了多数股票和债券组合的投资收益，FOHF 开始逐渐为投资者所钟爱。2000—2002 年，美国互联网泡沫破灭，在纳斯达克指数和标普指数均出现大幅下跌的情况下，对冲基金及 FOHF 却取得了正收益，由此 FOHF 得到更多投资者的追捧。截至 2007 年年底，FOHF 的管理规模为 8600 万亿美元，较 2002 年翻了 5.7 倍。2007 年是全球 FOHF 发展的黄金时期，占比达到 40%，如图 10.3 所示。

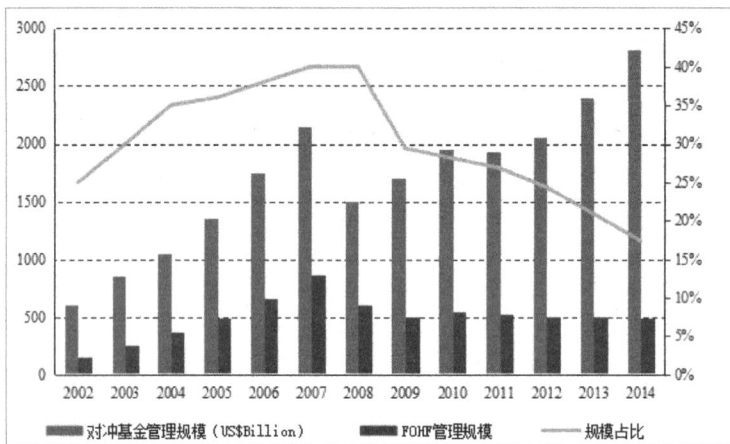

图 10.3　全球 FOHF 和对冲基金管理规模对比

数据来源：FHR，星潮 FOF 整理

### 3. 全球金融危机后的发展停滞阶段

在全球金融危机爆发前，FOHF 无疑是增速最快的金融产品。但在 2008 年后，FOHF 的发展并没有随着对冲基金的复苏而复苏，反而日渐低迷。

### 4. 业绩下滑，一蹶不振

2008 年，在排名前 25 位的 FOHF 中，个人客户占比大的基金管理规模下降了 37%，而以机构客户为主的基金管理规模仅下降了 23%。在暴跌中，客户恐慌性的大量赎回让 FOHF 基金难以招架并慌不择路地出售可流动资产,而质量与流动性稍差的资产被留在了组合里,造成接下来几年 FOHF 基金的表现一直比对冲基金行业指数的表现差。2008 年,FOHF 亏损 21.4%,对冲基金行业指数下跌 19%;2009 年,FOHF 仅获利 11.5%,而对冲基金行业指数上涨 20%;2000 年,FOHF 获利 5.2%,对冲基金行业指数则上涨 10.6%(HRF),如图 10.4 所示。在金融危机后,FOHF 再也不能保持比股债型产品高的收益,也不能保证低风险,成为 FOHF 规模衰退的主要原因。

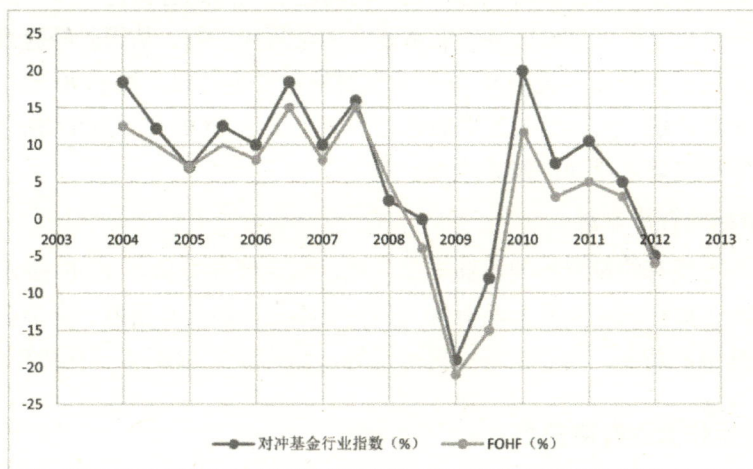

图 10.4 对冲基金行业指数与 FOHF 收益对比

**数据来源:巴克莱,星潮 FOF 整理**

经历了 2008 年金融危机的挤兑,FOHF 基金开始变得愈发谨慎,投资组合中预留的资金越来越多,导致 FOHF 的投资收益与对冲基金的收益差距大幅增加。由于现金持有过多,资产质量下降,FOHF 指数的夏普比率直线下滑,而股债基金指数在金融危机后大幅回升。这些原因使得 FOHF 在经历金融危机后规模大幅缩水,且后来一直没有重新成长起来。

# 10.4 中国私募 FOF 面临的问题

中国证券类私募行业在蓬勃发展的过程中,在市场环境及 FOF 运作体系等方面仍存在不完善、不规范等问题。

### 1. 市场环境有待健全

1）监管体系有待完善

目前，证券类私募 FOF 并未形成统一且行之有效的监管体系；而证券类公募 FOF 的具体操作指引也刚刚出台，FOF 管理人结构单一。

2）缺乏长期成熟的资金源

在"什么机构可以自由参与私募市场"的问题上我国还有待进一步开放，如我国保险、养老资金还没有可投向证券类私募基金的法规和细则。从国外经验来看，养老金和企业年金的进入是证券类 FOF 基金业发展的重要驱动力，如 1990 年左右，美国推出 401k 养老计划，大部分员工更愿意把养老金通过 FOF 形式进行增/保值，FOF 的资产管理规模也随之呈现爆发式增长。

3）投资标的有待丰富

国内市场上现有的投资标的不够丰富，难以满足证券类私募 FOF 多元化、全市场的配置需求，如行业基金及金融衍生工具种类不足，缺乏与票据、金融衍生品、收益互换等相挂钩的基金，国外市场配置困难等，均构成了 FOF 多元化投资的瓶颈。

### 2. FOF 运作流程有待规范

证券类私募 FOF 的运作流程主要由产品设计、产品发行、产品运作和售后服务 4 个环节构成，各环节均有待规范。

1）产品设计环节存在的问题

（1）抛弃稳健定位。部分证券类私募管理人把 FOF 理解为几个产品的简单组合，追逐明星基金、高收益基金以促进产品发行，在组合管理方面也存在配置激进、追涨杀跌等现象，导致证券类私募 FOF 的稳健属性尽失。

（2）旨在降低投资门槛。部分证券类私募 FOF 管理人并未形成成熟的基金筛选、组合管理及风险控制等投研体系，缺乏投资含金量的 FOF 仅仅成为降低投资门槛的工具。

（3）流动性不足。证券类私募 FOF 的流动性问题主要体现在以下两个方面：

首先，FOF 本身开放频率较低，具有较低的投资吸引力。据星潮 FOF 统计，大部分 FOF 按月开放，但也有超过 28%的 FOF 按季开放，流动性不足问题直接影响客户体验，从而降低 FOF 对投资者的吸引力。

其次，全私募行业的基金开放频率较低，导致 FOF 与标的基金之间存在投资时滞。证券类私募基金是 FOF 的主要投资标的，据星潮 FOF 统计，在目前运行的证券类私募基金中，73.1%按月开放，15.2%按季开放，甚至有 1.7%的私募每年开放一次，开放频率普遍较低。

2）产品发行环节存在的问题

（1）营销不当。错误的营销不但可能干扰私募管理人的投资节奏，还会损害投资者的长期收益水平。目前，证券类私募基金（含FOF）的营销模式存在以下几类问题：虚假宣传、夸张宣传、不完整风险揭示等不实宣传推广；以获取销售佣金为目的，频繁、错误地引导投资者申赎；投资策略、投资风格等信息沟通不畅，导致与投资者风险偏好发生错配等。

（2）无收费标准。证券类 FOF 存在双重收费：一方面，双重收费存在合理性，有利于促进 FOF 管理人甄选优质基金，优化投资组合，长期而言对投资者有益；另一方面，目前缺乏科学的收费标准，尤其对于投向内部基金的 FOF，投资者承担的成本偏高。

3）产品运作环节存在的问题

（1）投资标的雷同。基金筛选是决定 FOF 业绩的关键因素，很多 FOF 管理机构缺乏行之有效的基金筛选体系，分析基金未来的投资价值底气不足，最终大多数 FOF 管理人放弃独立判断，所投标的池雷同。

（2）组合管理不科学。从实践来看，部分证券类私募 FOF 管理人尚未形成成熟的组合管理理念。要么不进行跟踪，简单粗暴地长期持有；要么过度反应，调仓过于频繁，呈追涨杀跌现象。

（3）道德风险无制约。在证券类私募 FOF 的投资运作过程中，也有可能出现道德风险，但目前尚无相关政策法规进行监督约束。例如，直接投资二级市场的私募管理人，同时管理证券类私募 FOF，如何设置防火墙，避免其中可能存在的关联交易；如何规范私募合作体系，避免 FOF 管理人在筛选标的基金时，抛弃专业、导向利益优厚的合作方等。

（4）窗口指导严重。证券类私募 FOF 管理人有干扰所投私募机构投资决策的现象，如仓位限制、个股选择偏好、行业配置约束等，典型的如银行端强势资金、MOM 管理人等对所投基金干涉较为严重。

4）售后服务环节存在的问题

（1）信息披露不规范。对于证券类私募基金（含 FOF）的信息披露，我国并无明文规定和强制要求，私募机构自主选择披露，准确性、规范性、及时性均无法保证。目前存在部分证券类私募基金的管理人（或投资顾问）、基金经理不明确，投资策略不明晰，基金净值概念使用混淆，净值准确度及公布频率无人核准，净值披露不及时等现象。

（2）技术支持落后。在证券类私募 FOF 的日常运作过程中，目前存在估值系统无法全品种覆盖、估值延迟或频繁出错的现象。另外，证券类私募 FOF 至今仍缺少一个完善、及时、权威的信息披露平台，导致在进行基金筛选时信息不对称现象严重。

（3）赎回时效差。除预留流动性外，证券类私募 FOF 只有通过赎回标的基金才能保障足够的头寸来支付投资者赎回款。这种被动仓位调整还需对接各标的基金月度或季度的开放日，资金调配缺乏自由，导致投资者赎回大多需提前 20 天以上，赎回进程缓慢。

从国外 FOF 的发展历史来看，马太效应很明显，基本上主流的 FOF 机构都脱胎于原先的商业银行或者大型资产管理公司。所以对于国内的 FOF 机构来说，窗口期也就 4~5 年，未来肯定会形成几个大的 FOF 机构。至于基金业协会提出的支持 100 家大型机构的私募 FOF，笔者认为，恐怕市场容不下这么多的 FOF 机构。

# 第二部分　基金评价

　　FOF 的投资对象是一系列的子基金，那么对于子基金的评价就显得非常重要了。什么样的管理人是靠谱的，什么样的子基金收益能力强，什么样的子基金风险管理优异，什么样的策略未来有较大的机会，这些都是做 FOF 非常核心的内容。但是大多数没有经验的 FOF 管理人往往一开始就容易掉入一些陷阱中，这不得不引起大家的重视。

# *11* 小心陷阱

刚开始做 FOF 的新手往往会有两个本能的动作，第一个是抱大腿，第二个是找牛基，当然这是符合人性的。抱大腿就是说要找大的基金公司，找牛基就是说要找赚钱多的基金经理。但这往往是有问题的。

抱大腿的背后其实隐含了一个假设，就是马太效应，换句话说，强者恒强，或者赢家通吃。这在实体经济中是很自然的现象，但是在投资行业中，这一现象并不明显，往往会体现出"规模陷阱"，也就是规模越大的基金，收益率往往越差。

找牛基的背后也隐含了一个假设，就是策略的生命周期会延续。这在实体经济中也是很常见的现象，比如微软的操作系统卖了 20 年，波音的飞机卖了 50 年；但是在投资行业中，很多策略的生命周期只有短短几年。所以，在考察多年的历史收益率后再决定投资，结果往往就是错过了最为丰美的鱼头、鱼身，在鱼尾巴的时候才冲进去。下面我们来仔细分析。

## 11.1 规模陷阱

国内的投资者，特别是一些大的机构，如银行、信托、券商等在做委托投资或者代销的过程中，往往会要求基金公司达到某个规模标准才能进入白名单。但在实际的运作中会发现，越是规模大的基金公司，收益率往往不尽如人意。简而言之，基金规模与业绩并不成正比，规模小的基金公司业绩未必好，但规模大的基金公司一定没有大多数规模较小的基金公司业绩好，尤其是采用同类型策略的基金。这就是典型的规模陷阱。

笔者并不是鼓动投资者去购买小规模基金，因为小规模基金往往良莠不齐，尤其是部分基金由于业绩不良，导致资产缩水、规模缩小，会使整体业绩进一步下滑，将使投资者蒙受损失。

为了研究这个问题，笔者的团队以公募基金的数据为基础（私募基金的规模数据很难获得，但是原理基本大同小异），研究基金规模和收益率的关系，如表 11.1 所示。

表 11.1　基金规模和收益率的关系

| 年　份 | 规模 10 亿元以下<br>年化收益率（%） | 规模 10 亿～30 亿元<br>年化收益率（%） | 规模大于 30 亿元<br>年化收益率（%） |
|---|---|---|---|
| 2010 年 | 4.18 | 3.47 | 2.26 |
| 2011 年 | −14.24 | −18.24 | −18.46 |
| 2012 年 | 5.61 | 5.88 | 5.66 |
| 2013 年 | 5.18 | 10.53 | 10.09 |
| 2014 年 | 21.39 | 23.41 | 21.22 |
| 2015 年 | 17.26 | 27.33 | 23.32 |

柱状图如图 11.1 所示。

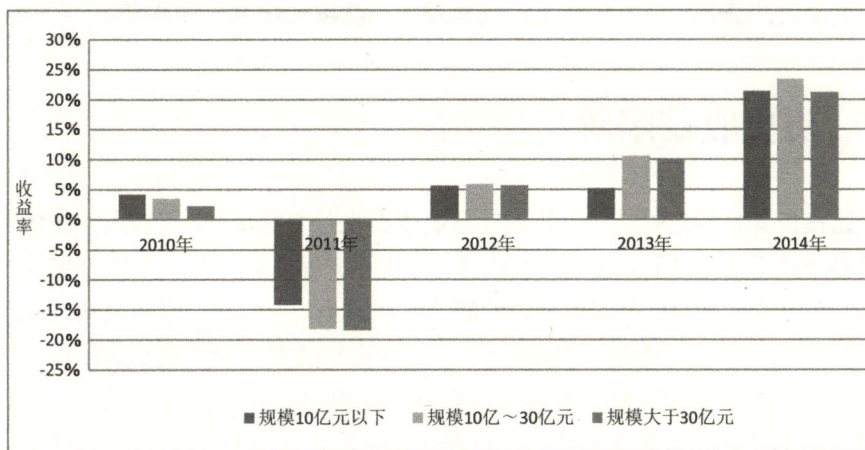

图 11.1　基金规模和收益率关系的柱状图

造成规模陷阱的原因如下。

## 1. 策略有容量限制

任何策略都是有容量限制的，特别是一些严重依赖某些特定交易品种的策略，比如期权类的策略，目前国内的期权交易量日均只有百亿元左右。在不影响市场波动的情况下，有效交易量只有 5% 左右（经验数据），所以这种类型的策略根本无法支持大的资金规模。2015 年，在股指期货被限制之前，阿尔法类策略可以容纳上千亿元的资金规模；但在股指期货被限制之后，单个产品只能容纳 5000 万~1 亿元的资金规模。所以，对于那些资金规模很大的对冲基金而言，要想再获得较高的收益率，已经相当困难了。

### 2. 管理人动力不足

私募基金管理人在刚刚创业的时候动力是最强的，压力也是最大的，可以全力以赴地研究、专心致志地写模型，属于艰苦奋斗的阶段。当规模扩大以后，很多管理人已经不再依靠绩效为主要收入来源，而是依靠大规模资金所带来的管理费。而且在中国的传统文化中，"共患难易，共富贵难"，很多私募基金在规模扩大以后，创始合伙人之间因为利益分配问题而吵得不可开交的例子比比皆是，失去了创业期的和谐与合作。

对冲基金这个行业和实体经济不一样，实体经济基于的经济学原理往往是"规模效应"，比如，淘宝平台在做大了以后，形成垄断效应，规模小的电商平台完全没有机会；但是对冲基金行业恰好相反，规模越大，就越难获得高收益率。

## 11.2　历史收益陷阱

普通投资者容易犯的第二个错误就是追逐高收益率的基金，很多人往往将上一年的收益率产品进行排序后，便去购买收益率最高的产品。然而第二年的结果往往差强人意。上一年的冠军却在第二年垫底的例子比比皆是。在任何一家基金网站或选基平台上，都少不了近几月、近几年的业绩排名。这些排行榜对投资者真正的指引是什么？每年名列前茅的基金经理是否有持续性？下一年他们还能榜上有名吗？让我们继续看数据。表 11.2 中的数据来自格上理财的研究结论，星潮 FOF 研究院进行了复制，结论大同小异。

表 11.2　基金经理业绩迁移表

| 基金经理 | 2011 年名次 | 2012 年名次 | 2013 年名次 | 2014 年名次 | 2015 年名次 | 2016 年名次 |
| --- | --- | --- | --- | --- | --- | --- |
| DY | 1 | 53 | 352 | 493 | 686 | 554 |
| DH | 2 | 30 | 393 | 698 | 760 | 764 |
| ZWL | 3 | 2 | 154 | 279 | 381 | 205 |
| DXY | 4 | 23 | 795 | 352 | 564 | 672 |
| DG | 5 | 15 | 425 | 538 | 592 | 646 |
| HLN | 6 | 107 | 268 | 387 | 579 | 444 |

续表

| 基金经理 | 2011 年名次 | 2012 年名次 | 2013 年名次 | 2014 年名次 | 2015 年名次 | 2016 年名次 |
|---|---|---|---|---|---|---|
| ZWW | 7 | 108 | 269 | 388 | 580 | 445 |
| ZS | 8 | 68 | 322 | 312 | 407 | 476 |
| TT | 9 | 60 | 412 | 562 | 658 | 519 |
| CM | 10 | 180 | 205 | 681 | 709 | 722 |
| SYG | 11 | 79 | 153 | 485 | 639 | 501 |
| YX | 12 | 81 | 244 | 287 | 457 | 291 |
| LWJ | 13 | 99 | 323 | 563 | 636 | 528 |
| LWF | 14 | 21 | 102 | 277 | 520 | 583 |
| SH | 15 | 178 | 364 | 250 | 492 | 371 |
| MWX | 16 | 67 | 437 | 380 | 661 | 658 |
| LY | 17 | 194 | 209 | 687 | 773 | 714 |
| LY | 18 | 181 | 175 | 653 | 753 | 682 |
| WL | 19 | 87 | 345 | 311 | 459 | 465 |
| FXB | 20 | 78 | 417 | 601 | 664 | 555 |

在表 11.2 中，2011 年排名第一的基金经理在 2012 年仅位列第 53 名，随后几年被甩到了几百名的位置。可以说，位列前 20 的基金经理在之后的年份中排名都不甚理想，属于全军覆没。很遗憾地告诉大家，基金经理的明星效应是不长久的，名次是极其不稳定的。

如果我们在每年年初根据上一年年底的基金经理排名来进行投资，每次都选择排名前 10 的基金经理，那么业绩会好于选择倒数 10 位基金经理的组合吗？我们现在就来进行这个尝试。

我们在 2012 年年初买入 2011 年年底排名前 10 的基金经理业绩指数作为优选组合，同时买入倒数 10 位基金经理业绩指数作为劣选组合。

2013 年以同样的标准对优选和劣选组合内的基金经理指数进行换仓，以此类推，直到 2016 年。我们发现，优选组合并非总是跑赢劣选组合的，具体如表 11.3 所示。

表 11.3  优选组合和劣选组合对比

| | 优选组合 | 劣选组合 |
|---|---|---|
| 累计收益率 | 5.17% | 7.12% |
| 年化收益率 | 0.92% | 1.26% |
| 夏普比率 | −1.78% | −0.26% |

数据来源：格上理财

也就是说，选择排名靠前的基金经理进行投资并不能保证今后仍然获得高收益率，甚至有时还不如过去表现最差的基金经理。

不过，"过去不代表未来"这样的道理恐怕知易行难。人类总倾向于相信"好"和"坏"有一定的延续性。在导演库布里克 1971 年的电影《发条橙》（*A Clockwork Orange*）中，犯下抢劫、强奸罪行的阿利斯被关进监狱，在经历一番特殊的改造后，人们不但无法转变对已经完全厌恶恶行的阿利斯的印象，而且对他施以各种讥讽、报复和利用，这就是人性难以规避的东西。

在《FOF 组合基金》一书中，笔者曾经提出"投资不可能三角"，即任何投资策略，收益率、风险度、资金容量三者不可兼得。所以，对于高收益率的策略而言，一定意味着牺牲了剩下两项中的任何一项。

### 1. 牺牲风险

很多看上去很漂亮的收益率曲线其实是以牺牲风险为代价的，但是在风险爆发之前，没有人会相信有风险存在，这种策略在学术上有一个名词——火鸡策略。火鸡是西方国家圣诞节必备的菜肴，在圣诞节之前，火鸡都被优质条件供养着，好吃好喝，以至于让火鸡认为这是它应得的生活。但是到了圣诞节那天，这美好的一切就突然结束了，火鸡将被制作成佳肴，成为人类的盘中餐。

如图 11.2 所示就是一个典型的火鸡策略的产品净值走势。在 2015 年 6 月之前的牛市中，该策略获得了远超大盘指数的收益率；但是在 2015 年 6 月股灾爆发之后，短短一个月的时间，该产品净值损失超过 70%，投资者损失惨重。

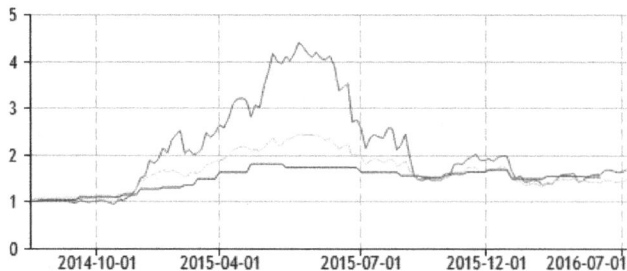

图 11.2　火鸡策略的产品净值走势

### 2. 牺牲规模

这种类型的策略以高频交易为代表，其中最著名的是大奖章基金，该产品连续

20 年，每年的收益率都超过 35%，从来没有亏过钱。然而，该基金的规模只有区区 50 亿美元，在国外的对冲基金行业中属于"迷你"基金，并且该基金早就不再对外开放，完全是内部员工的资金在运作。所以，对于那些可以做到低风险、高收益的策略而言，除刚开始的阶段会对外募资外，一旦达到一定规模，肯定会封闭运作，这几乎成为对冲基金行业的行规。

所以，大多数投资人能看到的那些看上去很漂亮的产品净值曲线，基本上都是以牺牲风险为代价的火鸡策略，这也是大多数投资人在追逐冠军私募基金后损失惨重的根本原因。

# 12 投资不可能三角

在上一章中给出了一个重要的概念——投资不可能三角，也就是说，任何策略，不可能同时实现收益率、风险度和资金容量的最优。有关这个理论，在笔者提出的策略组合理论（Strategy Group Theory，SGT）中有详细的阐述，具体参见附录 1。这里我们对"投资不可能三角"进行单独的讨论。

## 12.1 策略的定义

到底什么是策略？SGT 提出，所谓策略，就是对资产的一系列动态操作的集合。

数学上的定义为：

（1）三元组 $SGT_i$（Return, Risk, Size）为一个策略，其中，Return 为策略预期收益率，Risk 为策略风险度，Size 为策略资金容量。

（2）策略组合 SGT 为一系列策略的集合，即 $SGT=(sgt_1, sgt_2, \cdots, sgt_i, \cdots, sgt_n)$，其中 $sgt_i$ 为单个策略。

传统的策略分析基本上是从收益率和风险度两个维度去考虑的，国内的评级机构更多地只看重收益率，完全忽略风险因子。笔者认为，一个策略的核心因子有三项：收益率、风险度、资金容量。从这三个因子的组合来看，共有 8 种类型的策略，如表 12.1 所示。

表 12.1　策略的三因子属性

| 收　益　率 | 风　险　度 | 资金容量 | 代表性策略 |
| --- | --- | --- | --- |
| 低 | 低 | 低 | 淘汰 |
| 低 | 低 | 高 | 相对价值策略 |
| 低 | 高 | 低 | 淘汰 |

| 收 益 率 | 风 险 度 | 资金容量 | 代表性策略 |
|---|---|---|---|
| 低 | 高 | 高 | 淘汰 |
| **高** | **低** | **低** | **高频交易策略** |
| 高 | 低 | 高 | 不存在 |
| 高 | 高 | 低 | 淘汰 |
| **高** | **高** | **高** | **择时投机策略** |

但是，并不是上述 8 种类型的策略都会存在，下面进行详细分析。

# 12.2 不存在与淘汰的策略

### 1. 不存在的策略：高收益/低风险/高容量

几乎每个投资人的理想策略都是收益极高、风险几乎没有、随时可以开放。但是很遗憾，这种策略是不存在的。一旦有这样的策略存在，大量资金一定会涌入该策略，从而造成收益率大幅度降低，或者市场容量大幅度降低，从而转化为低收益/低风险/高容量策略，或者高收益/低风险/低容量策略。

比如，在 2015 年市场狂热的时候，股指期货相对于指数出现严重升水，带来了超过 15%年化收益率的无风险套利机会。当时笔者正在某大型央企任职，于是调集了大量资金来进行这种无风险套利操作。据笔者所知，当时除笔者外，还有数百家机构、基金都在从事这种交易，总资金规模达上千亿元。果然，仅仅过了两个月，这种升水大幅度消失，并且在国家对金融市场加强监管之后，股指期货长期处于贴水状态，大量从事期现套利策略的对冲基金最终只能放弃这种类型的操作。

随着移动互联时代的发展，信息交流越来越畅通，这就使得国内的资本市场有效性大大提高，以前一个很简单、很容易赚钱的策略，很快就会有大量资金涌入，从而迅速将收益率抹平，回归平均收益率。

### 2. 淘汰的策略 1：低收益/高风险/高容量和低收益/高风险/低容量

这不符合人性，因为任何人承担了高风险，追求的都是高收益。如果是高风险/低收益的策略，是没有人愿意长期从事该策略交易的，投资者会大量撤出，从而使得该策略的收益率变大，最终转化为高风险/高收益/高容量策略。从短期来看，可能存在这种情况；但从长期来看，投资者一定会离开这个市场。利润之所以变薄，根本原因是竞争太激烈。当大量投资者离开之后，还留在市场中的投资者自然就会获得巨大的利润。

就像卖白菜之所以利润微薄，那是因为竞争者众多，并且国家也鼓励竞争，从而带来了利润的稀释。而那些高风险的产品，比如深海捕鱼，参与者稀少，供给稀缺，自然使得高档海鲜的价格昂贵、利润丰厚，这就是经济学原理在起作用。

### 3. 淘汰的策略 2：高收益/高风险/低容量

在高收益/高风险的情况下，投资者肯定会选择高容量的策略来使自己的绝对收益最大化，所以该策略也会遭到淘汰。由于采用该策略的投资者变少，从而使得该策略的资金容量变大，最终转化为高收益/高风险/高容量策略。

### 4. 淘汰的策略 3：低收益/低风险/低容量

在低收益/低风险的情况下，投资者肯定会优先选择高容量的策略来使自己的绝对收益最大化，所以该策略也会遭到淘汰。由于采用该策略的投资者变少，从而使得该策略的收益率变大，最终转化为高收益/低风险/低容量策略。

从图 12.1 中可以看出这几种不存在的策略之间的转化过程。

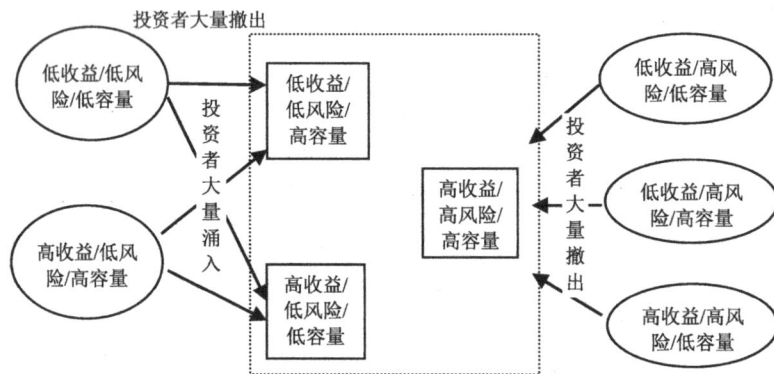

图 12.1　不存在的策略之间的转化过程

随着投资者的涌入和撤出，最终留下的长期有效的策略只有 3 种。

## 12.3 长期有效的策略

### 1. 低收益/低风险/高容量

这种策略属于类固定收益率策略，如银行理财、货币基金、债券及各种对冲套利策略。这种策略的代价是牺牲"收益率"，目前国际上主流的对冲基金基本上以追求这种策略为主要特征。在美国证监会的分类中，这种策略叫作"相对价值策略"。在CAPM模型中，在消除市场风险因子贝塔以后，留下的阿尔法收益也是属于这种策略。

### 2. 高收益/高风险/高容量

这种策略也是主流基金所采用的策略，即投机型策略，包括一级市场的天使投资/创投/风投和二级市场的各种单边投机策略，它们的高收益来自承担了高风险，这也是传统的资本资产定价模型（CAPM）中所揭示的原理。这种策略的代价是"牺牲风险"。在美国证监会的分类中，这种策略叫作"宏观因素策略"，也就是我们通行的"择时投机策略"，或者俗称的"贝塔策略"。

### 3. 高收益/低风险/低容量

这种策略主要利用市场的缺陷去盈利，各种制度套利都属于这种类型的策略，如高频交易、困境证券等。这种策略是以"牺牲规模"为代价的，所以这种类型的策略一般很少会发行产品，就算发行了产品，一旦规模扩大也会停止开放。在美国证监会的分类中，这种策略可以统称为"事件驱动策略"。

在实际的操作中，高频交易类是这种策略的典型代表。例如西蒙斯的大奖章基金，其中就用到了很多高频交易策略，收益很惊人，风险也可控，但是规模只有区区50亿美元，并且不再接受外部资金。

由此得出结论：高收益率的策略，要么承担较高的风险，要么牺牲资金容量，二者必居其一。这也就解释了为什么国内的私募圈，流星很多，恒星几乎看不到。因为那些参与展示的高收益率的策略基本上都是以牺牲风险为代价的。这些策略之所以在历史上表现很好，是因为风险因子没有爆发。例如，在2015年的牛市中，股票多头策略的净值表现几乎就是一根直线往上冲，回撤很小。如果单纯地看收益率曲线，那么这是一个完美的策略。但是 2015 年下半年的情况大家也知道了，风险一旦爆发，损失也会非常惨重。

所以，任何投资策略只能进行"收益率、风险度、资金容量"中两项的优化，必须牺牲其中的一项，这就是"投资不可能三角"。我们所有的策略分类和分析都必须基于这个基本的经济学原理进行，否则就没有任何意义。

# 13 赚大钱靠人品

很多 FOF 在考察子基金的时候都会感叹：不靠谱的子基金太多了！明明看好的子基金，一旦投资进去，就会发现业绩变差了；或者核心的团队离职了，造成了产品净值的大幅度波动。所以，对子基金的考察不能仅仅通过数量分析，还需要分析背后的逻辑，定性分析的重要程度一点都不低于定量分析的重要程度。

## 13.1 大胜靠德

"德成智出，业广惟勤，小富靠勤，中富靠智，大富靠德，小胜靠智，大胜靠德。"这是《世说新语》中的一句话，根据笔者多年的投资经验，也对这句话深以为然。

选择 FOF 的子基金管理人，最根本的一点是要求大家赚钱的理念是一致的，就是做投资、做资产管理，一定要搞明白赚钱背后的逻辑。例如，价值投资就要赚企业真正成长的钱，量化投资就要赚市场短期失效的钱。管理客户的资金，基金管理人的价值观和品德与业绩一样重要，甚至比业绩还要重要。这就像一幢楼的地基一样，只有在坚实的地基上才能建造稳固的大楼。做事先做人，这个道理在任何行业、任何人的人生中都是最重要的，没有这个，不要谈其他。

2014—2015 年的一波牛市给私募基金大发展创造了一个非常好的环境，但是很多根本没亲自做过投资的人发行私募产品募集资金替客户做投资，这很可怕，这部分人觉得赚了就值了，就算做不下去了也没什么损失。这种投机的心态本身就反映出了管理人的基本价值观有问题，是不负责任的。

私募机构的一个角色是资产管理人，另一个角色是个人创业者。第一个角色相对容易跟踪，但第二个角色才是体现人性根本之所在，这里包含了这家私募机构核心人员的人品、价值观、宽容度、合作精神、分享精神，正是这些才能造就这家私募机构形成一个什么样的第一个角色的展示。几个核心人员是基于什么走到一起的，在创业过程中是怎么磨合的，他们团队的稳固才是好的业绩产生的基础。这样的私募机构的负责人不仅仅是一家投资公司的管理者，同时也是创业者，深知其中的各种艰辛和考验人性之处，只有世界观一致、团队协作高效的私募基金，才会有持续稳健的业绩表现。

在国内私募机构的发展中，出现过很多合伙人分道扬镳的事情。比如，某擅长量化投资的公司，A 合伙人在盗用了 B 合伙人写的模型后把 B 合伙人赶走；某主动管理擅长宏观对冲的私募，其宏观分析团队集体离职，从而导致业绩下滑。这些都是普通投资人，甚至金融业内的人士都不一定跟踪得到的重要变化。这些变化对业绩有着相对长期、深远的影响，当出现这种现象的时候，绝不是等一等，给他们时间就能改善业绩的。

个人合伙创业和大家原来所在的公募、券商资管等平台有大集团股东背景的时候是完全不同的。现在私募的核心人物大多是其公司的大老板，能在原来公募的平台上做出出色的业绩，未必能够管理好一家公司或一支投研团队。这些都是需要考量的重要内容。

另外，一些管理人在转型私募成名后，管理的资金规模逐步增大，除了要考虑他及他的团队投资管理的规模边界、投资方向的边界，更重要的是观察他在个人财富得到巨大增长后是不是仍旧视投资为他最感兴趣的事业，是不是公司就变得程序化、商业化了。有些成名的基金经理开始慢慢地分心去投资影视公司、互联网公司等，这并不是说一定不好，但要看他的精力在往哪方面转移，这些也对二级市场的产品业绩有着巨大的影响。所以，投资跟所有的行业一样，只有发自内心地喜欢才能够既在艰难的时候坚持度过，又在富贵的时候依然如故。这些也是投资人无法观测的内在因素。

"管理人的品质、赚钱的根本逻辑"是非常重要的根本，这个基础如果是不牢固的，那么无论他取得过怎样优秀的业绩，也是无法持续的，或者说这不是私募机构敢要的，因为里面蕴含了巨大的潜在风险，这种风险一旦爆发，对客户而言是毁灭性的，绝不是市场短期下跌 20% 那么简单的。因此，投资者要在本质价值观、价值理念一致的基础上，再去寻找投资策略、投资研究方法、对投资标的的偏好等不同风格的管理人进行投资，从而分散风险。

# 13.2　专注值得托付

人的精力总是有限的，只有纯粹、专注做投资的人，才值得将投资人的资金予以托付。什么叫纯粹？就是这些人在骨子里热爱投资（热爱投资和热爱金钱不是同一个概念），为了做好投资，非常勤奋地去了解上市公司、去做基本面研究，投资收益对他们而言是第一位的。他们对自己管理的规模边界有着很深刻的认知，运营公司并不完全是一种商业化运作企业的手段。纯粹意味着他们并不是整天算计规模达到多少就能收取多少管理费，而是追求应该怎么做才能提高投资收益。

比如，某私募公司 A 要求所有的基金经理各自管理的规模都不能超过 30 亿元的边界，他们认为只有在这个范畴内才可以有效地替客户赚到合理的收益，他们希望在替客户赚取的收益中进行分成，而不是无限度地扩大规模去赚取管理费。又如，某私募公司 B 愿意拿出大量的公司成本投入到研究团队的建设上，目的就是更好地防范大的风险和有机会覆盖到更好的企业标的，最终为客户投资到更好的公司赚取收益。

专注意味着他把大部分时间、精力花费在投资上。一位基金经理如果把时间和精力都耗费在对外的演讲和培训上，那么他什么时候做调研，什么时候能安静地思考投资，当市场发生突变时他怎么及时地采取应对措施？

互联网的飞速发展改变了大多数人的生活习惯和交流方式，微信的出现更强化了这一现象，大家纷纷加入各种各样的微信群，基金经理也是如此。在很多知名券商的研究群里，不乏知名的私募大佬，有些人无时无刻不在微信群中发表言论。这样的管理人是不敢加入 FOF 基金的核心跟踪池的，因为人的精力是有限的，不知道这样的管理人用什么时间、用多少时间去做深入的研究工作。真正优秀的基金经理，不管取得怎样辉煌的业绩，无一不是低调的、心无旁骛的。投资绝不是一件容易的事，即使再有天分，也需要一如既往地努力，丝毫不敢懈怠。这才是优秀资产管理人的本质。

其实客户经理或客户大都希望跟基金经理多交流，听取他们对市场的看法，这可以理解，就像人们去医院一定要见到专家跟他们说几句才放心。但投资跟看病又不尽相同，市场是千变万化的，优秀的基金经理不愿意轻易到处乱说，因为他们觉得必须是坚信的东西才能说，否则不仅扰乱了自己的思绪，而且也是在敷衍受众。

客户经理或客户如果有条件，则应该多了解基金经理的风格、为人、理念，至于他在短期内对市场怎么看，对自己在实际操作中毫无帮助，因为其操作也有可能千变万化。所以，负责任的基金经理不会给客户推介股票，因为即使他们看好了一家公司，但是他们的操作过程可能是漫长的，他们会考虑大环境的系统性风险、产品的总体仓位等因素，进行波段操作。他们在买入某只股票后股价也可能会下跌，基于对标的公司常年深入的了解和跟踪，他们懂得在突发的市场环境下应该如何处理。这也是投资人选择专业的基金经理来管理资产的主要原因。

## 13.3　业绩背后

统计数据能告诉投资人这位基金经理过去是什么样的、他管理的基金呈现出什么特征，但是它不能告诉投资人这样的业绩是由什么组成的、是偶然还是必然的、未来是不是可持续的、他真正的投资风格是什么、这位基金经理是真的擅长这种风格还是凑巧。一个专业做投资的人，其根本理念和原则反复变化是一件非常可怕的事情。只有研究得非常深入，他们才能坚持度过其标的持有周期中比较痛苦的阶段。通过数据，投资人要去判断基金经理的投资逻辑是什么、与他的投资行为是否相符、是否真正做到了知行合一。

比如，有的基金经理宣称自己是价值投资者，通过精选个股来获取超额收益。但是，通过仔细梳理真实的交易数据，投资人会发现这位基金经理过于频繁地调整仓位，换手率极高，平均持股时间也比较短。显然，这位基金经理的言行不一。又如，有些基金经理在某一年突然发生了风格漂移，仓位控制、行业偏好等都发生了重大变化。虽然变化不一定是坏事，但风格漂移往往意味着风险，投资人需要更多的时间对这位基金经理的新风格进行观察和确认。

通过数据，还需要细致分析业绩背后的组成。投资人需要进一步细化分析收益率的来源，分阶段获取数据进行交叉重叠分析。例如，某基金经理在过去 6～7 年这个管理周期内总收益率看起来比较惊人，但其间有一波巨大的牛市，如果把牛市阶段除去，就会发现年化收益率比之前低了很多。这时候就要判断这位基金经理在熊市阶段业绩的跌幅。比如 2008 年，市场跌了 70%，这位基金经理的业绩只跌了 20%，结合他整体的业绩，说明他对回撤控制得很好；但是 2012 年和 2013 年他的业绩增幅很小，说明他并不是小盘股的风格。最终投资人就要判断在什么样的市场环境下适合配置这位基金经理的产品，配置他的产品在自己的整个投资组合中需要起到什么作用。

关于回撤，经常有客户经理问某只子基金的回撤达到多少，FOF 基金就会立即赎回。这不能一概而论，量化指标的意义不是机械地根据它做出决策，而是给决策者提供参考。风控流程是：当子层短期跌幅过大时，需要马上了解原因，探究大幅下跌的原因究竟是什么，然后才能做出是否调整的决策。

在笔者的投资经历中，有一只子基金大比例投资了某家上市公司，之后该公司停牌，且在停牌期间遭遇了股灾 3.0，按照指数收益法对停牌股票进行估值，这个子层产品出现了基金净值短期大幅下滑。在深入沟通后了解到，这只子基金对该上市公司有着深入、长期的研究和跟踪，坚信其在中长期会有不俗的表现，笔者最后选择继续持有。如果仅仅依靠量化指标，那么这个时候赎回是非常不明智的，因为后来该公司业绩爆发所带来的收益率大幅增长，你的客户永远享受不到。

## 13.4　投后管理

选择一个私募基金管理人，其实选择的是他的管理能力。管理能力不仅体现在对行业个股的挖掘选择和配置上，更体现在他们对其认为真正好的东西合理坚持的能力和卖出时点的判断能力上。很多投资人经常听身边的人夸赞自己买入了一只好股票，赚了多少钱，可是然后呢？这只股票获利多少你会卖出？卖出之后你投资什么？这样的成功基于什么？这样成功的概率有多大？可复制性有多强？你敢把所有的可投资资产全仓投入吗？这些都是投资管理能力的体现。

在选择了一个子基金管理人后，在通常情况下，决定赎回或放弃的最重要的原因是定性的，而不是定量的。这就像基金经理选择是否重仓买入一只股票一样，事前的深入研究是最好的风控。在投资之前，需要从定量和定性两方面对该子基金管理人进行多维度的考察和观测，做出慎重的决策。而在投资之后，只要这位基金管理人的基本面未曾发生重大变化，那么投资人需要给他们时间，即使有短期的回撤，那也是需要承受的。

当然，频繁的沟通交流和跟踪观察是必不可少的。在每个季度，投资人需要对所有子基金的业绩进行详细的归因分析，分解其业绩的贡献是由哪些因子决定的、投资动作是否存在变形等。投资人需要看重的是基本面是否发生重大变化，包括投研团队是否有重大变动、核心投资人员的稳定性、投资理念的一致性、管理规模是否超出能力边界等。

没有万能的基金，适合的才是最好的。

"夫骥之齿至矣，服盐车而上太行，蹄申膝折，尾湛胕溃，漉汁洒地，白汗交流。中阪迁延，负辕不能上。伯乐遭之，下车攀而哭之，解纻衣以幂之。骥于是俯而喷，仰而鸣，声达于天，若出金石声者，何也？彼见伯乐之知己也。"

——《战国策·楚策》

大家熟知的千里马遇伯乐的故事往往用来比喻人才也需要伯乐的挖掘和赏识。但是，我们换一个角度来看，即使是千里马，也不是什么样的活儿都能干的，它能日行千里征战，却不适合拉盐车。同样的道理对基金也适用，如果有人告诉你有一只基金能适应所有的市场环境，那么你基本可以判定这只基金可能在任何市场环境下都会失利。

（1）了解自己。在寻找合适的基金之前，我们应该先清晰地了解自己的实际投资需求，千万不能抱着博一把的心态去选择产品、进行投资。投资应该是持续一生的事情。在选择基金之前，先系统性地梳理自己的家庭财富状况，比如，我们有多少资产可以拿去投资？这其中有多少可以相对长线持有？有多少需要保持流动性？有多少可以承担较大的波动、风险？有多少承担的风险非常小？对每类资产的比重如何分配比较恰当？能承受多大的风险、波动率？对投资收益的预期标准是怎样的？要寻找"好"的基金，就要先了解自己，了解自己的风险承受能力和投资期限。

（2）了解基金管理人。基金管理人是一只基金的灵魂所在，但基金管理人也是人，每个人都会有情绪、能力的波动曲线，这是由多种复杂的因素累加形成的。我们所定义的"好"的基金，一般都有突出的投资风格和偏好，也有比较明确的适合的市场环境。在了解自己投资需求的基础上，我们需要分析当前及未来的市场阶段和风格，然后去寻找适合这种风格的基金。这就涉及投资的组合配置、持续跟踪和动态调整等操作。

寻找到可以持续赚钱的道路，是投资路上非常重要的事。培养一个好的投资习惯和心态也非常重要。人的本性是贪婪的、懒惰的，如果不刻意用好的、正确的习惯约束自己，那么，长此以往，很容易走上歪路。把专业的事情交给专业的机构来做，与时间为友，立足长远，选择一位优秀的基金管理人并坚持下去！

# 14 寻找靠谱的基金经理

第 11 章的分析已经得出结论：规模和历史收益率并不能成为购买产品的依据，反而是陷阱。那么，到底哪些指标和基金产品的收益率正相关呢？FOF 基金又要根据哪些指标进行分析呢？格上理财做过一项研究，认为对于基金经理来说，学历和从业年限与业绩正相关。星潮 FOF 以此为基础，重新进行了数据处理和分析。

## 14.1 学历因子

由于私募基金很难获得详细的资料，所以本研究以公募基金数据为基础，但是我们认为行业的本质不会有所不同。我们统计了 2011—2015 年的数据，如表 14.1 所示。

表 14.1 学历与收益率的关系

| 时　　间 | 本　　科 | 硕　　士 | 博　　士 |
|---|---|---|---|
| 2011 年 | 2.10% | 1.00% | 1.50% |
| 2012 年 | 0.80% | 2.60% | 2.10% |
| 2013 年 | −1.10% | −0.50% | 0.80% |
| 2014 年 | 4.50% | 8.70% | 13.90% |
| 2015 年 | 13.10% | 16.70% | 27.60% |

数据来源：星潮 FOF

从表 14.1 中可以清晰地看出，在 2014 年以后，博士学历基金经理掌管的基金产品的业绩开始明显超越硕士和本科学历基金经理掌管的基金产品的业绩。

我们再来看一下柱状图，就会更加清晰，如图 14.1 所示。

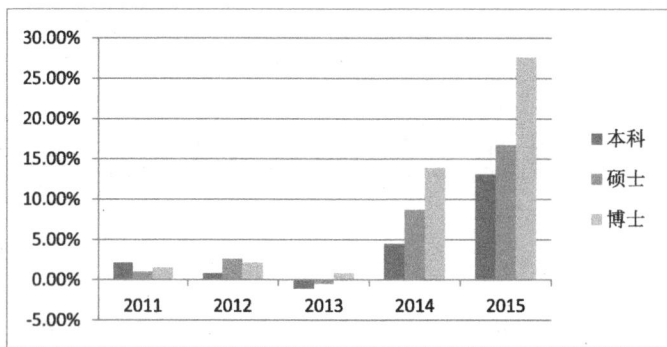

图 14.1　学历与收益率的关系图

**数据来源：星潮 FOF**

我们再做一个 $t$ 检验，结果如表 14.2 所示。

表 14.2　学历和收益率关系的 $t$ 检验

| 业绩差异 | 本科 VS 硕士 | 硕士 VS 博士 | 本科 VS 博士 |
|---|---|---|---|
| $P$ 值 | 0.007 | $1.7 \times e^{-4}$ | $4.5 \times e^{-10}$ |
| 结论 | 明显差异 | 明显差异 | 显著差异 |

**数据来源：星潮 FOF**

对三种学历的业绩差异的 $t$ 检验也进一步证明,博士和本科学历的业绩差异最大($P$ 值达到 $4.5 \times e^{-10}$)。难怪现在的金融机构对学历的要求越来越高,这是有道理的。而在华尔街的很多对冲基金公司里,博士往往是最基础的学历,而且很多顶尖的对冲基金公司,比如文艺复兴科技,更是招聘了大量的物理学家、火箭学家,甚至有诺贝尔奖获得者。

那么,为什么博士基金经理的业绩表现明显优于本科和硕士基金经理的业绩表现呢?笔者认为大概有两个因素。

(1)知识面的宽度和广度。国内金融行业很多时候都充斥着知识无用论,并且往往拿一些民间高手来说明这个结论。笔者承认很多民间高手水平很高,但是作为一个整体,民间高手业绩的持续性和稳定性还是有所欠缺的,特别是和正规机构训练过的科班基金经理相比还是有差别的。这就是国内几十年来各种投资比赛如火如荼,但是从中走出来的优秀的基金经理少之又少的原因。

(2)公司的支持。由于博士的学历较高,公司支付的成本也较大,所以往往在基金公司内部会给博士基金经理更多的支持,包括各种数据服务、研究服务、交流机会等。这就使得博士基金经理可以获得更多的提升自己的机会，从而在投资的长跑中表现出更好的耐力。

## 14.2 资历因子

我们再次将基金经理的从业年限设为 4 个区间：0～5 年、5～10 年、10～15 年和 15 年以上，分别统计这些年限的基金经理的业绩情况，如表 14.3 所示。

表 14.3　从业年限和收益率的关系

| 时　间 | 0～5 年 | 5～10 年 | 10～15 年 | 15 年以上 |
|---|---|---|---|---|
| 2011 年 | 1.10% | 1.00% | 1.50% | 2.4% |
| 2012 年 | 0.40% | 0.60% | 1.10% | 1.7% |
| 2013 年 | −3.10% | −1.50% | 0.80% | 1.3% |
| 2014 年 | 5.50% | 6.70% | 13.90% | 16.5% |
| 2015 年 | 21.10% | 16.70% | 27.60% | 38.9% |

数据来源：星潮 FOF

从表 14.3 中可以看出，从业年限在 5 年以下和 5～10 年的基金经理业绩差距不大，差距变大主要是从 10 年以后开始的。我们再来看看柱状图的比较，就会更加清晰，如图 14.2 所示。

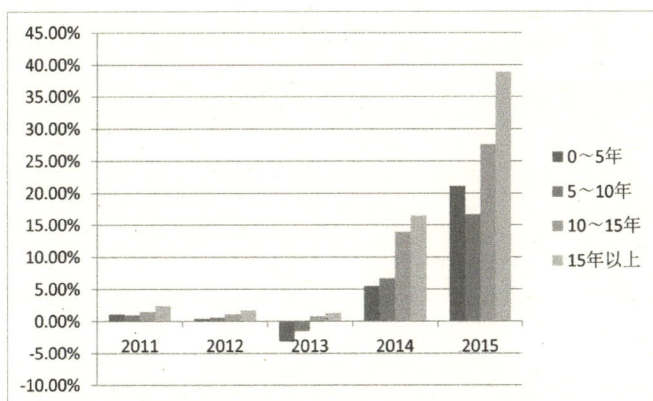

图 14.2　从业年限和收益率的关系图

数据来源：星潮 FOF

我们再来看差异检验的结果，如表 14.4 所示。

表 14.4　从业年限与收益率关系的差异检验

| 业绩差异 | 0～5 年 VS 5～10 年 | 5～10 年 VS 10～15 年 | 10～15 年 VS 15 年以上 |
| --- | --- | --- | --- |
| $P$ 值 | 0.14 | 0.0014 | $3.5 \times e^{-8}$ |
| 结论 | 略有差异 | 明显差异 | 显著差异 |

数据来源：星潮 FOF

　　从表 14.4 中可以明显看出基金经理的经验是何等重要。我们通常会有一种直观的感觉：每当牛市到来的时候，业绩出色的都是一些年轻的基金经理；但是一旦市场出现调整，或者类似于股灾这种情况，资深的基金经理往往可以遭受较小的伤害。在华尔街我们也可以看到类似的情况，只有巴菲特、索罗斯这种老牌的基金经理往往才能穿越牛熊，长期盈利。年轻的基金经理往往敢打敢冲，当市场有机会的时候确实也会获得更好的超额收益率；但是他们的风险管理能力往往偏弱，当市场出现危险的时候，最容易受伤的也是这些年轻的基金经理。所以，投资不仅仅是一个技术问题，更重要的是一个人生经验问题。

# 15 基金经理才是核心

与传统实体经济不同的是，投资行业，特别是对冲基金这个行业，基金经理在其中的作用巨大，这就是说传统的平台为王、团队为王的观念在对冲基金行业不再适用。

## 15.1 基金经理的价值

在任何行业中，人才都是决定性因素，这对于对冲基金行业尤其重要，而且比传统行业重要得多。在传统行业中，平台、市场、品牌等因素可能比技术人才的作用更大，甚至对于公司来说，总经理/CEO 的更换都有可能带来负面影响，但不至于是致命影响，如图 15.1 所示。

图 15.1　传统行业人才价值与对冲基金行业人才价值对比

就拿阿里巴巴来说，马云的核心价值是不可或缺的，但是阿里巴巴发展到今天，已经通过平台建设形成了巨大的护城河。大家可以想象一下，如果马云离开阿里巴巴，则对阿里巴巴的影响肯定是极为负面的，但是不至于造成毁灭性的影响。对照苹果公司就可以看出，在乔布斯离开后，苹果公司依然在相当长的时间内保持了领先优势，只是这种优势在缓慢消失而已。在实体经济中，百年老店型的公司还是可以找到不少的，比如 IBM、通用电气、可口可乐等，它们的创始人早就离去，甚至创始人家族也早就不再持有大量股份，但是公司的体系、架构、品牌打造的平台价值，使得该公司在相当长的时间内依然可以在市场上保持竞争力。

但是对于基金这个行业，我们能看到有百年历史的基金吗？几乎没有。格雷厄姆和江恩被后人所熟知是因为他们的著作，但是与他们同时代的优秀基金产品没有能持续到今天的。对于基金行业来说，优秀的基金经理几乎是公司的核心价值所在，虽说公司治理、公司制度、平台建设、数据服务也很重要，但都不属于核心价值。核心基金经理的离开，对于基金产品而言，影响几乎是毁灭性的。

就拿国内公募基金中曾经的明星基金经理王亚伟来说，从他 2006 年接手华夏大盘精选到 2012 年离开，该产品的业绩表现说是冰火两重天也不为过，如表 15.1 所示。

表 15.1　王亚伟离职前后华夏大盘收益率对比

| 年　份 | 指数收益率 | 华夏大盘收益率 | 超额收益率 |
|---|---|---|---|
| 2006 年 | 130% | 154% | 24% |
| 2007 年 | 96% | 226% | 130% |
| 2008 年 | −65% | −36% | 29% |
| 2009 年 | 80% | 112% | 32% |
| 2010 年 | −14% | 23% | 37% |
| 2011 年 | −22% | −18% | 4% |
| 2012 年 | 3% | −25% | −28% |
| 2013 年 | −7% | 14% | 21% |
| 2014 年 | 53% | 5% | −48% |
| 2015 年 | 9% | 27% | 18% |

数据来源：Wind，星潮 FOF 整理

如图 15.2 所示为王亚伟离职前后华夏大盘超额收益率对比的柱状图。

从图 15.2 中可以清晰地看出，在王亚伟离职前，华夏大盘基金没有一个年份是弱于指数的，最高的 2007 年竟然获得了 130% 的超额收益率；但是在王亚伟离职后，华夏大盘基金在 4 年内有两年明显弱于指数，包括 2014 年惨烈地输了 48%，沦为业内垫底。

这充分说明了一位优秀的基金经理对基金产品的价值。华夏基金曾是业内平台极完善、服务极强的基金公司，但在王亚伟离职后，华夏基金的平台却再也无法孕育出一个新的神话，这充分说明了对于基金公司而言，基金经理才是核心价值，平台的价值并没有想象中那么大。

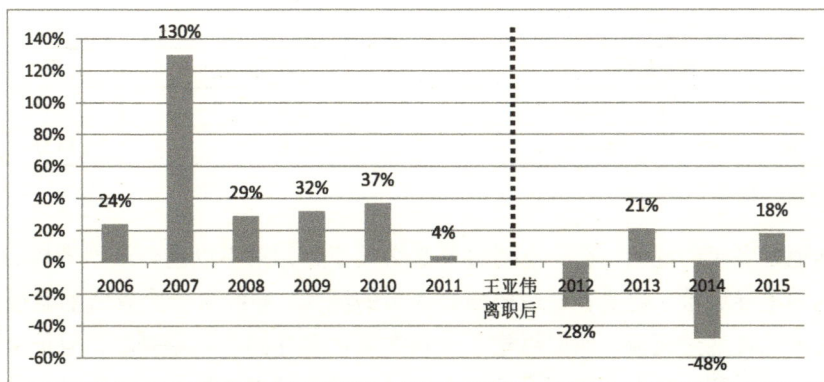

图 15.2  王亚伟离职前后华夏大盘超额收益率对比的柱状图

数据来源：Wind，星潮 FOF 整理

## 15.2  D–三因子模型

根据前面的结论，我们认为，历史收益率和管理规模与未来的绩效成负相关关系，更加有价值的可能是基金经理的学历和从业年限，故我们提出 D-三因子模型。

$$Y = p_1 \times \text{Equity} + p_2 \times \text{Edu} + p_3 \times \text{Year} + \varepsilon$$

式中，$Y$ 为对冲基金公司的评分；Equity 是指对冲基金公司的基金经理控股情况；Edu 是基金经理的学历；Year 是基金经理的从业年限；$\varepsilon$ 为误差项；$p_1$、$p_2$、$p_3$ 为权重。

该公式适合对对冲基金公司进行整体评价，而并不是针对单个产品。我们认为，一家优秀的、能长期稳定盈利的对冲基金公司必须有优质的股权结构、高学历的基金经理和长期的投资经验。满足这些条件的对冲基金公司就算短期业绩有所波动，从长期来看，也是值得信赖的管理人。

Equity 的建议区间评分如表 15.2 所示。

表 15.2  Equity 的建议区间评分

| 股权结构 | | 控 制 力 | 得　　分 |
|---|---|---|---|
| 基金经理完全控股 | 股份≥66% | 可以完成主要决策 | 90～100 分 |
| 基金经理绝对控股 | 51%≤股份<66% | 可以完成大部分决策 | 80～90 分 |
| 基金经理相对控股 | 23%≤股份<51% | 拥有否决权 | 60～80 分 |

| 股权结构 | | 控 制 力 | 得　　分 |
|---|---|---|---|
| 基金经理参股 | 0<股份 | 拥有分红权 | 30～60 分 |
| 基金经理无股 | 股份=0 | 无任何权利 | 0～30 分 |

数据来源：星潮 FOF

根据笔者多年的经验，在一家对冲基金公司里，如果不以基金经理为核心，而以管理团队为主导运营，则很容易造成核心人员的流失。曾经有一个有钱的老板带了几个年轻人来笔者这里交流，他们组建了一只做量化对冲的小私募基金，但是这家公司完全由这个老板和家族人员控股，这几个年轻人只是打工者的角色。笔者当时就建议他要给年轻人一些股份或者期权，他的回答是：等他们的模型做出来，公司赚到收益后自然会考虑。一年多以后，那几个年轻人告诉我，他们离职了，自己重新成立了私募公司，至于原先的公司，早就倒闭了。

还有一个故事：2015 年业内有一只非常有名的私募基金，管理规模最高达到 70 亿元，其中的核心基金经理，也是创始人，由于不擅长公司的运作，逐步丧失了对公司的控制权，股份被稀释到只有 20%。结果他愤然离职，重新成立公司。他的离去带来一大批核心研发人员的离开，原先那家业内顶尖的对冲基金公司很快就偃旗息鼓，蜕化为三流的小公司。

这两个小故事说明：对于私募基金公司来说，核心资产就是基金经理，如果这些基金经理不能对公司拥有控制权，则很容易离职。这就是核心的基金经理对于一家对冲基金公司的价值，完全不是传统行业中的技术人才所能比拟的。这也就是 D-三因子模型中一定要加入 Equity 这个指标的原因。

Edu 的区间评分如表 15.3 所示。

表 15.3　Edu 的区间评分

| 学　　历 | 得　　分 |
|---|---|
| 博士 | 90～100 分 |
| 硕士 | 80～90 分 |
| 本科 | 60～80 分 |
| 本科以下 | 30～60 分 |

数据来源：星潮 FOF

这个评分并没有考虑到具体的学校差别和专业差别。从更多的历史数据分析来看，在量化对冲领域，理工科院校的学历更加有优势。道理也是很明显的，因为量化投资需要更强的数据和模型处理能力。而在传统的权益类投资领域，金融经济类的学历更加有优势，所以在得分表中可以略做调整。

Year 的区间评分如表 15.4 所示。

表 15.4　Year 的区间评分

| 从业年限 | 得　分 |
| --- | --- |
| 15 年以上 | 90～100 分 |
| 10～15 年 | 80～90 分 |
| 5～10 年 | 60～80 分 |
| 5 年以下 | 30～60 分 |

**数据来源：星潮 FOF**

这个评分并没有考虑到具体的从业资历，比如在华尔街的从业资历和国内的从业资历自然要有所区别，在华夏基金等大公募基金的从业资历和期货公司的资管部从业资历又不一样。从笔者的经验来看，有国外从业资历的基金经理的优势一般在于模型的多样性和风险管理方面，这些因素使得他们的业绩比较稳健。而有国内从业资历，特别是在小型期货公司从业的基金经理，往往会追求更高的收益率而忽视风险管控。国内 A 股的每一次牛市都是新基金经理所推动的，但是一旦出现大规模的调整，这些新基金经理也是受伤最严重的，这就充分说明了从业资历对于资产管理的重要性。

通过以上三个主要指标，再辅以其他指标，比如面谈、尽职调查等，就可以对私募对冲基金公司给出一个通用的评价。星潮评价体系参考标普的固定收益评价体系，分为 A、B、C 三大类共 9 档，分别为：AAA/AA/A；BBB/BB/B；CCC/CC/C。

对于初始权重，笔者的建议是 40%：30%：30%，也就是股权结构最重要，学历和从业年限同等重要。这里举一个案例。

假定有一只从国外归来的新的对冲基金，其创始人为美国常青藤学校的博士，他在某大型对冲基金公司有 10 年的从业经验。并且该创始人同时也是基金经理，占有 80% 的股权。按照传统的做法，该公司在国内并没有可追溯的历史业绩，很难评价。业内通行的做法是要求该对冲基金公司发行小产品，观察一段时间后再考虑进入白名单之类。但是这种做法往往会失去与优秀对冲基金经理合作的机会。

根据 D-三因子模型，可以得出该公司的评价得分为

$$Y=40\%\times90+30\%\times90+30\%\times80=87$$

这是相当不错的数字，可以得到 AA 评价。

当然，有了公司层面的评价，具体的产品还需要详细讨论。但是有了整个行业的总体评价体系，对于 FOF 的发展就有了一个大致的分类价值，可以避免投资者的盲目和错误决策。

这个模型用一句通俗的话来概括就是"高学历、老司机、新公司、有股权"，对于这样的处于初创期的对冲基金，应该大胆投入，享受其高成长的收益。

# 16 国外主流评级体系

前面的 D-三因子模型提出了一种最基本的对基金经理的评价方法，除此之外，还需要对产品层面、公司层面进行更多的评价。我们先来看看国际顶尖评级机构的情况。

根据星潮 FOF 不完全统计，具有国际影响力的专业化国外基金评级机构有 10 个，分别为晨星（Morningstar Rating）、标普（Standard & Poor's Ratings Services）、理柏（Lipper Rating）、惠誉（Fitch Rating）、机构投资者（Institutional Investor）、金融快报（FE Crown Fund Ratings）、全球影响力投资（Global Impact Investing Rating System，GIIRS）、全球投资者（Globe Investor）、雷纳斯宾塞·米尔斯研究（Rayner Spencer Mills Research，RSMR）、扎克斯投资研究（ZACKS Investment Research），如表 16.1 所示。

表 16.1　国外主要评级机构一览

| 机　　构 | 评级特点 |
| --- | --- |
| Morningstar Rating | 定量（向后看：业绩测算、风险度量、风险调整后收益、熊市评级）与定性（向前看：投资理念、规则、方法、流程等）评估相结合，体系完整、全面 |
| Standard & Poor's Rating Services | 除定量评估外，更注重定性评估，尤其是定性评估细分模块与操作流程的规范性 |
| Lipper Rating | 有总回报、稳定回报、保本能力、费用 4 个评估标准，注重投资者风险偏好，为其提供适合自己的基金 |
| Fitch Rating | 分析基金的收益和风险特性，更注重基金经理相对业绩的长期稳定性 |
| Institutional Investor | 全球对冲基金收益排名，注重产业研究，包括对冲基金公司、经理、投资者、经济商、外包服务商、监督等 |
| FE Crown Fund Ratings | 不单纯考虑收益高低，注重挖掘高收益基金背后的原因，为投资者提供业绩表现持续稳定的基金 |
| Global Impact Investing Rating System | 注重综合性（多维社会影响模型）、比较性（不同板块、规模的基金）、适用性（基于市场需求），提供个性化评级服务 |
| Globe Investor | 基于超额收益时间序列移动加权平均表现的等级划分，以星级呈现 |

续表

| 机　　构 | 评级特点 |
| --- | --- |
| Rayner Spencer Mills Research | 定量（业绩与风险的多维度度量并以易理解的形式展现）与定性（注重管理过程）评估相结合，每个季度提示投资者注意新的市场变化 |
| ZACKS Investment Research | 专注于共同基金和指数型基金排名，除分析历史业绩外，基于强力买入/卖出股票的研究评估基金预期收益 |

数据来源：星潮 FOF 整理

　　其中，最具影响力并成为全球基金评级参照的三个评级机构分别为晨星、标普和理柏。无论是在定量和定性两个层面，还是在基金产品、基金经理和基金管理公司三个模块，三者都经历了比较长期的探索和实践，并获得了基金评级业界的高度认同。其他基金评级机构虽然不具备上述三者的影响力，并且评级功能模块较为单一、偏倚，但却具有个性化的服务功能，能够满足不同专业投资者的不同维度的个性化需求。这主要是因为该类机构或服务对象小众化，或研究领域具有专一性，或平台资源有限等。因此，该类机构仍然能够满足基金投资者或基金管理者的个性化需求，只是在权威性上不及全球主流的三个评级机构。

　　以上评级体系针对所有基金的评级功能，特别是在共同基金领域有着广泛的影响力。对冲基金由于投资范围更加多元、投资策略更加复杂，所以需要更细分、专业的评级体系。

　　专注于全球对冲基金研究的国际型独立第三方机构有两个，即美国的对冲基金研究公司（Hedge Fund Research，HFR）和新加坡的对冲基金数据服务公司（Erekahedge），如表 16.2 所示。

表 16.2　国外对冲基金专业研究机构比较

| | 美国的对冲基金研究公司<br>（HFR） | 新加坡的对冲基金数据服务公司<br>（Erekahedge） |
| --- | --- | --- |
| 时间/地点 | 1992 年/美国 | 2001 年/新加坡 |
| 对冲基金的覆盖区域分类 | 北美洲、拉丁美洲、北欧、西欧/泛欧、亚洲（除日本）、亚洲（含日本）、日本、中国、印度、韩国、俄罗斯/东欧 | 北美洲、拉丁美洲、EMEA（欧洲、中东和非洲）、亚洲、亚洲（除日本）、亚洲（含日本）、澳大利亚/新西兰、大中华区、印度、日本、韩国、中国台湾 |
| 收录基金数量 | 7500 只对冲基金和 13 000 只非存续对冲基金（已经清算或消失的基金） | 31 085 只基金 |

续表

| | 美国的对冲基金研究公司<br>（HFR） | 新加坡的对冲基金数据服务公司<br>（Erekahedge） |
|---|---|---|
| 数据库模块 | HFR 策略组成数据库、HFR 区域组成数据库、HFR 专业组成数据库（针对一些专门的投资领域，如并购市场）、HFR 非存续基金数据库 | 全球数据库、北美洲数据库、EMEA 数据库、亚洲数据库、拉丁美洲数据库、绝对收益数据库、全球 FOF 数据库、并购市场数据库、CTA/管理期货数据库 |
| 对冲基金相关指数编制 | HFRI Indices（56 个）<br>HFRX Indices（66 个）<br>HFRU Indices（9 个）<br>Custom Indices（2 个） | Mizuho-Eurekahedge Asser Weighted Indices（6 个）<br>Eurekahedge Equal Weighted Indices（8 个）<br>Specialist Fund Indices（5 个） |
| 研究报告 | 全球资本公司对冲基金报酬报告、全球报告、市场微观结构报告、亚洲报告、并购市场报告、HFR 产业报告 | EH 月度报告（Eurekahedge Report） |
| 其他研究 | 并购市场、外汇对冲基金、另类投资等 | 伊斯兰基金、社会责任投资基金、私募股权基金、房地产基金 |

数据来源：星潮 FOF 整理

　　上述两个全球对冲基金专业研究机构是全球极具影响力的，并且经历了将近 20 年的发展和探索，已经成为全球对冲基金产业的领导者和中坚力量，一方面，为行业不断提供全球市场现状及趋势分析的基础性研究成果和信息资源；另一方面，为个人投资者和机构投资者提供关于各策略类型对冲基金业绩表现和趋势的专业分析，作为投资对冲基金的宏观和微观判断依据。其中，上述两个专业研究机构最为重要的一个共同点是其独立性，所有研究成果中不存在对具体某只基金的推介和展示，研究动机中并无销售佣金激励要素，这有力地保证了其研究成果和评级结果的客观性与权威性。

# 16.1　晨星评级

　　晨星评级概要如表 16.3 所示。

**表 16.3  晨星评级概要**

| 晨星评级：定量+定性 | |
|---|---|
| **定量评级** | **定性评级** |
| "向后看"评级：数据的跨度时间为截至当月末的过去三年回报率，计算风险调整后收益进行评级。每月更新 | "向前看"评级：不排除过往业绩历史有限或业绩不良的基金。对过往业绩和风险水平也给予了部分权重 |
| 计算基金收益：月/年度收益率。<br>计算风险调整后收益：基于期望效用理论，波动越大，惩罚越多。将对冲基金的风险厌恶值设成最大，再生成晨星风险调整后收益。<br>各基金按照风险调整后收益由大到小进行排序：前 10% 被评为 5 星；接下来 22.5% 被评为 4 星；中间 35% 被评为 3 星；随后 22.5% 被评为 2 星；最后 10% 被评为 1 星。在具体确定每个星级的基金数量时，晨星采用四舍五入的方法 | 投资团队（People）：经验、稳定性、结构、成员间的交流，以及其和持有人利益的一致性。<br>投资方法（Process）：个股和券种的选择、组合构建是否切合实际、明确清晰且复制性强，是否得到有效执行，组合实际情况是否和公布的方法一致。<br>基金公司（Parent）：公司能力和风控管理、对人才的吸引力、薪酬是否具备激励机制和公司的信托责任文化。<br>业绩（Performance）：考察不同市场环境下业绩的持续能力，以及在基金经理变更和规模变化状况下业绩的延续性。<br>费用（Price）：评估年度总费用率和业绩提成是否合理 |

晨星公司成立于 1984 年，是一家专业的基金评级咨询公司，目前已经成为世界上极具权威和影响力的基金评级机构。其服务于投资者及注重技术运用的运作理念备受业界推崇。晨星公司的主要收入来源于基金评级衍生金融服务，即向投资者提供数据分析及资产管理分析软件。晨星公司的评级体系可以分为以下几部分。

（1）晨星基金分类。晨星公司按照基金投资的资产类别，将基金划分为股票型及债券型两种基本类型。为了对基金进一步进行系统分类，晨星公司于 1992 年创立了基金投资风格箱，将基金细分为成长（growth）、价值（value）、混合（blend）三种，每种又分为大盘（large-cap）、中盘（mid-cap）、小盘（small-cap）三类，这样共有 9 个类别。

2002 年，晨星公司进一步将界定股票成长/价值的指标由市净率、市盈率发展为更为完善的指标分类。晨星基金风格的划分是通过基金历史指标和预期指标来判断基金未来的成长与价值属性的。

（2）"向前看（forward-looking）"的定性评级方法。晨星公司将采集公开信息与实地调查相结合，对基金公司的投资理念、治理结构、内控制度、激励制度、组织结构和公司从业人员的素质等进行分析，从而对基金的投资理念、规则、方法、流程等做出评价。其程序是：①晨星公司邀请基金经理进行会晤；②双方签订定性评级合同；③基金经理接受晨星公司的问卷调查；④经过调查、分析签发经过多次修订的基金定性评级报告；⑤公布最终的定性评级结果。

## 16.2　标普评级

标普评级概要如表 16.4 所示。

**表 16.4　标普评级概要**

| 标准普尔基金评级：定量+定性 | | |
|---|---|---|
| 定性评级 | 基金管理团队 | 公司情况 |
| | | 投资文化 |
| | | 投资规划 |
| | 资产组合管理者 | 管理者的投资能力、风格、风险的偏好程度等 |
| | | 投资方法的一致性与有效性 |
| | | 投资经验及管理的基金数目、金额 |
| | 基金细节问题 | 基金规模 |
| | | 资产组合的流动性 |
| | | 客户基础 |
| | | 成本 |
| 定量评级 | 相对业绩表现测算 | 某基金每月上涨 6%，同类基金同月份为 4%，则其相对表现+2% |
| | 基金相对表现的波动 | 波动性越高，则其在同类基金中表现出来的一致性越差 |
| | 评级系数 | 相对收益率与波动率之比，比例越高，比同类基金表现越出色且变动基本一致 |

Micropal 公司成立于 1985 年，于 1997 年被标准普尔公司收购至旗下。目前全球有超过 1000 家基金管理公司使用该公司的基金绩效评价服务。与晨星公司不同的是，标准普尔 Micropal 力图将对基金管理公司本身的评价融入对基金表现的综合评价中，这样可以帮助基金管理公司更好地向投资者展示其价值，也可以促使投资者的投资决策更加全面、有效。

标准普尔 Micropal 公司为了帮助投资者进行基金评估，以一只基金过去三年在同类基金中的相对表现为基础，开拓了一套标普基金星级评级体系，主要有如下几个评级指标。

（1）相对业绩表现。将一只基金的业绩表现与同类基金的业绩情况进行比较，如果此基金在某月的上涨率为 6%，而其同类基金在相同月份的表现为 4%，那么，这只基金的相对表现是+2%。按此方法计算过去 36 个月以来这只基金的相对表现。

（2）基金相对表现的波动率。通过计算一只基金过去 36 个月以来相对表现的波动率，来反映此基金与同类基金表现的一致性。如果一只基金的波动率越高，则其在同类基金中表现的一致性越差。

（3）评级系数。评级系数为相对收益与波动率之比（$R$）。这个比例的计算公式为：

评级系数= (基金过去 36 个月的收益率–同类基金的平均业绩表现) /

过去 36 个月以来基金相对表现的平均波动率

某只基金的 $R$ 值越大，则表明此基金在同类基金中的表现越出色，而且与同类其他基金的变动基本一致。

# 16.3 理柏评级

理柏是路透集团旗下的全资附属公司，专为资产管理公司及媒体机构提供独立性全球投资信息。它进入中国市场的时间并不长，而其竞争对手为晨星公司，目前由新浪财经独家发布理柏基金评级情况。

在理柏评级体系中，同类型基金中领先的 20%基金被授予"优"（Leader）称号，之后均以 20%为标准再区分为第 2 级、第 3 级、第 4 级及第 5 级。目前在中国所推出的理柏评级主要分为 4 个维度。

一是保本能力，在保本能力上获"优"的基金，证明其具有较高的保本能力，相对于相同资产类别中其他基金选择而言，选择理柏保本能力评级可以帮助投资者尽量降低不利的风险。一直以来，股票型基金比混合股票型基金或固定收入基金的波动性都大，甚至一个波动性较大的资产类别中理柏保本能力评级也不适合追求短期目标或风险承受能力较小的投资者。

二是费用，在费用上获"优"的基金，反映在其所属类别中拥有较低的总体费用率，理柏费用评级可能最适合想要最小化总成本的投资者。它可以与总回报或稳定回报评级相结合，用以确定高于平均水平的业绩和低于平均水平的成本。

三是总回报，在总回报上获"优"的基金，反映在其所属类别中有较高的总收益，理柏总回报评级可能最适合追求最大历史回报而不考虑风险的投资者。这种衡量标准不适合规避负面风险的投资者。对于要规避更多风险的投资者，可以将总回报评级与保本能力和/或稳定回报评级相结合，做出平衡风险和回报的适当选择。

四是稳定回报，在稳定回报上获"优"的基金，反映在其所属类别中有较好的稳定性和风险调整收益，相对于其他同一组别基金可提供较高稳定性和风险调整回报。对于重视基金相对于同组别基金可逐年提供较高稳定回报的投资者而言，稳定回报较高评级的基金是最佳选择。一些组别的基金内在波动性较其他基金要高，在高波动性组别的基金中，即使稳定回报评级为优的基金，也不适合追求短期目标或风险承受能力较小的投资者。

　　理柏基金评级系统每月更新，并按一年、两年、三年和综合的表现计算评级。所有属于股票型、债券型或混合资产型的开放式基金（货币基金和保本基金除外），具有至少一年的价格数据，并且同类型基金中至少有 5 只满足评级条件，就符合评级资格。理柏评级概要如表 16.5 所示。

表 16.5　理柏评级概要

| 评级标准 | 指　　标 | 功能与合适的投资者 |
| --- | --- | --- |
| 总回报 | 净回报 | 反映基金相对于同组别中的总回报。<br>理柏认为，投资者投资的需求就是追求绝对收益，他们往往把总回报作为主要的参考，因此设计了总回报这样一个指标 |
| 稳定回报（特色） | Hurst-Holder（H）指数、有效回报 | 反映基金相对于同组别中经风险调整后的稳定回报。<br>稳定回报评级中评级较高的基金，可能最适合那些看重逐年表现相对同类基金更为稳定的投资者。投资者需要注意的是，某些类别的基金本身具有高波动性，即使在稳定回报评级中获得 Lipper Leaders 的称号，也未必适合追求短期目标或风险承受能力较小的投资者 |
| 保本能力 | 月度回报 | 反映基金相对于同一资产类型中的其他基金的抗跌能力。<br>宣布保本能力评级较高的基金，或许有助于将下跌风险最小化。投资者应注意的是，从以往来看，相对于混合型或固定收益型基金，股票型基金的波动性更高，而且保本能力评级是相对性的，而非绝对性的思考，因此被评为保本能力为 Upper Leaders（5 星）的基金也有可能亏损 |
| 费用 | 同类基金、同等费率结构 | 费用评级能够识别出与同类基金相比，符合相对低廉费用的基金。<br>费用评级或许最适合那些希望总成本最低的投资者。可与总回报评级或稳定回报评级相结合，选取业绩高于平均水平而成本低于平均水平的基金 |

　　以上三大评级机构各有侧重点，其中在共同基金领域最有影响力的是晨星评级系统，下面我们就来仔细研究一下晨星定量评级模型。

# *17* 晨星定量评级模型

晨星公司基金定量评级体系采用"向后看"的评价方法，即对基金的历史业绩进行风险调整，最终确定评级结果。晨星公司对基金进行定量评价主要考虑下列指标：夏普比率、$\beta$ 系数、$a$ 系数、$R^2$ 系数、最适合 $\alpha$、同类基金的风险调整评级、三年期风险调整评级、综合风险调整评级。其中，前面 6 个指标没有考虑基金的费用问题，而最后两个指标则考虑了基金费用，下面分别予以阐述。

### 1. 晨星夏普比率

晨星公司将超额收益率定义为：$\mathrm{msER}_i / \mathrm{ms}\sigma R_{r_p}$

$$(1 + \mathrm{msER}_i)^{\frac{n}{12}} = 1 + [\prod_{i=1}^{n}(1 + R_{i,t}) + \prod_{i=1}^{n}(1 + B_{i,t})]$$

式中，$\mathrm{msER}_i$ 表示晨星公司定义的年超额收益率；$n$ 表示考察期内月的个数；$n/12$ 表示将考察期转化为年数；$R_{i,t}$ 和 $B_{i,t}$ 分别表示基金和基准组合（无风险利率）在第 $t$ 月的收益率。

晨星公司对风险的计算公式调整为

$$\mathrm{ms}\sigma R_{r_p} = \sqrt{[\sigma_{r_p}^2 + (1 + \overline{\mathrm{ER}_t})^2]^{12} - [(1 + \overline{\mathrm{ER}_t})^2]^{12}}$$

式中，$\mathrm{ms}\sigma R_{r_p}$ 表示晨星公司计算的年超额收益率的标准差，$\sigma_{r_p}^2$ 为通常理解的投资组合收益率的标准差，$\overline{\mathrm{ER}_t}$ 表示基金 $i$ 在 $n$ 个月内的平均月超额收益率。

### 2. 晨星 $\beta$ 系数（$\mathrm{ms}\beta$）

$\mathrm{ms}\beta$ 的回归方程式如下：

$$R_{i,t} - R_f = a + \mathrm{ms}\beta(R_m - R_f) + \varepsilon_{i,t}$$

### 3. 晨星 $a$ 系数（ms$a$）

ms$a$ 是 ms$\beta$ 回归方程式中的 $a$ 值，但这个 $a$ 值是每个月的 $a$ 值，晨星公司将其转化为年 $a$ 值，计算公式为

$$1 + \text{ms}a = (1+a)^{12}$$

### 4. 晨星 $R^2$ 系数（ms$R^2$）

ms$R^2$ 表示回归直线的拟合程度，其计算公式为

$$1 - \text{ms}R^2 = \frac{\text{Var}(R_{i,t} - R_f) - \text{ms}\beta(R_m - R_f)}{\text{Var}(R_{i,t} - R_f)}$$

### 5. 晨星最适合 $\alpha$（Morningstar best-fit $a$/pha）

对于同一只基金，晨星公司利用不同的市场指数对其进行回归分析，哪个方程式的 $R^2$ 值最大，说明该回归方程式的拟合程度最好，该回归方程对应的 $\alpha$ 即为最适合 $\alpha$。

### 6. 晨星种类评级

晨星种类评级说明的是每只基金的业绩在同类基金中的位置。晨星公司定义的晨星种类收益率（Morningstar Category Rate，MSCri）为

$$\text{MSCri} = \frac{\prod_{t=1}^{n}(1 + R_{i,t}) + \prod_{t=1}^{n}(1 + B_t)}{\max[\overline{\text{ER}_t}, \prod_{t=1}^{n}(1 + B_t) - 1]}$$

式中，MSCri 表示晨星种类收益率，$R_{i,t}$ 表示基金 $i$ 在第 $t$ 月的收益率，$B_t$ 表示由 90 天国库券折算成月收益率，$\overline{\text{ER}_t}$ 表示同类所有基金在 $n$ 个月内的超额收益率的平均值，这里 $n=36$，即三年的时间。

晨星公司将风险定义为收益率低于无风险利率的部分，无风险利率的标准为美国政府 90 天国库券的收益率。晨星公司定义的平均月损失为

$$\sum_{t=1}^{n} \min(R_{pt} - R_{ft}, 0)$$

在计算平均月损失的基础上，晨星公司又定义了晨星种类风险（Morningstar Category Risk，MSCrisk），其计算公式为

$$MSCrisk = \frac{\sum_{t=1}^{n} \min(R_{pt} - R_{ft}, 0)/n}{\text{同类基金在过去}n\text{个月中的平均月损失}}$$

其中，$n=36$，即三年的时间。MSCrisk 的分子和分母都为负数，因此 MSCrisk 是正数。

在得到晨星种类收益率和种类风险后，晨星公司对基金进行风险调整后的种类评级（Morningstar Category Risk-Adjusted Rating，MSCrar）为

$$MSCrar = MSCri - MSCrisk$$

在得到 MSCrar 后，晨星公司根据同类基金中各基金的 msCRAR 值进行排序，最大值为 100%，最小值为 1%，如表 17.1 所示。

表 17.1  晨星定量评级表

| 百分位种类 | 评　级 |
| --- | --- |
| 0 ～ 10% | 1 |
| 10% ～ 32.5% | 2 |
| 32.5% ～ 67.5% | 3 |
| 67.5% ～ 90% | 4 |
| 90% ～ 100% | 5 |

### 7. 晨星公司的星级评级

晨星公司的星级评级分为两种：三年期星级评级和综合星级评级。其处理程序如下。

1）将基金收益率进行费用调整

基金的费用种类及评级期间的调整标准前面已经阐述，现简要说明收益率的费用调整方法。如果未调整费用时收益率为 $R_i$，基金前端费用为 4%，则调整后的基金收益率为 $0.96R_i$。

2）计算晨星收益率（Morningstar Return）

晨星收益率是晨星公司采取的计算基金收益率的指标，其计算公式如下：

$$\text{晨星收益率} = \frac{\text{费用调整后的收益率} - \text{国库券收益率}}{\max[(\text{同类基金的平均收益率} - \text{国库券收益率}), \text{国库券收益率}]}$$

3）计算费用调整后的晨星风险

晨星风险的计算与种类风险的计算类似，都只关注向下亏损的风险，其计算公式如下：

$$MSCrisk_{adjusted} = \frac{\sum_{t=1}^{n} \min(R_{pt} - R_{ft}, 0)/n}{同一范围内所有基金在过去n个月中的平均月损失}$$

4）进行星级评级

晨星公司认为，三年期的星级评级是相当重要的。首先，三年期是一个比较长的考察期，对基金的业绩具有说服力；其次，在晨星公司的数据库中，大部分基金运作都达到三年，可以对这些基金在同一时期的收益率进行比较。

其中：

收益率=晨星收益率-费用调整后的晨星风险

在得到收益率后，将该基金的收益率指标与同一范围内其他基金的收益率指标相比较，得到三年期星级评级，如表 17.2 所示。

表 17.2　晨星公司的三年期星级评级

| 该基金的晨星排名在同类基金中的位置 | 对应的等级 | 星　　级 |
| --- | --- | --- |
| 1% ～ 10% | 1 | ★ |
| 10% ～ 32.5% | 2 | ★★ |
| 32.5% ～ 67.5% | 3 | ★★★ |
| 67.5% ～ 90% | 4 | ★★★★ |
| 90% ～ 100% | 5 | ★★★★★ |

在进行三年期星级评级的同时，晨星公司还进行综合星级评级。其根据基金的生存期进行分类，采用加权平均方法进行综合星级评级，如表 17.3 所示。

表 17.3　晨星公司的综合星级评级

| 基金的生存期 | 三年期等级的比重 | 五年期等级的比重 | 十年期等级的比重 |
| --- | --- | --- | --- |
| 10 年以上（包括 10 年） | 20% | 30% | 50% |
| 5 ～ 10 年（包括 5 年） | 40% | 60% | 0% |
| 3 ～ 5 年（包括 3 年） | 100% | 0% | 0% |

# *18* 星潮定量评级模型

国外的评级系统对于国内的特殊环境往往不是非常适合。特别是国内的金融市场作为一个受管制的不成熟市场，有其特殊的规律，所以完全照搬国外的经验，效果堪忧。在这种情况下，笔者团队开发出星潮评级模型，分为"定量评级模型""策略短板分析模型""资金管理模型"三大块。有关这个模型的详细内容请参见笔者拙著《FOF 组合基金》。本节先简要介绍星潮定量评级模型。

对于具体的产品分析来说，业内大多数机构以收益率作为第一考虑要素，而前面的分析早就说明了，历史收益率和未来收益率往往是负相关的关系，追求历史高收益率的产品，成功的概率往往不高。

这里，星潮评级采用 4 个指标，分别是收益率、夏普比率、最大回撤和 D-Ratio，重要程序依次增加，如图 18.1 所示。其中，最重要的是综合评级指标 D-Ratio，这个指标从三维层面全面考察了一个策略或者一个产品的绝对收益能力。

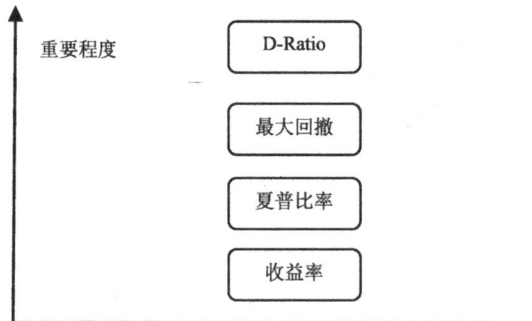

图 18.1　星潮 FOF 产品评级指标

# 18.1　收益率

投资人投入本金 $C$ 于市场，经过时间 $T$ 后其市值变为 $V$，则在该次投资中：

（1）收益为

$$P=V-C$$

（2）收益率为

$$K=P/C=(V-C)/C=V/C-1$$

（3）年化收益率为

$$Y=(1+K)^N-1=(1+K)^{(D/T)}-1$$

或

$$Y=(V/C)^N-1=(V/C)^{(D/T)}-1$$

式中，$N=D/T$ 表示投资人一年内重复投资的次数。$D$ 表示一年的有效投资时间，对银行存款、票据、债券等，$D=360$ 日；对于股票、期货等，$D=250$ 日；对于房地产和实业等，$D=365$ 日。

在连续多期投资的情况下，

$$Y=(1+K)^N-1=(1+K)^{(D/T)}-1$$

式中，$K=\prod(K_i+1)-1$，$T=\sum T_i$。

第一个例子：假设投资者甲投资 1 万元（$C=1$ 万元），一个月后市值增长为 1.1 万元（$V=1.1$ 万元），则其收益 $P=V-C=0.1$ 万元，即赚了 1000 元。那么其该次投资的收益率 $K=P/C=10\%$。由于一年有 12 个月，即一年可以重复进行 12 次（$N=D/T=12$）同样的投资，所以其年化收益率 $Y=(1+K)^{12}-1=1.1^{12}-1\approx213.84\%$。即一个月赚 10% 相当于一年变成 2.1384 倍，如果投资者甲反复如此投资，则 1 万元本金一年后可以增值到 31 384 元。

反之，如果很不幸，该投资人一个月亏掉了 1000 元，那么该次投资的净收益 $P=-0.1$ 万元，收益率 $K=P/C=-10\%$，年化收益率 $Y=(1+K)^{12}-1=0.9^{12}-1\approx-71.76\%$。也就是说，如果投资者每个月都亏 10%，则一年后将亏掉本金的 71.76%，到年底其 1 万元本金便只剩 2824 元了。

第二个例子：投资者乙做长线，28 个月赚了 3.6 倍，即最初投资的本金 1 万元在两年零 4 个月后增值到 4.6 万元。这里该次投资的投资时间 $T=28$ 个月，所以其每年可以重复投资的次数为 $N=D/T=12/28$。其该次投资的收益率 $K=360\%$，而年化收益率 $Y=(1+K)^N-1=4.6^{(12/28)}-1\approx92.33\%$，也就是接近于每年翻番。

假如投资者乙第二次的长线投资是 35 个月亏损了 68%，即最初投资的 1 万元本金在两年零 11 个月后只剩下 3200 元。那么其本次投资的时间 $T=35$ 个月，$N=D/T=12/35$，而收益率 $K=-68\%$，则年化收益率 $Y=(1+K)^N-1=0.32^{(12/35)}-1\approx-32.34\%$，即接近于每年亏损 1/3。

再看一个超长期的投资者丙，假设他投资 1 万元买入的股票 26 年后增值了 159 倍至 160 万元。那么其该次投资中 $T=26$ 年，$N=D/T=1/26$，收益率 $K=15900\%$，而年化收益率 $Y=(1+K)^N-1=160^{(1/26)}-1=21.55\%$，也就是说其投资水平与另一个一年赚 21.55% 的投资者相当。

假设投资者丙最初买入的另一只股票 18.3 年后只剩下 5%，即 1 万元本金亏损到只剩 500 元。那么该次投资中 $T=18.3$ 年，$N=D/T=1/18.3$，收益率 $K=-95\%$，而年化收益率 $Y=(1+K)^N-1=0.05^{(1/18.3)}-1\approx-15.1\%$，即相当于每年亏损本金的 15.1%。

## 18.2 夏普比率

现代投资理论的研究表明，风险的大小在决定组合的表现上具有基础性的作用。风险调整后的收益率就是一个可以同时对收益率与风险加以考虑的综合指标，以期能够排除风险因素对绩效评估的不利影响。夏普比率就是可以同时对收益率与风险加以综合考虑的三大经典指标之一。

投资中有一个常规的特点，即投资标的的预期回报率越高，投资者所能忍受的波动风险越高；反之，预期回报率越低，波动风险也越低。所以理性的投资者选择投资标的与投资组合的主要目的为：在固定所能承受的风险下，追求最大的预期回报率；或在固定的预期回报率下，追求最低的风险。

1990 年，诺贝尔经济学奖得主威廉·夏普（William Sharpe）以投资学最重要的理论基础 CAPM（Capital Asset Pricing Model，资本资产定价模型）为出发点，发展出闻名遐迩的夏普比率（Sharpe Ratio），又被称为夏普指数，用以衡量金融资产的绩效表现。

威廉·夏普理论的核心思想是：理性的投资者将选择并持有有效的投资组合，即那些在给定的风险水平下使预期回报率最大化的投资组合，或那些在给定预期回报率的水平下使风险最小化的投资组合。解释起来非常简单，他认为，投资者在建立有风险的投资组合时，至少应该要求投资回报率达到无风险投资的回报率，或者更多。

$$夏普比率=[R_p - R_f]/\sigma_p$$

式中，$R_p$ 为投资组合的预期回报率；$R_f$ 为无风险利率；$\sigma_p$ 为投资组合的标准差。

其目的是计算投资组合每承受 1 单位总风险会产生多少的超额回报。夏普比率依据资本市场线（Capital Market Line，CML）的观念而来，是市场上最常见的衡量比率。当投资组合内的资产皆为风险性资产时，适用夏普比率。夏普比率代表投资者每多承担一分风险，可以拿到几分回报。若为正值，则代表基金回报率高过波动风险；若为负值，则代表基金操作风险大于回报率。这样一来，每个投资组合都可以计算夏普比率，即投资回报率与多冒风险的比例，这个比例越高，投资组合越佳。

举例而言，假如国债的回报率是 3%，而投资者的投资组合预期回报率是 15%，投资者的投资组合的标准偏差是 6%，那么用 15%-3%，可以得出 12%（代表超出无风险投资的回报率）；再用 12%÷6%=2，代表投资者风险每增长 1%，换来的是 2%的超额收益率。

夏普理论告诉我们，投资时也要比较风险，尽可能用科学的方法以冒小风险来换大回报。所以说，投资者应该成熟起来，尽量避免一些不值得冒的风险。这些投资组合可以通过夏普比率来衡量出收益风险比。

## 18.3　最大回撤

最大回撤是指在选定周期内任一历史时点往后推，产品净值走到最低点时的收益率回撤幅度的最大值，用来描述买入产品后可能出现的最糟糕的情况。最大回撤是一个重要的风险指标，对于对冲基金和数量化策略交易，该指标比波动率更重要。公式如下：

$$drawdown=max(D_i-D_j)/D_i$$

式中，$D$ 为某一天的净值，$i$ 为某一天，$j$ 为 $i$ 后的某一天；$D_i$ 为第 $i$ 天的产品净值，$D_j$ 则是 $D_i$ 后面某一天的净值；drawdown 就是最大回撤。

其实就是对每个净值进行回撤率求值，然后找出最大值。

例如，某基金在 2014 年 1 月 1 日的初始净值为 1，后来赶上一波大牛市，该基金净值增长到 1.8；其后国内股市剧烈震荡，截至 2016 年 1 月 1 日，该基金净值为 0.98。假设投资者在最高峰时期认购，半年后在最低潮时期赎回，亏损 45.5%。这就是最大回撤给高位追买的投资者的指示意义。

这说明，一个基金产品用历史绝对收益衡量，它的初始认购者一直持有或许是盈利的，但是在该私募基金表现最优异的时候认购的投资者却不一定盈利，甚至有可能出现亏损。

总的来说，关注基金的最大回撤可以帮助投资者了解该基金的风险控制能力和知道自己面临的最大亏损幅度。当然，在关注最大回撤的同时也要关注该基金净值均值的移动斜率。

最大回撤代表了基金产品对风险的控制能力，这与具体的策略有关。对于套利类的策略，最大回撤往往可以控制得很好，但是收益率也不会太高；对于投机类的策略，收益往往来自承担的高风险，所以一般情况下这种类型的基金最大回撤也会比较大，但是相对的收益率也会比较高。

## 18.4　D-Ratio

前面介绍的三个指标，收益率和最大回撤是一维的，夏普比率是二维的，但是从绝对收益的角度看，笔者认为，一个实战策略最重要的考虑因素是该策略的资金容量，需要对收益率、风险和资金容量进行三维的全面考量。一个好的策略不仅仅是在小资金的时候能获得高额收益，更重要的是当该策略面对大资金的时候，是否还可以保持收益率的稳定性。

收益=本金×收益率，所以最终的收益不仅取决于收益率，更取决于本金的大小。一个在 10 亿元资金规模可以获得 10%收益率的策略，显然要比在 1 亿元资金规模可以获得 30%收益率的策略更有价值，因为资金规模的限制决定了该策略可以复利的程度。

为了考虑资金规模的影响，笔者在夏普比率的基础上提出了一个新的指标 D-Ratio，其公式如下：

$$\text{D-Ratio} = (R_p - R_f) / (\sigma \times (1 + e^{-c}))$$

式中，$R_p$ 为预期收益率，$R_f$ 为无风险收益率，$\sigma$ 为收益率标准差，$c$ 为最大资金规模。$c$ 的范围为 $0 \sim \infty$。当 $c=0$ 时，$e^{-c}=1$；当 $c=\infty$ 时，$e^{-c}=0$。这说明最大资金规模越大，D-Ratio 的值越大。该指标可以判断大资金策略和小资金策略的区别。

例如，有一个策略，1亿元资金规模可以做到30%的收益率，无风险收益率为5%，标准差为10%；另一个策略，5亿元资金规模可以做到15%的收益率，无风险收益率为5%，标准差为5%。这两个策略的 D-Ratio 值分别为

$$D\text{-}Ratio_1 = (0.3-0.05)/[0.1 \times (1+e^{-1})] = 1.83$$

$$D\text{-}Ratio_2 = (0.15-0.05)/[0.05 \times (1+e^{-5})] = 1.99$$

如表 18.1 所示是这两个策略的收益率、夏普比率和 D-Ratio 值的比较。

表 18.1　不同策略的收益率、夏普比率和 D-Ratio 值的比较

|  | 策略 1 | 策略 2 |
|---|---|---|
| 收益率 | 30% | 15% |
| 夏普比率 | 2.5 | 2.0 |
| D-Ratio | 1.83 | 1.99 |

数据来源：星潮 FOF

很明显，虽然第二个策略的收益率和夏普比率不如第一个策略，但在考虑了资金规模后，该策略的价值更大。所以，夏普比率评价的是"风险收益能力"，D-Ratio 评价的是"绝对收益能力"。

下面以 2015 年收益率排名前 10 的公募基金为例，分别计算它们的收益率、夏普比率和 D-Ratio 值，并进行相应的排名，如表 18.2～表 18.4 所示。

表 18.2　公募基金收益率排名

| 基金代码 | 基金名称 | 收 益 率 |
|---|---|---|
| 1518 | 万家瑞兴混合 | 82.10% |
| 160212 | 国泰估值优势混合 | 41.16% |
| 020003 | 国泰金龙行业混合 | 38.80% |
| 160211 | 国泰中小盘成长混合 | 34.90% |
| 001071 | 华安媒体互联网混合 | 33.33% |
| 519983 | 长信量化先锋混合 | 33.15% |
| 001272 | 兴业聚利灵活配置混合 | 32.70% |
| 001302 | 前海开源金银珠宝混合 A | 30.17% |
| 570005 | 诺德成长优势混合 | 26.20% |
| 001256 | 鸿德优选成长混合 | 24.18% |

数据来源：星潮 FOF

表 18.3　公募基金夏普比率排名

| 基金代码 | 基金名称 | 夏普比率 |
|---|---|---|
| 020003 | 国泰金龙行业混合 | 4.090267 |
| 1518 | 万家瑞兴混合 | 3.833086 |
| 001256 | 鸿德优选成长混合 | 2.773234 |
| 001272 | 兴业聚利灵活配置混合 | 2.37464 |
| 001071 | 华安媒体互联网混合 | 2.271614 |
| 001302 | 前海开源金银珠宝混合 A | 2.182149 |
| 160212 | 国泰估值优势混合 | 1.451863 |
| 519983 | 长信量化先锋混合 | 1.392096 |
| 570005 | 诺德成长优势混合 | 1.200787 |
| 160211 | 国泰中小盘成长混合 | 1.078176 |

**数据来源：星潮 FOF**

表 18.4　公募基金 D-Ratio 排名

| 基金代码 | 基金名称 | D-Ratio |
|---|---|---|
| 020003 | 国泰金龙行业混合 | 4.090267 |
| 001256 | 鸿德优选成长混合 | 2.773234 |
| 1518 | 万家瑞兴混合 | 2.725131 |
| 001071 | 华安媒体互联网混合 | 2.271614 |
| 001272 | 兴业聚利灵活配置混合 | 2.178938 |
| 001302 | 前海开源金银珠宝混合 A | 1.946196 |
| 160212 | 国泰估值优势混合 | 1.451411 |
| 519983 | 长信量化先锋混合 | 1.392096 |
| 160211 | 国泰中小盘成长混合 | 1.078175 |
| 570005 | 诺德成长优势混合 | 0.969182 |

**数据来源：星潮 FOF**

# 19 策略短板分析

在分析具体的策略组合的时候，除了要考察策略的历史收益率，还要考察不同管理在同样策略上的表现对比。因为在同样的市场环境下，同样策略的表现差异才能体现出管理能力的差别。

木桶理论告诉我们，一只木桶所能盛的水量是由最短的木板决定的，在标的基金策略的考察中也是同样的道理。既然在这个世界上没有完美的策略，那么，策略的生存概率和长期的稳定性其实是由该策略的最弱选项决定的。所以对于标的基金策略的考察，在了解了策略的核心原理和特征以后，应该重点考察该策略的弱项。在该弱项上，看看标的基金与其他同类产品相比较的优势在哪里。如表 19.1 所示是不同策略的优势与短板分析。

表 19.1　不同策略的优势与短板分析

| 策略类型 | | 优　势 | 短　板 |
|---|---|---|---|
| 量化对冲类策略 | 阿尔法策略 | 可以支持较大的资金规模和较好的风险控制 | 收益率较低 |
| | 期现套利策略 | 基本没有风险 | 收益率较低，资金容量不大 |
| | 统计套利策略 | 可以支持较大的资金规模和适中的收益率 | 在风险控制方面需要关注肥尾风险 |
| | 跨期套利策略 | 风险控制较好和适中的收益率 | 资金容量不大 |
| | 分级基金套利策略 | 适中的收益率和较好的风险控制 | 资金容量不大 |
| | ETF 套利策略 | 基本没有风险，收益率稳定 | 资金容量不大 |
| | 可转债套利策略 | 适中的收益率和较好的风险控制 | 资金容量不大 |
| | 波动率套利策略 | 较高的收益率和较大的资金容量 | 有黑天鹅风险 |
| | 期权套利策略 | 风险较低和资金容量也较大 | 收益率较低 |
| 择时投机类策略 | 拐点类择时策略 | 成功率高，整体收益率较高 | 单次亏损的可能性较大 |
| | 趋势类择时策略 | 整体收益率较高，单次损失较小，可以支持大资金 | 成功率较低 |
| 事件驱动策略 | | 收益率较高，风险控制也不错 | 资金容量较小 |

下面根据量化对冲、择时投机、事件驱动三大类分别讨论不同子策略的优势和短板分别在哪里。

# 19.1　量化对冲类策略

量化对冲类策略以牺牲收益率为代价，从而保证风险可控和规模扩大。在国内的金融市场上，相对价值策略也就是业内通常所说的量化对冲。"量化对冲"是"量化"和"对冲"两个概念的结合。"量化"指借助计算机及数学统计模型来指导投资，其本质是定性投资的数量化实践。"对冲"指通过组合管理降低组合系统风险，获取相对稳定的收益。

量化对冲类策略主要有阿尔法策略、期现套利策略、跨期套利策略、分级基金套利策略、ETF 套利策略、可转债套利策略、波动率套利策略、期权套利策略等。

### 1. 阿尔法策略

阿尔法策略是目前国内市场上主要的量化对冲策略。根据 CAPM 理论，股票收益可以分解为两部分：一部分是承担整体市场风险的贝塔收益；另一部分是股票自身风险所带来的阿尔法收益。管理人通过构建优势股票组合，同时卖空股指期货，对冲掉股票组合中市场涨跌的影响（贝塔收益），获取股票组合超越指数的收益（阿尔法收益）。

阿尔法策略的主要风险体现在选股策略上。由于股票市场的规律性变化、一些突发事件的影响和统计模型本身的概率属性，选股模型在某些月份或特殊时期有可能失去效用，出现做多的股票跑输市场的情形，从而产生短期的亏损。这就需要投资者有正确的认识，也要求基金经理能不断完善投资模型和操作技巧，增加获胜概率。

阿尔法策略的优势是风险可控，并且也可以支持大规模资金；短板就在于收益率不高。

### 2. 期现套利策略

根据沪深 300 股指期货与沪深 300 指数基差到期时必定收敛的特性，当期货指数与沪深 300 指数的基差足够大时，可以通过构建一个反向组合来获得基差收敛过程中产生的收益。如果基差升水，则做多沪深 300 指数，同时做空沪深 300 股指期货；如果基差贴水，则融券做空沪深 300 指数，同时做多沪深 300 股指期货。当到交割日的时候，该基差将强制收敛。当然，在目前国内融券不易的情况下，反向套利基本没有可能，而在 2015 年年底股指期货严重受限之后，常规的期现套利策略也无法开展，未来有待政策的进一步放松。

期现套利策略的优势是理论上的风险极小，可以作为现金管理工具的替代品；短板是市场容量不大，并且在 2015 年股指期货被限仓以后，能操作的空间更小了。

### 3. 跨期套利策略

当两份不同到期月份合约之间的价差偏离其合理区间时，可以通过在期货市场上同时买入低估值合约和卖出高估值合约，在价差回归后进行反向平仓的方式来进行跨期套利交易。在股指期货受限之后，目前还可以支持较大规模的套利策略也就只有商品期货领域的跨期套利了，但是商品期货的跨期套利从理论上来说是一种统计套利，价差并不存在必然的收敛，只是在统计规律上的收敛，所以在真实的交易中仍需进行严格的风险管理。

跨期套利策略的优势是收益率较高，并且风险可控；短板是可能会出现极端黑天鹅的风险，在市场大幅度波动的时候，价差未必会收敛，而且有可能继续发散，从而带来较大的亏损。

### 4. 分级基金套利策略

分级基金套利策略有两种模式。一种模式为母、子基金比价出现折溢价时的套利。当母基金出现折价时，买入母基金并进行分拆，在二级市场上分别卖出分级基金的 A 份额和 B 份额；当母基金出现溢价时，在二级市场上分别买入分级基金的 A 份额和 B 份额，进行合并后卖出或者赎回母基金。分级基金套利策略将利用组合管理方法及股指期货管理风险敞口。另一种模式为市场下跌时含向下折算条款的分级基金 A 份额包含的期权价值套利。

分级基金是中国基金产品市场的一个独特的创新，在 2015 年的一波牛市中其资金规模突飞猛进，对应的分级基金套利的优势是风险很低，同时收益率也相当可观；短板是可以容纳的资金规模不大，特别是在 2017 年的政策限制之后，分级基金这个特殊时期的基金产品恐怕也会步入黄昏。

### 5. ETF 套利策略

ETF 套利策略同样分为折价套利和溢价套利。折价套利是当 ETF 价值小于对应的一揽子股票市值时，在买入 ETF 后，赎回一揽子股票，再在股票市场上卖出进行套利；溢价套利是当 ETF 价值大于对应的一揽子股票市值时，在股票市场上购入一揽子股票，申购 ETF 份额，然后在二级市场上卖出 ETF 份额进行套利。ETF 套利成功的关键在于高速的套利系统，但是在 2015 年券商的 IT 系统接口关闭之后，ETF 套利就很难运行了，未来的发展仍有赖于 IT 系统接口的重新开放。

ETF 套利策略的优势是风险很低，而且收益率可观；短板是市场容量有限，自从券商的 IT 系统接口关闭以后，这种策略基本上就失去了发展的空间。

### 6. 可转债套利策略

可转债具有内在转股价值，该价值是可转债当日转股所获得的市值。当市场出现可转债价格等于或小于转股价值时，买入可转债，同时做空对应转股数的股票。国外市场可转债套利的机会有很多，因为做空机制成熟；但在国内市场目前融券很不发达的情况下，可转债套利只有很小的空间可以进行。

### 7. 波动率套利策略

利用转债中的期权对冲个股风险。当转债所包含的期权相对其标的股票被低估时，通常其隐含波动率处于历史低位，此时在买入转债的同时做空一定数量的股票（根据模型计算获得）。在随后的交易日中，通过调整做空比例来达到市场中性，并赚取转债固定利息和期权估值上升所带来的低风险收益，其风险远小于单买股票或债券。

### 8. 期权套利策略

期权套利是由期权合约或合约之间定价偏差所带来的套利机会。期权套利策略灵活多样，包括买卖权平价关系套利策略、价差期权组合套利策略、期权凸性套利策略、期权箱体套利策略等。期权套利是国际金融市场交易量最大的一类策略，由于期权有着收益无限、风险有限的特征，因而成为主流对冲基金必配的交易策略。并且由于国外期权交易量巨大，也可以容纳大资金运作，所以在 FOF 的配置中有很多采用期权套利策略。

期权套利策略可以实现较高的收益率，同时风险可控；但是在目前的市场环境下，市场容量还是有限的，随着更多期权品种的上市，未来期权套利策略将会是 FOF 配置的一个重要选择。

# 19.2　择时投机类策略

择时投机类策略是以牺牲风险为代价的，这种策略主要进行方向性投机，策略一旦做对，自然收益会很高；但是如果做错，则损失也会很大。2015 年上半年的大牛市，很多私募基金的收益动辄翻倍；但是当股灾来临的时候，很多著名的大佬也折戟沉沙，其背后就是巨大的市场风险。方向性策略总的来说可以分为两类：拐点类择时和趋势类择时。

### 1. 拐点类择时策略

拐点类择时策略主要依靠复杂的数学模型对走势进行判断，主要策略有以下几类。

1）SVM 模型

SVM 是分类模型中的重要工具，它主要通过机器学习的方法对大量的历史数据，特别是行情的模式数据进行学习，从而训练出一种能对行情进行判断的模型。著名的阿尔法狗利用的就是这种深度学习技术，从大量的历史对局中学习出对弈原理。既然如此复杂的围棋都可以通过机器学习来判断局势，那么金融市场也完全可以做到这一点。

这种模型的优势是对市场历史模式有比较好的拟合效果，但是当风格切换的时候，往往无法及时跟上。

2）Hurst 指数

Hurst 指数本来是流体力学中的一个概念，后来被用于金融市场。传统的金融市场模型是随机游走模型，但是基于分形理论构建的分形市场模型则通过 Hurst 指数的值来判断大盘是否到达拐点。当 $h=0.5$ 时，市场处于随机游走状态，不具备可预测性；当 $h<0.5$ 时，大盘存在均值回归的可能性，也就是曾经上涨的未来可能下跌，曾经下跌的未来可能上涨；当 $h>0.5$ 时，大盘的原有趋势将会延续。

这种模型适合大周期的择时。一般来说，以年为单位的大周期行情比较适用 Hurst 指数。

3）市场情绪

投资者的交易行为往往受到情绪的推动，由于羊群效应的存在，从而驱动行情超预期发展，如底部的时候往往会超跌、顶部的时候也会超涨。那么可以根据一些情绪类的指标，如新增开户数、舆情指标、恐慌性指数、分级基金溢价率等，构建情绪指标模型。在实际操作中，可以反投资者情绪操作，在投资者情绪低迷的时候买入，在投资者情绪高涨的时候卖出，从而获得较高的超额收益率。

市场情绪模型一般适合中周期的择时行情，在以半年为周期的调仓频率下效果比较好。其短板是市场情绪模型的数据比较难以收集，特别是在移动互联网时代，更多的舆情数据存在于社交媒体上，这给数据的收集与整理带来较大的难度。

4）噪声指数

金融市场存在大资金，当有重大消息的时候，一定会有机构提前知道消息，并且进行相应的操作，这种操作会带来行情的噪声指数发生突变。我们以小波分析为工具，对行情数据进行频谱分析，就可以追踪到这种突变的情况，从而跟随大资金的步伐，获取市场大幅波动所带来的收益。小波分析可以将普通的时序数列分解成不同频率的波函数，利用波函数就可以将时序数列分解成主趋势的低频部分和噪声的高频部分，从而在频域进行更加精准的分析。

噪声指数择时策略对于分析系统的要求比较高，需要实时运算行情、分解噪声信号，所以一般的投资者比较难以掌握这种利器。

## 2. 趋势类择时策略

趋势类择时策略主要利用各种指标来捕捉市场趋势，并且以多次小的失败为代价，试图抓到一次大的行情来盈利。其主要理论基础是技术分析，主要有如下几种策略。

1）均线模型

均线模型是最简单的一类趋势策略，主要采用交叉法则，如上穿 5 日均线做多、下穿 5 日均线做空，这就是我们常说的金叉、死叉。均线模型有很多变种，如简单均线、MACD、自适应均线等。均线模型成功的关键在于参数的设置，不同的金融市场和品种需要不同的参数，这个参数需要通过历史数据的回溯来获得。

均线模型的优势是简单易用，在大趋势行情到来的时候，往往收益率很高；短板是成功率较低，往往会陷入较长时间周期的亏损阶段。

2）海龟模型

海龟模型来自著名的商品投机家理查德·丹尼斯与他的老友比尔埃·克哈特的一个著名实验：优秀的交易员到底是天生的还是后天可以培养的？后来的实验结果表明，普通人利用简单的交易策略，只要长期坚持，也能成为优秀的交易员。这就是后来人称的海龟交易系统。

系统一（以 20 日突破为基础的偏短线系统）：只要有一个信号显示价格超过前 20 天的最高价，系统就会发出做多信号。

系统二（以 55 日突破为基础的较简单的长线系统）：只要有一个信号显示价格超过前 55 日的最高价就买入。

海龟模型适合大级别的趋势性行情，收益率会相当高；但是回撤也比较大，难以掌控。

3）凯特纳通道

凯特纳通道交易系统是由技术分析专家 Chester Keltner 在 50 多年前开发出来的，最初他是使用 10 日均线来绘制这个指标的。凯特纳通道有 3 条线，中心线是由(最高价+最低价+收盘价)/3 得出的平均价格的 10 日均线，而波动的部分是以单根 K 线的(最高价–最低价) 的 10 日均线为基础进行计算的，上通道就是中心线加上波动部分，下通道就是中心线减去波动部分。

后来，Linda Raschke 对凯特纳通道进行了改进，中心线采用收盘价作为指数移动平均线的计算基础，而通道宽度的设定由单根 K 线的振幅改为 ATR(真实波动幅度)。

凯特纳通道可以让交易员很快地观察到股价的趋势是向上还是向下，或者横盘，也可以判断可能的支撑或压力区。不过跟布林通道相比，凯特纳通道更加平滑。

凯特纳通道的优缺点和海龟模型的优缺点类似，但是由于通道是双均线系统，所以提高了成功率，特别是可以过滤一些噪声信号，这是它的优势；短板也是回撤会比较大。

## 19.3  事件驱动策略

事件驱动策略的特点就是低风险、高收益，但是作为代价，这种策略的资金容量是比较小的。狭义的事件驱动主要是指股票市场以重大事件为催化剂的分析策略，而广义的事件驱动还包括高频交易、日内交易等各种短线类型的策略。

传统的价值投资的原理是基于上市公司经营业绩的改善，从而使得公司的内含价值增加，驱动股价上涨。但是除此之外，上市公司的一些重大事件（如财报披露、成分股调整等）、上市公司行为事件（如股东增/减持、上市公司吸收合并、要约收购等）、跨市场事件（如大宗商品-股票联动、股票-债券联动等）等，都会在短期内对股价产生重要影响。那么，在对这种类型的事件进行深入建模后，完全可以进行短期的套利交易。

所以事件驱动策略更多的是基于行为金融学原理，在提前挖掘和深入分析可能造成股价异常波动事件的基础上，通过充分把握交易时机获取超额投资回报的交易策略。事件驱动策略中的"事件"是指具有较为明确的时间和内容，能够对部分投资者的投资行为产生一定的影响，从而决定股价短期波动的因素。这些事件包括 ST 类个股摘帽事件、年报潜在高送转事件、资产重组、重大政策发布事件等。

事件驱动策略所获取的"超额投资回报"是指个股由于某类事件的发生导致股价出现异常波动，其股价实际涨幅扣减同期大盘涨幅之后的部分称为"超额收益"。比如，某股公告重组后，股价最高上涨 30%，同期大盘上涨 5%。由此可以得出，该股由于重组事件所带来的超额收益是 30%–5%=25%。

通过公司调研、情报搜集、业内沟通、数据统计、规则分析、数据挖掘、深度分析等一系列合理手段，提前分析出可能对股价产生影响的事件将要公布的内容和时间范围，在结合市场热点和大盘趋势的基础上，采取以事件明朗化前逢低买入、事件明朗化后逢高卖出为主要原则的中短线投资策略。

事件驱动策略的核心就是提前潜伏市场热点（事件），等事件明朗或将要明朗时逢高卖出。

从以上案例中可以看出，事件驱动策略成功的关键往往在于快、准、狠，在利好消息刚刚公布时就立刻买入，等消息落实时结合市场的实际情况决定是否抛出。一般而言，如果市场处于牛市中，则可以继续持股一段时间；如果市场处于弱势震荡中，则应该及时在利好出尽前后获利了结。

事件驱动策略的优势是收益率较高，风险也可控；短板是市场规模有限，而且有的事件往往涉及操纵和违规等，在实际运作中要充分考虑到这一点。

# 20 业绩归因模型

当某个基金产品的业绩产生以后，需要深入研究的是该业绩发生的原因，到底有多少是运气成分，有多少是基金经理的管理能力，这就是业绩归因所要完成的工作。基金的业绩评价与归因的重要性主要用来解决三个方面的问题：一是投资的结果到底怎么样；二是基金为什么会有这样的表现；三是基金的业绩来源是归因于投资经理的能力，还是运气因素占了主导。

## 20.1 是运气还是能力

运气和能力就好像速溶咖啡和咖啡伴侣一样，常伴每个投资者左右，而且加满水之后，你还不大容易分清到底哪个是哪个。而对于已经实现的投资表现，无论战果如何，你同样也会好奇这样的战果究竟受什么因素的影响，而 Brinson 和 Falcher 对这个问题提出了一个很好的解决思路。假设我们对自己的投资业绩的判断标准是沪深 300 指数，那么从我们自己的资产组合的配置上来看，组合的收益率会受到三种效应的影响。

第一种是资产的配置效应。假如沪深 300 指数有 28 个行业，那么我们选择的对 28 个行业的投资比例（也就是权重）很显然会影响组合的收益率。第二种是个股的选择效应。对于沪深 300 指数中的 300 只股票，我们会选择其中的一些股票进行投资，这部分就是我们通过选择个股获得的收益。第三种是两种效应的交互效应，即我们同时进行行业配置和行业下的个股选择而获得的收益。这样说似乎很抽象，我们来画一张简单的表。为了叙述简便，假如有一个只有 3 个行业的沪深 300 指数，我们将其作为自己的业绩基础，如表 20.1 所示。

表 20.1　配置效应案例

| 行　业 | 沪深 300 指数 | | 某基金组合 | |
|---|---|---|---|---|
| | 行业权重 | 收益率 | 行业权重 | 收益率 |
| 行业 1 | 20% | 2% | 10% | 2% |
| 行业 2 | 30% | 3% | 30% | 4% |
| 行业 3 | 50% | 4% | 60% | 9% |
| 总计 | 100% | 3.3% | 100% | 6.8% |

很显然，该组合从行业配置到个股选择，都和沪深 300 指数的设计不一致，而且很显然（或者说很幸运）获得了更高的收益率，那么这样的收益率实现究竟是源于基金经理对行业权重的调配，还是源于对行业内部股票的选择呢？这个问题一方面可以归结为基金经理投资收益的来源，另一方面也可以让我们思考该基金经理究竟在股票投资的哪一方面更有优势。所以我们建立另一张表格，如表 20.2 所示。

表 20.2　配置效应组合收益率分析

| | 某基金组合收益率 | 沪深 300 指数收益率 |
|---|---|---|
| 某基金组合行业权重 | 组合行业权重×组合收益率（1） | 组合行业权重×沪深 300 指数收益率（2） |
| 沪深 300 指数行业权重 | 沪深 300 指数行业权重×组合收益率（3） | 沪深 300 指数行业权重×沪深 300 指数收益率（4） |

在表 20.2 中，式（1）和式（4）就是表 20.1 中的结果，而式（2）和式（3）看上去就特别奇怪，好像没有什么特别的含义。但是如果我们运用简单的减法，就会发生一些有趣的事情，如表 20.3 所示。

表 20.3　绩效归因分析

| 效应类型 | 计算方法 |
|---|---|
| 资产配置效应 | （2）−（4） |
| 个股选择效应 | （3）−（4） |
| 交互效应 | （1）−（2）−（3）+（4） |

用式（2）减去式（4），实际上就是假如我们和沪深 300 指数一样买入 300 只股票，但是在 300 只股票所属的 3 个行业中投入的资金比例不同，这样式（2）和式（4）的差异就反映了我们在行业配置上的能力，即资产配置效应。而类似地，用式（3）减去式（4），就是我们在和沪深 300 指数进行一致的行业配置的时候，因为对股票选择的不同，所以获得的收益率也不同，也就是个股选择效应。而用式（1）减去式（2）和式（3）再加上式（4），就是资产配置和个股选择同时作用的交互效应。

通过这样一个简单的计算，我们就可以像剥洋葱一样，层层深入，大致把投资收益的来源分解成不同的类型。根据表 20.1 中的数据，我们自己的投资组合比沪深 300 指数的收益率要高出 3.5%，而用刚刚介绍的分析方法可以计算得到，其中资产配置效应给我们自己的投资组合所带来的收益率提升是 0.2%，而个股选择效应所带来的收益率提升是 2.8%。那么剩下的还没有被这两个效应解释的 0.5% 的收益率就是这两个效应交互作用的结果，也就是说，你可能在业绩好的行业里配置了更多的资金并买到了表现更好的股票，而在业绩差的行业里配置了更少的资金并同样买到了表现更好的股票。

当然，上述方法只适合在单期中使用，在具体操作时，我们可能需要对 1 日、1 周、1 个月的投资表现进行分析，但是由于拆分了的收益率不能简单地跨期进行合并计算，因此对于更长、更多的时期分析，可能会用到几何归因法或者算术归因法来对不同的效应进行计算。如果我们还需要分析自己对具体行业和具体股票的配置能力，那么还要进行细分资产的多期归因。这些方法的改进并没有脱离原始业绩归因方法的框架，我们仍然可以用直观的方式拆解出自己投资结果的来源，判断自己投资能力的优势，反思自己投资决策的安排，从而更好地对不同决策维度下的投资风险进行管理。

## 20.2　定性分析

我们可以通过基金业绩的测量、归因和评价来分别回答本章开始提到的三个方面的问题。这些问题的答案可以提供很多有用的信息，比如基金和投资目标及范围的贴合度、基金经理的投资方式是否和宣传的一致、是否继续投资给该基金经理等。

基金业绩的测量主要是根据基金在一段时间内的资产计算回报率。通常，基金的回报率等于期末的资产减去期初的资产再除以期初的资产。但是，如果计算周期内有大额的外部现金流流入/流出，则还要考虑这些现金流对业绩的影响。有两种方式计算回报率。一种是以时间为权重的回报率。这种回报率的计算方式是以外部现金流流入和流出的时间为分界点，将投资周期分为若干部分，分别计算投资回报率，再以几何平均的方式相连而得。这种方式不受外部现金流流入/流出的影响，在基金经理对外部现金流的流入/流出没有控制权的情况下，是对基金业绩较客观的评价方式。另一种是以资金为权重的回报率，类似于内部回报率的计算方法，比较适合基金经理对外部现金流的流入/流出有控制权的情况。

基金业绩的归因是确定基金业绩来源的方式。基金的回报来源可以分为三种，分别来自市场、风格和主动投资。所谓市场就是大盘指数的回报；所谓风格可以理解为基金经理自己选择的比较基准和大盘指数的差异；所谓主动投资可以理解为基金经理对行业和个股的选择。那么，一个有效的基金经理自身的比较基准就必须满足一些特点，比如适当性、可测性、明确性和可投资性等。

目前主流的比较基准有 7 种，分别是绝对基准、基金经理总体中位数、市场大盘指数、风格指数、多因素模型、回报基准和特别定制基准。其中，所谓的回报基准就是结合了多因素模型和风格指数，将模型中的参数换成了标准的风格指标，即小盘成长、大盘价值等参数。

对于比较基准的质量，也有几种考察指标：一是系统性风险，简单来说，基准的贝塔值应该越接近 1 越好；二是从相关性的角度考察两点，即主动投资的收益和基准风格所带来的收益的相关性应该越小越好，基准风格相对大盘指数的收益和基金总的收益的相关性应该越大越好。换句话说，基金主动投资的收益应该是独立的。其他考察指标还有跟踪误差、风险特征、覆盖度、换手率等。

业绩归因可以从宏观和微观的角度考虑，宏观的业绩归因主要由投资者来完成，而微观的业绩归因则由基金经理来完成。宏观业绩归因的三种方法包括大类资产的配置、比较基准组合的回报、不同的基金经理所带来的回报和外部现金流，三者呈递进关系。微观的业绩归因主要由三部分组成，即行业配置所带来的回报、个股选择所带来的回报，以及两者之间的交互作用。

对于股票型投资基金和债券型投资基金，可以利用多因素模型进行归因评价，分别分辨出产生系统性回报的因素，以及确定基金经理主动选择的风险敞口。

基金业绩的评价是确定基金的业绩受哪些因素的影响，通常可以利用风险调整后的收益评价指标。主要有 5 种，包括阿尔法、夏普比率、特雷诺指数、信息比率、M2 法则。其中，阿尔法和特雷诺指数考察的是系统性风险；夏普比率和 M2 法则考察的是系统性风险和非系统性风险之和；信息比率则是主动投资回报和主动投资风险的比值。

基金业绩的评价与归因非常重要但也很有挑战性，对于基金经理的评价决定也会影响到投资的目标，是非常重要的反馈机制。合理的、客观的、有依据的分析方法能给投资者带来更有效的信息反馈。

## 20.3 定量分析

定量基金评价是通过一些定量指标或定性指标，对基金的风险、收益、风格、成本、业绩来源及基金管理人的投资能力进行分析与评判，其目的在于帮助投资者更好地了解投资对象的风险收益特征、业绩表现，方便投资者进行基金之间的比较和选择。本节将从选股能力、择时能力、信息比率、跟踪误差 4 个方面衡量基金的业绩。

### 1. T-M 模型

Treynor 和 Mauzy（1966）在 CAPM 的基础上建立了衡量模型。他们认为，成功的投资者如果能够预测市场收益率，就会在市场收益率高时提高投资组合的$\beta$值；反之，降低投资组合的$\beta$值。这个认识过程是一个循序渐进的过程，投资组合的收益率与市场收益率会呈现曲线的关系。在詹森指数的基础上，他们增加了一个平方项来评价基金的市场择时能力，构造了一个二次回归模型：

$$R_p - R_f = \alpha + \beta_1(R_m - R_f) + \beta_2(R_m - R_f)^2 + \varepsilon_p$$

式中，$\alpha$ 为选股能力指标；$\beta_2$ 为择时能力指标；$\beta_1$ 为基金组合所承担的系统风险；$R_p$ 为基金在各时期的实际收益率；$R_m$ 为市场组合在各时期的实际收益率；$\varepsilon_p$ 是零均值的随机误差项；$R_p-R_f$表示基金取得的超额收益率。

Treynor 和 Mauzy 认为，"如果$\beta_2$大于零（且其所对应的 $P$ 值小于 0.05），则表示基金经理具有正的择时能力，当常数$\alpha$值显著大于零（且其所对应的 $P$ 值小于 0.05）时，则表明基金经理具备选股能力，$\beta_2$ 值越大，市场时机选择的能力也就越强"。从模型结构来分析，$(R_m-R_f)\times\beta_2$ 为非负数，当证券市场为多头（$R_m-R_f >0$）时，基金资产组合的风险溢价 $R_p-R_f$ 大于市场组合的风险溢价 $R_m-R_f$；反之，当证券市场出现空头（$R_m-R_f<0$）时，基金资产组合的风险溢价 $R_p-R_f$ 会小于市场组合的风险溢价 $R_m-R_f$。

### 2. H-M 模型

Henriksson 和 Merton（1981）对于 T-M 衡量法有不同的看法。他们认为，"基金经理要么预测市场收益率高于无风险收益率，要么预测无风险收益率高于市场收益率，而无法预测差异的大小。如果基金经理希望把握时机，就会根据预测做出资产组合比例的调整，因此其转化速度将是快速的，则组合的收益率与市场收益率是线性的，并且会在做出资产配置调整时出现明显的拐点"。所以得到了一个与 T-M 模型相类似但更为简单的方程：

$$R_p - R_f = \alpha + \beta_1(R_m - R_f) + \beta_2(R_m - R_f)D + \varepsilon_p$$

式中，$D$ 是虚拟变量，当 $R_m > R_f$ 时，$D = 1$，当 $R_m < R_f$ 时，$D = 0$；$\alpha$ 表示选股能力指标；$\beta_2$ 表示市场择时能力指标；$\varepsilon_p$ 是零均值的随机误差项；$\beta_1$ 为基金组合所承担的系统风险；$R_p$–$R_f$ 表示基金取得的超额收益率。

通过对线性方程的分析来看，"基金经理通过预测市场收益率与无风险收益率的大小来调整资产配置，改变资产组合风险的大小"。当 $R_m > R_f$ 时，$D = 1$；当 $R_m < R_f$ 时，$D = 0$。所以，当管理人预测到市场变化时，就会随时改变 $\beta$ 系数，从而"得到两条斜率不同的直线对市场超额收益率和组合超额收益率进行拟合"。经过线性回归得到相应的系数值，假如 $\alpha$ 值显著大于零，且其所对应的 $P$ 值小于 0.05，则表明基金经理具备选股能力；假如 $\beta_2$ 为正值，且其所对应的 $P$ 值小于 0.05，则说明基金经理具备把握市场时机的能力。

### 3. 信息比率

信息比率以马科维茨的均异模型为基础，可以衡量基金的均异特性，它表示单位主动风险所带来的超额收益。公式如下：

$$IR_i = \frac{\overline{TD_i}}{TE_i}$$

式中，$IR_i$ 表示基金 $i$ 的信息比率；$\overline{TD_i}$ 表示基金 $i$ 的跟踪偏离度的样本均值；$TE_i$ 为基金 $i$ 的跟踪误差。

信息比率是从主动管理的角度来描述风险调整后的收益的，它不同于夏普比率从绝对收益和总风险角度来描述。信息比率越大，说明基金经理单位跟踪误差所获得的超额收益越高。因此，信息比率较大的基金的表现要优于信息比率较小的基金。

投资者在选择基金时要考虑的一个重要因素就是基金公司能否提供一个明确的业绩预期。因此，信息比率对考察基金经理的绩效具有非常重要的意义，因为其奖励的不是绝对业绩，而是持续稳定的业绩。合理的投资目标应该是在承担适度风险的情况下，尽量追求高信息比率，而不是单纯地追求高信息比率。过低和过高地承担主动性风险都不是基金经理的一种理性选择。

### 4. 跟踪误差

跟踪误差是指组合收益率与基准收益率（大盘指数收益率）之间的差异的收益率标准差，反映了基金管理的风险。Ronaldj.Ryan（1998）认为，跟踪误差可以对组合在实现投资者真实投资目标方面的相对风险做出衡量，因此是一种有效的风险衡量方法。基金的净值增长率和基准收益率之间的差异收益率称为跟踪偏离度。跟踪误差则是基于跟踪偏离度计算出来的。这两个指标是衡量基金收益率与目标指数收益率偏离度的重要指标。

跟踪偏离度：

$$TD_{ti} = R_{ti} - R_{tm}$$

式中，$TD_{ti}$ 表示基金 $i$ 在时间 $t$ 内的跟踪偏离度；$R_{ti}$ 为基金 $i$ 在时间 $t$ 内的净值增长率；$R_{tm}$ 为基准组合在时间 $t$ 内的收益率。

跟踪误差：

$$TE_i = \sqrt{\frac{1}{n-1} \sum_{t=1}^{n} (TD_{ti} - \overline{TD_i^2})}$$

式中，$TE_i$ 表示基金 $i$ 的跟踪误差；$TD_{ti}$ 表示基金 $i$ 的跟踪偏离度的样本均值；$\overline{TD_i^2}$ 表示跟踪偏离度的样本方差；$n$ 为样本数。跟踪误差越大，说明基金的净值增长率与基准组合收益率之间的差异越大，并且基金经理主动投资的风险越大。通常认为，跟踪误差在 2% 以上意味着差异比较显著。

只有通过全面的绩效归因，才能挖掘出基金经理真正的能力，尽可能降低运气在投资业绩中的权重，找出真正有核心盈利能力的基金经理和投资策略。

所以，FOF 并不是大家认为的那么简单，只要组合几个优秀的基金产品就可以轻松盈利。实际上，FOF 的组合涉及管理人评价、策略的分类评估、资产配置、风险管理、绩效归因等方方面面。其中资产配置又是重头戏，因为绝大多收益来自配置，而不是交易，这是学术界早就公认的研究结论。第三部分将对此话题进行深入研讨。

# 第三部分　资产配置

　　资产配置是 FOF 成功的关键，根据历史数据的分析，基金投资 90%的收益来自成功的资产配置效应。这部分重点阐述了与资产配置有关的核心理念和主要模式。其中，战略资产配置主要有股债模式、全天候模式、耶鲁基金模式和美林时钟模式；战术资产配置主要有核心-卫星模式、杠铃配置模式、逆向配置模式、成本平均模式、买入并持有模式。而在具体的资产配置策略中，最常用的有两个：均值-方差模型和风险平价模型。除此之外，对于策略的筛选和组合，笔者提出了基于相关系数矩阵的方法，并且介绍了目前国际上前沿的 Smart Beta 策略。

# 21 FOF 的核心是资产配置

做 FOF 的人最容易犯的错误就是将 FOF 等同于买基金，以为只要买几只牛基就高枕无忧了。其实做 FOF 最关键的是资产配置，因为所有策略的运行结果都依赖于资产的收益率情况。基金经理的业绩也离不开市场的机会。有一句话是"时势造英雄"，优秀的基金经理也是市场机会造就的，只要风足够大，猪也会飞。比如 2014—2015 年的牛市，做股票多头策略的基金经理业绩就很好；但是到了 2015 年下半年的股灾，他们的损失也很惨重。2016 年是大宗商品爆发的一年，对应的 CTA 产品业绩就很靓丽；但是到了 2017 年大宗商品大幅波动的时候，业绩就差强人意了。所以做 FOF 最关键的不是寻找飞得高的猪，而是寻找风口在哪里。

## 21.1 配置决定收益

这里有两张图表。如图 21.1 所示是公募基金 5 年持有期的收益率。从图中可以看到，5 年以上的基金投资，理论上赔钱的概率不高，在基金业十多年的历史上，只有在 2008 年进入市场，不幸在最高点申购基金的投资人，持有 5 年后的收益率为负（最多也不过 10% 左右的亏损）。一些比较稳健的基金，10 年收益率基本都在 200% 以上。

理论很美妙。但从我们对投资者的跟踪调查来看，即便真正投资了 5 年以上的投资者，赚到钱的也是少数。

显然，投资理论与现实之间出现了问题。那么，投资者赔钱的原因是什么呢？我们观察一个现象：如果把市场的变化与投资者的净申购关联起来，则会发现什么呢？我们会发现，多数投资者在行情顶部买入、底部卖出，如图 21.2 所示。

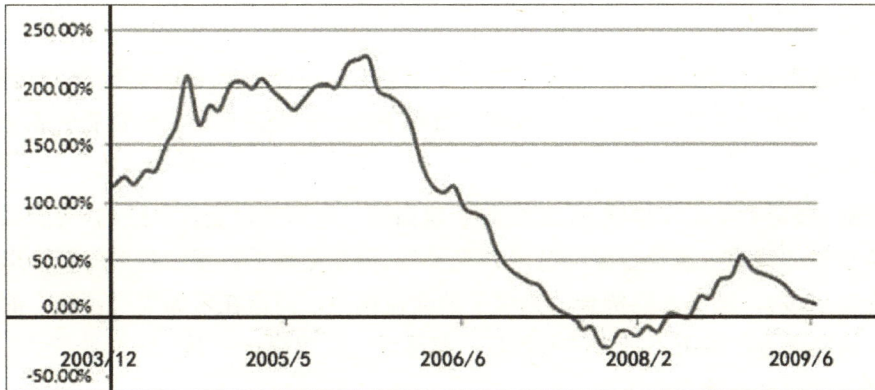

图 21.1　公募基金 5 年持有期的收益率

**数据来源：[马永谙 2016]**

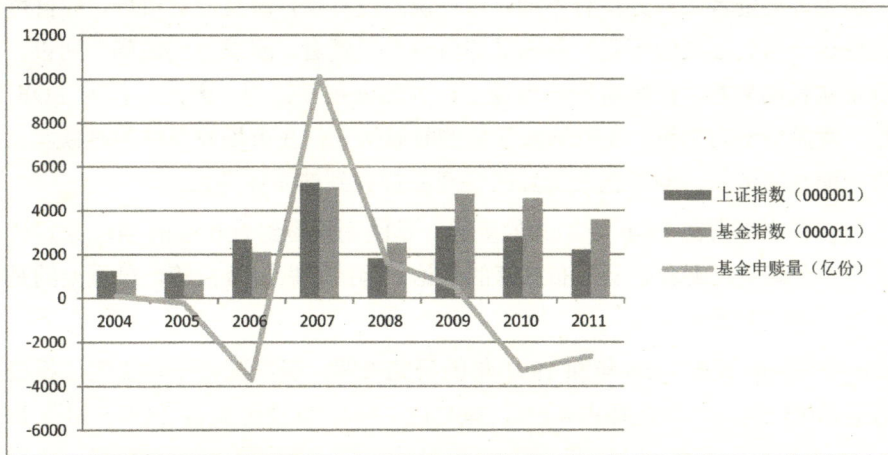

图 21.2　基金申赎量与上证指数的关系

**数据来源：星潮 FOF**

　　可以明显地看到，投资者的净申购量随着市场上涨而逐渐增加，在 2007 年市场最高点时达到高峰，在市场下跌之初仍然表现为净申购。而随着市场下跌加剧，投资者开始净赎回，同样，在市场跌到底部时净赎回量达到顶点。

　　市场运行周期总是经历从上涨到下跌这一过程。在市场上涨初始阶段，较少投资者大胆地将资金投入，而更多地持观望或谨慎态度；随着市场的上涨，越来越多的投资者将资金投入基金市场，往往在市场出现高点或到达顶部的时候，投资者的申购量也达到峰值。

往往在市场开始下跌时，较少投资者赎回基金，而在市场下降趋势逐步得到确认的过程中，投资者加大赎回力度。一般在市场下跌的末期或底部，投资者的基金赎回量达到峰值。

显然，投资者不是没挣钱。不过受限于他们倒三角形的资金投入结构（先少后多），少量资金挣的钱被大量资金赔的钱"吃光了"。仍然受限于其正三角形的资金退出结构（先少后多），逃出去的资金、兑现了的收益偏少，而留在市场里"苦熬"的资金偏多，这些资金在经历了最大的亏损后，在最后时刻出局——不仅赔了最多的钱，连反败为胜的机会都没有留下！

其实，很多面向投资者的基金研究人员都注意到了这个问题，但是他们的解决之道，或者教育投资者"应该克服恐惧，在最低点进入；控制贪婪，在最高点退出"；或者干脆告诉投资者买入并持有不动。这种说法没有错，但是面对市场，你自忖你能不能做到这一点？如果做不到，那你又如何苛责投资者，要求他们做到？所以，普通的投资者从长期来看，在风险策略市场上，大部分是亏钱的。因此，作为 FOF 的基金经理，就需要逆向交易，在市场被低估的时候买入，在市场被高估的时候卖出，这就是资产配置的本质，即寻找最便宜的资产并持有到被高估为止。

之所以资产配置在 FOF 中如此的重要，是因为投资组合收益的 90%来自资产配置，这是"全球资产配置之父"布林森的结论。因此，做投资决策，最重要的是要着眼于市场，确定好投资类别。

Gary Brinson 等在 1986 年和 1991 年的研究表明，资产配置平均决定了投资组合收益方差的 91.5%，个券选择占 4.6%，择时占 1.8%，其他因素占 2.1%，如图 21.3 所示。Roger Ibbotson 和 Paul Kaplan（2000）认为，资产配置策略可以解释一个投资组合跨时间波动收益的 90%，并带来了不同投资组合之间 40%的回报率差异。James Xiong 和 Roger Ibbotson（2010）则认为资产配置和主动管理具有同等重要性，多资产投资要想取得成功，必须同时保证资产配置与标的选择的正确性。

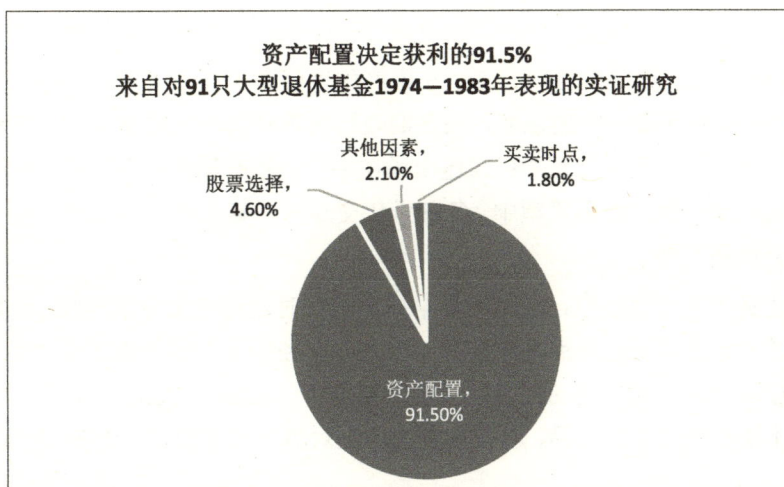

图 21.3　配置决定收益

现代投资组合理论是资产配置的理论基础。20 世纪 50 年代，马科维茨首次提出现代投资组合理论（Modern Portfolio Theory，MPT），通过估算不同资产的回报率、波动性及不同资产之间的相关性，运用优化技术来确定最佳风险收益下的资产配置——最优化分散风险，以得到在一定风险下的收益最高的投资组合，或者在一定收益水平下的风险最低的投资组合，这就是资产配置方法最常用到的均值-方差优化过程。

20 世纪 90 年代，Fischer Black 和 Robert Litterman 在此基础上，在高盛工作期间开发出布莱克-利特曼（Black-Litterman）模型，使用贝叶斯方法，将由 CAPM 给出的先验概率下的市场均衡预期收益与投资者的主观观点相结合，从而形成一个期望收益的估计值（后验收益），并用于均值-方差优化过程，使得资产配置模型更符合机构投资者的需求。

同一时间，诺贝尔奖获得者 Robert Merton 指出，在市场各种资产的收益率、波动性与相关性随时间变化的情况下，投资人应该在跨资产种类分散风险的同时，跨时间维度分散风险，从而把资产配置模型从单一时间阶段的模型推广到多时间段的模型，把静态的模型推广到动态市场的模型。此外，Merton 也考虑了投资人会从投资组合里提出资金进行消费的因素，在模型里优化了投资人的消费。

2000 年之后，John Campbell 与 Luis Viceira 在研究投资人金融资产的同时，加入了投资人其他的收入因素，如工资收入等，并指出投资人应该根据自己的人力资本优化资产配置。

从 20 世纪 90 年代末期到 2000 年以后，学术界与业界都发现金融市场资产有一定的可预测性，不完全遵循随机行走。在资产配置模型中加入了更多市场可预测性与随动态市场变化的元素——股息率，利息期限结构等对资产的收益率有一定预测力的变量开始出现在资产配置模型中；描述市场在牛市、熊市等状态下转换的体制转换模型也更多地应用在资产配置模型中。各种量化交易对冲基金抓住市场的一些可预测性创造的机会繁荣发展。

在上述资产配置模型中，Merton 最早提出的在时间维度上分散风险，计算最优化投资组合的理念得到更完善而贴近实际的发展。在经历了金融危机之后，资产的违约与在市场极端情况下的非流动性也被考虑在模型中（Andrew Ang）。资产在市场崩溃的情况下不能找到交易方交易，所以投资人应该对资产的非流动性与期望回报率进行权衡。

耶鲁模型由 David Swensen 在 2000 年《机构投资于基金管理的创新》一书中提出，由 David Swensen 和 Dean Takahashi 共同开发。耶鲁模型将资产等分成 5～6 份，每份都投资于一种大类资产，分别为股票资产、固定收益资产、实物资产（房地产和大宗商品）、另类投资品（对冲基金和私募股权）及现金类资产。而不同大类资产之间的相关性很低，在资产类别层面配置资产可以获得较好的分散效果。该模型认为，由于获得流动性是以牺牲收益为代价的，所以不应该配置流动性资产，只配置非流动性资产，比如私募股权，这样能够享受流动性溢价。

近年来，尤其是在金融危机之后，投资者开始关注风险分散在资产配置中的重要性。MPT 由于只考虑组合的整体风险，而忽视风险构成，所以常常出现风险被某类资产完全控制的结果，与分散化投资的结果相悖。2006 年，PanAgora 基金的首席投资官提出了风险平价（Risk Parity）的概念，后来被桥水基金运用于实际投资中。风险平价模型的出现为资产配置策略带来了新的角度，它基于目标风险水平，使得组合中的不同资产在进行了风险调整后，对组合的绝对风险一致，从而实现了投资组合的风险结构优化。这一视角区别于马科维茨的均值-方差及其优化模型——不再进行收益率预测，转而关注单个资产类别更为稳定的风险特征。

## 21.2 几个核心理念

### 1. 分散化投资是投资中唯一的"免费午餐"

现代投资组合理论为资产配置奠定了基础。现代投资组合理论的首倡者马科维茨指出，通过分散化投资，投资者将组合资产分散到对市场因素反应不同的各类资产类别中，构建一个更加有效的投资组合。在给定的风险水平下，充分分散化的投资组合收益高于未充分分散化的投资组合收益。反之，在收益水平相同时，充分分散化的投资组合面临的风险较低。分散化投资可以在不牺牲预期收益的情况下降低风险水平，对投资者而言，相当于一顿"免费午餐"。有关马科维茨的这个理论，在第 2 章中有详细的阐述。

### 2. 风险溢价的获取源于对风险的承担

在投资组合理论基础上发展起来的资本资产定价模型（CAPM，资产收益率=无风险利率+$\beta$×风险溢价）清晰地划分了资产收益包括无风险收益和承担风险所带来的风险收益。风险收益来自对风险资产的持有，即承担相应风险所带来的风险溢价补偿。长期持有风险资产都能获取相应的风险溢价，风险较大的资产预期回报率较高。但在中、短期内这种规律可能经常会被打破，为积极管理者带来超额收益空间。

如表 21.1 所示是国内主要资产的风险和回报情况。从表中可以看出，风险越大的资产其年均回报率也越大。风险最低的资产是存款及理财，其年均回报率只有2.4%；而风险最大的资产是深证成指，其年均回报率高达 27.3%。

表 21.1　国内主要资产的风险和回报情况（2002—2015 年）

| 资产类别 | 年均回报率 | 标 准 差 |
| --- | --- | --- |
| 深证成指 | 27.3% | 63.8% |
| 上证综指 | 18.5% | 56.3% |
| 黄金 | 9.0% | 17.0% |
| 信用债 | 5.1% | 7.2% |
| 利率债 | 3.7% | 4.4% |
| 存款及理财 | 2.4% | 0.7% |

### 3. 风险收益来源包括 $\beta$ 和 $\alpha$ 两类

如图 21.4 所示是资产配置的收益率分解。其中，$\beta$ 收益是持有该资产获取的系统性风险溢价。

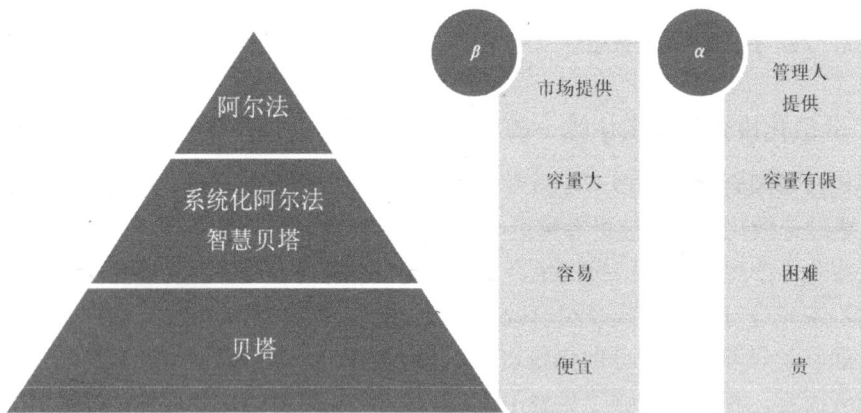

图 21.4 资产配置的收益率分解

$\beta$ 工具的特点是市场容量大，获取较为容易，而且成本较低，比较常见的就是指数基金。$\alpha$ 收益则是在 $\beta$ 收益基础上的超额收益，如通过积极管理获取相对于指数投资的超额收益。$\alpha$ 收益的市场容量有限，对投资能力要求较高，因此积极型管理人会收取超额业绩提成。

# 21.3　为什么要分散化

在第 2 章中我们从理论上讨论了为什么要分散化，这里再用一个实际的案例来做出具体的说明。我们来看看美国股票（以下简称"美股"）和美国房地产这两类资产在 1972 年 1 月 1 日至 2015 年 12 月 31 日的表现。如果我们在 1972 年年初买入，并持有到 2015 年年底，那么历史收益率和风险如表 21.2 所示。

表 21.2　1972 年 1 月 1 日至 2015 年 12 月 31 日美国股票和美国房地产的历史收益率和风险

|  | 美国房地产 | 美　股 | 美 10 年期国债 | 通　胀 |
|---|---|---|---|---|
| 年化收益率 | 12.00% | 10.43% | 8.01% | 4.06% |
| 标准差（波动性） | 17.06% | 15.26% | 8.22% | 1.34% |
| 下限风险（MAR=5%） | 14.04% | 10.90% | 5.03% | 0.90% |
| 夏普比率 | 0.47 | 0.41 | 0.39 | −0.62 |
| 索提诺比率（MAR=5%） | 0.56 | 0.56 | 0.61 | −1.12 |
| 最大回撤 | −68.30% | −50.21% | −20.97% | −4.43% |
| 投入 100 美元变成 | 14 655 美元 | 7878 美元 | 2971 美元 | 576 美元 |

我们还加入了美 10 年期国债和通胀作为参照物。可以看到，美国股票市场的年化收益率为 10.43%，而美国房地产市场的年化收益率为 12.00%，更直观一点，就是用 100 美元买入美股变成 7878 美元，买入美国房地产变成 14 655 美元。

显然，这两大资产都很好地完成了保值、增值的效果，年化收益率远远高于通胀。我们也知道收益都是和风险相匹配的，高收益意味着高风险。为了更加直观地衡量投资单个资产的风险，这里我们要引入一个概念——最大回撤，就是投资额从历史最高点跌到最低点的跌幅，也就是从历史上来看，你投资此类资产最大的亏损程度。在 1972—2015 年这 44 年间，美国股票市场的历史最大回撤为 50.21%，美国房地产市场的历史最大回撤为 68.30%。我们以美国股票市场为例，用图表来解释最大回撤，如图 21.5 所示。

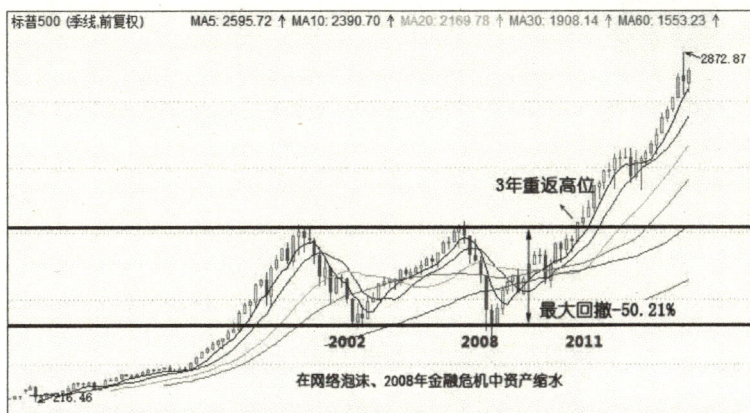

图 21.5　美股的长期投资回报

可以看到，美股 50.21% 的最大回撤发生在 2008 年金融危机时期，美股投资者的财富在短短半年内缩水一半。更让人难以接受的是，这一跌直接把投资总额跌到 10 年前，等于这 10 年都白忙活了。更加可怕的是，从这次回撤的最低点涨回回撤前的高点，花了 3 年时间，这还是建立在你在低点持有不卖的前提下的。市场狂跌 50%，在跌破 2003 年的底部后，你能保证在反弹初期坚定持有吗？如果不能，那涨回去的时间可能会更长。投资 A 股的读者可以回想一下 2015 年下半年的暴跌（48.60% 的回撤）给大家带来的情绪上的冲击。

50% 的跌幅虽然很大，但还不是最厉害的，美股在 20 世纪 30 年代曾出现高达 80% 以上的回撤（1932 年的股灾）。跌 80% 意味着如果你不在低点加仓，则需要大盘上涨

500%才能回到回撤之前。换算成时间，假设平均每年 10%的涨幅，你需要花费将近 17 年的时间。

从图 21.6 中可以看出，在 1927—2015 年这近 90 年中，回撤大于 30%的时间（深色部分）长达近 15 年之久，平均每 6 年你就有可能亏损 30%以上。

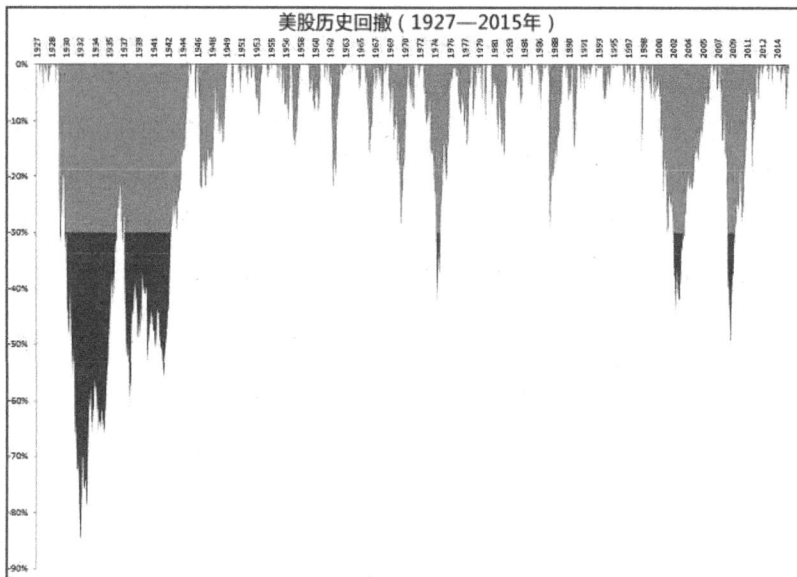

图 21.6　美股历史回撤（1927—2015 年）

那么，如果及时止损呢？事实上，短时间内的崩盘在很多时候几乎是来不及进行应对的。比如 2016 年脱欧公投后的英镑，同年和欧元脱钩的瑞郎，再远点的有美国标普 500 指数 1987 年 10 月的黑色星期一及 1929 年道指的黑色星期二，往往就在很短的时间内一步跌到位。如表 21.3 所示是几大资产在重大事件时的回撤情况。

表 21.3　几大资产在重大事件时的回撤情况

| 标　　　的 | 起　始　日 | 终　止　日 | 工　作　日 | 涨　跌　幅 |
|---|---|---|---|---|
| 英镑 | 2016 年 6 月 24 日 | 2016 年 6 月 25 日 | 2 天 | −11.0% |
| 瑞士法郎 | 2015 年 1 月 15 日 | 2015 年 1 月 15 日 | 1 天 | 20.29% |
| 美国标普 500 指数 | 1987 年 10 月 19 日 | 1987 年 10 月 19 日 | 1 天 | −20.47% |
| 美国道琼斯指数 | 1929 年 10 月 28 日 | 1929 年 10 月 29 日 | 2 天 | 23.05% |

以上数据告诉我们，投资单个资产风险巨大，哪怕从长期来看收益率是可观的，

但是短期的风险也可能极大地损伤收益。那有没有方法在不牺牲收益的情况下降低投资风险呢？这就是马科维茨在 1952 年那篇著名的论文《证券选择理论》中的结论，他首次系统地阐述了资产组合的选择问题，告诉我们一条简单的投资哲学：分散投资可以优化投资组合整体回报。这个"优化"，简单地说就是投资者在投资两种不完全相关的资产时，能够降低投资组合的整体风险，从而达到 1+1 > 2 的效果。

通过资产配置可以在不同的资产之间调整资金配比，从而达到在降低风险的同时不降低预期收益率的效果。总的来说，资产配置可以分为战略资产配置和战术资产配置两大层次。

# 22 战略资产配置

战略资产配置研究的是债券、股票、大宗商品、现金之间如何调整彼此的配比关系，这其中最重要的是股票和债券的配置模型。

## 22.1 股债模式

### 1. 传统股债模式：挪威政府养老金（GPFG）

挪威为储存石油财富，于 1990 年建立挪威政府养老金（GPFG），后来逐渐发展成为稳健投资和纪律性投资的典范。基金成立初期只投资于股票和债券两类资产，配置比例为 40%股票、60%债券；2007 年将配置比例调整为 60%股票、40%债券；2008 年开始少量投资房地产市场。GPFG 的投资目标是 CPI+5%，组合波动率在 12%左右。由于挪威基金市值将近 8700 亿美元，这样大的体量在另类资产方面受到市场容量的严重制约，获取超额收益的能力有限，所以挪威一直坚持公开市场资产投资，以贝塔收益为主，较少涉及另类资产，追求组合的简洁、透明和纪律性。他们组建了自营团队管理大部分投资，适当选聘优秀外部管理人获取一定的阿尔法收益。

### 2. 50-50 动态再平衡策略

所谓的 50-50 动态再平衡就是永远保持股权资产和债券资产的配置比例为 50%：50%。并且每当配置组合的比例出现 5%～10%的偏差时，就进行一次再平衡操作，使股权资产和债券资产的配置比例重新回到 50%：50%。这种方法可以得到比固定的 50%：50%更加优越的收益率。我们来看一个案例，如表 22.1 所示。

假设资产 A 为股权资产，且与指数完全正相关；资产 B 为债券资产，每年以 5%的速度增长。

表 22.1　50-50 动态再平衡策略

| 时间（年） | 指　数 | 资产 A（万元） | 资产 B（万元） | 总资产（万元） |
|---|---|---|---|---|
| 0 | 1000 | 50 | 50 | 100 |
| 1 | 1500 | 75 | 55 | 130 |
| 1 | 再平衡 | 65 | 65 | |
| 2 | 2000 | 86.7 | 68.3 | 155 |
| 2 | 再平衡 | 77.5 | 77.5 | |
| 3 | 3000 | 116.3 | 81.4 | 197.7 |
| 3 | 再平衡 | 98.9 | 99.9 | |
| 4 | 2000 | 65.9 | 103.8 | 169.7 |
| 4 | 再平衡 | 84.8 | 84.8 | |
| 5 | 1500 | 63.6 | 89 | 152.6 |
| 5 | 再平衡 | 76.3 | 76.3 | |
| 6 | 1000 | 50.9 | 80.1 | 131 |

在这个案例中，6 年后，指数经过一轮牛、熊又回到了原点，但是在资产再平衡的策略之下，总资产依然有 31% 的增长。为什么动态再平衡策略从长期来看可以战胜指数呢？

1）股权资产和债券资产的低相关性

从长期来看，当股权资产大幅上涨的时候，债券资产往往涨幅很小；当股权资产大幅下跌的时候，债券资产往往是大幅上涨的。也就是说，股权资产和债券资产的相关性很低甚至为负。只有在这种情况下，资产再平衡才会有意义，且两类资产的相关性越低，资产再平衡所带来的收益越高。否则，如果两类资产的相关性很高，永远同涨同跌，也就无法进行再平衡操作了。

2）永远的逆市场操作

图 22.1 很清楚地告诉我们股民和基民是如何把钱亏掉的。资本市场永远是"7 亏 2 平 1 赚"的地方，也就是说 90% 的人注定是无法战胜市场的。要想战胜市场，必须成为少数派。但是，人性的贪婪和恐惧是很难克服的，追涨杀跌也必然是大众的行为。而动态再平衡策略就是通过自律来克服人性的：在牛市的时候，不断卖出进攻型的股权类资产，买入防守型的债券类资产；在熊市的时候则相反。它永远是一个逆市场的操作。

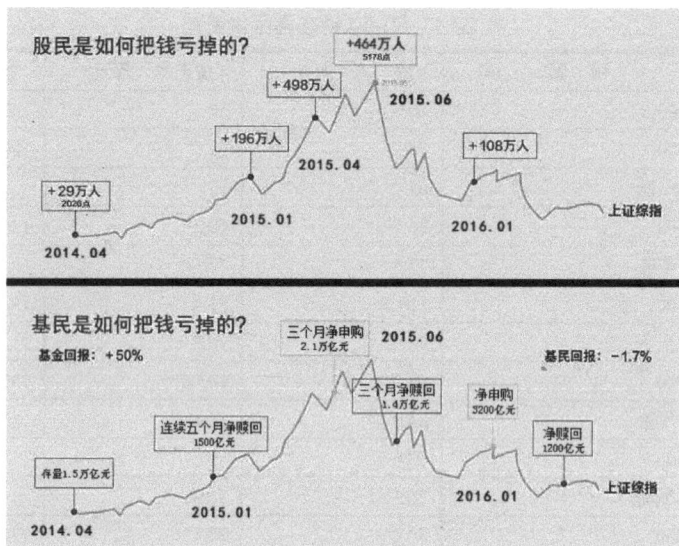

图 22.1　股民和基民是如何把钱亏掉的

3）再平衡创造价值

决定我们最终资产的永远有两个方面：一是多赚；二是少亏。虽然从短期来看，动态再平衡策略不是最优的选择，它在牛市时不能全力进攻，在熊市时无法全力防守，但是，当市场处于牛市时，我们不断卖出股权资产、买入债券资产的过程就是兑现利润的过程；当市场处于熊市时，我们把防御类资产不断转换为进攻类资产的过程则是实现防御类资产的价值，收集便宜筹码的过程。每次的再平衡操作都是为总资产创造价值的过程。所以，如果从一个完整的牛、熊周期来看，那么动态再平衡必然是一个最佳的策略。

# 22.2　全天候模式

全天候模式是由全球最大的对冲基金——桥水（Bridgewater）最早提出的。目前，桥水联合管理着超过 1600 亿美元的资产，其中以绝对 Alpha 基金（Pure Alpha，1991 年成立）和全天候基金（All Weather，1996 年成立）最为出名，占公司管理资产规模的估测比重均在 40% 以上。其中，绝对 Alpha 基金的投资逻辑是结合经济走势估测各类资产的价值偏离，低买高卖；而全天候基金所做的工作是假定不知道未来哪种资产会表现得较好，试图买入各种类别的资产来产生更好的分散，其采用的具体分散方法就是风险平价。

风险平价的意思是通过调整资产的预期风险和收益使得它们更匹配，目的是创造一个更好的分散组合，这个分散组合将有更好的收益风险比。这个概念最早是由经济学家钱恩平博士提出的，后来成为整个华尔街资产配置的重要理论工具之一。

### 1. 四宫格框架

1996 年，桥水提出了全天候策略框架，即经典的"四宫格"，如表 22.2 所示。

表 22.2　四宫格框架

| | 经济增长 | 通货膨胀 |
|---|---|---|
| 市场预期　上升 | 25%风险<br>股票<br>大宗商品<br>公司债<br>新兴市场信用债 | 25%风险<br>通胀联系债券<br>大宗商品<br>新兴市场信用债 |
| 下降 | 25% 风险<br>国债、公司债<br>通胀联系债券 | 25%风险<br>股票<br>国债、公司债 |

在对经济环境进行四分的前提下，全天候策略将资产类别与其适应的市场环境一一对应：在经济上升期，股票、大宗商品、公司债、新兴市场信用债表现较好；在经济下降期，普通债券（国债、公司债）和通胀联系债券表现较好；在通胀上升期，通胀联系债券、大宗商品、新兴市场信用债表现较好；在通胀下降期，股票、普通债券（国债、公司债）表现较好。

随着时间的推移，四宫格中的所有资产价格都会上涨，因为央行创造货币，投资者会借用它去获取更高的收益，这些收益主要来自两大类资产：股票和债券。也就是说，四宫格中的一种资产无法完全抵消另一种资产，但这些资产的总净回报从长期来看能战胜现金。

由此可见，全天候策略分散或对冲的逻辑并非微观的资产。根据我们的理解，全天候策略想要分散的标的是经济环境，确切来讲是未来各种可能的经济环境。在四宫格中，给每种经济环境分配了相同（25%）的风险权重，也就是说，四宫格期望通过将风险等量分布于 4 种经济环境来达到组合的分散和平衡。桥水认为，在全天候策略中，经济环境暴露是被完全相互抵消的，剩下的就是风险溢价收益。

目前，市场中时有关于全天候策略有效性或者风险平价有效性的争论，这些争论的背后部分源于全天候策略的先天性缺陷。

首先，全天候策略对经济环境存在着预判性假设。尽管全天候策略认为基金经理经验再丰富，毕竟人生阅历有限，因此一再强调在策略中不对未来经济环境进行预判，期望实现一种长期有效的消极投资方法。但是从四宫格框架的提出来看，全天候策略实际上已经对经济环境做出了预判，即对经济环境的 4 个分类。

在宏观经济和大类资产配置的研究框架中，我们通常需要考虑各类指标，如 GDP、贸易等经济运行指标，以及 CPI、PPI、货币政策等通胀相关指标。经济环境诚然主要由经济运行和通胀两大基础决定，但是在经济运行的实践中，不仅存在市场这只"无形的手"，还存在政府这只"有形的手"，这就使得经济运行的某些阶段呈现比较混沌的局面，例如，在经济明显增长动力不足、发生下行拐点以后，政府可能对资本市场运行进行一定的窗口指导，使得经济运行和通胀的基本面与资本市场的运行出现背离。

而全天候策略投资的标的主要是资本市场的各类证券，当资本市场与基本面出现分轨运行时，资本市场的基础要素或者说资本市场证券价值的决定要素会在一定周期内脱离经济和通胀。在全天候策略的四宫格框架中，并未覆盖这种奇异的经济环境。也就是说，全天候策略对经济环境的覆盖是不全面的。

此外，不仅是对经济环境的分类，从全天候策略对 4 类经济环境的风险权重进行等分来看，全天候策略可能还暗含着未来这 4 类经济环境的出现概率，或者说跨越的时间周期几乎相近的假设，而这一点其实是难以用历史数据验证的。一是因为这种假设基于多长的时间周期，桥水并未给予明确，如果基于跨越几百年的时间周期，则可考究的经济数据显然是不足的。二是因为经济在什么情况下被判断为增长、在什么情况下被判断为下跌（通胀同理），桥水也并未给予明确，实际上，随着经济体基数的增长，关于经济增长和下跌的判断应该是一个动态调整的函数。

其次，全天候策略在执行层面的资产存在缺陷。即使全天候策略的经济环境暴露相互抵消，但下沉到操作层面使用的资产确实难以消除相关性。其一是根据四宫格框架，全天候策略在 4 类经济环境中使用的均是资产包而非单一资产，4 个资产包中多有资产重合的现象，例如，股票资产同时出现在经济增长、通胀下跌情形中，普通债券同时出现在经济下跌、通胀下跌情形中。资产包构成的重合性使得 4 个资产包之间难以消除相关性。其二是作为资产包构成的单一资产，比如股票和债券，实际上也存在着难以消除的相关性，这可能是由于对货币增长的共同相关性导致的。如前所述，随着时间的推移和央行的货币创造，四宫格框架中的所有单一资产价格都会上涨。

当然，基于经济环境的复杂性，实际上，全天候策略区分的 4 类经济环境本身就难以清晰地区分，其相互抵消的说法也是有待商榷的。

### 2. 全天候策略的风险平价方法

1）第一步：风险定义与资产归类

关于风险，我们理解全天候策略的风险定义有两个层面：一是宏观的经济环境风险，它将显著影响各类资产的表现；二是微观的资产风险，它是由资产本身的属性和市场交易者的行为所造成的。

全天候策略的第一步是对宏观风险进行定义，并根据各类资产的微观风险属性，就每类宏观风险挑选合意的资产类别。

2）第二步：构建目标收益/风险

全天候策略及其背后的风险平价逻辑往往通过与传统资产组合比较的方式引出，最终得出的结论是相对于传统资产组合，全天候组合有望获得更高的夏普比率。即：与传统资产组合相比，在风险相同的情况下获得更高的期望收益，或者在收益相同的情况下获得较小的预期风险。

也即在根据风险定义确定资产类别以后，全天候策略需要预设一个目标收益或目标风险，这个目标收益或目标风险可能是由客户的需求推动的，而全天候策略的目的就是在满足客户目标收益或目标风险的前提下获得比传统资产组合更好的风险收益属性。

3）第三步：使用风险平价的计量方法

在确定风险及资产类别、目标收益/风险以后，全天候策略需要运用风险平价方法确定资产的实际配置比例。

传统资产组合如 60/40 组合虽然在资金构成上股票占 60%、债券占 40%，但组合整体的风险绝大部分（通常约 90%）由股票贡献，这就使得组合的波动十分依赖单一资产的波动。而风险平价方法则期望打破这种依赖性，使得组合中的各类资产对组合整体的风险贡献是一样的。就全天候策略而言，期望达到的效果是使得适应于各类经济环境的资产包对组合整体的风险贡献一样，即使得组合可以穿越各类经济环境。

就计量方法而言，具体表述如下：

假设有 $n$ 个资产，令 $r_i$ 和 $\sigma_i$ 分别表示资产 $i$ 的收益率和标准差。在通常情况下，$x_i$ 介于 $0\sim1$ 之间，若 $x_i < 0$ 则表示该资产可以卖空。组合的收益率与标准差可以表示为

$$r_p = \sum_{i=1}^{n} x_i \cdot r_i \tag{1}$$

$$\sigma_i = \sqrt{\sum_{i=1}^{n} \sum_{j=1}^{n} x_i \cdot x_j \cdot \sigma_{ij}} \tag{2}$$

式中，$\sigma_{ij}$ 表示资产 $i$ 和资产 $j$ 之间的协方差，$\sigma_{ii} = \sigma_i^2$ 则表示资产 $i$ 的方差。下面我们再定义两个测量个别资产对组合风险贡献的变量，以便更好地理解风险平价组合。第一个是边际风险贡献，表示资产权重的变化对组合风险的影响。

$$\text{MRC}_i = \frac{\partial \sigma_p}{\partial x_i} = \frac{1}{\sigma_p} \cdot \sum_{j=1}^{n} x_j \cdot \sigma_{ij} = \frac{1}{\sigma_p} \cdot \text{Cov}(r_i, r_p) \tag{3}$$

第二个是总风险贡献。

$$\text{TRC}_i = x_i \cdot \frac{\partial \sigma_p}{\partial x_i} = \frac{1}{\sigma_p} \cdot \sum_{j=1}^{n} x_i \cdot x_j \cdot \sigma_{ij} = \frac{1}{\sigma_p} \cdot x_i \cdot \text{Cov}(r_i, r_p) \tag{4}$$

某类资产的总风险贡献占组合总风险的权重可以表示为

$$\frac{\text{TRC}_i}{\sigma_p} = \frac{1}{\sigma_p^2} \cdot x_i \cdot \text{Cov}(r_i, r_p) \tag{5}$$

总风险贡献指标将组合的总风险拆分成各项资产总风险贡献之和。

$$\sigma_p = \frac{\sum_{i=1}^{n} \sum_{j=1}^{n} x_i \cdot x_j \cdot \sigma_{ij}}{\sigma_p} = \frac{1}{\sigma_p} \cdot \sum_{i=1}^{n} x_i \cdot \text{Cov}(r_i, r_p) = \sum_{i=1}^{n} \text{TRC}_i \tag{6}$$

风险平价方法通过使得任意两个资产的总风险贡献相等，来求得各类资产的资金权重。

$$x_i \cdot \frac{\partial \sigma_p}{\partial x_i} = x_j \cdot \frac{\partial \sigma_p}{\partial x_j} = \lambda \quad \forall i, j \tag{7}$$

式中，$\lambda$ 是未知常数。

下面用矩阵形式来刻画上述关系，用 $\Omega$ 表示协方差矩阵，$1$ 表示元素为 $1$ 的列向量，$\frac{1}{x}$ 表示向量 $\left[\frac{1}{x_1}, \frac{1}{x_2}, \cdots, \frac{1}{x_n}\right]'$，所以式（7）可以表示为

$$\Omega \cdot x = \lambda \cdot \frac{1}{x} \tag{8}$$

由式（8）可得 $x = \frac{\lambda}{\Omega \cdot x}$。令 $\beta_i = (\Omega \cdot x)_i$，则 $x_i = \lambda / \beta_i$，又有 $\sum_{i=1}^{n} x_i = 1$，所以

$$x_i = \frac{1/\beta_i}{\sum_{j=1}^{n} 1/\beta_i} \tag{9}$$

式（9）的右边是左边 $x_i$ 的函数，所以，难以得到 $x_i$ 的解析解。我们采用牛顿算法得到近似解，需要求解的公式为

$$F(\gamma) = F(x, \gamma) = \begin{bmatrix} \Omega \cdot x - \lambda \cdot \frac{1}{x} \\ \sum_{i=1}^{n} x_i - 1 \end{bmatrix} = 0 \tag{10}$$

式中，$\gamma$ 为需要求解的未知数矩阵，以 $J(\gamma)$ 表示 $F(\gamma)$ 的 Jacobian 矩阵。

$$J(\gamma) = J(x, \lambda) = \begin{bmatrix} \Omega + \lambda \cdot \mathrm{diag}(\frac{1}{x^2}) & -\frac{1}{x} \\ l' & 0 \end{bmatrix} \tag{11}$$

若收敛，则可以通过迭代方式求得相应的解。

有关风险平价的理论和方法，在第 27 章中有更详细的说明。

## 22.3 耶鲁基金模式

在多元化配置方面，耶鲁基金是一个很好的榜样，其有效地实现了全球配置和宏观对冲。耶鲁捐赠基金被称为全球运作最成功的学校捐赠基金，备受世人瞩目。耶鲁基金模式也创造了机构投资史无前例的成就，其市值在 30 年里增长了 11 倍之多，从 1985 年的近 20 亿美元增长到 2015 年的 255.72 亿美元。从耶鲁基金模式的资产配置流程来看，主要包括：（1）投资组合选择——投资组合包括哪些资产类别，以及每种资产类别权重的分配；（2）市场时机选择——对于不同的市场情况，选择偏离长期资产配置的短期操作；（3）证券选择——包括单独资产类别的证券选择、指数化管理及主动积极管理，如图 22.2 所示。耶鲁基金资产规模及其年化收益率如图 22.3 所示。

相对于传统的股债配置，耶鲁基金模式充分利用自己的永续性质，一方面，多投资长期、非上市或低流动性的房地产基金、私募股权、自然资源基金等非传统资产配置；另一方面，在资产配置上尽量分散风险，在进行权重分配时加大国外股票（包括新兴市场）的配置比重。

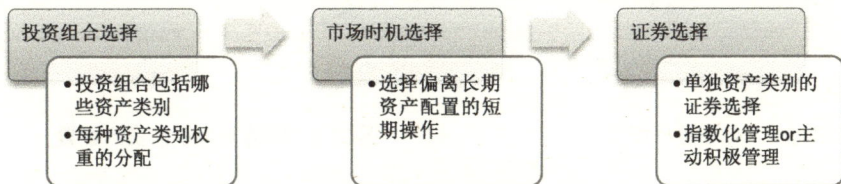

图 22.2 耶鲁基金模式的资产配置流程

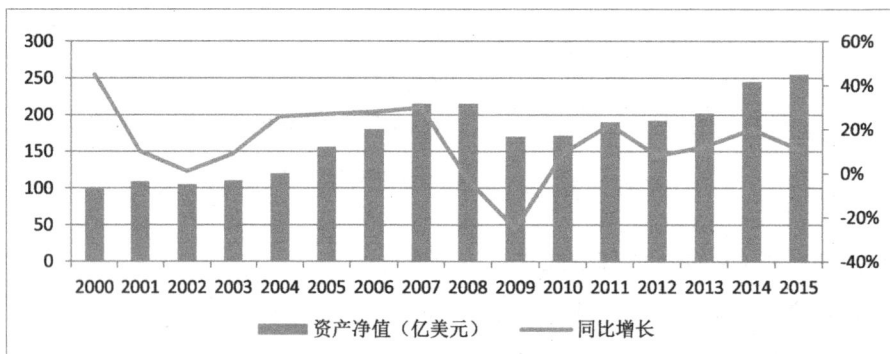

图 22.3　耶鲁基金资产规模及其年化收益率

**数据来源：星潮 FOF 整理**

### 1. 优势之一：分散投资，全球配置

耶鲁基金模式与传统模式不同，它在资产配置上加大国外股票（包括新兴市场）的比重，减少投资和持有债券、国内股票及现金，突破投资心理上常见的"home biased"问题（在资产分配上过分看重本土的股票和资产，对国外资产的配置比重不足），真正实现了投资风险的分散化，如图 22.4 和图 22.5 所示。

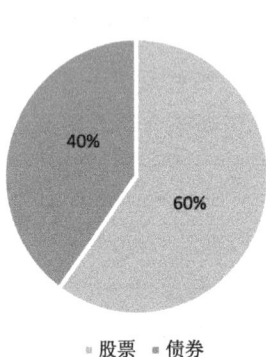

图 22.4　传统股债配置

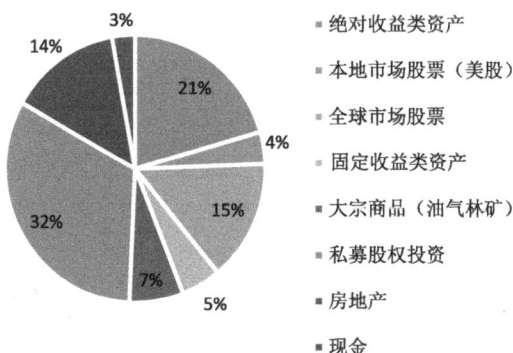

图 22.5　耶鲁基金模式资产配置

截至 2015 年 6 月，耶鲁基金中 14.7%的资产投资于全球市场股票，远远大于投资于本地市场股票的比例 4.1%，如图 22.6 所示。其中，投资于美国以外发达国家股票的比例为 4.5%，投资于新兴市场股票的比例为 10%左右，累计超过 14%。

174

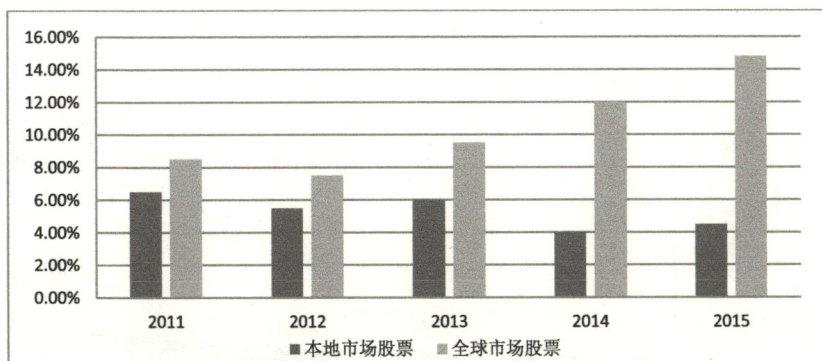

图 22.6　自 2012 年以来耶鲁基金全球市场股票资产比例持续上升

**数据来源：星潮 FOF 整理**

## 2. 优势之二：多元投资，宏观对冲

　　耶鲁基金模式充分利用自己的永续性质，一方面，多投资长期、非上市或低流动性的房地产基金、私募股权、自然资源基金等，利用这类流动性较低的资产，赚取所谓的流动性溢价。截至 2015 年 6 月，耶鲁基金中投资于大宗商品、PE 股权及房地产的比例分别占到 6.7%、32.5%、14%，合计占比超过 50%，如图 22.7 所示。

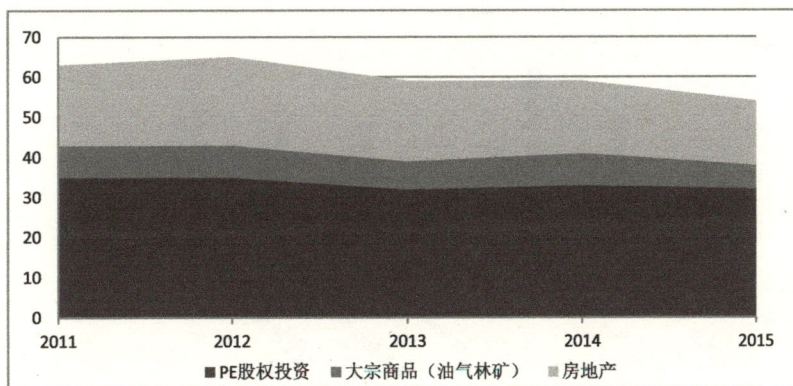

图 22.7　耶鲁基金资产配置中非传统资产的配置比例

**数据来源：星潮 FOF 整理**

　　另一方面，配置大宗商品及房地产等抗通胀能力较强的股票使得耶鲁基金模式能够在一个较长的时间段里显著地战胜通胀，如图 22.8 所示。

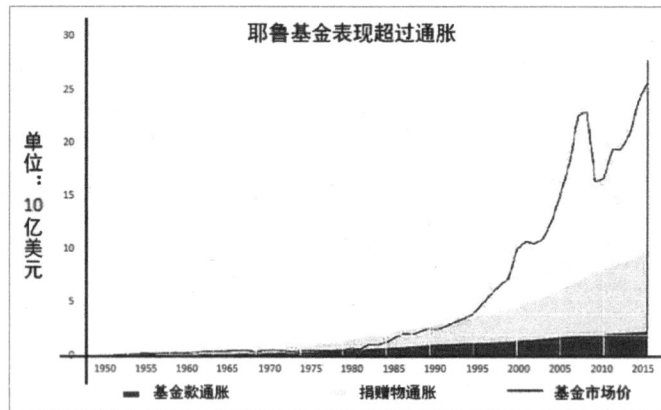

图 22.8　耶鲁基金表现情况

数据来源：星潮 FOF 整理

### 3. 优势之三：精选个券，战胜基准

在实现资产全球配置及配置多元化的基础上，耶鲁基金对于每个资产类别的证券选择也进行了一定的优化。从 2005 年 6 月至 2015 年 6 月耶鲁基金旗下各个资产类别的表现来看，均战胜了市场主动基准及被动基准，如图 22.9 所示。

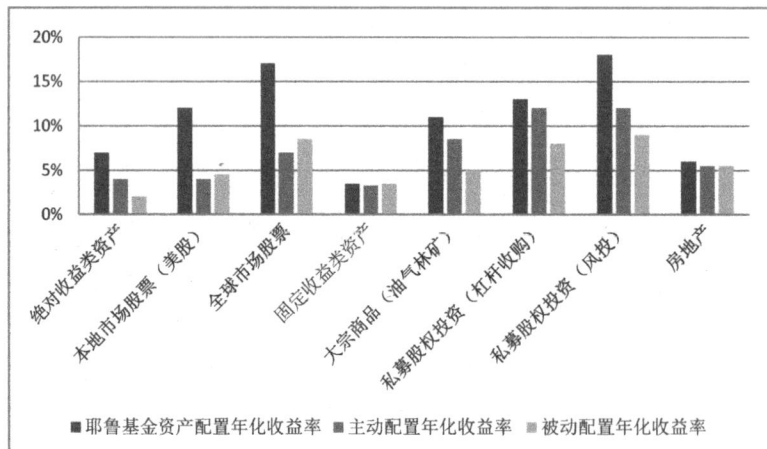

图 22.9　耶鲁基金资产配置收益率与主动、被动配置比较

数据来源：星潮 FOF 整理

## 22.4　美林时钟模式

美林证券提出的投资时钟模型是一种将经济周期与资产和行业轮动联系起来的资产配置方法。该方法根据经济增长和通胀指标，将经济周期划分为 4 个不同的阶段——衰退、复苏、过热和滞胀。在经济周期的不同阶段，沿顺时针方向循环，不同类别的资产会表现出显著的差异，每个阶段有一个特定的资产可以获得超过大市的超额收益，如图 22.10 所示。

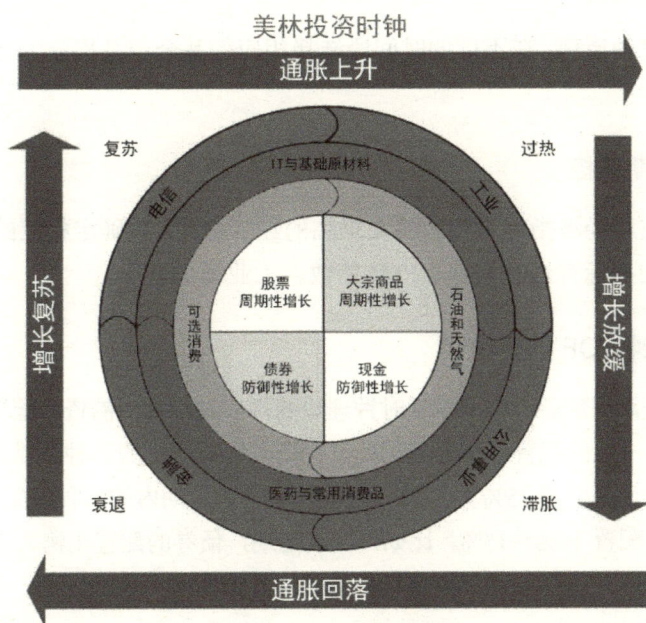

图 22.10　美林时钟

（1）衰退阶段：GDP 增长乏力，过剩产能及不断下降的商品价格驱动通货膨胀走低。企业盈利微薄，实际收益下降。央行试图促使经济返回可持续增长路径上而降低利率，债券收益率曲线下行而且陡峭。此阶段债券是最好的资产选择。

（2）复苏阶段：宽松的政策发挥效力，经济加速增长，通货膨胀继续回落，周期性生产增长强劲，企业利润开始恢复。同时央行仍保持宽松的货币政策，债券收益率曲线保持在低位。此阶段是股票投资的"黄金时期"。

（3）过热阶段：生产增长减缓，通货膨胀上升。央行开始提高利率，驱使经济返回可持续增长路径上，而利率提升导致债券表现糟糕，股票投资收益依赖在强劲的利润增长和价值重估二者之间的权衡。此阶段表现最好的是大宗商品。

（4）滞胀阶段：部分原因是生产要素价格上升导致的供给冲击。由于生产不景气，企业为了保护利润水平而提高产品价格，造成工资价格螺旋式上升，使通货膨胀进一步上升，同时企业盈利恶化导致股市表现不佳。此阶段央行继续采取紧缩措施，同样限制了债券市场的回暖步伐。此阶段现金是最好的资产选择。

当然，在实际运用中，投资时钟也会逆时针移动或跳过某个阶段，主要受外部冲击或异常事件的影响。

根据投资时钟原理，在不同的时间段选择相应的基金产品构建组合的方法就是美林时钟模式。

### 1. 经济周期监控

通过监控宏观经济指标来判断将要来临的经济周期，并确定相应的投资时钟时段。通常可以考虑的指标有 CPI 增速、PMI 指数、工业增加值等。

### 2. 美林时钟 FOF 配置模式

在预判完经济周期后，根据投资时钟理论的指导进行相应的资产配置。鉴于判断的不完全准确性，一般的配置原则为超配处于投资时钟周期内的品种。以均衡配置债券、股票、商品、货币基金各 25% 为基准，处于投资时钟周期内的品种超配至 50%～70%，其他三类资产各配置 10%～15%。比如，在衰退期，债券的配置比例为 70%，其他三类资产的配置比例各为 10%。具体配置比例以对宏观的判断可靠性为准，可靠性高一些则超配比例高一些。

美林时钟 FOF 配置模式是一种比较适合机构投资者的策略，由于其紧密依托宏观判断在大类资产间进行大幅度调整，因此成功应用该策略可有效提高资产收益率，降低资产的风险。但正因为对宏观判断的高要求，它对个人投资者而言门槛比较高。此外，这种策略适合"中规中矩"的市场，对突变的市场环境缺乏适应能力。

如图 22.11 和图 22.12 所示是星潮 FOF 利用该配置模式所创建的投资组合的收益与风险情况。

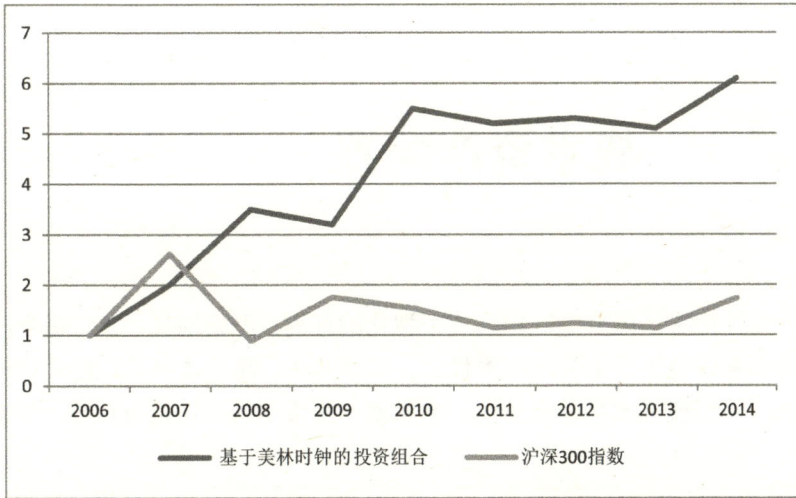

图 22.11　基于美林时钟的投资组合和沪深 300 指数的收益率对比

**数据来源：星潮 FOF**

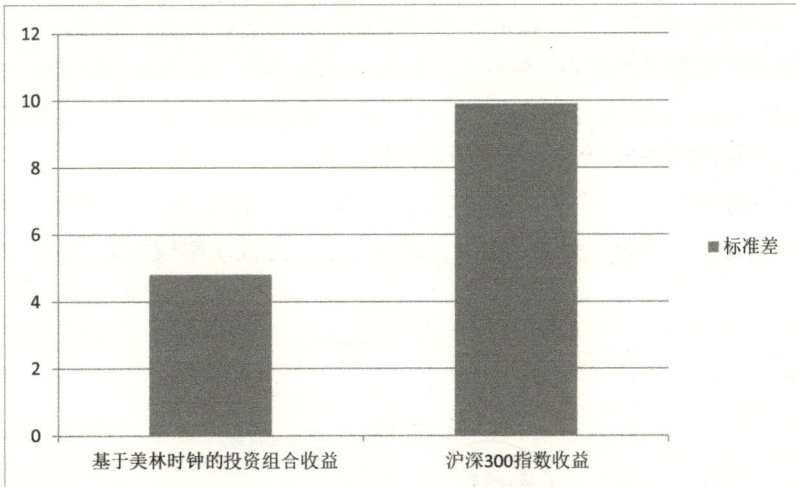

图 22.12　基于美林时钟的投资组合和沪深 300 指数的标准差对比

**数据来源：星潮 FOF**

# 23 战术资产配置

在战术资产配置层面则是一种高度个性化的行为，严格地说，针对每个产品、每种市场环境都应该有不同的资产配置模式、调整方法、品种选择等，格式化的、通用的配置模式会降低模式本身的有效性。本章就一些常用的方法进行原理上的探讨。

## 23.1 核心-卫星模式

核心-卫星模式最早见于嘉信投资在 20 世纪 90 年代的一项研究。顾名思义，"核心-卫星"模式是把资产分为"核心"与"卫星"两大类资产进行配置的。其设计初衷是把主要资产配置于"核心"资产上，目的是在风险可控的情况下获取稳健的长期收益；而把少部分资产配置于"卫星"资产上，目的是提高整个资产组合的收益预期，因此"卫星"资产可以投资于风险水平较高的品种。

一般在投资实践中，核心资产既可以是债券基金、对冲基金，也可以是指数基金；而卫星资产则是小盘基金、另类基金（如期货基金）等波动率较大的基金，如图 23.1 所示。

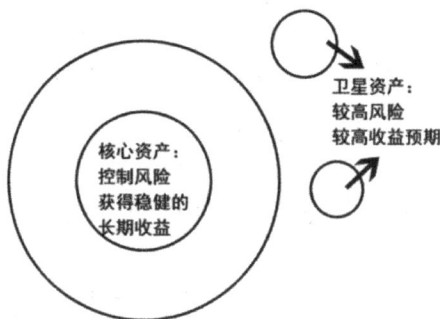

核心资产：
控制风险
获得稳健的
长期收益

卫星资产：
较高风险
较高收益预期

图 23.1 核心-卫星模式

核心-卫星模式的精髓在于，卫星部分仅占整个组合的一小部分，即便投资于风险系数相对较高的资产，但由于比例较低，即使这些品种大幅波动，整个组合仍然拥有稳定的表现。举例来说，如果卫星部分占整个组合的比重为 20%，且下跌了 30%，而投资组合的总值却仅下跌了 6%，就会大大降低投资者的损失。相对于卫星池的投资方式，核心-卫星模式显著降低了投资风险。

另外，由于组合中高风险资产的存在，相对于完全投资于核心的稳健资产的投资方式，核心-卫星模式能提供获得更好收益的机会。由于卫星资产主要投资于小市值股票或基金、全球资产甚至期货资产等高风险资产（传统上认为这些资产打败市场的概率更高），所以其获利能力要显著强于核心资产。

根据尤金·法玛的股票三因子模型，长期持有小盘股指数会远远跑赢大盘股，但是由于小盘股的波动性很大，所以只能在整个资产组合中进行适度的配置。

例如，可以有这样的核心-卫星模式资产池：（1）适合上涨行情的卫星基金，以指数型基金和仓位较高基金为主，在上涨行情中收益率高；（2）适合下跌行情的卫星基金，以控制损失能力强的债券方向基金为主，在下跌行情中可有效控制损失；（3）偏好价值投资的卫星基金，以偏爱长期投资价值被低估、市盈率较低、风险相对较低类股票的基金为主；（4）偏好成长投资的卫星基金，以偏爱市盈率较高、成长性较好类股票的基金为主；（5）偏好中小盘投资的卫星基金；（6）偏好大盘蓝筹的卫星基金，如图 23.2 所示。

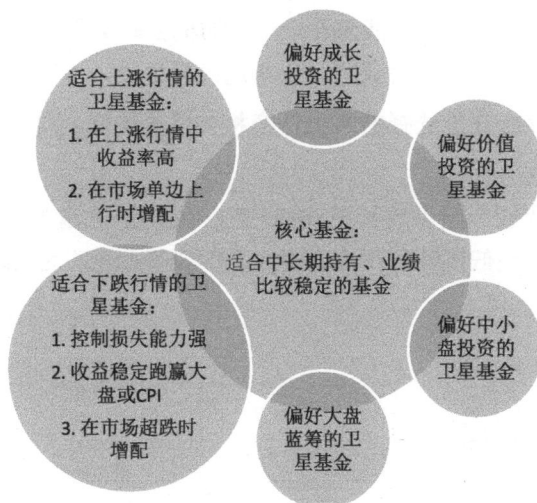

图23.2　核心-卫星模式资产池

简单总结一下核心-卫星模式的特点，如表 23.1 所示。

表 23.1　核心-卫星模式的特点

| 母基金配置原则 | 70%～80%核心池，20%～30%卫星池 |
|---|---|
| 核心池配置原则 | 核心资产不动，仅进行仓位的少许调整 |
| 卫星池配置原则 | 根据市场风格预测，在不同卫星池之间轮换 |

## 23.2　杠铃配置模式

杠铃配置模式原来是一种应用于债券投资的方法，即只投资于短期债券和长期债券，而不投资于中期债券。短期债券提供流动性，长期债券提供高收益，从而较好地兼顾资产的流动性与收益能力。由于杠铃配置模式只选取资产两端进行投资的特性，即投资只应该关注投资品的两端，可以较好地平衡收益与风险，尤其对各种极端市场环境有极好的适应能力，因此也可以用在 FOF 母基金的配置上。

按照杠铃配置模式的思想，市场机会不在此就在彼，风险不在此就在彼。投资于中间地带资产，既不能有效规避风险，也不能获取尽可能高的收益，是一种没有价值的折中。而投资于两端，无论市场向何种极端演变，出现何种黑天鹅事件，整个资产的抗击打能力都很强；同时，无论机会出现在哪一端，资产组合也都能抓住。

打一个比方，资产只投资于政府债券和股票两类，而放弃企业债券、可转债等中间风险中间收益的产品。从市场实践来看，二者的机会确实是相反的。所以，无论市场向哪个极端演变，资产都有机会获利，也都能经受风险。

杠铃配置模式的核心在于选择的两类资产相关性要较低。同时，二者之间的配比关系也要适当。

在投资实践中，我们一般以成长型-价值型、中小盘-大盘型、被动型-主动型、股票型-债券型、高风险-低风险等作为两类基金的筛选标准，如图 23.3 所示。

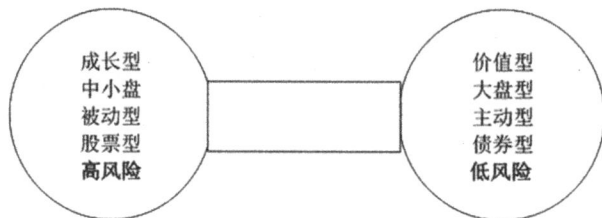

图 23.3　在杠铃配置模式下两类基金的筛选标准

简单总结一下杠铃配置模式的特点，如表 23.2 所示。

**表 23.2　杠铃配置模式的特点**

| 母基金配置原则 | 两端各 50% |
|---|---|
| 标的基金调整原则 | 通常不进行调整 |
| 标的基金选择原则 | 两端资产的相关性较低 |

## 23.3　逆向配置模式

行为金融研究发现，人们对市场的反应经常会过度。逆向配置模式即基于此。其投资思路是：通过买入过去一段时间表现较差的资产，卖出过去一段时间表现较好的资产来进行套利。

逆向配置模式最初主要用于直接投资，因为股票价格会直接受投资者情绪的影响；而在基金这类间接投资品种上是否有效争议颇多，因为开放式基金净值并不受投资者情绪的影响。因此，逆向配置模式可否应用于基金投资，主要依赖基金业绩是否有持续性，以及基金业绩迁移是否有规律性。那么，基金业绩是否有持续性呢？

如表 23.3 所示是 2002—2011 年美国市场共同基金业绩迁移记录。可以看到，前 5 年中业绩排在前 20% 的基金（Top Quartile），在后 5 年中仍然留在前 20% 的只有 1/4，有 18% 的业绩排到了后 20%。第二组数据更有趣，后 5 年中业绩排在前 20% 的基金，只有 17% 在前 5 年中也排在前 20%，而其中竟然有 46% 的基金在前 5 年中业绩是垫底的。简单地说，如果投资者在后一个 5 年之初选择基金的时候主要从前 5 年中业绩最差的里面选，那么选对的概率比任何其他组别的基金都要高。

**表 23.3　美国市场共同基金业绩迁移记录（2002—2011 年）**

| | 2007—2011 年分布变化 | | 2007—2011 年分布变化 |
|---|---|---|---|
| 2002—2006 年<br>业绩最优 20% | 处在行业领头 25% | 2002—2006 年<br>业绩最差 20% | 处在行业领头 17% |
| | 行业中上游 16% | | 行业中上游 11% |
| | 行业中游 16% | | 行业中游 13% |
| | 行业中下游 26% | | 行业中下游 13% |
| | 行业末流 18% | | 行业末流 46% |

数据来源：星潮 FOF

国内市场如何呢？国内基金市场历史尚短，无法用 5 年作为周期来考察。不过我们可以看看 3 年和 1 年的情况，如表 23.4 所示。

表 23.4　国内基金市场业绩迁移记录

| | 2008—2010年 | 2011—2013年 | 2008—2010年 | 2011—2013年 |
|---|---|---|---|---|
| 前20% | 业绩排在前20% | 40% | 40% | 业绩排在前20% |
| 前20%～40% | | 16% | 28% | |
| 前40%～60% | | 12% | 16% | |
| 前60%～80% | | 32% | 8% | |
| 前80%～100% | | 0% | 8% | |

| | 2012年 | 2013年 | 2012年 | 2013年 |
|---|---|---|---|---|
| 前20% | 业绩排在前20% | 40% | 20% | 业绩排在前20% |
| 前20%～40% | | 16% | 22% | |
| 前40%～60% | | 12% | 13% | |
| 前60%～80% | | 32% | 14% | |
| 前80%～100% | | 0% | 32% | |

数据来源：[马永谙 2016]

从 3 年的情况来看，基金业绩持续性还可以。但 1 年的基金业绩持续性就非常差了，后一年业绩排名靠前的基金中大约有 1/3 前一年业绩垫底。

这种情况其实与国外的研究也是吻合的。所以，研究者认为，逆向配置模式适合做超短期（如基金投资中的 1 年）或长期（如 5 年）的投资，不大适合做中期（如 3 年）的投资。因此，逆向配置模式也可以用作大类资产配置的调整策略。

总结一下逆向配置模式的特点，如表 23.5 所示。

表 23.5　逆向配置模式的特点

| 母基金配置原则 | 无 |
|---|---|
| 标的基金调整原则 | 降低前期业绩较好的标的基金占比，提高前期业绩较差的标的基金占比 |
| 标的基金选择原则 | 无 |

## 23.4　成本平均模式

成本平均模式是指投资者在将现金投资于基金时，按照不同的净值分批购买，以便分摊成本，从而规避一次性投入可能造成较大风险的策略。

时间分散化模式与成本平均模式类似，认为时间可以分散风险。这两种模式可以贯穿在其他配置模式中，辅助其他配置模式取得最大收益。

这两种配置模式其实就是所谓的"定投"：前者按照价格定投；后者按照时间定投。当然，后一种定投用得更多。定投是一种"懒人策略"，它们的本质都是相信时间可以分散风险，并且可能提高收益。

但是定投能否有效降低风险和提高收益，这个问题其实争论颇多。1969 年，默顿和萨缪尔森发表文章称，时间分散化模式确实会降低组合的标准差（风险水平），意味着降低了损失的可能性；但是，随着时间的累积，损失的绝对金额却在增加。换句话说，单位资产的损失比例可能降低了，但是累计的损失金额却增加了。

这个结论是正确的。所以，后来定投策略的拥趸者不再提及这个策略的绝对风险控制能力，他们认为定投策略其实是为那些低风险承受能力、本来无缘参与风险投资的投资者打开了一扇门，使得他们能够选择风险投资而不必冒过高的风险。

哈罗德·埃文斯基用一个例子说明了时间分散化模式的价值。

莱因哈特女士的时间分散化投资：莱因哈特女士有 1000 美元，她打算投资为退休基金。目前她有两个选择：其一是无风险投资，预期收益率为 4%，标准差（风险）为 0；其二是风险投资，预期收益率为 12%，标准差为 16%。

投资期限与风险投资"战胜率"之间的关系如表 23.6 所示。

表 23.6　投资期限与风险投资"战胜率"之间的关系

| 投资期限（年） | 无风险投资价值（美元） | 风险投资价值（期望值，美元） | 风险投资收益率低于无风险投资收益率的概率（%） |
|---|---|---|---|
| 1 | 1000 | 1000 | 30.9 |
| 5 | 1200 | 2000 | 13.2 |
| 10 | 1500 | 3800 | 5.7 |
| 20 | 2200 | 14 200 | 1.3 |
| 40 | 5000 | 202 800 | 0.1 |

数据来源：[马永谙 2016]

随着投资期限的延长，风险投资的赢面显著增加。10 年期的投资，风险投资的战败概率只有 5.7%，而其预期收益水平足足超过无风险收益率 2/3。显然，利用时间分散风险是有效的，它确实能使投资者承担他原本承担不了的风险，从而获取较高的收益。

不过，从投资实践来看，定投更适合成熟市场。对于发展中的市场，基于其暴涨暴跌的特性，定投会显著降低其收益能力。定投配置模式的特点如表 23.7 所示。

表 23.7　定投配置模式的特点

| 母基金配置原则 | 无 |
|---|---|
| 标的基金调整原则 | 无 |
| 标的基金选择原则 | 选择较为稳健、长期获利能力较强的标的基金。短期波动大的基金不太适合 |

## 23.5　买入并持有模式

买入并持有模式被很多研究人员所推崇，投资者也十分熟悉。研究人员之所以推崇它，有两个原因：其一，如果不考虑投资者感受，则这种模式在理论上确实十分有效；其二，这是所谓巴菲特支持的模式。

但是如笔者在前面所说，配置模式的制定，投资者是必须考虑的因素，市场环境也是必须考虑的因素。如果在一个暴涨暴跌的环境中片面地让投资者选择买入并持有模式，那么结局多半是投资者的信心先于市场波谷到来前崩溃，留给投资者的只有每次都在顶部买入并计划长期持有，却在底部前卖出从而兑现"损失"的无奈。

在针对投资者的咨询实践中，一定要站在投资者的立场上，而不能仅仅站在专业人员的立场上。从这个角度来看，买入并持有模式其实不适合大多数投资者。

此外，买入并持有模式不是简单地随机买入并持有，它要求对买入时机有极好的把握能力。事实上，对于基金投资而言，买入并持有模式首先是一个宏观策略，因为基金收益的首要影响因素是宏观的市场环境，其次才是具体的品种选择。

总结一下买入并持有模式的特点，如表 23.8 所示。

表 23.8　买入并持有模式的特点

| 母基金配置原则 | 一次性买入 |
|---|---|
| 标的基金调整原则 | 不调整，一直持有到最后 |
| 标的基金选择原则 | 高收益率基金 |

在战术资产配置层面更多地讲究如何操作，一般适合某些具体的细分资产，如股票资产中的大盘股/小盘股、价值股/成长股等。

# 24 策略的筛选与组合

比战术资产配置更细的一个层次是策略组合，比如在小盘股的配置过程中，到底是选择小盘成长股，还是小盘价值股，是否要进行高抛低吸，是否再叠加 T+0 策略，或者叠加套利策略，这些就是策略组合层面的工作。

针对某个单独的资产配置，可以开发出多种策略，匹配不同的风险偏好，那就要对这个策略进行筛选和组合。这就需要用到一些数学工具来辅助决策。笔者的文章《策略组合理论（SGT）》（参见本书附录）中对此提出了一种基于相关系数的策略筛选和组合方法。

## 24.1 策略的筛选

### 1. 策略的相关系数

在进行多策略组合的时候，首先需要考虑的是策略之间的相关系数。相关系数过大的策略，在面对同样的市场环境时，会出现近似的表现，从而带来较大的策略风险。因此，在进行略组合之前需要对相关性过大的策略进行筛选。这里定义策略的相关系数如下：

令策略 $x$ 的预期收益率为 $x_i(i=1,2,\cdots,n)$，策略 $y$ 的预期收益率为 $y_i(i=1,2,\cdots,n)$，则 $x_i$ 与 $y_i$ 的相关系数即策略 $x$ 与策略 $y$ 的相关系数。

$$\rho_{xy} = \frac{\sum_{i=1}^{n}(x_i - \bar{x})(y_i - \bar{y})}{\sqrt[2]{\sum_{i=1}^{n}(x_i - x)^2 \sum_{i=1}^{n}(y_i - y)^2}}$$

当 $\rho_{xy}=1$ 时，表示策略 $x$ 和 $y$ 完全正相关。

当 $\rho_{xy}=-1$ 时，表示策略 $x$ 和 $y$ 完全负相关。

当 $\rho_{xy}=0$ 时，表示策略 $x$ 和 $y$ 完全不相关。

在实际交易中，我们希望策略之间最好不相关，也就是尽量进行 $\rho_{xy}=0$ 的策略之间的组合。

### 2. 筛选原则

策略的筛选有两个基本原则。

（1）将与整体策略池负相关的策略剔除，因为这意味着该策略对整体的贡献是负的。

（2）两个负相关的策略，保留那个与整体策略池最独立的策略。

假定策略池中有 $n$ 个策略（$s_1,s_2,s_3,\cdots,s_n$），$\rho_{ij}$ 为 $s_i$ 与 $s_j$ 的相关系数，则可以有这样一个策略池中不同策略之间的相关系数矩阵：

$$\boldsymbol{\rho}=\begin{pmatrix} 1 & \cdots\rho_{1i} & \cdots & \rho_{1n} \\ \vdots & & & \vdots \\ \rho_{i1} & \cdots 1 \cdots & & \rho_{in} \\ \vdots & & & \vdots \\ \rho_{n1} & \cdots\rho_{ni}\cdots & & 1 \end{pmatrix}$$

从上式中可以看出，这是一个对角线元素为 1 的对称阵，$\rho_{in}=\rho_{ni}$。其中，第 $i$ 行（$\rho_{i1},\rho_{i2},\cdots,\rho_{in}$）表示策略 $s_i$ 与策略池中所有策略（包括自己）的相关系数。

我们可以定义 $\rho'_i=\sum_{j=1}^{n}\rho_{ij}-1$ 表示策略 $s_i$ 与策略池的相关系数（减掉 1 是因为要去除与自身的相关系数值），则可以得到策略与策略池的相关系数矩阵为

$$\boldsymbol{\rho}'=\begin{pmatrix} \rho'_1 \\ \vdots \\ \rho'_i \\ \vdots \\ \rho'_n \end{pmatrix}$$

### 3. 筛选步骤

这样我们就可以进行策略筛选工作的第一步，即如果 $\rho'_i<0$，则将 $s_i$ 从策略池中剔除。重复此过程，剔除所有与策略池负相关的策略后，假定还剩下 $k$ 个策略

$(s_1, s_i, \cdots, s_k)$，$k \leqslant n$，其中 $\rho'_i > 0 (i=1, \cdots, k)$，相关系数矩阵分别为

$$\boldsymbol{\rho} = \begin{pmatrix} 1 & \cdots \rho_{1i} & \cdots & \rho_{1k} \\ \vdots & & & \vdots \\ \rho_{i1} & \cdots 1 \cdots & & \rho_{ik} \\ \vdots & & & \vdots \\ \rho_{k1} & \cdots \rho_{ki} \cdots & & 1 \end{pmatrix}, \quad \boldsymbol{\rho'} = \begin{pmatrix} \rho'_1 \\ \vdots \\ \rho'_i \\ \vdots \\ \rho'_k \end{pmatrix}$$

这时候就可以进行第二步的筛选，即如果相关系数矩阵中有两个策略 $s_i$、$s_j$，其中 $\rho_{ij} < 0$（意味着 $s_i$ 与 $s_j$ 负相关，则二者只能选其一），如果 $0 < \rho'_i < \rho'_j$，则将 $s_j$ 剔除（因为 $\rho'_i$ 更接近 0，表示 $s_i$ 与策略池的关系更独立）。

经过这两步筛选后，剩下的 $m$ 个策略就是剔除负相关的策略后剩下的有效策略，$m \leqslant k \leqslant n$，相关系数矩阵分别为

$$\boldsymbol{\rho} = \begin{pmatrix} 1 & \cdots \rho_{1i} & \cdots & \rho_{1m} \\ \vdots & & & \vdots \\ \rho_{i1} & \cdots 1 \cdots & & \rho_{im} \\ \vdots & & & \vdots \\ \rho_{m1} & \cdots \rho_{mi} \cdots & & 1 \end{pmatrix}, \quad \boldsymbol{\rho'} = \begin{pmatrix} \rho'_1 \\ \vdots \\ \rho'_i \\ \vdots \\ \rho'_m \end{pmatrix}$$

下面来看一个例子。假定策略池中有 5 个策略（$s_1, s_2, s_3, s_4, s_5$），策略池的相关系数矩阵为

$$\boldsymbol{\rho} = \begin{pmatrix} 1 & 0.2 & -0.1 & 0.2 & 0.1 \\ 0.2 & 1 & 0.1 & 0.3 & -0.8 \\ -0.1 & 0.1 & 1 & 0.7 & 0.8 \\ 0.2 & 0.3 & 0.7 & 1 & 0.5 \\ 0.1 & -0.8 & 0.8 & 0.5 & 1 \end{pmatrix}$$

计算出

$$\boldsymbol{\rho'} = \begin{pmatrix} 0.4 \\ -0.2 \\ 1.5 \\ 1.7 \\ 0.6 \end{pmatrix}$$

第一步：剔除与整个策略池负相关的策略。可以看出策略 $s_2$ 与整个策略池的相关

系数为-0.2，则将 $s_2$ 从策略池中剔除，留下的策略池为 $(s_1,s_3,s_4,s_5)$，对应的相关系数矩阵分别为

$$\rho = \begin{pmatrix} 1 & -0.1 & 0.2 & 0.1 \\ -0.1 & 1 & 0.7 & 0.8 \\ 0.2 & 0.7 & 1 & 0.5 \\ 0.1 & 0.8 & 0.5 & 1 \end{pmatrix}$$

$$\rho' = \begin{pmatrix} 0.2 \\ 1.4 \\ 1.4 \\ 1.4 \end{pmatrix}$$

第二步：我们发现策略 $s_1$ 和 $s_3$ 的相关系数为-0.1，这意味着这两个策略是负相关的，则考虑它们相对策略池的相关系数，$\rho'_1 = 0.2$，$\rho'_3 = 1.4$，也就是说 $s_1$ 与整个策略池更加独立，则保留 $s_1$，将 $s_3$ 从策略池中剔除。那么在留下的策略池中，就只有 $(s_1,s_4,s_5)$ 3 个策略，对应的相关系数矩阵分别为

$$\rho = \begin{pmatrix} 1 & 0.2 & 0.1 \\ 0.2 & 1 & 0.5 \\ 0.1 & 0.5 & 1 \end{pmatrix}$$

$$\rho' = \begin{pmatrix} 0.3 \\ 0.7 \\ 0.6 \end{pmatrix}$$

这样我们就完成了策略的筛选。

## 24.2 策略的组合

经过前面的筛选后，假定有 $m$ 个策略组合 $S=(s_1,s_2,s_3,\cdots,s_m)$，资金以 $r_1,r_2,r_3,\cdots,r_m$ 权重分配到 $s_1,s_2,s_3,\cdots,s_m$ 上，其中 $r_i \geqslant 0$，$\sum_{i=1}^{m} r_i = 1$。

做空操作包含在策略中，所以权重就不存在为负的情况，这和马科维茨的证券组合理论中的情况有些不一致，读者需要注意。

令策略 $s_i$ 的收益率为 $x_i$，则策略组合 $S$ 的收益率为

$$R_S = \sum_{i=1}^{m} x_i r_i$$

策略方差为

$$\sigma_p^2 = \sum_{i=1}^{m} \sum_{j=1}^{m} x_i x_j \operatorname{Cov}(x_i, x_j) = \sum_{i=1}^{m} \sum_{j=1}^{m} x_i x_j \sigma_i \sigma_j \rho_{ij}$$

式中，$x_i$、$x_j$ 分别为策略 $s_i$ 与 $s_j$ 的收益率，$\rho_{ij}$ 为策略 $s_i$ 与 $s_j$ 的相关系数。

策略的最大资金容量为

$$C_p = \sum_{i=1}^{m} c_i r_i$$

式中，$c_i$ 是策略 $s_i$ 的最大资金容量。

这样，根据单个策略的收益率、方差和最大资金容量，就可以得出组合策略的收益率、方差和最大资金容量，也就可以计算出夏普比率和 D-Ratio 这样的评价指标。

# 25 未来全球资产配置

从配置角度来看，必须从未来发展的高度来考虑到底哪些才是推动经济发展的核心因素，只有将资产配置在这些核心因素上，才能获得更大的超额收益。

## 25.1 未来两大战略资产配置机会

### 1. 新科技进步

人类文明的进步关键依靠的是科技进步，从原始人发现了火的用处，到化石能源的大规模应用，到现代信息科技的普及，科技才是经济活动的第一推动力。未来 30 年，可能有三项重大的科技进步会带来人类文明的大发展，分别是新能源技术、人工智能技术和基因工程技术。

随着化石能源的逐步消耗，人类的能源面临危机，而且化石能源会带来严重的污染问题，在这种情况下，清洁能源技术，特别是太阳能技术将会迎来重大的发展机遇。由于太阳能所能提供的能源量级远远大于化石能源所能提供的能源量级，所以未来太阳能可能会成为人类的主要能源来源。

人工智能技术则在智力层面极大地提升了人类的思维和计算能力。自从阿尔法狗以绝对优势打败人类顶尖棋手之后，人工智能在其他方面的应用，包括投资分析、财务、法律、医疗等众多领域发展得如火如荼。

至于基因工程技术则可以在更加微观的层面上解决人类寿命的问题。现代的基因工程技术可以极大地提高人类寿命，减少病痛，无论从哪个角度来看，这都是对人类文明的发展具有深远意义的。

目前在这三大领域的发展主要是中国和美国两个国家的竞争，相关的投资和资产配置必须考虑到科技所带来的巨大助力。

### 2. "一带一路"倡议

"一带一路"倡议是由中国提出的重大的基础设施连通项目，未来 30 年，亚洲、欧洲、非洲将通过公路、铁路、油气管道、电信管道等连为一体，掀起全球重大基础设施建设的大浪潮。

过去 300 年，全球的经济贸易以海运为主，以港口为基点；未来的全球贸易可能更多侧重于以铁路、公路为核心的陆路交通，这也会带来新的经济整合与合作方式，相关的资产配置和投资项目不可忽视这一重大改变。

基于这两大战略资产配置机会，我们来看四大类资产——固定收益产品、权益类产品、大宗商品和房地产的配置思路。

## 25.2 固定收益产品

### 1. 市场利率和债券价格之间的关系

假设有一只新债券发行，按 100 元本金出售，这只债券的票面利率就是市场利率。如果以前发行的还在二级市场上流通的债券的票面利率低于这个市场利率，那么必须降价才会有人买；而票面利率高于这个市场利率的债券，即使出售价格高于 100 元，大家也会争着买。所以说市场利率越高，债券越便宜。这个市场利率的高低是由市场的供求关系决定的。

市场利率与债券价格之间关系的三大规则如下：

（1）市场利率与债券价格呈相反方向变化，即市场利率上升，债券价格通常下跌；市场利率下降，债券价格通常上涨。

（2）债券价格与市场利率变化的比率近似为债券的久期，设久期为 $D$，则有

$$价格变化 = -D \times 利率变化$$

（3）以上公式是约等于，还需要通过凸度进行修正。

### 2. 市场利率的影响因素

（1）贷款利率的变化情况。由于贷款的资金是由银行存款来供应的，因此，根据贷款利率的下调可以推测出存款利率必将下降。

（2）市场的景气动向。如果市场过旺，物价上涨，国家就有可能采取措施来提高

利率水准，以吸引居民存款的方式来减轻市场压力；相反，如果市场疲软，国家就有可能以降低利率水准的方式来推动市场。

（3）资金市场的银根松紧状况和国际金融市场的利率水准。国际金融市场的利率水准往往也能影响到国内利率水准的升降和股市行情的涨跌。在一个开放的市场体系中是没有国界的，如果国外利率水准低，一方面会对国内的利率水准产生影响，另一方面也会引致国外资金进入国内股市，拉动股票价格上扬；反之，如果国外利率水准上升，则会发生与上述相反的情形。

固定收益产品关键受到利率的影响，而利率又受到经济基本面和货币供应量的影响。自从金本位制被废除以后，纸币的供应量肯定是不断放大的，所以从长期来看，利率不可能再回到曾经的高位，在这种情况下，长期利率必然下行，从而带来固定收益产品的牛市。

但在实际的操作中，需要考虑两个重要的问题：一是固定收益产品的信用风险；二是经济周期的波动。在中国改革开放的高速成长中，从来没有发生过较大范围的衰退，宏观经济一直保持稳健和健康，这就使得很多投资人认为固定收益产品是无风险的，是可以刚性兑付的。但是当经济开始走入新常态时，很多在货币泡沫时期发行的固定收益产品，特别是一些高收益的固定收益产品，开始逐步进入风险爆发期。

## 25.3　权益类产品

权益类产品主要就是股票了，那么股票的价格又受到哪些因素的影响呢？从宏观上来看，股票价格涨跌的影响因素如下：

（1）全球经济环境好坏，如发生在 2008 年的金融危机。

（2）国内经济状况，如国内企业的盈利状况。

（3）政策的扶持趋势，如货币等政策性因素。

从微观上来看，股票价格涨跌的影响因素如下：

（1）股票的价格与价值。价格低，价值高，股价趋势向上。

（2）市场因素，供求关系。供大于求，股价趋势向下。

（3）上市公司的管理。营运、管理、财务、现金流、销售业绩、货款回收等基本面状况会影响股票价格的涨跌。

（4）市场人气、情绪指数、投机炒作氛围等也会对股票价格的涨跌形成短期趋势。

但是不管怎么样，股票的价格是由其内在价值决定的，而且上市公司的发展关键还是科技进步，这是笔者一贯的观点。只有那些具有核心技术实力的公司，才有可能在长期的竞争中获胜，并且获得远超市场平均收益的超额收益。

对于权益类产品，有两种投资方式：一种是直接购买股票，另一种是购买股票型基金。直接购买股票又有两种方式：主动管理和被动管理。主动管理就是通过深入研究找到可能的大牛市，这是价值投资方法；通过多只股票组合的轮动赚取少许的波动差，这是量化投资方式。被动管理就是不再试图追求个股的大幅度收益，而是购买相应的 ETF。投资者如果是风险厌恶型的，则可以配置以蓝筹股为主的 ETF；如果是风险偏好型的，则可以配置以中小盘为主的 ETF。

如果是买基金的方式，则有多种类型的基金可供选择。在公募基金领域有股票型基金和混合型基金两大权益类产品。股票型基金是最少 80% 的仓位必须购买股票的基金，混合型基金就是仓位可以灵活掌握，这就对基金经理的择时能力提出了更高的要求。

在前面的章节中笔者已经表达了观点：未来有三大重要的技术将推动人类的进步，分别是新能源技术、人工智能技术和基因工程技术，所以在这三大类技术领域有着核心竞争力的公司应该成为配置的重点目标。对于个股研究缺乏实力的投资人来说，简单地买入这种风格指数是不错的选择。

# 25.4　大宗商品

大宗商品是现代经济发展的基石，包括工业品、化工品、农产品、能源品等几大类别，涉及全球经济的方方面面。那么，大宗商品的价格受到哪些因素的影响呢？

（1）供需因素是影响大宗商品价格的根本性因素，也是起决定作用的影响因素，如自然灾害、金融危机等会导致需求的增减。但在进入信息化时代之后，供需矛盾的信息经常被操纵者别有用心地人为放大，而且放大的程度往往是很多倍，进而造成大宗商品价格的暴涨、暴跌。

（2）美元汇率与大宗商品价格呈现负相关关系，且美元汇率与大宗商品价格呈现正相关关系多发生在美元升值的时候。一般而言，铜、Brent 原油与美元汇率的波动关系较为接近，而黄金与美元汇率的负相关关系较其他大宗商品强得多。

（3）期货市场的价格操控。很多大宗商品，如石油、大豆、贵金属等往往是由期货价格引领现货价格的。

（4）控制大豆的是美国农业巨头，控制铁矿石的是英国、澳大利亚、日本资本，控制石油的是美国、英国资本。控制这些大宗商品的企业股东对大宗商品的价格其实有着非常大的影响。

（5）大宗商品在勘探、开采、设备、人工、税收、管理等方面都需要耗费成本，成本的高低直接影响了价格。

（6）航运价格也是大宗商品成本的一种，所以对大宗商品的价格有一定的影响。同时，航运的价格与市场供需、进出口有着很大的关联。

这其中最核心的影响因素是供求关系，特别是与全球经济的基本面有关。未来30年，笔者认为最重要的就是"一带一路"倡议的全面实施，这意味着亚洲、欧洲、非洲三大洲将通过各种基础设施连接为一个整体，这将带来巨大的基础设施的建设，其建设力度将超过过去 200 年全世界基础设施建设的总和，毫无疑问将对大宗商品，特别是工业品、能源品和化工品有着巨大的需求。

因此，从长期来看，大宗商品的价格还会继续上行，当然这其中的过程会比较曲折。特别是在 2016 年中国的供给侧改革以后，大宗商品经历了一轮大的反弹，这将透支很长时间的大宗商品的价格。

# 25.5　房地产

房地产毫无疑问是所有资产中最大的一类资产，特别是在中国的国民财富中有50%以上是以不动产的形式存在的，大多数老百姓的主要资产形式也是房地产。那么，房地产主要受哪些因素影响呢？房地产市场的价格水平既受到成本与费用构成的影响，同时也是其他众多因素相互作用的结果。这些因素包括以下几类。

## 1. 社会因素

社会因素包括社会治安状况、人口密度、家庭结构、消费心理等。例如，人口密度高的地方对住房的需求多，住房价格也就较高；家庭结构趋于小型化增加了家庭单位数量，从而引起住房需求的增加，也会抬高住房的价格。人们消费心理的变化也影响着房地产的设计和开发建设。当人们的消费心理倾向于经济实用型的时候,房地产的设计和开发都会以降低成本和售价为目标;当人们的消费心理趋于舒适方便时,房地产开发则注重功能的完善和居住环境的美化,虽然这可能会增加开发成本,但同时也提高了售价。

### 2. 政治因素

政治因素是指会对房地产价格产生影响的国家政策法规,包括房地产价格政策、税收政策、城市发展规划等。例如,目前我国正通过制定政策法规致力于减少房地产开发和交易过程中的各种不合理收费,从而降低住房价格,使之与广大居民的收入相匹配。

### 3. 经济因素

经济因素包括宏观经济状况、物价状况、居民收入状况等。例如,当经济处于增长期时,社会对房地产的需求强烈,其价格也水涨船高;当经济处于萧条期时,社会对房地产的需求减少,其价格自然会下降。物价水平和居民收入水平也与房地产价格呈同向变动。

### 4. 自然因素

自然因素包括房地产所处地段的地质、地形、地势及气候等。例如,地质和地形条件决定了房地产基础施工的难度,投入的成本越大,开发的房地产价格就越高。气候温和适宜、空气质量优良的地域,其房地产价格也会比气候相对恶劣的地域的房地产价格高。

### 5. 区域因素

区域因素包括交通状况、公共设施、配套设施、学校、医院、商业网点、环境状况等。例如,地处交通便利城区的房地产价格较高,而地处交通不方便郊区的房地产价格偏低。对于商业房地产,区域因素尤其重要。繁荣商圈内的房地产价格高昂,因持有这些区域的房地产而取得的租金收入不菲。

## 6. 个别因素

个别因素是指影响某个房地产项目的具体因素，包括建筑物造型、风格、色调、朝向、结构、材料、功能设计、施工质量、物业管理水平等。功能设计合理、施工质量优良、通风采光好和良好的朝向等因素都会相应地在房地产价格上体现出来。

中国过去 30 年是房地产资产价格暴涨的时代，那么未来呢？是否还有这样的机会呢？其实从过去的发展中可以看出，城市是经济活动的枢纽，所有枢纽型城市的房地产价格一定是增值、保值的。

所以，未来 30 年，随着"一带一路"倡议的推进，处于"一带一路"节点上的城市，如武汉、郑州、重庆、西安、乌鲁木齐、喀什等必然带来大量产业的聚集和人口的导入，从而推动房地产价格的持续上涨，所以笔者很看好"一带一路"节点城市的房地产配置。

但是很多三、四线城市，特别是非枢纽型城市，恐怕会面临严重的虹吸效应，大量的年轻人会逃离自己的家乡，去那些枢纽型城市寻找就业机会，从而带来很多乡村和小城市的衰落。这是经济学原理在起作用，没有任何力量可以挽回。

# 26 均值–方差模型

对于资产配置型 FOF 而言，由于配置了多种类别的资产，因而无法仅仅通过各类资产的多空观点就能获得相应的配置方案。实际上，由于多种资产的存在，资产之间走势的相对强弱、相关性、波动率等指标都会影响到不同资产类别的配置比例。可以这么理解：在总的资源有限（总配置比例为 100%）的情况下，如何合理分配权重才能使得整个投资组合的效用最大。

解决这个问题的方法源自马科维茨的均值–方差理论，该理论开创了现代投资组合理论，具有奠基性的意义，很多后来的成果其实在本质上还是基于该模型的，只是在精细化程度、风险度量、收益（效用）度量上采用了新的指标，或者使用了更为精细化、健壮性的方法来获得模型所需的输入参数。

## 26.1 模型原理

在 1952 年发表的论文当中，马科维茨开创性地引入了均值（Variance）和方差（Variance）这两个统计学上的概念，用来定量描述投资者在投资组合上获得的收益和承担的风险。基于投资组合中资产的收益情况和相互之间的协方差矩阵，采用最优化的方法，就可以得到投资组合的最优配比方式，从而帮助投资者在风险一定的情况下获取最大收益，或者在收益固定的情况下使得风险最小。整个过程通过明晰的数量模型进行了表述，优化结果也能定量地指导投资组合的构建行为，从而成为一个经典的量化交易资产组合配置策略。

均值–方差模型的成立有 4 个假设。

（1）投资者以期望收益率（或称之为收益率均值）来衡量未来实际收益率的总体水平，以收益率的方差（或标准差）来衡量收益率的不确定性（风险），因此，投资者在决策中只关心投资的期望收益率和方差。

（2）投资者总是希望期望收益率越高越好，而方差越小越好。

（3）每个投资者都遵守占优原则，即在同一风险水平下，选择收益率较高的证券；在同一收益率水平下，选择风险较低的证券。

（4）投资者事先知道投资收益率的概率分布。

均值-方差模型就是在上述 4 个假设下导出的投资者只在有效边界上选择证券组合，并提供确定有效边界的技术路径的一个数理模型。

根据以上假设，马科维茨确立了证券组合预期收益率、风险的计算方法和有效边界理论，建立了资产优化配置的均值-方差模型，具体原理如下。

# 26.2　均值-方差分析

均值-方差模型将资产分为风险资产与无风险资产两部分，其中无风险资产用国债利率这一无风险利率度量。度量风险资产的指标是一个指标对 $(\mu,\sigma)$，其中 $\mu$ 代表资产的预期收益率，$\sigma$ 代表资产的预期波动率，即：每个风险资产对应于一个随机标量，随机性在于未来的收益并不确定，是一个分布。在马科维茨的框架中，假定所有风险资产的收益部分都服从正态分布，可以由 $(\mu,\sigma)$ 完全刻画。无风险资产也可以看作一种特殊的风险资产，即波动率为 0 的资产。

虽然在现实中，不论是大类资产还是具体的证券，其收益往往并不服从正态分布，但由于正态分布在数学处理上更为优美和直接，能够获得很多解析结果，因此市场也往往在事前采纳这一假定。

具体来看，如果有 $n$ 个风险资产 $A_i(1 \leqslant i \leqslant n)$ 对应的预期收益率和预期波动率为 $(\mu_i,\sigma_i)$，那么投资组合

$$P = \sum_{i=1}^{n} \omega_i A_i (\sum \omega_i = 1)$$

它的预期收益率和预期波动率则可以非常方便地获得，如下：

$$\mu_p = \sum_{i=1}^{n} \omega_i \mu_i$$

$$\sigma_p^2 = \omega_i \omega_j \sigma_i \sigma_j r_{ij}$$

式中，$r_{ij}$ 是资产 $A_i$ 与资产 $A_j$ 之间的相关系数。从更加简洁的形式来看，投资组合 $P$

的方差可以写成矩阵的形式，即

$$\sigma_p^2 = \boldsymbol{\omega}^\mathrm{T} \cdot \boldsymbol{Cov} \cdot \boldsymbol{\omega}$$

其中，$\boldsymbol{\omega} = (\omega_1, \omega_2, \cdots, \omega_n)^\mathrm{T}$ 是投资组合 $P$ 在各类资产上的权重，$\boldsymbol{Cov}$ 为 $n$ 类资产的协方差矩阵。由以上的分析可以看出，在给定权重 $w$ 的情况下，要获得投资组合 $P$ 的预期收益率和预期波动率，需要输入 $n$ 类资产的预期收益率 $\boldsymbol{\mu} = (\mu_1, \mu_2, \cdots, \mu_n)^\mathrm{T}$，以及它们之间的协方差矩阵 $\boldsymbol{Cov}$。

对于投资组合 $P$ 的任何一个配置方案 $w$，在风险-收益的二维平面（见图 26.1）上可以得到一个点 $(\sigma(\omega), \mu(\omega))$，所有这些点的集合构成了一个凸区域，这个区域的上边界构成了 $n$ 类资产的有效边界。从 $Y$ 轴的无风险利率 $(0, R_f)$ 引出一条上边界的切线，切点 $P^* = (\mu^*, \sigma^*)$ 就是一个最优的投资组合，或者说夏普比率最高的投资组合，切线对应的则是无风险资产与最优组合 $P^*$ 的加权组合，即对于任何一个可承受的风险 $\sigma$，加入 $\lambda = \sigma/\sigma^*$，在此风险承受水平下，预期收益率最高的投资组合为

$$P = (1 - \lambda) R_f + \lambda P^*$$

在上面组合的风险小于等于最优组合 $P^*$ 的波动率 $\sigma^*$ 时，可以通过无风险资产和最优组合按比例得到；否则，需要以无风险利率进行融资，这在现实中难以成行。

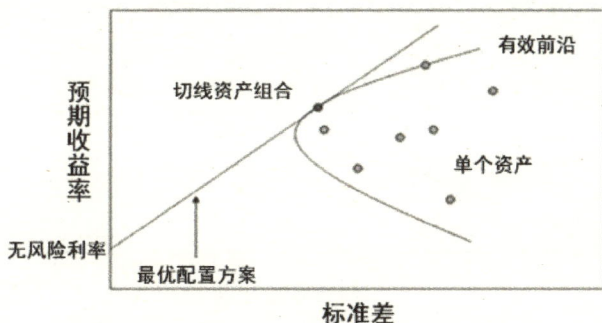

图 26.1　均值-方差模型有效边界图

在以上马科维茨理论的分析过程中，首先获得有效边界，再进一步获得切点的过程，其实就是一个资产配置的过程，只不过我们获得了一个在所有风险水平下的最优配置方案。具体来看，求得有效边界的过程就对应着一个求解一系列如下所示的二次优化问题，其中 $\mu_t$ 取一定的间隔从大到小变化。

$$\min \boldsymbol{\omega}^\mathrm{T} \cdot \boldsymbol{Cov} \cdot \boldsymbol{\omega}$$

$$\begin{cases} \omega^{\mathrm{T}}\mu \geqslant \mu_t \\ \omega^{\mathrm{T}}e = 1 \end{cases}$$

在现实世界中，资产做多、做空都存在着不少的限制。因此，在实际的优化求解过程中，我们通常会加入一些约束条件，以防止资产的配置比例出现不合常规的数值，如加入 $0 \leqslant \omega \leqslant 1$ 这样的条件。

下面举一个简单的例子进行说明。假设有两类资产，分别为股票和债券，预期收益率分别为9.7%和3.7%，因此 $\mu=(9.7\%, 3.7\%)^{\mathrm{T}}$，无风险利率 $R_f=2.5\%$，对应的协方差矩阵为

$$Cov = \begin{cases} \omega^{\mathrm{T}}\mu \geqslant \mu_t \\ \omega^{\mathrm{T}}e = 1 \end{cases}$$

那么我们通过计算可以得到如图26.2所示的有效边界，切点位于点（3.5%,4.1%）附近。在不能进行杠杆操作的背景下，实际的有效边界为"切点左边的切线+切点右边的曲线"，对应为实际的有限边界。

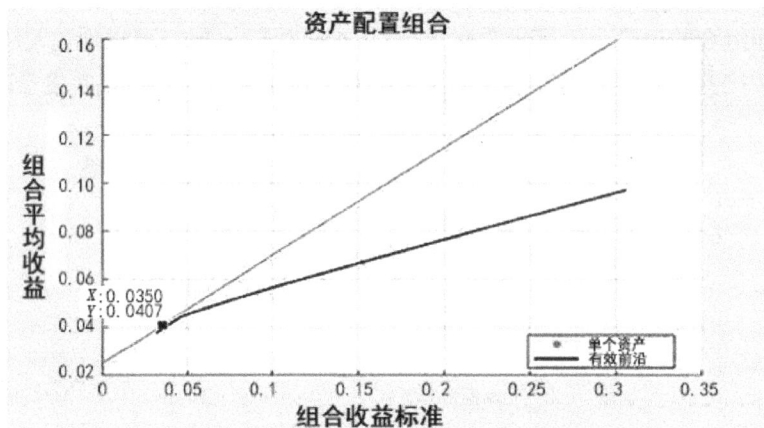

图26.2　股票和债券两类资产的有效边界

有效边界上的任意一点都对应一个配置方案，该方案满足如下性质：在给定的波动率之下，是预期收益率最大的配置方案；在给定的预期收益率之下，是波动率最小的配置方案。

# 26.3　参数估计

对于马科维茨的均值-方差模型而言，输入的参数有两个：一个是各类资产的预期收益率，相当于一阶矩；另一个是各类资产的协方差矩阵，相当于二阶矩。

但在实际应用中，总会遇到这样一些问题：（1）由于均值-方差模型的本质属于二次优化的范畴，所以其对于预期收益率的估计非常敏感，即一阶矩的微小变化会使得配置方案发生极大的变化；（2）相对而言，均值-方差模型对于协方差这个二阶矩参数的敏感性要低很多，因子具有更强的健壮性；（3）二阶矩的估计通常以历史数据作为出发点。

例如，我们修改前面的例子，假设股票的预期收益下降 1% 至 8.7%，债券的预期收益率保持 3.7% 不变，那么在同样的组合 5.2% 的预期收益率之下，原来的配置比例为（25%,75%），而在新的预期收益率之下配置比例则变为（30%,70%），配置比例变动了 5 个百分点。实际上，如果资产数量较多，那么某类或某几类资产预期收益率的微小变化可能会导致最终的配置方案发生翻天覆地的变化，某些资产可能从原来的高配调整到低配，甚至无配置。

因此，在实际的操作中，对于各类资产预期收益率的预测将变得非常重要，也是整个资产配置中最具有技术含量的工作。一般有两种方法对资产的预期收益率进行预测。

## 1. 历史数据法

所谓历史数据法，就是用历史数据进行分析预测，一般而言需要用足够长时间的年化复合收益率作为估计变量，通常时间在 10 年以上。原因在于，太短的时间往往指标不够稳定，甚至有可能成为反向指标。例如，用过去一年股市的预期收益率去预测未来一年股市的预期收益率，往往可能成为反向指标。只有所用区间的数据足够多，在计算年化复合收益率的时候获得的数值才能相对稳定。相应地，我们也需要认识到，在用这种历史数据对未来进行预测的时候，也一定是基于相同时间尺度的预测。

图 26.3 展示了自 1991 年以来上证综指的年度收益率及其 10 年复合收益率。可见每年收益率的波动极大，即使在经过 10 年的平滑后，虽然波动率明显减小，但是考虑到模型对参数的敏感性，其实波动率也不小。

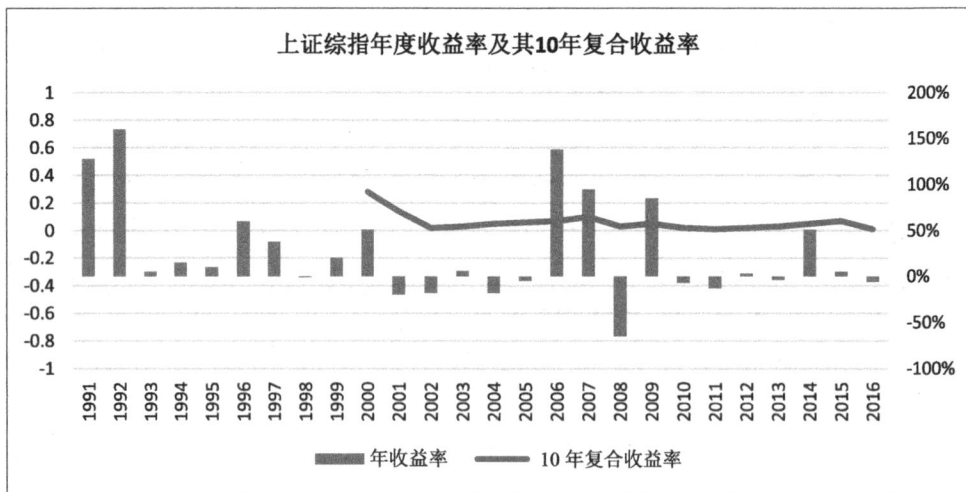

图26.3　自1991年以来上证综指的年度收益率及其10年复合收益率

## 2. 模型预测法

模型预测法往往基于一些经济假设做出，常见的模型包括 CAPM、Grinold- Kroner 等。以 Grinold-Kroner 模型为例，其提出的时候是用来预测股票的名义收益率的，因此也可以用来预测整个股票市场的收益（基于特定股票指数）。在单期股利贴现模型的基础上将股票名义回报率（$E$）分解为三部分，即收入回报、名义增长回报和重定价回报，以此来解析股票资产回报收益率的内在联系。具体公式为：

$$E=(D/P-\Delta S)+(i+g)+\Delta PE$$

（1）收入回报部分：上述公式中的$(D/P-\Delta S)$，$D/P$ 指股息收益率，$\Delta S$ 指回购收益率，当公司回购股份时，总股本变小，每股收益率提升。股息率高的公司，收入回报高。在对指数进行预测时，往往只考虑股息率，一般用过去 5 年或 10 年的股息率的均值进行预测，也可用回归模型进行外推预测。

（2）名义增长回报部分：上述公式中的$(i+g)$，$i$ 是指通货膨胀率，$g$ 是指实际增长率。实际增长率需要进行预测，有一定的难度和不确定性。通货膨胀率通常取为市场的一致预测值，而 $g$ 可以考虑用 GDP 的实际增速预测来代替。

（3）重定价回报部分：上述公式中的 $\Delta PE$，即市场对股票的重新定价，主要是 PE 定价，市场整体环境好转、行业好转及公司基本面好转都可能会带来 PE 的正向重估。

从实践来看，通常指数的股息率变动不大，历史数据具有相对较好的预测性；市场对于 GDP、通胀的预测也有较高的准确度；但在估值回归上面却受到市场情绪的影响，可能出现快速回归或者较长时间保持高估、低估等状态，因此这一部分估计对整个预期收益率的影响是最大的，也是误差的重要来源。

从上面的分析中，我们得到如下几个重要的结论：

（1）模型对于资产预期收益率非常敏感。

（2）对资产预期收益率的预测存在不小的误差，不论是采用历史数据法，还是采用模型预测法。

（3）降低预测误差的方法来自拉长时间周期。

（4）大类资产配置模型与中长期的资产配置理念相匹配，通常为 5～10 年，而非未来一年、半年的跨度。

除此之外，大类资产配置的要义在于多元化，而由于模型本身对于预测精度的依赖性过强，使得最优配置方案（有效边界上的点）往往不够多元化，而是集中在少数几类资产当中。如果不进行适当的约束，则可能存在过度优化的嫌疑，最终的结果也可能并不会让人满意。

因此，在实践中，我们要根据历史操作经验，对各大类、子类资产的配置比例进行适当的约束，使得最终的配置方案既能够遵循多元化的理念，也能够容忍对于资产收益率预测的误差，是一种经验与理论的折中选择。

# 27 风险平价模型

风险平价（Risk Parity）策略通过平衡分配不同资产类别在组合风险中的贡献度，实现了投资组合的风险结构优化。通过风险平价配置，投资组合不会暴露在单一资产类别的风险敞口中，因而可以在风险平衡的基础上实现理想的投资收益。

## 27.1 基本思想

传统的大类资产配置方法是建立在资产的基本分类、回报率和波动水平之上的。这种方法看似将风险分散，但由于不同资产类别的风险水平不同，反而会造成风险的不均衡。尤其是在重大风险事件来临的时候，投资组合往往极其脆弱。

风险平价思想是指将不同风险的资产通过权重设置使得每种资产（或者基于因子）的风险贡献基本相等，从而达到风险均衡分散的目的，以解决传统的资产组合中风险过度集中在一种资产上的问题。

比如，对于一个波动率为 20%的股票资产和固定收益率为 5%的债券资产的 60/40 组合，在相关性为 0.2 的时候，股票资产的风险贡献达到 92%，而债券资产的风险贡献仅为 8%，在这个组合中，虽然股票资产只有 60%的比例，但是却带来了超过 90% 的风险，风险过于集中。

风险平价理论的提出者在数学上证明了风险贡献和损失来源近似相等，因此，当以上组合出现较大的负回报的时候，有 92%的概率是由股票资产价格下跌所带来的。

此外，风险平价理论的贡献还在于明晰了主要的风险因子和风险溢价，以及对部分资产的风险属性进行了纠正，比如高收益债更多地体现了股权风险溢价，这对资产组合理论也具有重要的意义。

风险平价策略虽然提高了夏普比率，但其代价是放弃了更高的预期收益率。如果需要达到目标更高的预期收益率，则风险平价策略可以运用杠杆。

如图 27.1 所示是一个简单的风险平价组合实例。通过对债券引入杠杆机制，风险平价组合能够获得比传统意义上的有效前沿更好的收益风险比。即在相同的风险水平下，风险平价组合的预期收益率更高；或者在相同的预期收益率下，风险平价组合的风险更低。

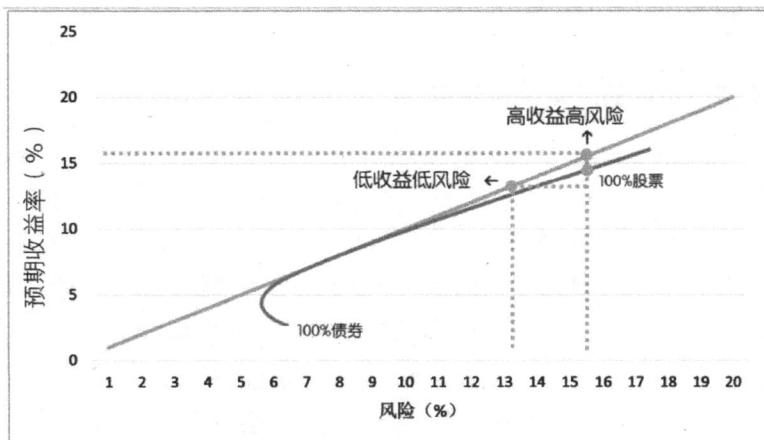

图 27.1　一个简单的风险平价组合实例

风险平价策略的具体算法如下。

由 $N$ 个资产组成的资产组合的总风险可以分解为各项资产的边际风险。

$$\text{RISK}(r_p)= \text{CTR}_1+ \text{CTR}_2 +\cdots+ \text{CTR}_N$$

$$\text{CTR}_i=w_i+\text{Cov}(r_i, r_p)/\sigma_p$$

而风险平价可以表示为

$$\text{CTR}_i =\text{CTR}_j, \quad i\neq j$$

也可以表示为

$$\sum_{i=1}^{N} \sum_{j=1}^{N} (\text{CTR}_i - \text{CTR}_j)^2 = 0$$

那么，我们可以通过将其转化为一个优化问题来获取各个资产的权重。

$$\min_w \sum_{i=1}^{N} \sum_{j=1}^{N} [w_i\text{Cov}(r_i,r_j) - w_j\text{Cov}(r_j,r_p)]^2$$

$$\sum_{j=1}^{N} w_i = 1, w_i > 0$$

这是传统的风险平价的公式，比较复杂，笔者在策略组合理论（SGT）中提出了一个因子平配的资金管理 D-公式，更加简单地完成了资金分配的工作，对此感兴趣的读者可以参考本书附录部分。

## 27.2 风险平价分类

### 1. 基于资产类别的风险平价策略

基于资产类别的风险平价策略是 Bridgewater（桥水基金）的创始人 Ray Dalio 提出的一种全新的投资哲学。他提倡配置风险，而不是配置资产。传统的资产配置方法控制的是绝对风险，也就是整个投资组合的波动性；而风险平价控制的是相对风险，让各资产类别的风险处于相对平衡的水平。由于组合的风险达到了平衡，所以在理论上可以抵御各种风险事件，也就是所谓的"全天候（All Weather）"策略。

全天候策略的投资理念认为，所有资产类别都有经济环境的偏好。某类资产在某些经济环境下会表现得很好，而在其他经济环境下则会表现不佳。例如，在出现通缩式经济衰退的时候，债券的表现是最好的；而在经济强劲增长的时候，股票的表现最好。如表 27.1 所示是桥水基金投资组合在不同的经济环境下配置的资产类别。尤其值得注意的是，在不同经济环境下的投资组合对该基金的边际风险贡献率都为 25%。有关桥水基金全天候策略的风险平价模型，在 22.2 节中有详细阐述。

表 27.1　桥水基金投资组合在不同的经济环境下配置的资产类别

|  | 通　胀 | 通　缩 |
|---|---|---|
| 经济增长 | 25%风险<br>股票、大宗商品、公司债、新兴市场信用债 | 25%风险<br>通胀联系债券、大宗商品、新兴市场信用债 |
| 经济衰退 | 25%风险<br>国债、通胀联系债券 | 25%风险<br>股票、国债 |

### 2. 基于风险因子的风险平价策略

另一种更为复杂的风险平价理念来自高盛，该方法同样认为以资产类别为基础的资产配置方法会造成风险端的失调。因此，它的资产配置理念是设立一揽子风险因子，以此为基础分解投资组合中的资产并进行优化。在这个体系下，资产配置的核心是资产所内含的风险因子类别的平衡。

例如，在传统的资产配置框架下，股票与大宗商品、债券是不同的资产类别，因而可以同时配置。但事实上，有些资源类企业的股票与大宗商品的相关性很高，而有些固定收益类股票对利率的敏感性也与债券对利率的敏感性接近。因此，如果按照传统方法进行资产配置，那么一旦针对某类风险因子的风险事件来临，投资组合的风险敞口将会高于预期。

此外，在金融市场上，可投资的资产种类数以千万计，但所内含的风险因子通常不超过百种。这样，只要把所有资产先进行因子分类并赋予相对应的风险因子与价格变化率，便能对整个资产组合的风险进行调控，从而大大提高管理效率。

## 27.3 案例

来看一个具体的案例，在这个案例中我们构建了一个叫作"星潮 FOF 全球指数"的金融产品，该产品的特点如下：

（1）选取标普 500 指数、中证全债指数、高盛商品指数和巴克莱对冲基金指数作为配置的资产集。

（2）时间段从 2008 年 1 月 1 日到 2015 年 12 月 31 日。

（3）根据 D-公式，将当年的最大回撤作为风险度量 $v_i$，也就是 ABS (净值最低点–净值最高点)/净值最高点。

（4）计算出每个资产的权重 $w_i$ 后，进行这几个品种的配置，每半年轮换一次。

星潮 FOF 全球指数资产权重如图 27.2 所示。

图 27.2　星潮 FOF 全球指数资产权重

**数据来源：星潮 FOF**

由图 27.2 可以发现，中证全债指数和巴克莱对冲基金指数由于波动率小，因而所占比重较大。

星潮 FOF 全球指数收益图如图 27.3 所示。

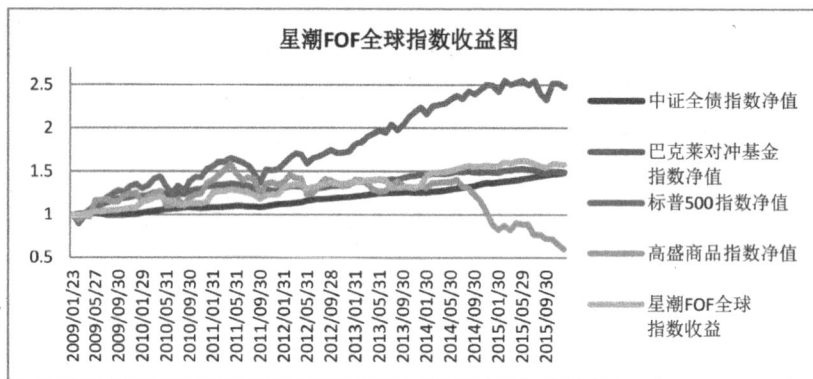

图 27.3　星潮 FOF 全球指数收益图

**数据来源：星潮 FOF**

星潮 FOF 全球指数统计表如表 27.2 所示。

表 27.2　星潮 FOF 全球指数统计表

|  | 中证全债指数 | 巴克莱对冲<br>基金指数 | 星潮 FOF<br>全球指数 | 标普 500 指数 | 高盛商品指数 |
|---|---|---|---|---|---|
| 累计收益率 | 48.40% | 48.86% | 57.65% | 147.49% | −40.34% |
| 年化收益率 | 6.91% | 6.98% | 8.24% | 21.07% | −5.76% |
| 年化波动率 | 14.14% | 13.31% | 18.50% | 47.61% | 21.96% |
| 最大回撤 | 2.00% | 7.36% | 8.56% | 17.03% | 62.30% |
| 夏普比率 | 0.42 | 0.45 | 0.39 | 0.42 | −0.31 |
| Calmar 比率 | 3.46 | 0.95 | 0.96 | 1.24 | −0.09 |

**数据来源：星潮 FOF**

由上述图表可见，星潮 FOF 全球指数能够在取得比债券和对冲基金更高收益率的同时，平缓股票市场所带来的巨大波动，在年化波动率和最大回撤方面相比股票市场具有明显的优势。

## 27.4　组合风险分散

引入风险平价策略的初衷是通过平均分配各类资产对组合风险的贡献度，以期在各种经济或市场环境中都能分散投资风险，获取稳定的回报。但事实上，策略的成功和所选择的资产性质息息相关。如果不加分析地盲目使用，则很容易得到似是而非的结论。来看这样一个例子。

假设有 4 个待配置的资产，它们的波动率完全相同且互不相关。按照风险平价的理念，每个资产的权重恰好等于 25%。此时，第 5 个资产被加入组合中，它有着和其他资产完全相同的波动率，且和第 4 个资产的相关系数为 1。同样，基于这 5 个资产构建风险平价组合。简单计算可知，前 3 个资产的权重各为 22.65%，而第 4、5 个资产的权重则都等于 16.02%。

这一结果似乎与直观感受不符。因为在本质上这个问题只包含了 4 个资产，而非 5 个。如果要求每个资产对组合的风险贡献相等，那么所谓的第 4、5 个资产的贡献度之和就应该和前 3 个资产相同，即 25%。又因为这两个资产的波动率一致，所以，各自的权重应为 12.5%。

产生这样的矛盾，根源在于选择了不恰当的资产类别，使得风险平价组合出现了紊乱。当然，这只是一个人工构造的极端案例，但相似的问题常常出现在实际操作中。例如，一个包含 5 个股票指数和 5 个债券指数的风险平价组合，其风险恰好可以在股票和债券这两类资产中完美平衡。但是，如果该组合由 7 个股票指数和 3 个债券指数构成，那么组合风险的 70% 就会来自股票资产，这就完全背离了风险分散的初衷。由此可见，单从资产类别的角度考虑风险平价组合并不完备。那么，有没有更好的方法呢？我们再来看风险组合。

假设集合 $(A'_1, \cdots, A'_m)$ 表示 $m$ 个基础资产，对应的权重为 $(y_1, \cdots, y_m)$；集合 $(A_1, \cdots, A_n)$ 表示 $n$ 个由基础资产构成的复合资产，对应的权重为 $(x_1, \cdots, x_n)$。定义 $W=(w_{i,j})$ 为第 $j$ 个基础资产 $A'_j$ 在第 $i$ 个复合资产 $A_i$ 中的权重。例如，$A'_j$ 是一只股票，而 $A_i$ 则是包含该股票的某个指数。进一步定义 RC($A_i$) 和 RC($A'_j$) 分别为第 $i$ 个复合资产与第 $j$ 个基础资产对组合风险的贡献度。考虑如下含有 6 个基础资产的例子。

基础资产的波动率分别为 20%、30%、25%、15%、10% 和 30%，且互不相关。复合资产共有 3 个，由这 6 个基础资产中的某几个等权重加权而得。具体的权重为

$$W = \begin{pmatrix} 1/4 & 1/4 & 1/4 & 1/4 & \\ & 1/4 & 1/4 & 1/4 & 1/4 \\ & & 1/2 & 1/2 & \end{pmatrix}$$

假设投资组合 1 由这 3 个复合资产组成，占比分别为 36%、38% 和 26%。那么，可对组合的风险构成进行分解，如表 27.3 所示。

表 27.3　投资组合 1 的风险分解

| (a) 复合资产 | | |
| --- | --- | --- |
| $\sigma$=10.19% | $X_i$ | RC($A_i$) |
| $A_1$ | 36.00% | 33.33% |
| $A_2$ | 38.00% | 33.17% |
| $A_3$ | 26.00% | 33.50% |
| (b) 基础资产 | | |
| $\sigma$=10.19% | $Y_i$ | RC($A'_i$) |
| $A'_1$ | 9.00% | 3.12% |
| $A'_2$ | 9.00% | 7.02% |
| $A'_3$ | 31.50% | 59.69% |
| $A'_4$ | 31.50% | 21.49% |
| $A'_5$ | 9.50% | 0.87% |
| $A'_6$ | 9.50% | 7.82% |

数据来源：Risk Parity Portfolios with Risk Factors

站在复合资产的层面来看，这是一个标准的风险平价组合，每个资产的风险贡献度均在 33% 左右。然而，对于构成复合资产的基础资产而言，第 3 个资产 $A'_3$ 却贡献了组合近 60% 的风险。这个看似风险分散的组合，实际上却暴露于单个资产的风险之上。

考虑另一种配置方式，复合资产的权重分别为 58%、50% 和 2%，记为投资组合 2。如表 27.4 所示是在该情况下组合风险的分解结果。

表 27.4　投资组合 2 的风险分解

| (a) 复合资产 | | |
| --- | --- | --- |
| $\sigma$=10.19% | $X_i$ | RC($A_i$) |
| $A_1$ | 48.00% | 49.91% |
| $A_2$ | 50.00% | 47.67% |
| $A_3$ | 2.00% | 2.42% |

续表

| （b）基础资产 | | |
| --- | --- | --- |
| $\sigma=10.19\%$ | $Y_i$ | $RC(A'_i)$ |
| $A'_1$ | 12.00% | 6.43% |
| $A'_2$ | 12.00% | 14.46% |
| $A'_3$ | 25.50% | 45.35% |
| $A'_4$ | 25.50% | 16.33% |
| $A'_5$ | 12.50% | 1.74% |
| $A'_6$ | 12.50% | 15.69% |

**数据来源**：Risk Parity Portfolios with Risk Factors

在这样一种略显极端的权重分配方式下，虽然前两个复合资产的风险贡献度之和高达 97%，但基础资产的风险却比投资组合 1 的风险更加分散。第 3 个资产的风险贡献度下降到 45%。

两个简单的例子却提出了一个深刻的问题：投资者在试图分散风险的时候，首先要弄明白究竟是在分散什么样的风险。例如，当你选择大宗商品（如原油和黄金）作为一类配置对象时，所需担心的可能并不是这两个资产本身，而是更加宏观的能源行业风险与通货膨胀。

因此，在挑选其他资产时，应当避免那些风险暴露于这两个因素之上的品种。根据这一想法，如果将基础资产看作抽象的风险因子，将复合资产理解为实际的投资品，那么完全可以将风险平价的理念嫁接到风险因子上。而且从上述几个例子中可以看出，和平均分配资产的风险贡献度相比，采用风险因子显得更加合理、可靠。但是，与具体的资产不同，风险因子并没有明确的价格或收益率序列，需要通过模型从资产的收益率中提取。

# *28* 智慧贝塔（Smart Beta）

和传统的市值加权指数不同，Smart Beta 通过对成分股的权重优化、成分股的选股和因子投资等方式，既保留了指数产品被动管理的特点，又能在传统的市值加权指数基础上获得一定的超额收益。

从 2005 年 Smart Beta 的概念首次提出到现在，Smart Beta 的内涵和外延也在不断扩大，各大指数商、投资机构、咨询机构和媒体机构都对 Smart Beta 做了一定的解释和定义，然而目前还没有广泛一致认可的标准。S&P Dow Jones 认为 Smart Beta 的收益来自风险补偿及市场的持续异象；MSCI 定义 Smart Beta 是以因子投资为代表的投资方式；FTSE&Russell 认为 Smart Beta 包括两类，一类是非市值加权，另一类是复制因子风险溢价；Lattice 将 Smart Beta 策略分为非市值加权策略、单因子策略和多因子策略；Towers Watson 将 Smart Beta 划归为 Alpha 和 Beta 之间；Morningstar 把 Smart Beta 策略归为融合了某些风险因子暴露的主动投资和基于规则的被动投资的投资方式。

虽然各机构对 Smart Beta 的定义稍有不同，但是可以将 Smart Beta 具备的共性总结如下：

（1）基于规则、透明，费率低。

（2）非市值加权，有更好的风险分散。

（3）主动的因子风险溢价，提升了超额收益。

（4）介于主动投资的 Alpha 和传统被动投资的 Beta 之间。

## 28.1 基于权重优化的 Smart Beta

在宽基指数时代，指数基金以跟踪宽基指数如上证 50 指数、沪深 300 指数和中证 500 指数等为目标。市场指数的成分股虽然按照一定的选股方式确定，但对于成分股的权重仅仅用简单的市值来加权，这就导致总市值大的股票权重也高，很容易产生买高的危险。

在窄基指数和 Smart Beta 诞生后，对于非市值加权的权重优化既得到了理论的支持，又有了更多的实证分析，以期达到构建的指数组合比传统的宽基指数更智能。常见的几种权重优化方式有等权重（Equal Weight）加权、风险平价（Risk Parity）加权、最小方差（Minimum Variance）加权和最大分散度（Maximum Diversification）加权。本节先对各种优化权重方式的理论算法进行简单介绍，然后以上证 50 指数为例，用不同调仓周期进行实证分析。

### 1. 等权重（Equal Weight）加权

等权重加权最简单，被广泛使用。等权重加权默认所有资产具有相似的风险收益特征，组合中每只股票具有同等的权重，如下式所示：

$$w_i = \frac{1}{N}$$

式中，$N$ 为指数成分股的股数。

等权重加权具有高收益率、高波动率和高换手率的特点。

### 2. 风险平价（Risk Parity）加权

风险平价的权重优化是保证指数中每只成分股对于指数的风险贡献都一样，这样指数就不会因为某只股票表现太差而出现较大回撤。

假设成分股权重为 $\boldsymbol{\omega}$，成分股之间的协方差矩阵为 $\boldsymbol{\Omega}$，那么组合的风险（标准差）可以表示为下式：

$$\sqrt{\boldsymbol{\omega}'\boldsymbol{\Omega}\boldsymbol{\omega}}$$

上式对 $\boldsymbol{\omega}$ 求导，再经过简单的数学变换，可以将风险平价的权重求解，变为如下的优化问题：

$$\min f(\boldsymbol{\omega}) = \sum_{i=1}^{N}\sum_{j=1}^{N}\left[\omega_i(\boldsymbol{\Omega}\boldsymbol{\omega})_i - \omega_j(\boldsymbol{\Omega}\boldsymbol{\omega})_j\right]^2$$

$$\text{s.t.}\ \boldsymbol{\omega}'\mathbf{1} = 1$$

$$\omega_i \geqslant 0$$

### 3. 最小方差（Minimum Variance）加权

最小方差的权重优化是马科维茨均值-方差优化的简化版。马科维茨均值-方差优化的缺点是优化的结果对预期收益率非常敏感，而预期收益率也是最具有不确定性的。如果在优化过程中只关注组合整体风险，那么均值-方差优化问题就变为简单的最小化组合方差问题，可以用如下优化问题表示：

$$\min \frac{1}{2} \boldsymbol{\omega}' \boldsymbol{\Omega} \boldsymbol{\omega}$$

$$s.t. \boldsymbol{\omega}' 1 = 1$$

$$\omega_i \geqslant 0$$

式中，$\boldsymbol{\omega}$ 是各成分股的权重列向量，$\boldsymbol{\Omega}$ 是各成分股的协方差矩阵。

### 4. 最大分散度（Maximum Diversification）加权

最大分散度可以定义为加权波动率与真实波动率的比值，其求解过程可以表示为如下的优化问题：

$$\max D(w) = \frac{\boldsymbol{\omega}' \boldsymbol{\sigma}}{\sqrt{\boldsymbol{\omega}' \boldsymbol{\Omega} \boldsymbol{\omega}}}$$

$$s.t. \boldsymbol{\omega}' 1 = 1$$

$$\omega_i \geqslant 0$$

式中，$\boldsymbol{\omega}$ 是各成分股的权重列向量，$\boldsymbol{\sigma}$ 是各成分股的标准差列向量，$\boldsymbol{\Omega}$ 是各成分股的协方差矩阵。

### 5. 实证分析

以上 4 种基于权重优化的 Smart Beta 策略在国外已经相当成熟，在国内 A 股市场上的表现会如何呢？接下来，我们将用实证来分析基于权重优化的 Smart Beta 的优缺点。以上证 50 指数为例，从 2006 年 1 月 1 日到 2017 年 8 月 25 日，每隔一年/三个月/一个月/两周调仓一次，实证分析在不同的调仓周期下，不同的权重优化方式和基准指数的差别。然后从年化收益率、年化标准差、夏普比率和最大回撤等方面综合对比分析基于不同权重优化的差异和优缺点。在不同权重优化下的组合累计收益率如图 28.1 所示。仅从累计收益率来看，除最大分散化权重策略的表现差强人意外，其他三种权重优化方式均优于上证 50 指数。

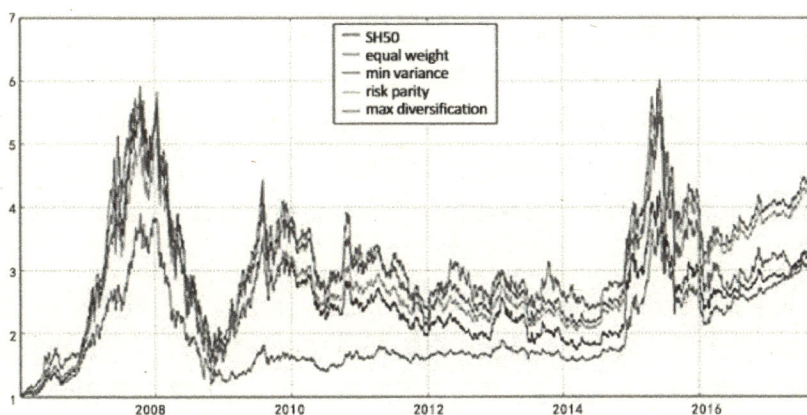

图 28.1　上证 50 指数在不同权重优化下的组合累计收益率（年度调仓）

　　如表 28.1 所示，除了最大分散度加权在近期回撤到指数收益之下，其他三种不同权重优化视角下组合的年化收益率均高于上证 50 指数的年化收益率；除了最大分散度加权，其他权重优化的夏普比率也比基准高。其中，等权重和风险平价的权重优化表现最优，年化收益率分别为 14.23% 和 13.89%，高于基准的年化收益率 11.21%；年化标准差分别为 28.91% 和 27.72%，低于基准的年化标准差 29.24%。最小方差的权重优化虽然收益率不及等权重和风险平价的权重优化结果，但是年化标准差和最大回撤均为最小。

表 28.1　上证 50 指数在不同权重优化下的表现（年度调仓）

|  | 上证 50 | 等权重 | 最小方差 | 风险平价 | 最大分散度 |
|---|---|---|---|---|---|
| 年化收益率 | 11.21% | 14.23% | 11.49% | 13.89% | 10.41% |
| 年化标准差 | 29.24% | 28.91% | 24.98% | 27.72% | 33.42% |
| 夏普比率 | 0.25 | 0.35 | 0.30 | 0.36 | 0.19 |
| 最大回撤 | 72.41% | 70.37% | 69.39% | 69.94% | 77.90% |

## 28.2　基于风险因子的 Smart Beta

　　基于不同权重优化的 Smart Beta 虽然普遍比基于市值因子加权的传统宽基指数的组合有更好的收益回撤比，但是基于不同权重优化的 Smart Beta 并没有在指数成分股内进行选股。从资本资产定价模型到 Fama-French 三因子和四因子模型（Carhart，1997），再到结构化风险模型（Barra、Axioma、Northfield）和五因子模型（Fama，2015），投资者在股票的收益来源上逐渐达成了共识,即对于某个或者某几个特定风险因子的暴露是股票在某段时间内表现优异的原因。最简单的例证莫过于等权重加权优化比沪深 300 指数的表现要好,一个很重要的原因是 A 股甚至其他股市都存在小盘股效应,即从长期来看小盘股相对于大盘股有明显的超额收益。所以,从因子的角度来看,通过暴露某个或者一系列特定的风险因子来获取超额收益就是 Smart Beta 的另一种思路。

本节从学界或者业界普遍认可的风险因子出发,构建单一的风险因子,通过风险因子的暴露在指数成分股内进行选股,构建 Smart Beta 的组合,从收益和回撤的表现及对应指数的超额收益来验证基于风险因子的 Smart Beta。这些风险因子包括价值因子(Value Factor)、成长因子、质量因子、股息因子、规模因子、动量因子、分析师预期因子、情绪因子、人气指标因子和波动因子等。

构建回测的具体细节如下:

(1)回测区间为 2008 年 1 月 1 日至 2017 年 7 月 31 日。

(2)股票池为中证 800 指数动态成分股。

(3)调仓频率为每个月月底调仓一次。

(4)选股比例为 10%。

(5)选出的股票等权重配置。

这里我们以价值因子为暴露,做一个回测。价值因子考虑的是股票的价值是被低估还是被高估,通常用股票的总市值除以相关的财报指标得到,比如除以账面价值构建市净率指标,除以净利润构建市盈率指标,除以销售额构建市销率指标,除以经营活动产生的现金流量净额构建市现率指标等。

在很多经典的文献中都有对价值因子的相关探讨,例如,Fama-French 三因子模型在 CAPM 的基础上加入了规模因子和价值因子;Carhart 四因子模型改进了 Fama-French 三因子模型,包含了市场因子(Market Factor)、规模因子(Size Factor)、价值因子(Value Factor)和动量因子(Momentum Factor)。这些模型都将价值因子作为股票收益的来源之一,并认为低估值的组合相比高估值的组合能够带来超额收益。

这里我们用市净率(PB)和市盈率(PE)两个指标,等权重构建出一个价值因子的指标,根据指标的排序选出股票,回测结果如图 28.2 所示。

图 28.2　价值因子 Smart Beta 回测结果

由图 28.2 可知，价值因子在 A 股市场上具有明显的超额收益，整体呈上升趋势，回测期间累计超额收益率超过 100%。在 2008 年一整年和 2015 年下半年的熊市中，价值因子仍然获得了不错的超额收益，做到了穿越牛熊。

## 28.3　Smart Beta 在指数基金中的应用

将 Smart Beta 的思想应用在指数基金上有以下几点优势：

（1）FOF 基金在购买一揽子单一基金的基础上进行风险与收益的再平滑。

（2）母基金和子基金都采用被动投资，没有主动管理基金的风险。

（3）持仓透明，费用低廉，有利于降低投研成本。

在本节中，我们将非市值加权的 Smart Beta 应用于大类资产配置，来验证 Smart Beta 在大类资产配置上的有效性。

### 1. 选择实证数据与区间

（1）投资范围：采用 Wind 编制的公募基金指数投资，指数分别有股票型基金指数、债券型基金指数、货币型基金指数和混合型基金指数。

（2）数据区间：2008 年 1 月 1 日至 2017 年 6 月 1 日。

（3）主要参数如下。

In-sample 期限：6 个月。

投资组合持有期限：1 个月。

调仓频率：每个月调仓，时间为每月月初。

### 2. 回测结果

如图 28.3 所示为回测净值曲线图。

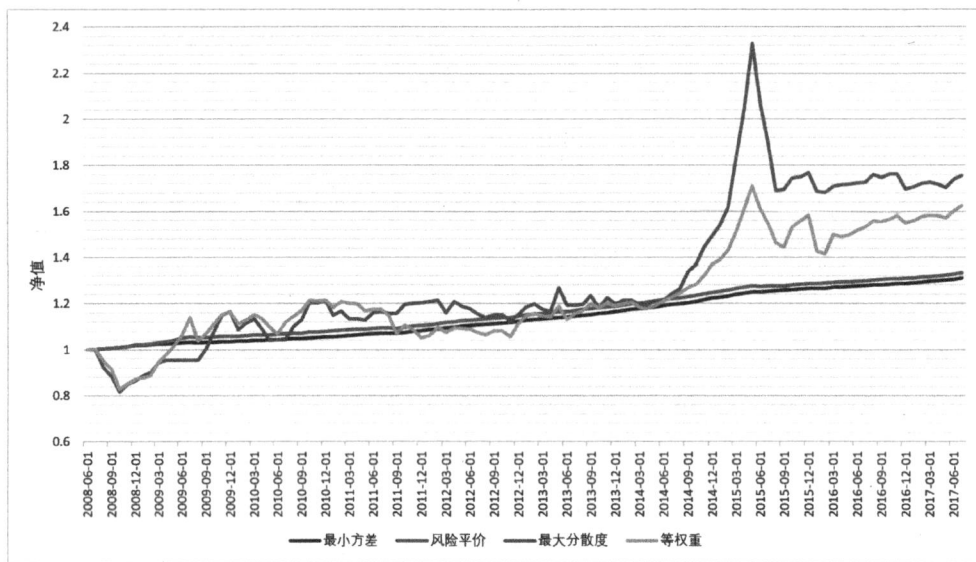

图 28.3　回测净值曲线图（含货币型基金指数）

从回测净值曲线图中可以看出，最大分散度的投资组合最终净值最高，且远高于其他三种投资组合的最终净值，但是这个模型在 2008 年金融危机时受到较为严重的损失。最小方差和风险平价模型的最终净值不高，但是净值曲线很平滑，而且这两个模型很少发生回撤。

当货币型基金指数存在时，最小方差和风险平价模型会把大部分权重（超过 90%）分配在货币型基金指数上。因此，我们在下面的模型中会剔除货币型基金指数，再进行回测。

### 3. 剔除货币型基金指数后重新进行回测

如图 28.4 所示为剔除货币型基金指数后的回测净值曲线图。

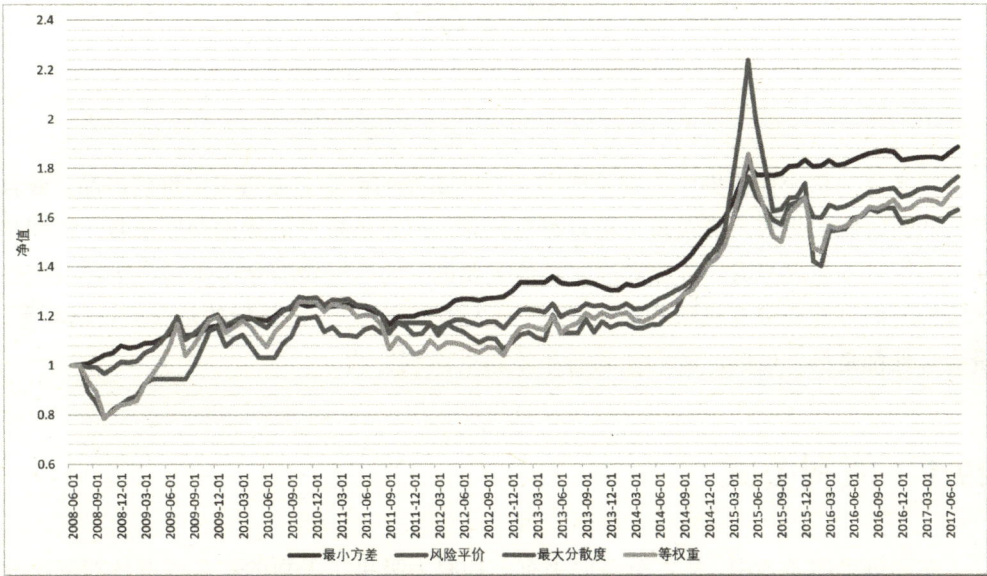

图 28.4　回测净值曲线图（剔除货币型基金指数）

从图 28.4 中可以看出，在剔除货币型基金指数后，最小方差的投资组合最终净值最高；最大分散度的投资组合有着最大的回撤，但净值垫底；风险平价的投资组合较好地实现了收益与风险的平衡。

# 29 资金管理方法

学术界的精力往往集中在定价模型上，试图找到市场上被错误定价的产品，并且期待随着时间的推移，错误定价可以得到纠正。但是从资产配置的角度来看，特别是从风险管理的角度来看，资金管理才是最重要的。因为错误的仓位比例在出现系统性风险的时候可能会带来极端的损失。不管是大类资产配置，还是标的基金的策略配置，资金管理都是第一位的。我们先来看单策略的凯利公式。

## 29.1 凯利公式

在抛硬币的游戏中，从古至今似乎有一种魔力吸引了无数的高智商群体对其研究痴迷，流传至今，主流的策略概况有二：等价鞅策略与反等价鞅策略。

（1）等价鞅策略：输了将赌注翻倍直到赢为止，赢了将赌注恢复至初始值。

（2）反等价鞅策略：总是按现有资金总额的一定比例下注。

等价鞅策略致命的弱点是博弈者在连续若干次失败后将没有足够资金继续赌注翻倍的游戏，因为赌注会随着失败次数呈 2 次方的速度增长；而反等价鞅策略汲取了"日取其半，万世不竭"的道理，使得我们能够永远地继续这个游戏，哪怕成为百万富翁的概率极小，也是会成功的，而一旦游戏触及我们的"止盈"条件，就可以中止游戏。所以今天我们就来谈谈反等价鞅策略中的著名公式。

先来看一场赌局。

假设有 100 美元进行一项抛硬币游戏：如果硬币为正面，赌客 1 美元就赢 2 美元；如果硬币为反面，赌客就输 1 美元。那么，赌客每次投入本金的百分之多少才能获得收益的最大化呢？

很多人的第一感觉是：不会吧，这也会有答案？其实就是这样一个看似无解的问题，凯利公式告诉你：25%。

那么，凯利公式（Kelly Formula）究竟是什么？

$$f^* = \frac{bp - q}{b} = \frac{p(b + 1) - 1}{b}$$

式中，$f^*$——现有资金应进行下次投注的比例（也就是我们刚才要求的答案）。

$b$——赔率（赔率=期望盈利/可能亏损=2 美元盈利/1 美元亏损，赔率为 2）。

$p$——成功概率（抛硬币正反面都是 50%的概率）。

$q$——失败概率（也就是 1-$p$，赌局中就是 50%）。

以上面的游戏为例，计算过程就是：$(bp-q)/b$ =(2×50%-50%)/ 2 = 25%。

从公式中可以获得对于投资的一点启发：

（1）只有出现赢面（$bp-q$）为正的时候，游戏才可以下注，这是一切赌戏和投资最基本的道理。

（2）赢面还要除以"$b$"才是投注资金比例。也就是说，在赢面相同的情况下，赔率越小越可以多押注。如果不理解这句话，则看看下面的例子，如表 29.1 所示。

表 29.1　凯利公式案例

| 赌　局 | 胜　率 | 赔　率 | 赢面（$bp-q$） | 凯利最优解 |
|---|---|---|---|---|
| 小博大 | 20% | 5 | 20% | 4% |
| 中博大 | 60% | 1 | 20% | 20% |
| 大博小 | 80% | 0.5 | 20% | 40% |

根据凯利公式可以知道，"小博大"游戏只能押总资金的 4%，但是按大部分人的赌性，恐怕会选"小博大"游戏，而且重仓甚至全部压上。但是，理性的选择应该是"大博小"，因为可以用 40%的仓位。所以，说到这里，我们在投资股票的时候，如果想增大短期仓位，则可能最优的选择就是考虑一下重仓波动性小但是上涨概率大的大盘股；而对于波动剧烈的小盘股，我们必须保留低仓位运作。

如图 29.1 所示为凯利公式案例的收益曲线（交易不含手续费）。我们可以发现，根据凯利公式计算得出的最优仓位可以长期获得稳健收益；如果仓位太轻，则收益非常少；如果仓位过重，虽然一开始运气好会获得很高的收益，但最终豪赌则豪输，本金亏完后就再无翻身之力。

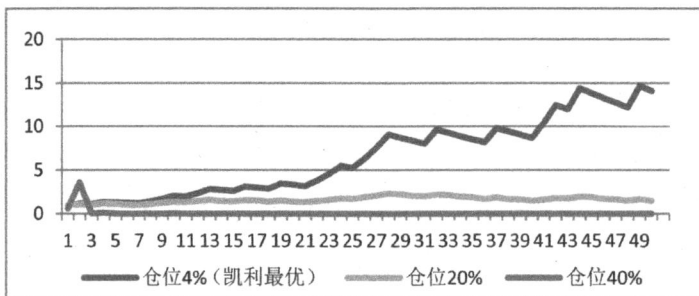

图 29.1　凯利公式案例的收益曲线

数据来源：星潮 FOF

## 29.2　D-公式

前面的凯利公式更加适合单次的交易行为，而并不适合策略组合，因为你很难事先计算出成功和失败的概率，特别是金融市场风险很大，有时候一旦出现肥尾现象，或者连续几次小概率发生，采用凯利公式的资金管理方式可能会带来对投资组合的毁灭性打击。风险平价的基本思想就是要配置风险，而不是配置资产。本节笔者基于风险平价的理念，并结合 VaR 的思想，提出一个新的资金管理公式——D-公式。在这个公式中，可以针对任意因子进行平价处理，如果选择的是风险因子，就是传统的风险平价策略。因子平价（Factor Parity）方法的含义是：对于策略有不同的评价因子，根据这些因子的表现，我们可以追求某个因子的绝对数值一致。

假定某个投资组合中有 $n$ 个资产，资金权重用 $w_i (i=0,\cdots,n)$ 表示，每个资产的评价因子为 $f_i (i=0,\cdots,n)$。根据因子平价理念，该投资组合应该满足以下两个条件：

$$w_i \times f_i = w_j \times f_j \tag{1}$$

$$\sum w_i = 1 \tag{2}$$

式（1）的意思就是：投资组合中单个资产的绝对因子相同，对于 factor 值大的策略，权重应该小一些；对于 factor 值小的策略，权重可以大一些。

式（2）的意思就是：对于所有的策略组合，其总权重等于 1。

根据上面两个公式，可以推导出单个策略的权重为

$$w_i = \frac{1/f_i}{\sum_1^n(\frac{1}{f_i})}$$

我们来看一个案例。假定一个策略组合中有 3 个策略 $(A_1, A_2, A_3)$，其 factor 值分别为 $(0.1, 0.2, 0.25)$，则可以计算出

$$w_1 = \frac{1/0.1}{(\frac{1}{0.1}+\frac{1}{0.2}+\frac{1}{0.25})} = 52.6\%$$

$$w_2 = \frac{1/0.2}{(\frac{1}{0.1}+\frac{1}{0.2}+\frac{1}{0.25})} = 26.3\%$$

$$w_3 = \frac{1/0.25}{(\frac{1}{0.1}+\frac{1}{0.2}+\frac{1}{0.25})} = 21.1\%$$

从结果中可以看出，factor 值最小的策略 $A_1$ 的仓位最重，factor 值最大的策略 $A_3$ 的仓位最轻。绝对 factor 值分别为

$$w_1 \times v_1 = 52.6\% \times 0.1 = 5.26\%$$

$$w_2 \times v_2 = 26.3\% \times 0.2 = 5.26\%$$

$$w_3 \times v_3 = 21.1\% \times 0.25 = 5.26\%$$

这样就实现了绝对 factor 值相同的结果，从而实现了 factor 值的平均分配。

这样我们可以有 4 种因子平价方式：

（1）收益率平价，factor 用预期收益率表示。

（2）风险平价，factor 用风险因子表示，如方差、VaR 等。

（3）风险收益平价，factor 用夏普比率表示。

（4）绝对收益平价，factor 用 D-Ratio 表示。

在下面这个案例中，选用的 3 个资产分别为沪深 300 指数、大宗商品指数和标普 500 指数，配置时间周期为 2009/1—2016/12，采用 D-公式进行风险平价的轮动配置，如表 29.2 所示。

表 29.2　D-公式应用案例

| | 总收益率 | 平均年化收益率 | 复合年化收益率 | 最大回撤 | 波动率 | 夏普比率 |
|---|---|---|---|---|---|---|
| 沪深 300 指数 | 96.58% | 12.07% | 8.82% | 44.06% | 25.83% | 0.23 |
| 大宗商品指数 | 124.77% | 15.60% | 10.65% | 61.13% | 32.03% | 0.24 |
| 标普 500 指数 | 137.34% | 17.17% | 11.41% | 27.62% | 17.43% | 0.48 |
| D-公式模型 | 188.10% | 23.51% | 14.14% | 32.52% | 18.73% | 0.59 |

净值走势如图 29.2 所示。

图 29.2　净值走势

从表 29.2 和图 29.2 中可以看出，采用 D-公式的资产配置模型获得了整体的优化，收益率和稳定性都较单个资产更优，从而实现了马科维茨有效前沿预期的结果。

# 29.3　R-公式

D-公式更适合战略资产配置中的资金管理，在战术层面，特别是在策略组合层面，则可以采用另一个标准，即追求策略直接的分散度最高，也就是相关性最弱的方式进行资金分配。这就是 R-公式。

在不同策略之间进行资金分配的关键在于确定权重 $r_1, r_2, \cdots, r_m$。资金在不同策略之间的分配遵循一个原则：**与策略池独立性越高的策略要给予更大的权重。**

在目前的相关系数中，1 代表完全相关，0 表示完全独立。因为我们更希望给予相关系数为 0 的策略更大的权重，所以这里需要对相关系数矩阵进行一些改造。定义绝对相关系数矩阵为

$$\boldsymbol{\rho}^t = \begin{pmatrix} \rho^t{}_{11} & \cdots \rho^t{}_{1i} & \cdots & \rho^t{}_{1m} \\ \vdots & & & \vdots \\ \rho^t{}_{i1} & \cdots \rho^t{}_{ii} \cdots & & \rho^t{}_{im} \\ \vdots & & & \vdots \\ \rho^t{}_{m1} & \cdots \rho^t{}_{mi} \cdots & & \rho^t{}_{mm} \end{pmatrix} = |\boldsymbol{\rho} - 1| = \begin{pmatrix} 0 & \cdots |\rho_{1i} - 1| & \cdots & |\rho_{1m} - 1| \\ \vdots & & & \vdots \\ |\rho_{i1} - 1| & \cdots 0 \cdots & & |\rho_{im} - 1| \\ \vdots & & & \vdots \\ |\rho_{m1} - 1| & \cdots |\rho_{mi} - 1| \cdots & & 0 \end{pmatrix}$$

这样就将(0,1)之间的相关系数 $\rho$ 转化为(1,0)之间的绝对相关系数 $\rho^t$ 了。

例如，如果 $\rho_{ij} = 1$，则 $\rho^t{}_{ij} = |1-1| = 0$；如果 $\rho_{ij} = 0$，则 $\rho^t{}_{ij} = |0-1| = 1$；如果 $\rho_{ij} = 0.3$，则 $\rho^t{}_{ij} = |0.3-1| = 0.7$。

这样，越是独立的策略，将获得更大的 $\rho^t{}_{ij}$ 值，这就为下面的权重计算奠定了基础。

我们可以定义 $\rho^t{}'_i = \sum_{j=1}^{m} \rho^t{}_{ij}$ 表示策略 $s_i$ 与策略池的绝对相关系数，则可以得到策略与策略池的绝对相关系数矩阵为

$$\boldsymbol{\rho}^{t\,'} = \begin{pmatrix} \rho^t{}'_1 \\ \vdots \\ \rho^t{}'_i \\ \vdots \\ \rho^t{}'_m \end{pmatrix}$$

可以定义权重 $r_i = \dfrac{\rho^t{}'_i}{\sum_{i=1}^{m} \rho^t{}'_i}$，这样就可以获得资金在不同策略之间的最佳分配比例。

我们来看一个案例。假设一个策略池中有 3 个策略$(s_1, s_4, s_5)$，对应的相关系数矩阵分别为

$$\boldsymbol{\rho} = \begin{pmatrix} 1 & 0.2 & 0.1 \\ 0.2 & 1 & 0.5 \\ 0.1 & 0.5 & 1 \end{pmatrix} \qquad \boldsymbol{\rho}' = \begin{pmatrix} 0.3 \\ 0.7 \\ 0.6 \end{pmatrix}$$

则计算出策略之间的绝对相关系数矩阵为

$$\boldsymbol{\rho}^t = |\boldsymbol{\rho} - 1| = \begin{pmatrix} 0 & 0.8 & 0.9 \\ 0.8 & 0 & 0.5 \\ 0.9 & 0.5 & 0 \end{pmatrix}$$

策略与策略池的绝对相关系数矩阵为

$$\rho_{t'} = \begin{pmatrix} 1.7 \\ 1.3 \\ 1.4 \end{pmatrix}$$

根据权重 $r_i = \dfrac{\rho_{t'i}}{\sum\limits_{i=1}^{m} \rho_{t'i}}$ ，可以得出策略 $s_1$ 的权重为 1.7/(1.7+1.3+1.4)=38.6%。按此

计算得出策略池的权重矩阵为(38.6%,29.5%,31.9%)，这就是最终的资金比例。从结果中可以看出，策略 $s_1$ 与策略池的相关系数最小，也就是最独立，从而获得最大的资金权重。

# 第四部分　选基与产品

　　在资产配置层面的工作完成后，就需要通过购买相应的子基金来进行实际管理。对于基金或者金融产品的选择，也需要有相应的模型来进行处理，包括 Logistic 模型、动量模型、风格雷达模型、收益率分解模型、奇异谱择时模型等。在产品设计方面，介绍了目标日期基金、目标风险基金、全天候基金等，并且对国外主要资产管理公司做了大致的分析和阐述。

# 30  Logistic 模型

大小盘风格轮动一直是市场关注的现象，尤其是 2017 年上半年小盘股效应的失效和大盘股的不断走高，这种"二八现象"也是对大小盘风格轮动的一种直观描述。在 A 股市场中，沪深 300 指数、中证 500 指数和中证 1000 指数分别是大盘股、中小盘股和小盘股的代表指数，都以 2004 年 12 月 31 日为基日，基点为 1000 点。自 2013 年以来，小盘指数（中证 1000 指数）开始跑赢大盘指数（沪深 300 指数），2017 年大盘指数又明显跑赢小盘指数，市场体现了明显的大小盘轮动的特征。如果能够在合适的时间段进行大盘和小盘的轮动，那么这种风格择时能够获得很高的投资收益。

## 30.1  Logistic 模型的原理

所谓大小盘风格轮动，是指通过判断大盘指数涨幅与小盘指数涨幅差值的正负号方向，进行 0 或 1 的选择。二选一的决策问题可以用 Logistic 模型进行分析，预估下一期大盘指数或小盘指数涨幅胜出的概率。Logistic 模型如下：

$$\ln\left(\frac{p}{1-p}\right) = \alpha + \beta_1 x_1 + \beta_2 x_2 + \cdots + \beta_k x_k$$

式中，$p$ 为事件发生的概率，$\alpha$、$\beta$ 为模型参数，$x_1, \cdots, x_k$ 为对事件发生概率有作用的 $k$ 个影响因素（解释变量）。公式中概率 $p$ 的图形如图 30.1 所示，根据预测的 $p$ 值是否超过 0.5 来判断大盘指数或小盘指数胜出的概率。

当 Logistic 模型应用于大小盘轮动时，需要定义两个分类事件：大盘股占优的概率和小盘股占优的概率。具体定义如下。

事件 0：小盘股占优，即大盘指数涨跌幅-小盘指数涨跌幅≤0。

事件 1：大盘股占优，即大盘指数涨跌幅-小盘指数涨跌幅>0。

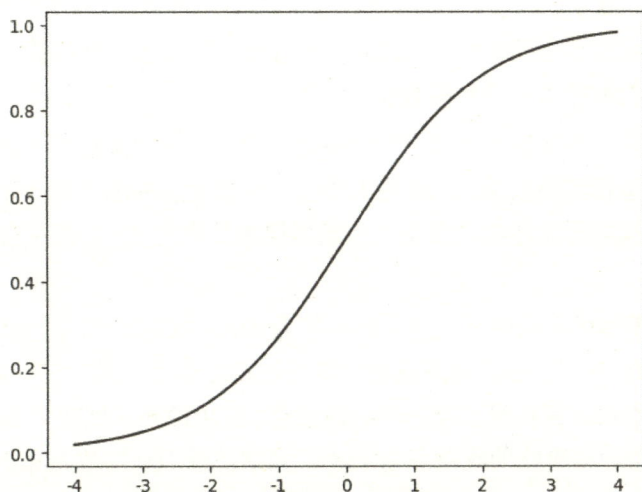

图 30.1　Logistic 函数与概率的关系图

　　如果从 Logistic 模型估计得到的 $p$(事件 0)≥0.5，即小盘股占优的概率≥50%，就买入小盘指数；否则就买入大盘指数。

　　学术界与投资界对于大小盘轮动现象给出了很多种解释，其影响因子涉及宏观经济指标、微观市场结构及投资者情绪等方面。这里在构建 Logistic 模型时，不预先判断各影响因素的重要性，而是纳入尽可能多的影响变量（当然要基于经济学和金融学原理），包括宏观经济变量与价量变量等，通过模型自动选择方式预测下一期大盘股或小盘股占优的概率。

## 30.2　Logistic 模型的预测方法

　　在回测中使用沪深 300 指数作为大盘指数，使用中证 1000 指数作为小盘指数，因为小盘指数与大盘指数的走势区分度越高，预测效果就越好。当然，基于中证 1000 指数的预测结果同样适用于交易中证 500 指数。

　　整个回测使用的数据从 2007 年开始，而构建模型需要一定的样本数量（以月度为单位），因此收益回测最早从 2010 年 9 月开始。整个模型使用月度频率数据进行预测和交易，即在每个月月底预测下个月的大小盘风格相对优势。被解释变量为当期（$t$ 期）大盘指数与小盘指数涨幅之差（用 0 或 1 表示），解释变量为滞后一期（$t-1$ 期或

$t$–2 期）宏观与价量变量，建立相应的 Logistic 模型，再利用 $t$ 期最新的解释变量值，预测下个月小盘指数胜出的概率，当概率≥50%时，就配置小盘指数。在回测期间所有收益数据都是模型样本外推预测数据。

回测结果发现，当参数估计期相对较短时，模型预测效果较好，估计期长度的增加会明显减弱模型预测的效果。这说明大小盘风格轮动切换的不是长期因素，而是中短期因素。在所选取的估计期长度中，当模型样本长度为 30 个月左右时，模型回测效果最佳。

在 30 个月模型样本长度下，模型胜率仅为 50%，略低于中证 1000 指数对沪深 300 指数的自然胜率（52%）；但是模型所对应的相对盈亏比为 1.57，相较中证 1000 指数和沪深 300 指数而言获得了较好的超额收益。从 2010 年 9 月初至 2017 年 8 月末，标准 Logistic 模型轮动策略的收益率为 158%，同期沪深 300 指数上涨 30%，中证 1000 指数上涨 60%，轮动策略同时显著跑赢大小盘指数。轮动策略换手率较低，期间买卖合计 44 次，如果计入双边各 0.5%的交易成本，那么轮动策略上涨 118%，仍然跑赢大小盘指数。

如图 30.2 所示为 Logistic 模型收益率对比图。

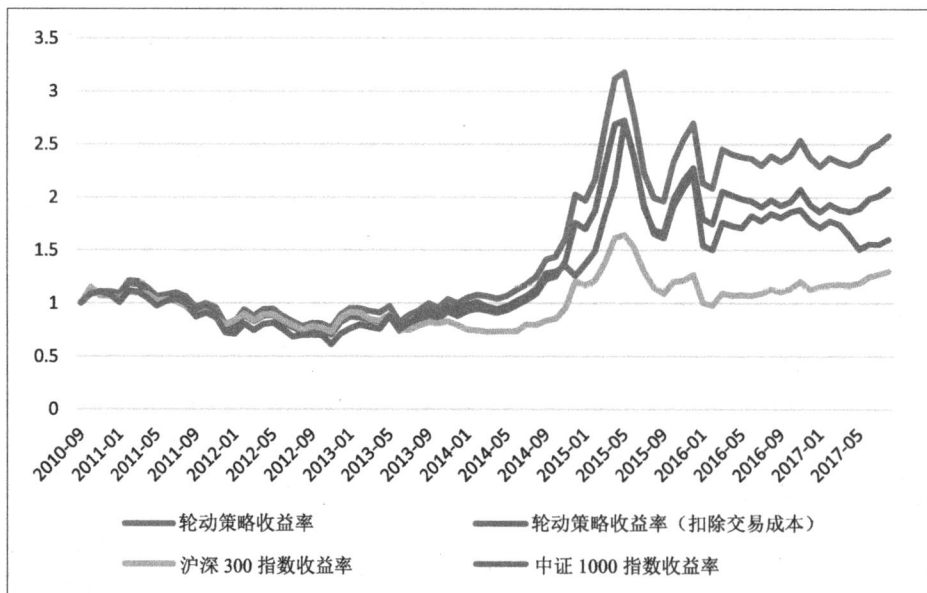

图 30.2　Logistic 模型收益率对比图

## 30.3　有序多分类 Logistic 模型

在实际投资中，不仅想预测下一个周期大小盘占优的方向，更想尽可能地抓住大小盘表现差异较大的月份。但是标准二分类 Logistic 模型只能预测大小盘占优的方向，却不能主动预测切换的幅度，此处就需要引入有序多分类 Logistic 模型。

有序多分类 Logistic 模型与标准模型基本相同，不同之处在于：（1）有序多分类将标准模型中的事件 0、事件 1 扩展为事件 0、事件 1、事件 2、事件 3，不仅判断大小盘占优的方向，同时判断大小盘占优的幅度；（2）被解释变量有排序意义，大小盘指数的走势变化依次定义为大盘指数大幅跑输小盘指数、大盘指数小幅跑输小盘指数、大盘指数与小盘指数相当、大盘指数小幅战胜小盘指数、大盘指数大幅战胜小盘指数。回测中对有序多分类 Logistic 模型定义 4 类事件，具体定义如表 30.1 所示。

表 30.1　多分类 Logistic 模型的事件分类

| 事　　件 | 含　　义 |
|---|---|
| 事件 0 | 小盘股非常占优，即大盘指数大幅跑输小盘指数 |
| 事件 1 | 小盘股稍微占优，即大盘指数小幅跑输小盘指数 |
| 事件 2 | 大盘股稍微占优，即大盘指数小幅跑赢小盘指数 |
| 事件 3 | 大盘股非常占优，即大盘指数大幅跑赢小盘指数 |

其中，事件 0 和事件 1 是小盘股占优的事件，事件 2 和事件 3 是大盘股占优的事件。在有序多分类 Logistic 模型中，预测结果为这 4 类事件各自的概率。如果从模型中得到 $p$(事件=0 或事件=1)≥0.5，即小盘股占优的概率≥50%，就买入小盘指数；否则就买入大盘指数。

使用表 30.1 中的全部解释变量，对参数估计期（模型样本长度）为 20、30、40、50、60、70、80、90、100 个月分别进行回测，通过胜率、盈亏比、能否同时战胜大小盘指数这 3 个指标来评价模型优劣。

结果显示：当估计用样本数在 20 个月附近时，预测效果最好，同时有序多分类 Logistic 模型的预测效果略差于标准二分类 Logistic 模型的预测效果。与标准二分类 Logistic 模型相比，有序多分类 Logistic 模型的胜率小幅提升至 53.85%，但是相对盈亏比仅为 1.28。

从 2009 年 11 月初至 2017 年 8 月末，有序多分类 Logistic 模型轮动策略的收益率为 118%，远超同期沪深 300 指数 9%、中证 1000 指数 80% 的表现，如图 30.3 所示。期间买卖合计 39 次，交易次数比标准模型的交易次数略少，在计入双边各 0.5% 的交

易成本后，轮动策略的收益率为 80%，与中证 1000 指数持平，仍大幅跑赢沪深 300
指数。

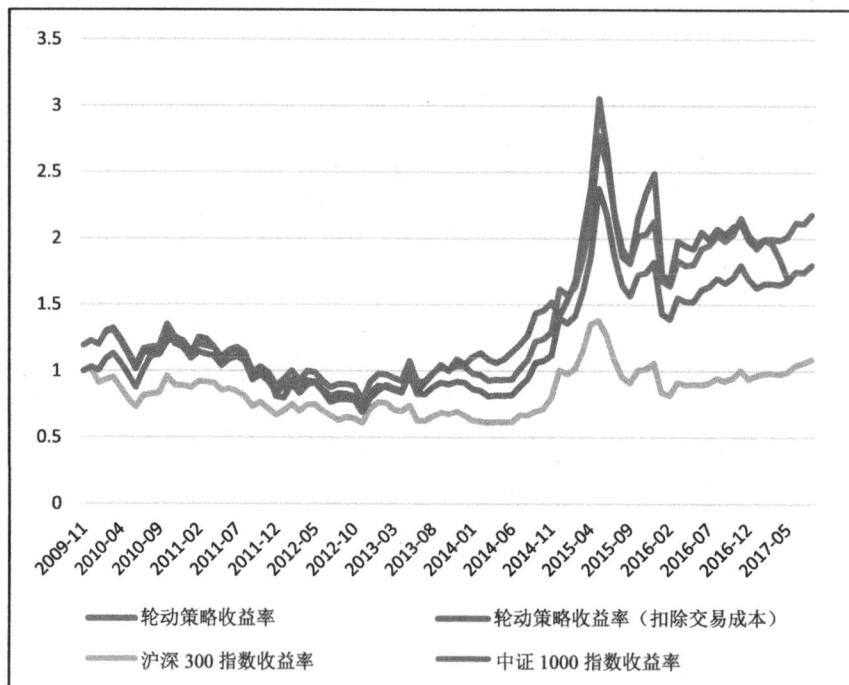

图 30.3　有序多分类 Logistic 模型收益率对比

　　本模型讨论的大小盘风格轮动是市场中最常见也是最重要的一类风格切换现象，
除此之外，市场中的成长/价值轮动、行业轮动等更多的风格特征都值得去识别。市
场风格的识别和预判对 FOF 投资或股票投资都有重要的作用。指数基金是最直接的
市场风格的表征，在投资过程中可以直接使用风格轮动策略将其作为投资工具，在此
基础上构建相对收益型 FOF，将是一种高效的投资方式。

# 31 动量模型

## 31.1 时间序列动量

所谓时间序列动量，指的是过去具有上涨趋势的资产延续上涨的概率更大，而下跌的资产延续下行的动力更强。在回测中，我们使用每个资产在过去 12 个月的涨跌作为当前趋势的判断依据，利用波动率加权的方式对每个大类下的资产进行配置。

回测结果显示，从长期来看，时间序列动量策略在每个大类资产上都可以获得比较可观的正向收益，同时通过分散资金投资，配置不同大类资产可以获得更高的收益回撤比，如图 31.1 和表 31.1 所示。

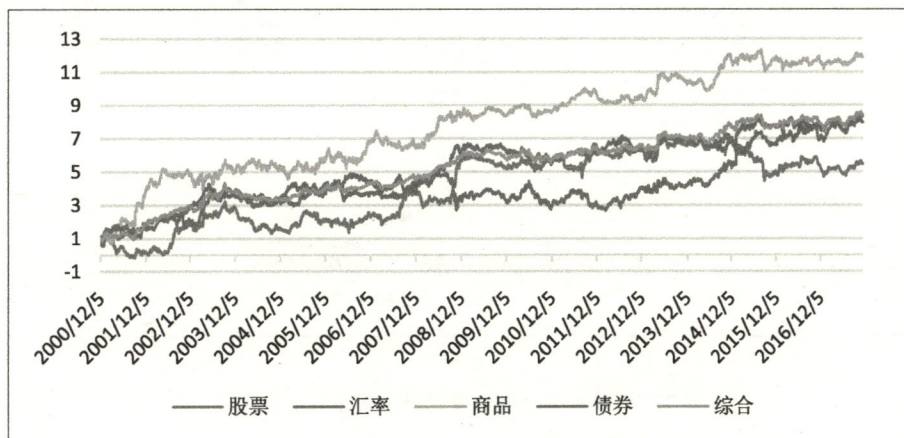

图 31.1  时间序列动量策略收益净值图

表 31.1  时间序列动量策略回测表现

| 策略类型 | 收益率 | 波动率 | 夏普比率 | 最大回撤 |
|---|---|---|---|---|
| 股票 | 8.33% | 10.30% | 0.81 | 53.50% |
| 汇率 | 7.10% | 11.50% | 0.62 | 27.30% |

| 策略类型 | 收益率 | 波动率 | 夏普比率 | 最大回撤 |
|---|---|---|---|---|
| 商品 | 10.60% | 11.60% | 0.91 | 25.70% |
| 债券 | 6.75% | 11% | 0.61 | 18.50% |
| 综合 | 9.19% | 6.96% | 1.32 | 13.30% |

在这里，我们可以从两个维度对时间序列动量策略长期有效进行解释。

（1）行为金融角度：在时间序列动量趋势出现时，投资者容易低估基本面价值的变动而超量卖出；在趋势持续时，市场中的价格容易维持之前存在的趋势，通过动量或趋势交易可以获得持续性收益；在趋势结束并产生逆转时，会给趋势跟踪带来很大风险，所以在投资时往往通过分散投资或风险控制等方法降低策略的回撤，如图 31.2 所示。

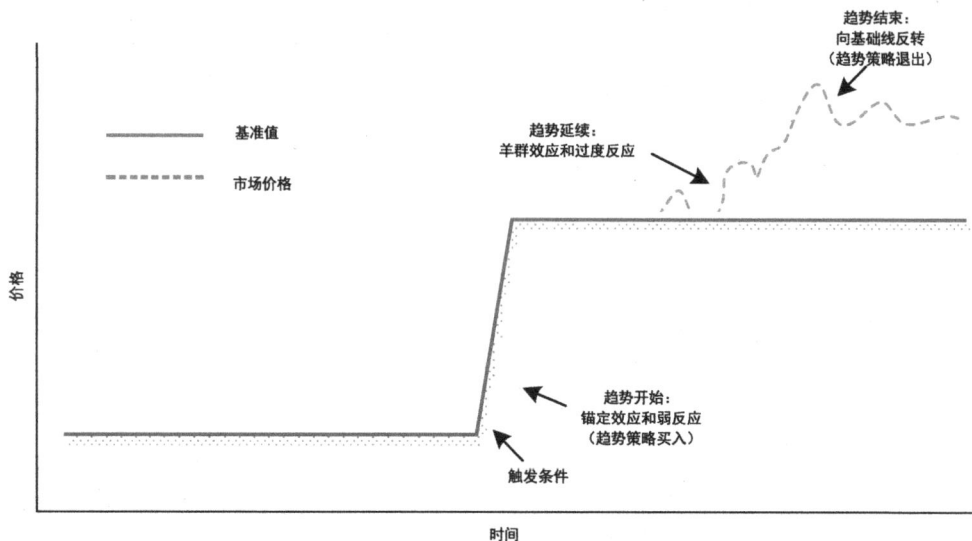

图 31.2　从行为金融角度解释时间序列动量策略

（2）统计特征角度：通过金融市场价格也可以进行统计分析。一方面，不同周期、不同类别资产的价格往往会呈现尖峰肥尾的特征，可以通过动量趋势交易从中获利并降低风险；另一方面，资产的时间序列在中短期内呈现正相关性，可以通过观察近期资产变化来预估未来资产变化从而获利。

除此之外，我们可以从 4 个维度来探讨相关方法参数对时间序列动量策略的影响。

（1）在动量窗口的时间周期上，我们发现往往设置 6～12 个月的回测期的策略表现越好，其中原因是中短期的时间序列相关性更强，但是过短时间的回测期会产生更高的交易频率，增加交易成本，从而降低投资组合的收益。

（2）在交易费用较低时，调仓频率越高所带来的收益风险也越高，但在交易频率较低的情况下收益也是可观的。

（3）对于不同资产而言，时间序列动量策略在多空和纯多头上的表现也不同：对于股票和债券，多空策略不及纯多头策略；对于汇率和商品资产，多空策略优于纯多头策略。

（4）不同的趋势指标对时间序列动量策略的表现影响不大，原因在于趋势的构造都是由对过去资产收益的不同加权决定的，所以对整个系统的回测表现影响不大。

## 31.2 横截面动量

横截面动量和时间序列动量的不同之处在于，时间序列动量关注资产价格在历史上的涨跌，而横截面动量关注资产价格涨跌幅的排序情况，即对于某一大类资产，做多涨幅最大的资产，做空涨幅最小的资产，如图 31.3 和表 31.2 所示。

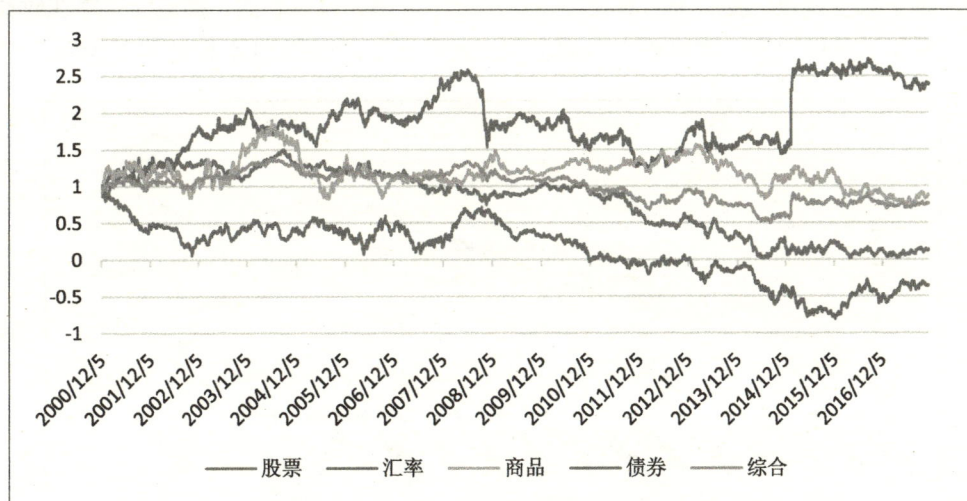

图 31.3 大类资产横截面动量策略净值走势

表 31.2　大类资产横截面动量策略表现

| 策略类型 | 收　益　率 | 波　动　率 | 夏普比率 | 最大回撤 |
|---|---|---|---|---|
| 股票 | -4.20% | 5.76% | -0.729 | 39.70% |
| 汇率 | 6.64% | 10.40% | 0.64 | 21.00% |
| 商品 | 0.62% | 8.60% | 0.072 | 24.40% |
| 债券 | -6.47% | 6.99% | -0.926 | 72.10% |
| 综合 | -1.16% | 4.45% | -0.261 | 25.70% |

对于回测得到的大类资产横截面中的表现，主要原因在于：横截面效应相对于时间序列动量效应较弱，而且横截面动量比时间序列动量的交易频率更高、费用更高、收益更低。股票和债券类资产价格在历史上长期处于上涨的趋势，在实际中做空这类资产会有很高的风险。

基于这些原因，我们提出了两种方向的横截面改进策略。

（1）改进策略信号：前文中提到对股票和债券类资产做空的风险很高，所以考虑资产在做空横截面动量时要求涨跌也处于弱势，从而降低做空时的风险。

（2）对于衡量横截面的多空排序指标，我们考虑使用夏普比率来对资产进行排序，从而实现对风险的控制。当然，也可以使用收益风险比等指标来对资产进行排序，关键在于对风险的衡量方法。

基于以上两点，我们重新对大类资产进行了回测。可以看到，横截面策略在收益率上有了明显的提高，同时最大回撤也相应地降低了，如图 31.4 和表 31.3 所示。

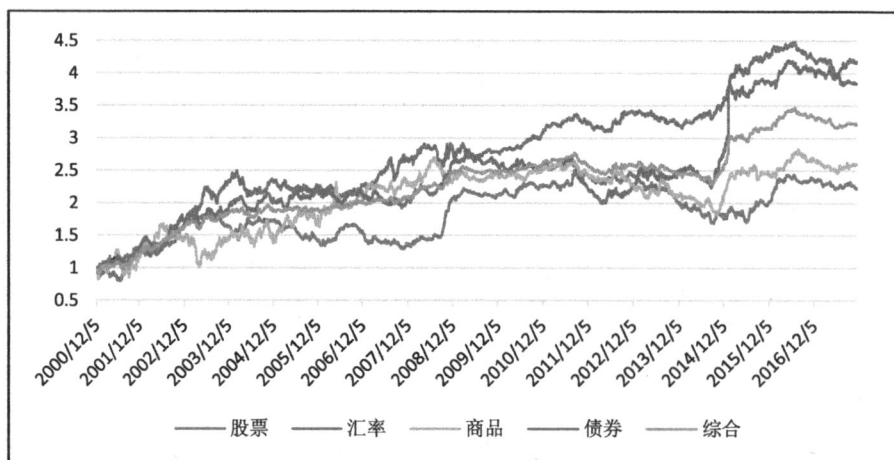

图 31.4　改进的横截面动量策略净值走势

238

表 31.3 改进的横截面动量策略表现

| 策略类型 | 收 益 率 | 波 动 率 | 夏普比率 | 最大回撤 |
|---|---|---|---|---|
| 股票 | 2.92% | 5.43% | 0.538 | 32.9% |
| 汇率 | 7.57% | 8.86% | 0.855 | 31.6% |
| 商品 | 3.82% | 8.03% | 0.476 | 40.2% |
| 债券 | 6.78% | 6.46% | 1.048 | 16.0% |
| 综合 | 5.27% | 4.19% | 1.26 | 17.5% |

# 31.3  不同维度的动量策略

通过对大类资产在时间序列动量和横截面动量上的回测，可以看到，时间序列动量和横截面动量在大类资产配置中都有明显的增强能力，所以在实际的资产配置中，结合两方面的动量信息很有必要。

在实际策略的执行中，我们要确保这两方面的动量信息都被触发才采取多空操作，具体而言就是：做多在时间序列上有上行趋势，并且在横截面动量中排序靠前的资产；做空在时间序列上有下行趋势，并且在横截面动量中排序靠后的资产。

通过回测结果可以看出，结合这两方面的动量信息进行配置的策略，其表现要优于单个维度的策略表现，如图 31.5 所示。

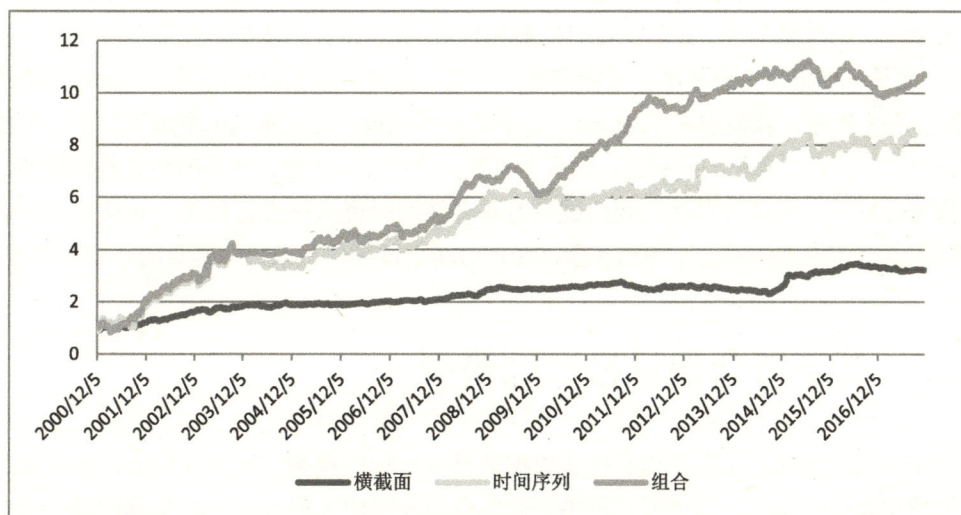

图 31.5  时间序列动量与横截面动量的叠加

# 32 风格雷达模型

基金研究一直把重心放在基金评价上，包括对基金的过往业绩、风险调整后收益、基金经理的投研能力和基金公司的整体情况等进行多层次、多维度的全面评估，已然形成了一套相对成熟的评价体系。

一方面，从我们观察到的现象来看，许多在当年表现优异的基金在下一年度未必能超越同类基金的平均水平；另一方面，客观地说，如果市场环境发生变化、明星基金经理离职等，则都会影响到基金未来的表现，因此历史并不能代表未来。由此可见，种种可控或不可控的因素使得基金投资比基金评价更加复杂。

我们认为需要对基金进行风格分析，这不仅是给基金贴上恰当的标签以供挑选，而且可以让基金评价与市场的变化结合起来。因为市场风格时时变化，只有选择与当下风格匹配的（右侧趋势）或者与未来风格可能匹配的（左侧预判）基金产品，基金投资才有可能获得成功。例如，晨星就提出了投资风格箱（Style Box）的概念，用于分析基金的投资风格。晨星以基金持有的股票市值为基础，把基金投资股票的规模区分为大盘、中盘和小盘，以基金持有的股票价值-成长特性为基础，把基金投资股票的价值-成长风格定义为价值型、平衡型和成长型。这样，我们就可以进行基金与市场的匹配。在本章中，我们参考了 Barra（商业风险提供商）定义的 10 个风格因子，包括市场收益、价值、成长、盈利性、大盘、中盘、动量、波动性、换手率和财务杠杆率，来构建每只基金的风格雷达。我们试图将基金按照投资风格进行归类，并从一个动态变化和具有前瞻性的视角来筛选基金，这是对基于过往信息来评估基金的补充和推进。

## 32.1 基于持仓的风格归因模型

Grinold（2006）提出了基于持仓数据的横截面回归模型，根据投资组合在不同时点上的实际持仓头寸，通过回归模型，得到组合在特定风格因子上的暴露程度（回归系数）。

$$h = S\beta + \mu$$

式中，

$H$——投资组合在某个时点上的实际持仓头寸（或相对于基准的持仓头寸）。

$S$——$K$ 个风格因子组合在某个时点上的实际持仓数据。风格因子组合又称为因子模拟组合（Factor Mimicking Portfolio，FMP），是通过求解最优化问题构造出来的特定组合。FMP 的特征是：只在某个特定因子上有一个单位的暴露，在其他因子上暴露为 0。它是在理论上构造出来的表征某类风格的最优组合，在实际中往往并不存在。

$\mu$——残差项，表征无法被风格解释的部分，即基金经理的主动投资管理能力。

目前，基金的风格分析主要有两大类方法：时间序列分析和横截面分析。实际中比较常用的是基于收益率的时间序列回归法（Return-Based Approach，RBA）。RBA 主要考察基金收益率序列相对于一系列风格指数收益率序列的表现，在本质上是时间序列的多元线性回归。采用这种方法对基金风格进行归类，主要分为大盘成长、大盘价值、中盘成长、中盘价值、小盘成长和小盘价值六大类风格。

而基于持仓数据的横截面回归法（Holding-Based Approach，HBA）关注的是基金在不同时点上的风格暴露情况，即基金的实际持仓相对于特定风格因子组合持仓的暴露程度（回归系数），在本质上是横截面回归。与 RBA 不同的是，HBA 并不要求基金在风格上的暴露程度是一成不变的，它可能随着时间变化而动态变化。

这两种基金风格分析方法的对比如表 32.1 所示。

表 32.1　基于收益率的时间序列回归法 VS 基于持仓数据的横截面回归法

|  | 基于收益率的时间序列回归法<br>（Return-Based Approach） | 基于持仓数据的横截面回归法<br>（Holding-Based Approach） |
|---|---|---|
| 基本原理 | 考察基金的收益率序列相对于一系列风格指数收益率序列的表现，在本质上是时间序列的多元线性回归 | 关注的是基金在不同时点上的风险暴露情况，即基金的实际持仓相对于特定风格因子组合持仓的暴露程度（回归系数），在本质上是横截面回归 |
| 隐含假设 | 基金相对于一系列风格指数的暴露程度（回归系数）在一段时间内是保持不变的 | — |
| 优点 | 数据易于获取 | 透明度高，易于理解 |
| 缺点 | 算法需要优化（多重共线性等） | 数据获取难度大，使用频率低 |
| 适用范围 | 内、外部投资者均可使用 | 以供基金内部使用为主，外部使用可能频率较低 |

资料来源：兴业证券研究所

## 32.2  基于风格雷达的基金筛选方法

近年来的研究表明，如果对基金的超额收益进行事后分解，则会发现其中包含了一个非常重要的因素，就是"风格"所带来的收益。也就是说，我们认为一些表现优秀的基金可能正好迎合了市场的某类风格特征，与风格指数的收益表现出了较高的相关性。国外的一些研究也表明，投资风格类似的基金存在业绩收敛的现象。

如果我们能事先判断基金具有哪些风格特征，同时前瞻性地对市场未来的风格进行预判，就能够基于风格特征来挑选基金，从而达到配置某类风格的目的。

### 1. 样本池构建

我们的基金筛选样本是 Wind 分类里面的普通股票型基金，并符合以下条件：

（1）基金成立时间至少在 1 年以上，即在 2014 年 12 月 31 日以前成立。

（2）截至 2014 年 12 月 31 日，基金自成立以来的年化收益率处于同类基金的平均值以上，即长期业绩排在前 50%。

（3）基金经理的任职时间超过 1 年。

### 2. 基金风格雷达

首先，根据基金最新年报（2014 年）公布的实际持有股票数量，按照最新的月末收盘价计算得到最新的持仓权重。

其次，将基金持仓权重与风格因子组合持仓权重进行横截面回归，得到在特定风格因子上的暴露程度（回归系数）。

在这里，我们需要对投资风格有一个比较明确的定义。我们参考 Barra 定义的 10 个风格因子，具体定义如表 32.2 所示。

表 32.2  Barra 风格因子定义

| 风格因子 | 定　　义 | 代表含义 |
|---|---|---|
| Beta | 超额收益与市场收益的回归系数 | 市场收益 |
| BP | Book-to-Price，市净率的倒数 | 价值 |
| Earnings Yield | Earnings-to-Price，市盈率的倒数 | 盈利性 |
| Growth | 盈利增长率、销售收入增长率 | 成长 |
| Leverage | 财务杠杆率 | 财务杠杆 |

续表

| 风格因子 | 定　义 | 代表含义 |
|---|---|---|
| Liquidity | 换手率 | 流动性 |
| Momentum | Relative Strength，超额收益 | 动量 |
| Non-linear Size | 股票市值的立方 | 中盘 |
| Size | 股票市值的对数 | 大盘 |
| Residual Volatility | 日收益标准差、历史标准差 | 波动性 |

通过横截面回归，我们得到了样本池中的所有基金在各类风格特征上的暴露情况，由此我们可以构建基金的风格雷达，如图 32.1 所示。

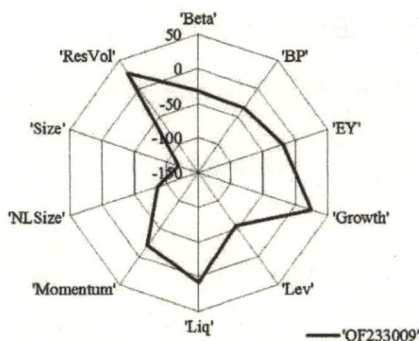

图 32.1　基金风格雷达——大摩多因子策略（数据日期：2015 年 4 月）

除此之外，我们还可以观察基金的风格偏好是否发生了明显飘移。由图 32.2 可知，大摩多因子策略的投资风格相对稳定，基本上呈现出偏好小盘、高估值和成长的特性。

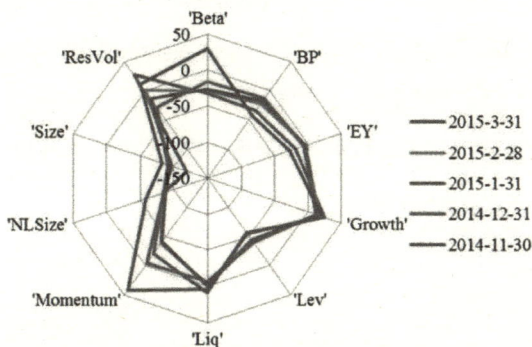

图 32.2　多期风格雷达——大摩多因子策略（数据日期：2015 年 4 月）

### 3. 基金组合构建

基于风格雷达，我们可以结合对市场风格的判断来构建投资组合。例如，在 2015 年年初，我们认为中盘成长风格具备明显优势，因此我们挑选了在中盘和成长因子上暴露系数最高的 10 只基金，采用等权方法，构建了中盘成长风格的基金组合。

诚然，在市场风格切换的过程中，提前预判风格可能并不是一件容易的事情，需要基金投资者拥有较强的预见性和丰富的投资经验。如果基金投资者具备对市场风格的判断能力，那么这里介绍的基于风格雷达的基金筛选方法就给投资者提供了一种配置风格的操作途径。

### 4. 策略表现（回测到 2017 年 8 月）

基于风格雷达的 FOF 策略表现如图 32.3 所示。

图 32.3　基于风格雷达的 FOF 策略表现（数据日期：2014/12—2016/1）

数据来源：Wind，兴业证券研究所

# 33 收益率分解模型

在第 31 章中我们解决了基金选择的一个基本问题：历史表现好的基金未来能否持续？我们给出的结论是：针对股票型、混合型和债券型基金，在合适的动量描述指标下，基金具有短期动量效应。由于动量效应选基无法获取基金考察期的收益，选基具有滞后性，并且动量选基考察的是基金投资最终的结果，其中结合了基金管理者的选股能力、择时能力、风险控制能力等诸多因素，选基逻辑不纯粹，难以做到与上层策略的有效结合，因此本章将尝试解决如下问题：能否找到可解释基金良好表现的内因，从而深入动量本质？

基于此问题，我们尝试对基金收益来源进行分解，探究基金业绩的内部因素，分离基金的择风格能力和选股能力，尝试发现基金业绩背后的稳定特质。

## 33.1 基本概念

### 1. 提出背景

FOF 收益的第一大来源为资产配置，但是由于 FOF 所配置的基金对各类资产的暴露并不完全公开，所以 FOF 管理人无法精确得到具体的配置比例，从而削弱了其对 FOF 资产配置的控制能力。在此背景下，对基金资产风格进行考察的需求应运而生。

所谓"风格"，我们认为是某类受到相似因素影响的证券所表现出来的趋同的风险收益特征。对于基金风格的分析方法，从可获得的数据角度来划分大致有两类：第一类是利用基金持仓明细分析基金风格；第二类是利用基金历史收益率分析基金风格。第一类可以通过持仓分析（Portfolio-Based Analysis，PBSA）来确定某一时间截面上的基金持仓风格，但是由于持仓明细数据的发布频率低，因而较难连续跟踪基金的风格变化。第二类可以通过收益率分析（Return-Based Analysis，RBSA）来拟合基金在任意时段的平均风格表现，从投资结果中提取基金的风格特征，虽然精确度不如持仓分析，但是较高的数据发布频率使得分析可以相对连续地跟踪基金变化。本节主要采用第二类分析方法。

## 2. 算法说明

William F. Sharpe 于 1992 年结合资产因子模型（Asset Class Factor Model）提出收益率分析法，将资产风格划分为大盘价值、大盘成长、中盘、小盘及不同类债券和国外市场，利用多元线性回归方法，对基金收益率进行回归，以最小化残差平方和为目标，得到基金在各资产风格上的近似比例。

$$R_t = [\delta_1 x_{1,t} + \delta_2 x_{2,t} + \cdots + \delta_n x_{n,t}] + \varepsilon_t$$
$$\text{s.t.} \quad \delta_1 + \delta_2 + \cdots + \delta_n = 1,$$
$$\delta_i \geqslant 0, i = 1, 2, \cdots, n$$

式中，$R_t$ 代表基金在 $t$ 期的收益率，$x_{i,t}$ 代表资产风格 $i$ 在 $t$ 期的收益率，回归系数代表基金在各资产风格上的近似比例。模型假设基金不能做空，不能加杠杆。

在得到基金在各资产风格上的近似比例后，我们可以利用该比例构建基金的历史风格指数 FundStyleIndex$_t$。在选定市场基准指数 Benchmark$_t$ 后，我们可以得到基金在考察期任意区间内超额收益率的一种分解形式，如下：

$$R_t - \text{Benchmark}_t = [R_t - \text{FundStyleIndex}_t] + [\text{FundStyleIndex}_t - \text{Benchmark}_t]$$

分解的前半部分代表基金偏离其所选风格的超额收益，这部分收益可能来自三方面：

（1）模型风格基准选择不良，收益率未被所选风格充分解释。

（2）基金挑选个股能力突出，获得了偏离风格的收益。

（3）其他原因（例如，大规模申购、赎回导致的净值波动）。

对于原因（1），本节通过合理地选取风格基准，尽可能地提高模型的解释度来避免，模型解释度用 $R^2 = 1 - \frac{\text{VaR}(\varepsilon_t)}{\text{VaR}(R_t)}$ 代表，其中 VaR 代表在一定置信区间下的最大损失。对于原因（3），由于其大部分为突发性原因，不具有持续性，对于长期分析不构成显著影响，因此，在模型解释度较高的前提下，我们认为这部分收益大概率来自基金优选个股的能力。

分解的后半部分代表基金所选风格相对于市场基准的超额收益，代表基金风格择时的超额收益。相比于选股，基金风格择时的行为并不一定是主动的和有计划的。

我们将前半部分命名为基金的选股 Alpha，将后半部分命名为基金的风格 Alpha，如图 33.1 所示。

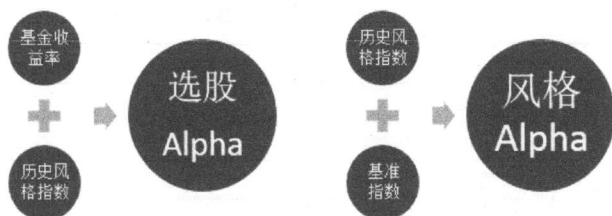

图 33.1　选股 Alpha 和风格 Alpha

### 3. 风格基准的选取

风格基准的选取首先要尽可能穷尽基金能投资的所有标的，并且风格与风格的标的之间要有互斥性。以混合型公募基金为例，可投资的标的主要有 A 股、债券、货币、权证及股指期货，大部分非量化对冲型基金实际上在权证和股指期货上的投资比例非常小，可以忽略不计。划分为偏股混合型的量化公募基金大部分目标也是指数增强，极少做大规模的对冲，因此我们主要关心 A 股和债券的风格特点。

A 股市场传统的风格划分有市值风格（大盘/中盘/小盘）、成长−价值风格等。风格基准指数可以自行构建，但我们认为市场上已有的风格基准指数经历了长期的市场检验，其构建方法相对成熟，并且其对市场风格的划分已经达成了共识，综合考虑，我们选取中证指数有限公司构建的如下风格基准指数：沪深 300 成长、沪深 300 价值、中证 500 成长、中证 500 价值、中证 1000。沪深 300 指数、中证 500 指数和中证 1000 指数成分互不相交，分别代表 A 股市场的大盘、中盘、小盘股票。从指数之间的相对表现可以看到，小市值股票比大市值股票的长期累积表现要好，但是也存在大市值股票跑赢小市值股票的阶段。而成长−价值风格不论是在大市值股票中还是在小市值股票中都存在轮动，成长和价值之间没有绝对占优的风格。

债券风格主要受到债券期限的影响。按照债券期限的不同，我们选择中债总财富指数对应的期限分类指数（1 年以下、1～3 年、3～5 年、5～7 年、7～10 年、10 年以上），综合考虑相关性等因素，选取如下三个风格基准指数分别代表短期债券、中期债券、长期债券：中债总财富（1～3 年）、中债总财富（5～7 年）、中债总财富（10 年以上）。当然，债券种类繁多，其受到的影响还包括发行主体、信用评级等。但是由于我们主要考察混合型基金的收益率构成，而股票市场的波动率远高于债券市场的波动率，股票指数在回归模型中将产生主要影响，因此对债券市场风格进行了简化。

综上，我们最终选择 5 个 A 股风格基准指数、3 个债券风格基准指数及现金作为模型回归的自变量，如表 33.1 所示。

表 33.1　选入风格基准

| 标的市场 | 风格基准 | 风格基准指数 |
|---|---|---|
| 股票 | 大市值成长 | 沪深 300 成长 |
| | 大市值价值 | 沪深 300 价值 |
| | 中市值成长 | 中证 500 成长 |
| | 中市值价值 | 中证 500 价值 |
| | 小市值 | 中证 1000 |
| 债券 | 短期债券 | 中债总财富（1～3 年） |
| | 中期债券 | 中债总财富（5～7 年） |
| | 长期债券 | 中债总财富（10 年以上） |
| 货币 | 现金 | 现金 |

## 33.2　基金风格画像

William F. Sharpe 提出的方法利用基金过去的月收益率滚动计算模型，从而使得连续月份样本数据高度重叠，同时由于月频数据频率低，要得到稳定的回归结果需要很长的时间跨度（这里采用 60 个月），因此，虽然利用此方法计算，整体的风格变化相对平滑，但是得到的风格分布具有很强的滞后性。

由于近几年我国基金净值数据的质量良好，发布频率最高为日频，因此这里采用日频数据、相邻考察区间互不重叠的方式滚动计算，我们分别用半年频率、季频率和月频率对某只基金进行基金风格画像，如图 33.2 所示。画像时间段为 2010 年 10 月到 2017 年 10 月。图中代码分别表示大市值价值（HS300V）、大市值成长（HS300G）、中市值价值（ZZ500V）、中市值成长（ZZ500G）、小市值（ZZ1000）、长期债券（BONDL）、中期债券（BONDM）、短期债券（BONDS）。

可以看到，这只基金的风格早期偏大盘，后期偏中、小盘，并且长期偏好成长股，虽然基金风格总体有一个长期漂移，但是相邻月份之间调整频繁。同样使用月频数据进行回归，在半年频率、季频率、月频率三种频率下平均 $R^2$ 分别为 0.861、0.862、0.844。可见，由于基金的风格变化频繁，并且收益率分析得到的是考察区间的平均风格，因此，在月频下进行基金风格画像在理论上精确度相对最高。

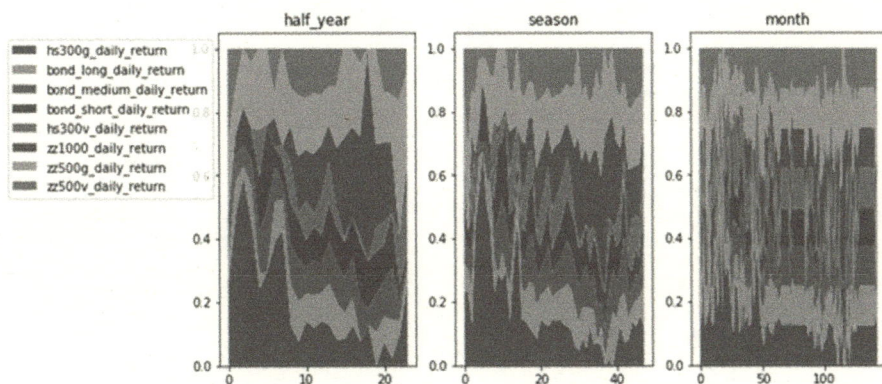

图 33.2　某只基金的半年、季、月频风格画像

**数据来源：国泰君安研究所**

## 33.3　在选基中的应用

针对选股 Alpha，本节构建的指标选基策略为：在月频下计算备选基金过去 12 个月的平均选股 Alpha，作为选基指标；筛选出当月模型解释度大于 0.6 的基金作为备选基金，利用选基指标对所有备选基金进行排序，选取所构造指标最高的 5 只基金等权构建 FOF 组合，按照月频调仓（由于公募 FOF 有单只基金 20%的仓位限制，因此对于一个 FOF 产品至少需要等权地选择 5 只基金）。策略回测时间为 2006 年 1 月到 2016 年 12 月。本策略的备选基金池基金数量为 2219 只。策略回测结果如表 33.2 所示。

表 33.2　指标选基回测结果

|  | 年化收益率 | 年收益率平均 | 年收益率波动率 | 最大回撤 | 胜率 |
|---|---|---|---|---|---|
| 绝对收益率 | 14.92% | 7.73% | 39.35% | −47.46% | 64.34% |
|  | **年化超额收益率** | **年超额收益率平均** | **年超额收益率波动率** | **最大回撤** | **胜率** |
| 相对沪深 300 | 6.48% | 7.73% | 20.80% | −26.65% | 57.36% |
| 相对备选基金中位数 | 6.23% | 6.53% | 9.86% | −16.02% | 62.79% |

回测结果表明，利用选股 Alpha 选基能够长期获得超越沪深 300 指数和备选基金中位数的超额收益，如图 33.3 所示。选股 Alpha 作为选基指标的有效性得到证实。

图 33.3　策略净值曲线

**数据来源：星潮 FOF**

由本节的策略得出以下结论：不同的指标描述的角度不同，其中，收益类指标主要从绝对收益终值和相对收益终值的角度出发选基，考察基金的牛市收益能力和熊市避险能力；风险类指标主要从控制基金净值负向波动的角度出发选基，考察基金的风控能力和风险偏好；风险调整后收益类指标结合两者选择性价比最高的基金。以上指标都来自对基金复权净值的计算，考虑的选基逻辑较为粗糙。而选股 Alpha 指标剥离了市场整体和风格对基金表现的影响（市场风格对大部分基金的影响基本一致，基金的风格择时能力同质化现象较为突出），能够更加纯粹地考察基金经理的选股能力，而选股能力正是区分好坏基金的重要指标。

# 34 奇异谱择时模型

动量效应考察的主要大类资产只有权益类与固定收益类两种。在这两种资产中，权益类资产和大盘相关性高，收益不稳定且波动大；固定收益类资产和大盘相关性低，收益稳定且波动小。在有良好的大盘择时工具的前提下自然而然地产生了一种资产切换的思想：在判断大盘上涨的时候持权益类资产，在判断大盘下跌的时候持固定收益类资产，从而在控制风险的情况下增强总体的收益。

对于固定收益类资产的具体产品池，可以选择债券型基金，因为债券型基金收益稳定、风险小。对于权益类资产的具体产品池，动量效应更显著的混合型基金相比股票型基金更好。

## 34.1　奇异谱均线择时

道氏理论以平均成本概念为理论基础，建立了用移动平均线（Moving Average，MA）刻画价格趋势的方法。移动平均线对移动窗口内的数据求平均值，从统计上来说是比较移动窗口间整体差异最简单的方法。它在一定程度上消除了随机噪声的影响，是进行技术分析的基本工具。下面是移动平均线的计算公式。

$$MA_n(T) = \frac{\sum_{i=1}^{n} p_{T-i+1}}{n}$$

但是 MA 刻画趋势有其难以避免的缺陷：虽然求平均的过程可以减少非趋势噪声的影响，但是短窗口的 MA 是固定个数序列值的简单平均，受到异常值的影响大，曲线不够平滑；长窗口的 MA 虽然可以在一定程度上抹平异常值的影响，克服不够平滑的问题，但是对趋势刻画的延迟随着窗口参数的增加而增加，不能实时反映趋势变化。

为了寻找一种能够改善上述问题的趋势刻画工具，本节阐述了奇异谱分析（Singular Spectrum Analysis，SSA）方法。简而言之，SSA 能够提取移动窗口之间最主要的差异作为特征并忽略其他信息，从而最大化信噪比。利用此特征刻画的价格序列趋势相比 MA 更平滑，且无延迟。

从数学的角度来说，SSA 即在移动窗口矩阵的奇异值分解中寻找最大奇异值对应的特征向量，使得所有移动窗口样本序列在这个特征向量上的映射方差最大，也即区别这些移动窗口样本序列的最大特征。这个特征向量代表的方向也称为第一主成分方向，具体的构造方式分为 4 步：分解序列并构建移动窗口矩阵→对其进行奇异值分解→将移动窗口矩阵映射到第一主成分方向→利用对角平均重构序列。

具体地，对于时间序列 $y=(y_1,\cdots,y_t)$，令 $n = t - m + 1$，$m$ 为窗口长度，并限制 $m \leqslant t/2$（一般取 $t = 2m$，使得矩阵在列满秩的情况下尽量小。因为如果 $t$ 取得过长，则不仅计算速度变慢，趋势线灵敏度也会下降）。我们定义 $n \times m$ 阶的移动窗口矩阵为

$$H = \begin{pmatrix} y_1 & y_2 & y_3 & \cdots & y_m \\ y_2 & y_3 & y_4 & \cdots & y_{m+1} \\ y_3 & y_4 & y_5 & \cdots & y_{m+2} \\ \vdots & \vdots & \vdots & \vdots & y_{t-1} \\ y_n & y_{n+1} & y_{n+2} & \cdots & y_t \end{pmatrix}$$

之后对其协方差矩阵 $C=H^{\mathrm{T}}H$ 进行奇异值分解，$C=V \cap R^{\mathrm{T}}$，并选取前 $k$ 个主成分：

$$P_K = HV_K$$

这里的 $V_K$ 由 $C$ 的前 $k$ 个特征向量构成。定义重构矩阵 $\hat{H}$ 如下：

$$\hat{H} = P_k V_k^{\mathrm{T}}$$

如果我们选取全部的主成分（$k = m$），那么 $\hat{H} = H$。现在我们选取 $k < m$ 个主成分（一般取 $k=1$），则噪声部分将被忽略，留下时间序列的主要趋势信息。通过对角平均处理，我们将还原出经过平滑处理的时间序列，如下：

$$\widehat{y_p} = \frac{1}{\alpha_p} \sum_{j=1}^{m} \hat{H}^{(i,j)}$$

式中，$i=p-j+1, 0 < i < n+1$。$\alpha_p$ 的定义如下：

$$\alpha_p = \begin{cases} p, p < m \\ t-p+1, p > t-m+1 \\ m, \text{其他} \end{cases}$$

经过奇异谱分析的时间序列根据窗口长度 $m$ 不同，考察的趋势周期不同，同 MA

一样，短窗口 SSA 考察短期趋势，长窗口 SSA 考察长期趋势。SSA 仅考虑时间序列自相关结构（主要是对移动窗口矩阵的协方差矩阵进行奇异值分解），对数据本身没有先验的假设（相对于传统时间序列分析如 AR、ARIMA 等，不需要预设统计模型），参数唯一，与 MA 一样仅有一个窗口参数，不存在参数拟合的问题。

利用奇异谱分析过滤市场波动中的震荡项和噪声项，提取不同时间周期的趋势线，所获得的趋势线相比移动平均线受异常值的影响更小，对上涨中的回调敏感性更强，对下跌中的反弹更谨慎。在以 10、30、50 为窗口参数的奇异谱趋势线组判断体系下的指数多空策略在牛市中能够抓住主要趋势，在熊市和震荡市中能够控制整体的回撤。

下一节将利用此趋势判断系统进行 FOF 大类资产配置的时机选择。如果体系在月末处于看多区间，则下一个持仓周期持有混合型基金；如果体系在月末处于看空区间，则下一个持仓周期持有债券型基金。

## 34.2 奇异谱择时 + 选基

### 1. 调仓费用计算

关于基金投资的费用，一般考虑以下几个指标：认购费、申购费、赎回费、销售服务费、管理费、托管费等。其中，认购费为基金在认购期认购所需的费用，而本策略仅考虑成立一年以上的基金，因此应当适用申购费。对于基金的申购费，本策略采取前端收取模式。基金的销售服务费、管理费和托管费一般按日计提，本策略为了方便起见，采用调仓日统一计提规则。

关于基金投资各费用的费率问题，一般大额（1000 万元以上）申购费率在 0.01% 以下；赎回费率 1 年以内、30 日以上在 0.5% 左右；销售服务费率一般较小，可以忽略；管理费率一般为 1.5%（每年）；托管费率一般为 0.25%（每年）。

### 2. 选基策略组合

在资产配置方式确定的前提下，选基指标和调仓频率的确定同样可以从两个角度来考虑，分别为绝对收益和相对收益，主要选择策略夏普比率和信息比率最高的指标。既然有择时工具帮助我们规避大盘风险，那么同样可以考虑仅从年化收益率的角度来选择混合型基金的选基指标。按历史年化收益率选择基金，往往会选到相对激进、净值波动较大的基金。从第 33 章的回测中可以看到，无论是混合型基金还是债券型基金，在月频调仓下的效果最好，因此这里讨论的都是在月频调仓下的最优指标。为了避免完全事后判断，选基指标的选取仅考虑 2014 年以前的数据。选基策略组合如表 34.1 所示。

表 34.1　选基策略组合

| | 混合型基金年化收益率最高指标 | 混合型基金夏普比率最高指标 | 混合型基金信息比率最高指标 |
|---|---|---|---|
| 债券型基金夏普比率最高指标 | H_AD(债)<br>H_MVaR(混) | H_AD(债)<br>SR(混) | H_AD(债)<br>IR(混) |
| 债券型基金年化收益率最高指标 | IR(债)<br>H_MVaR(混) | IR(债)<br>SR(混) | IR(债)<br>IR(混) |

## 3. 回测结果

我们对各类选基方式在考虑调仓费用后进行了回测，结果如表 34.2 和图 34.1 所示。

表 34.2　基金组合回测结果

| | 年化收益率 | 夏普比率 | 最大回撤 | 收益回撤比 | 月胜率 |
|---|---|---|---|---|---|
| H_AD(债)<br>H_MVaR(混) | 27.69% | 0.43 | −16.77% | 1.65 | 58.54% |
| H_AD(债)<br>SR(混) | 21.79% | 0.46 | −7.00% | 3.11 | 51.22% |
| H_AD(债)<br>IR(混) | 29.62% | 0.50 | −11.50% | 2.58 | 60.98% |
| IR(债)<br>H_MVaR(混) | 25.13% | 0.25 | −65.67% | 0.38 | 56.10% |
| IR(债)<br>SR(混) | 19.22% | 0.21 | −61.61% | 0.31 | 46.35% |
| IR(债)<br>IR(混) | 27.06% | 0.28 | −64.55% | 0.42 | 58.55% |

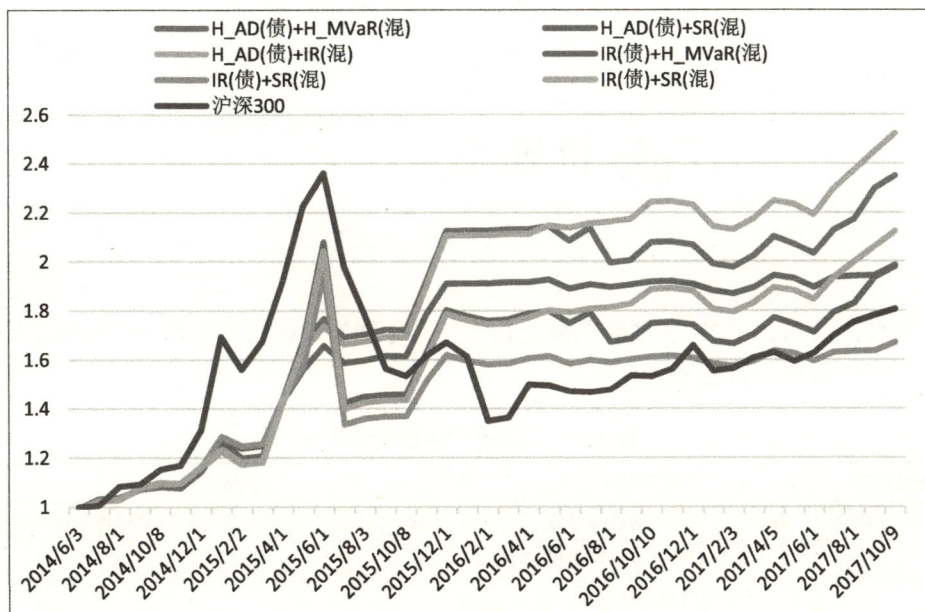

图 34.1 奇异谱择时模型的回测结果

从最终的回测结果中可以看到，奇异谱择时 FOF 动量策略相比于简单持有混合型基金的绝对收益更好、最大回撤更小，且相对沪深 300 指数能够长期获得一定的超额收益。其中收益回撤比最大的组合为 H_AD(债)+SR(混)。

资产配置方式多种多样，本策略中考虑的资产池并没有包括 QDII 基金、商品基金、REITs 基金等，结合更加完善的大类资产配置策略，可以进一步地分享其他类别资产所带来的收益。

非被动基金投资的 FOF 在本质上还是选择优秀的基金经理，因此基金经理评价是 FOF 的重要内容。通过对数据的进一步采集，可以逐步建立基金经理评价体系，满足不同投资者对基金经理的偏好与需求。

归因与风格分析在本质上是寻找基金的 Alpha 来源。在持仓数据能够获得的前提下，可以通过归因与风格分析寻找各类基金的 Alpha 来源，从而对基金经理的能力进行评价和归类，在此基础上配置目标风格基金经理管理的基金。

公募 FOF 市场的打开必会丰富公募基金的品种和产品，FOF 的大类资产配置需求会促进被动型基金的覆盖面扩大，促进商品型、REITs 型等基金的发展，反过来这些基金的发展也将为 FOF 提供更多的配置空间，两者相辅相成，未来将得到共同发展。

# *35* 目标日期基金

国外共同基金 FOF 主要有三种配置方法，分别为目标日期策略、目标风险策略和风险平价策略，如表 35.1 所示。

表 35.1　三类资产配置策略概述

| 配置策略 | 配置目标 | 风控手段 |
|---|---|---|
| 目标日期策略 | 随时间实现风险的逐步降低 | 随时间降低高风险资产比例，提高低风险资产比例 |
| 目标风险策略 | 设定风险上限，并尽可能提高 Beta 值，以分享市场上涨收益 | 根据历史波动率调整权重，控制资产风险上限 |
| 风险平价策略 | 长期的相对稳健收益 | 根据历史波动率调整权重，保证各个资产风险贡献相同 |

我们先来看目标日期基金。目标日期基金诞生于 20 世纪 90 年代。富国银行（Wells Fargo）和巴克莱（Barclays）针对美国 401k 计划的市场快速增长的需求，于 1994 年推出了业内首个目标日期共同基金系列。由于其独有的针对养老市场特点的运作方式，目标日期基金自推出以来发展迅速。美国投资公司协会（ICI）的数据显示，截至 2015 年年底，美国目标日期基金市场规模达到 7630 亿美元，其中超过 7000 亿美元以 FOF 形式运作。

从每年的增量情况来看，从 2000 年至今，在每年新增的目标日期基金中，DC 计划参与的比例基本超过 60%，在一定程度上可以看出养老金的参与，尤其是 DC 计划的参与对于目标日期基金市场规模的扩大具有很大的影响。

典型的目标日期基金的资产配置思路为：随着到期日临近而主动调整权益类和固定收益类资产的配置比例，逐渐降低资产的风险。具体流程为：

（1）分析投资者所面临的风险。

（2）绘制权益类资产下滑曲线（Glide Path）。

（3）决定权益类和固定收益类资产下各细分类的配置比例。

## 35.1 国外目标日期策略

### 1. 国外目标日期基金

国外目标日期基金（TDFs）的资产配置原则为：在 40 岁之前，配置 90% 的权益类资产；40～72 岁权益类资产配比逐步下降；在 72 岁以后，维持 30% 的权益类资产配置比例不变，如图 35.1 所示。

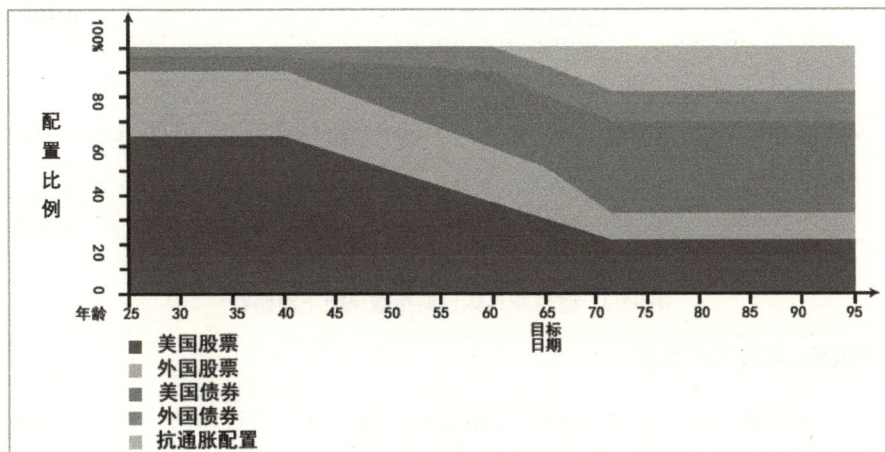

图 35.1　国外目标日期基金的资产配置变化

数据来源：星潮 FOF 整理

### 2. 国外目标日期策略指数

随着目标日期基金的发展，道琼斯公司于 2005 年发布了第一个目标日期指数系列"道琼斯目标日期指数"和"道琼斯美国目标日期指数"，随后 S&P 及 FTSE 也陆续发布了目标日期指数。2006 年 6 月 27 日，富国银行将旗下的目标日期基金（Wells Fargo Advantage Outlook Fund）——一只主动式管理基金变更为追踪道琼斯目标日期指数的产品 Wells Fargo Advantage DJ Target Fund。其变更的主要原因是：道琼斯目标日期指数的风险分散能力较主动式管理基金的风险分散能力更为优秀；并且在进行资产管理时，将原有的一揽子股票（债券）分解为互不相交的多个股票（债券）指数，降低了风险监控及管理难度和运作成本。道琼斯目标日期指数风险下滑路径如图 35.2 所示。

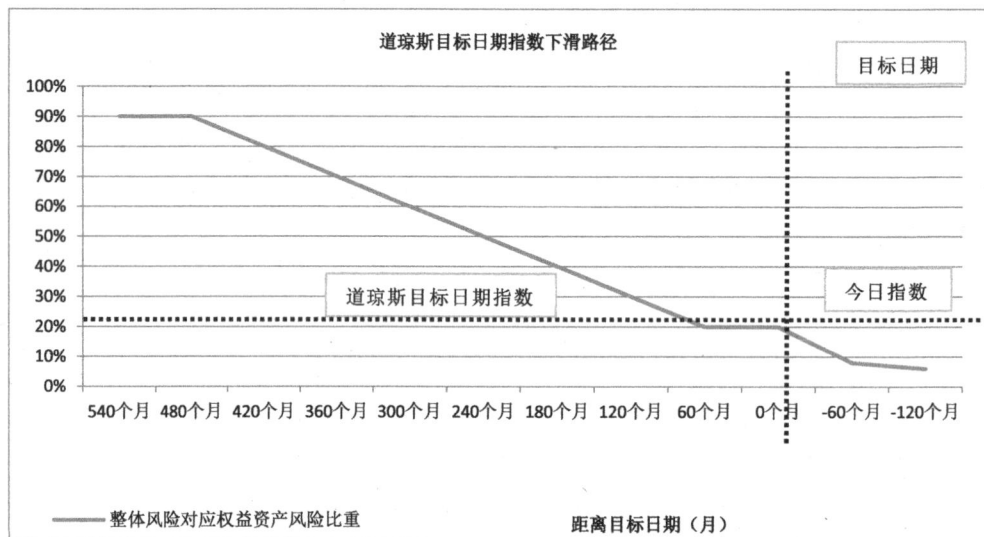

图 35.2　道琼斯目标日期指数风险下滑路径

**数据来源：星潮 FOF 整理**

　　该指数通过相对风险的方法设置下滑路径。在产品的设计阶段，该指数预先规定了在每个时点上资产的整体风险与资产中对应权益类资产的风险比例，并且随着退休时间的临近，该风险比例将逐渐降低，从期初的 90%逐渐降至最终的 20%。

## 35.2　国内目标日期策略

### 1. 国内目标日期基金

　　目前国内市场仅有 3 只目标日期基金，分别是 2006 年发行成立的汇丰晋信 2016、大成财富管理 2020 及 2008 年发行成立的汇丰晋信 2026。根据 2015 年年报统计，上述 3 只基金的资产规模分别为 2.2 亿元、31.32 亿元和 1.13 亿元，总和为 34.65 亿元。

　　以汇丰晋信 2026（540004.OF）为例，该目标日期基金于 2008 年 7 月成立，业绩基准为 MSCI 中国 A 股指数收益率×$X$+中债新综合指数收益率（全价）×$(1-X)$，其中 $X$ 值随时间改变，具体变化规则如图 35.3 所示。

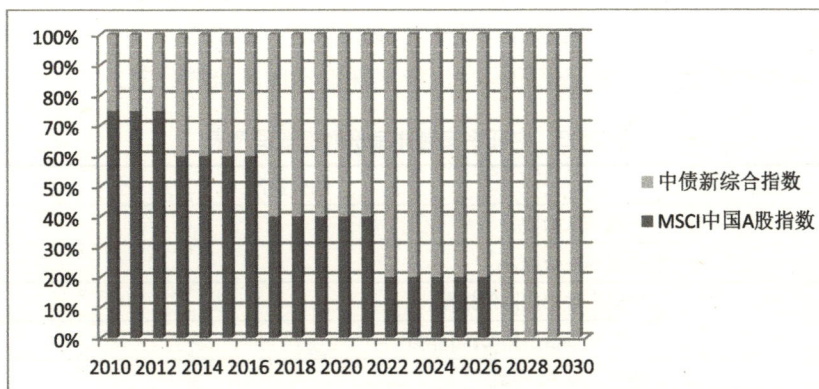

图 35.3　汇丰晋信 2026 目标日期指数风险下滑路径

从该基金的业绩基准来看，由于其下滑路径相对比较固定，在出现不同的市场情况时不会对预定的下滑路径进行调整，因此在 2015 年市场波动较大期间同样出现了较大的波动。

由此我们认为，对于 A 股市场而言，相对固定的资产下滑路径难以对抗市场的大幅波动。随着时间的推移，单纯通过提高资产中债券资产的比例往往不能保证整个资产组合的风险逐渐下降。

## 2. 国内目标日期策略指数

对于 A 股市场，中证指数有限公司同样开发了目标日期系列指数——中证平安退休宝系列指数，其中包含 3 个具体指数，分别对应退休年份 2025 年、2035 年、2045 年，如表 35.2 所示。

表 35.2　中证平安退休宝系列指数

| 指数名称 | 指数简称 | 指数代码 |
|---|---|---|
| 中证平安 2025 退休宝指数 | 2025 退休 | 930841 |
| 中证平安 2035 退休宝指数 | 2035 退休 | 930842 |
| 中证平安 2045 退休宝指数 | 2045 退休 | 930843 |

该系列指数是基于人们在不同年龄段所拥有的人力资本与金融财富水平，设置相应的风险承受水平，从而进行不同资产间的优化配置，为不同退休日期的人群提供养老储蓄的基准指数。

中证平安退休宝系列指数配置的资产类别主要包括 A 股指数、债券、现金、QDII

股票及非标资产，如表 35.3 所示。相比于传统的指数，该指数配置了 QDII 股票及非标资产，在资产配置更加多元化的同时也能更好地实现风险的分散。

表 35.3　中证平安退休宝系列指数资产表

| 资产类别 | 细分资产 |
| --- | --- |
| A 股指数 | 沪深 300 指数 |
| | 中证 500 指数 |
| 债券 | 中证金边中期国债指数 |
| | 中证中期信用债 L100 指数 |
| 现金 | 中证短融 50 指数 |
| QDII 股票 | 博时标普 500ETF |
| 非标资产 | 中证一财一年期理财产品指数 |

中证平安退休宝指数的编制方式较为复杂，每半年进行调仓，具体的权重分配方式如下：

$$\max \sum_{i=1}^{7} (W_{t_0}^i \times R_{t_0}^i)$$

$$\text{s.t.} \sum_{i=1}^{7} W_{t_0}^i = 1$$

$$\frac{\omega_{t_0} \boldsymbol{Cov}_{t_0} \omega'_{t_0}}{\text{Var}_{t_0}^{\text{Fund}}} \leqslant K_{t_0}$$

其中，根据各类资产的历史表现及未来预期，得到第 $i$ 类细分资产的预期年化收益率 $R_i$、各类资产的预期协方差矩阵 $\boldsymbol{Cov}_{t_0}$；根据中证开放式基金指数的历史表现，得到该指数的预期方差 $\text{Var}_{t_0}^{\text{Fund}}$。相对风险系数 $K$ 反映了中证平安退休宝系列指数相对于中证开放式基金指数的风险承受上限。以中证平安 2025 退休宝指数为例，其相对风险系数由 2006 年的 55% 下降到 2031 年的 6%，随后不再发生变化。通过 $K$ 值的逐渐减小来降低资产整体的风险，使得该指数在市场波动时也能够有效地随时间逐渐降低资产的风险。

以中证平安 2025 退休宝指数为例，从近年的表现来看，该指数自 2008 年以来获得了 4.28% 的年化收益率，年化波动率为 12.06%，夏普比率为 0.19。随着退休日的临近，该指数的波动率将会随着相对风险系数 $K$ 的下降而进一步下降，如图 35.4 所示。

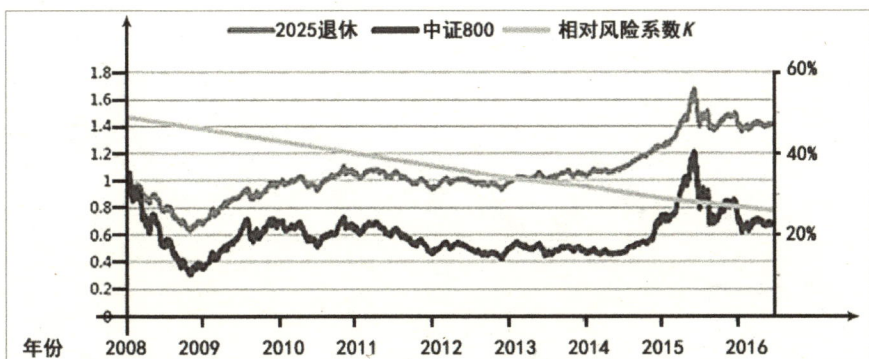

图 35.4　中证平安 2025 退休宝指数走势

## 35.3　星潮退休指数系列

星潮退休指数系列的主要特征如下：

（1）指数周期为 30 年，正好符合国内平均职业年限。

（2）前 15 年为高风险区，以配置股票指数为主、债券为辅。

（3）后 15 年为低风险区，以配置债券为主、股票为辅。

具体权重下滑路径如表 35.4 所示。

表 35.4　星潮退休指数系列权重下滑路径

| 年　　限 | 股票指数 | 权　　重 | 债券指数 | 权　　重 |
|---|---|---|---|---|
| 0～5 年 | 中证 500 | 0.7 | 中证全债 | 0.3 |
| 6～10 年 | 中证 300 | 0.7 | 中证全债 | 0.3 |
| 11～15 年 | 上证 50 | 0.7 | 中证全债 | 0.3 |
| 16～20 年 | 上证 50 | 0.5 | 中证全债 | 0.5 |
| 21～25 年 | 上证 50 | 0.3 | 中证全债 | 0.7 |
| 26～30 年 | 上证 50 | 0.1 | 中证全债 | 0.9 |

以表 35.4 为基础，可以构建系列退休指数。下面以星潮 2035 退休指数为例，该指数的起点是 2005 年 1 月 4 日，走势如图 35.5 所示。

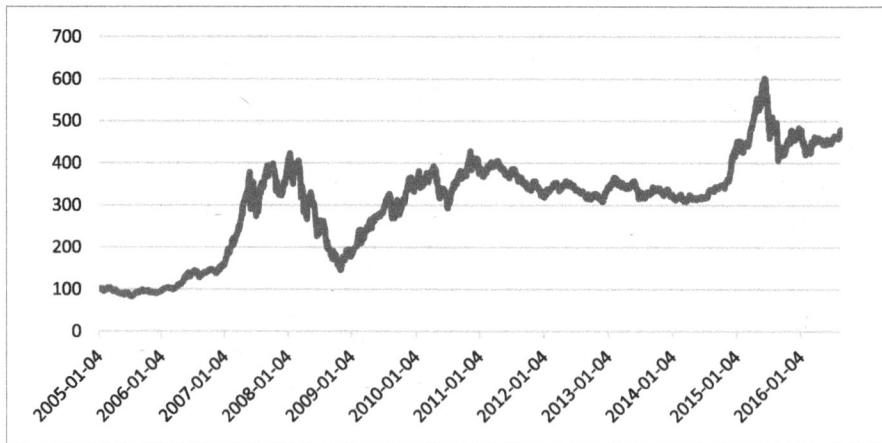

图 35.5　星潮 2035 退休指数走势

**数据来源：星潮 FOF**

# 36 目标风险基金

目标风险基金采用基于风险的投资方式。目标风险基金在成立之初便以不同的形式确定了预期风险收益水平，且往往不会随着时间的迁移而变化。

目标风险基金的名称中通常含有其风险偏好，以标普目标风险系列指数为例，通常以进取（Aggressive）、成长（Growth）、稳健（Moderate）或者保守（Conservative）等表现其风险偏好；而标普 500 每日风险控制系列指数的名称中则直接表明其最大控制波动率，如 S&P Daily Risk Control 15%。

## 36.1　国外目标风险策略

国外主要有两类目标风险策略：第一类为每日风险控制指数，代表是标普 500 每日风险控制系列指数；第二类为目标风险指数，代表是标普 500 目标风险系列指数，如表 36.1 所示。

表 36.1　国外目标风险策略

| 指数规划 | 标普 500 每日风险控制系列指数 | 标普 500 目标风险系列指数（2015 年前） |
|---|---|---|
| 风险控制方案 | 通过调整资产权重，使得资产池的波动率达到预定的最大水平 | 控制预期下行风险小于最大可容忍概率 |
| 目标优化函数 | 无 | 资产池 Beta 值最大化 |
| 再平衡周期 | 每日 | 每年 |
| 能否使用杠杆 | 能 | 不能 |

**数据来源：标普道琼斯指数公司**

### 1. 标普 500 每日风险控制系列指数

标普 500 每日风险控制系列指数由两部分组成：标的指数（风险资产，此处为标普 500 指数）和现金资产（无风险资产）。当标的指数的波动率上升时，资产池中标的指数的比重将会被调低,而现金资产的比重将会上升;当标的指数的波动率下降时,将进行反向操作,如图 36.1 所示。

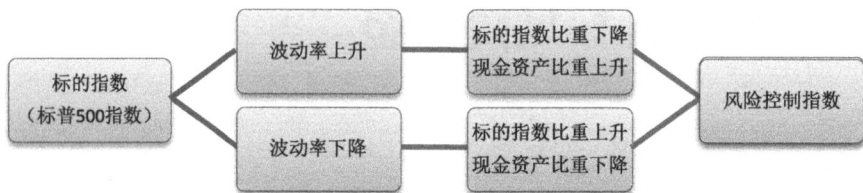

图 36.1　标普 500 每日风险控制系列指数原理图

**数据来源:标普道琼斯指数公司,星潮 FOF 整理**

一般地,每日风险控制指数将最大波动率设为 5%、10%、12% 及 15% 等水平。当标的指数(风险资产)的波动率小于预定的最大波动率水平时,可以采用杠杆进行操作,实现总资产的波动率等于最大风险水平,如图 36.2 和表 36.2 所示。

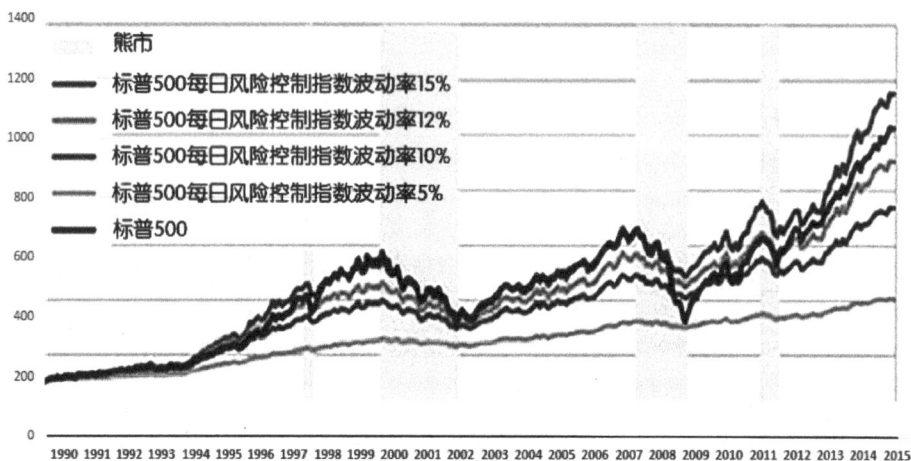

图 36.2　标普 500 每日风险控制系列指数走势图

**数据来源:标普道琼斯指数公司,星潮 FOF 整理**

表 36.2　标普 500 每日风险控制系列指数表现(1990—2014 年)

| 指数表现 | 5% | 10% | 12% | 15% | 标普 500 |
| --- | --- | --- | --- | --- | --- |
| 年化收益率 | 6.04% | 8.68% | 9.62% | 10.71% | 10.18% |

续表

| | | | | | |
|---|---|---|---|---|---|
| 年化波动率 | 4.5% | 8.9% | 10.6% | 12.8% | 14.48% |
| 相对标普 500 Beta 值 | 0.26 | 0.51 | 0.61 | 0.75 | 1 |
| 夏普比率 | 0.74 | 0.67 | 0.67 | 0.62 | 0.51 |

### 2. 标普 500 目标风险系列指数

标普道琼斯指数公司于 2008 年 9 月 25 日推出了标普 500 目标风险系列指数，系列中包含 4 个指数，分别为保守指数（Conservative）、稳健指数（Moderate）、成长指数（Growth）及进取指数（Aggressive），分别对应不同的风险水平。

在 2015 年之前，标普 500 目标风险系列指数始终以预期下行风险小于最大可容忍概率作为风险控制的策略。该指数的具体编制方法如下：

$$\max \beta$$
$$\sum_{j=1}^{N} w_i = 1, w_i > 0$$
$$p > \int_{-\infty}^{r} \varphi(x), \varphi(x) \sim N(0, w'\Sigma w)$$

式中，$r$ 为可忍受的最大跌幅，$p$ 为最大可容忍概率，$\Sigma$ 为不同类别资产的协方差。通过对资产权重进行优化，可以在一定程度上控制资产的波动。在资产配置方面，标普 500 目标风险系列指数采用了多元化的资产配置，包括国内外市场上的权益类资产、各类不同等级的固定收益类资产及 REITs 资产，如表 36.3 所示。同时，该指数的编制通过相关资产的 ETF 基金，相比于传统的指数加权能够更好地反映相关基金的情况，对于 FOF 的配置具有更大的参考价值。

表 36.3　标普 500 目标风险系列指数的资产配置

| 资产类别 | 具体资产 |
|---|---|
| 权益类资产 | US Large; US Mid; US Small; International Equities; Emerging Market Equities |
| 固定收益类资产 | Core Fixed Income, Short Term Treasuries, TIPS,High Yield Corporate Bonds |
| 其他资产 | US REITs |

从走势上来看，不同的风险偏好呈现出不同的波动率，其中保守型目标风险系列指数的年化波动率仅为 4.64%，而进取型目标风险系列指数的年化波动率则为 15.63%。随着风险偏好的不同，各个指数的波动情况出现了较大的分化，如图 36.3 和表 36.4 所示。

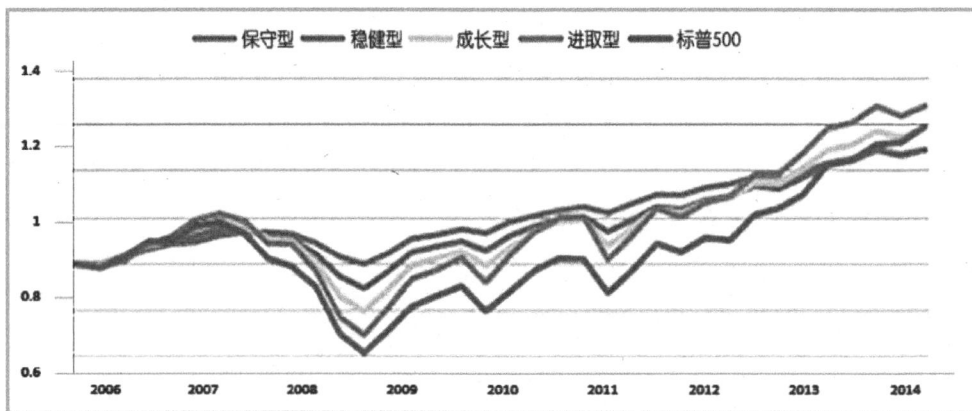

图 36.3　标普 500 目标风险系列指数走势

数据来源：Bloomberg，星潮 FOF 整理

表 36.4　标普 500 目标风险系列指数表现（2006—2014 年）

| 指数表现 | 保守型 | 稳健型 | 成长型 | 进取型 | 标普 500 |
|---|---|---|---|---|---|
| 年化收益率 | 4.67% | 4.67% | 5.4% | 6.11% | 5.44% |
| 年化波动率 | 4.64% | 7.83% | 10.87% | 15.63% | 16.25% |
| 相对标普 500 Beta 值 | 0.25 | 0.43 | 0.65 | 0.94 | 1 |

数据来源：Bloomberg

## 36.2　国内目标风险策略

### 案例 1：股债均衡目标风险指数

对于 A 股市场，我们同样可以根据标普 500 每日风险控制系列指数的编制方法来编制 A 股市场的每日风险控制系列指数。这里我们选择沪深 300 作为基准指数，选择中证全债作为低风险指数，通过固定频率的调仓来实现对于资产最大波动的控制。不同于标普 500 每日风险控制系列指数以每日作为调仓周期，为了满足 FOF 的调仓需求，我们采用周作为调仓频率。

（1）设定股票和债券的最大目标风险（回撤）分别为 $A_1$ 和 $A_2$。

（2）每周周末判断一次，如果股票价格跌幅超过 $A_1$，就平掉股票，加仓债券。

（3）如果债券价格跌幅超过 $A_2$，则平掉债券，加仓股票。

（4）时间为 2009—2015 年，$A_1$ 和 $A_2$ 根据历史数据回归得到。测算结果如图 36.4 和图 36.5 所示。

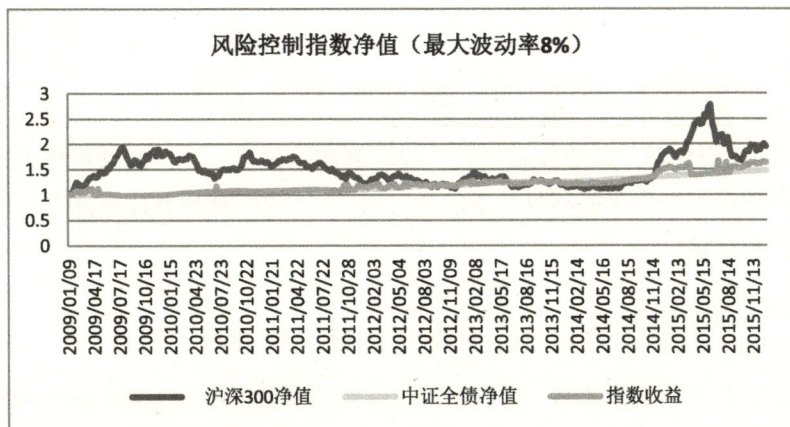

图 36.4　国内股债均衡目标风险指数（最大波动率 8%）走势

**数据来源：星潮 FOF**

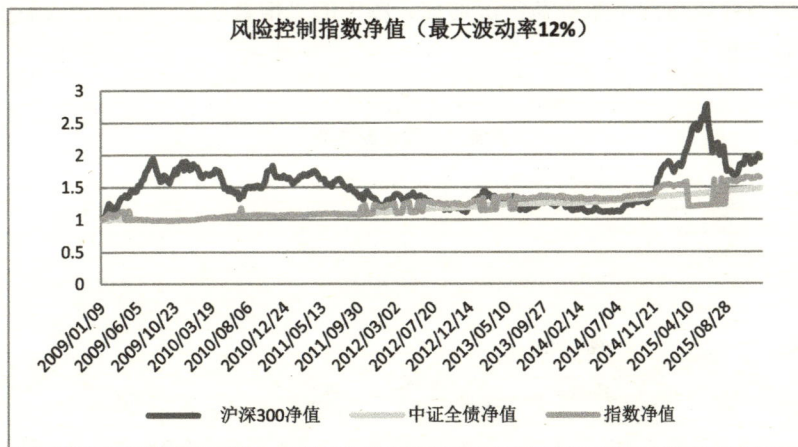

图 36.5　国内股债均衡目标风险指数（最大波动率 12%）走势

**数据来源：星潮 FOF 整理**

从测算结果来看，在股票市场波动率变大到预定值时，股票平仓，持仓量为 0，债券类资产将占有大部分的比重，从而平缓市场所带来的风险。

为了比较策略在市场中的表现，表 36.5 统计了在不同市场波动率下的指数表现。

表 36.5　国内股债均衡目标风险指数在不同市场波动率下的表现

|  | 风险控制指数 8% | 风险控制指数 12% | 沪深 300 | 中证全债 |
|---|---|---|---|---|
| 预定最大波动率 | 10% | 17.58% | 32% | 7.19% |
| 年化收益率 | 5.22% | 9.27% | 13.50% | 3.40% |
| 夏普比率 | 0.34 | 0.42 | 0.37 | 0.11 |
| 最大回撤 | 5.12% | 24.05% | 43.16% | 2.08% |

从收益-风险来看，风险控制指数的收益率高于债券、小于股票的收益率，波动率较高的风险控制指数在提高收益率的同时加大了回撤；从夏普比率来看，普遍较低，风险控制指数略优。

## 案例 2：多资产目标风险指数

为了实现对波动率的控制，我们利用目标风险指数的编制思路，研究在多资产下目标风险策略在 A 股市场上是否同样能够实现对资产整体波动的控制。这里我们选择沪深 300、中证 500、大宗商品及中证全债指数作为配置资产的基础指数。通过目标风险策略，将这 4 个基础指数合成一个"多资产目标风险指数"。图 36.6 展示了这 4 个基础指数与合成后的指数收益情况对比，图中的"指数收益"就是合成后的"多资产目标风险指数"。

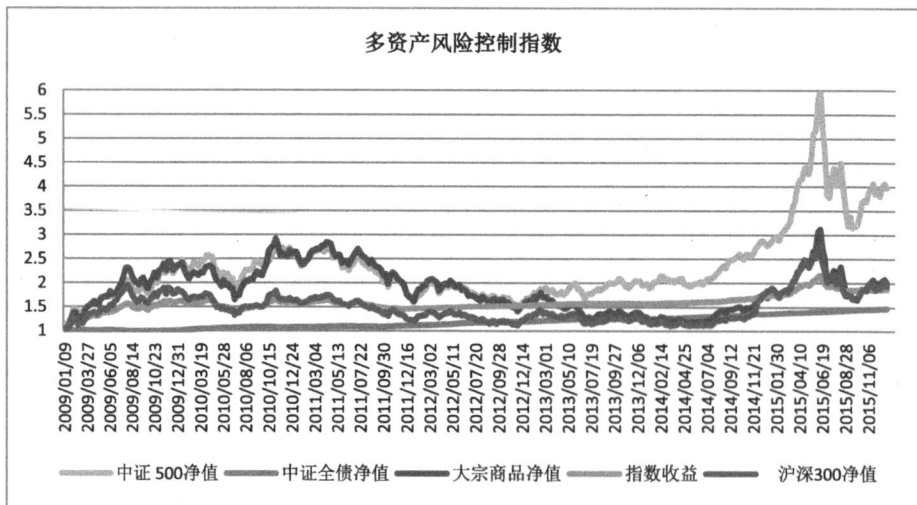

图 36.6　国内多资产目标风险指数收益情况对比

**数据来源：星潮 FOF**

（1）设定沪深 300、中证 50、大宗商品及中证全债指数的最大目标风险（回撤）分别为 $A_1$、$A_2$、$A_3$、$A_4$。

（2）每周周末判断一次，如果股票价格跌幅超过 $A_i$，就平掉该品种，将资金平均分配到其他品种上。

（3）时间范围为 2008—2015 年，$A_i$ 根据历史数据回归得到。

为了比较策略在市场中的表现，表 36.6 统计了在不同市场波动率下的指数表现。

表 36.6　国内多资产目标风险指数在不同市场波动率下的表现

|  | 风险控制指数 | 大宗商品 | 沪深 300 | 中证全债 | 中证 500 |
|---|---|---|---|---|---|
| 年化波动率 | 16.28% | 45.77% | 32.00% | 7.19% | 76.69% |
| 年化收益率 | 5.22% | 14.56% | 13.50% | 3.40% | 42.44% |
| 夏普比率 | 0.21 | 0.28 | 0.37 | 0.11 | 0.53 |
| 最大回撤 | 14.54% | 60.13% | 43.16% | 2.08% | 47.71% |

数据来源：星潮 FOF

尽管从结果来看实际年化波动率仍然略高于预定的目标风险，但相比于由单个股票指数所构建的风险控制指数已经有了明显的改进，说明一个多样化的配置能够在一定程度上提高资产控制风险的能力。对于希望以控制最大风险作为配置目的的 FOF 而言，在实施控制波动率策略的同时增加配置资产的种类，也能够增加资产整体控制风险的能力。

从年化收益率来看，多资产目标风险指数的年化收益率并不高，略高于债券的年化收益率，明显低于股票的年化收益率。从收益-风险角度来看，多资产目标风险指数的最大回撤明显低于各股票类指数的最大回撤，夏普比率居中，该策略在市场应用中较为一般。

# 37 全天候基金

　　全天候基金采用的是风险平价策略，该策略以资产类的风险贡献为出发点，在配置中追求资产的风险权重平等而不是传统配置策略中的金额权重平等。风险平价原理如图 37.1 所示。

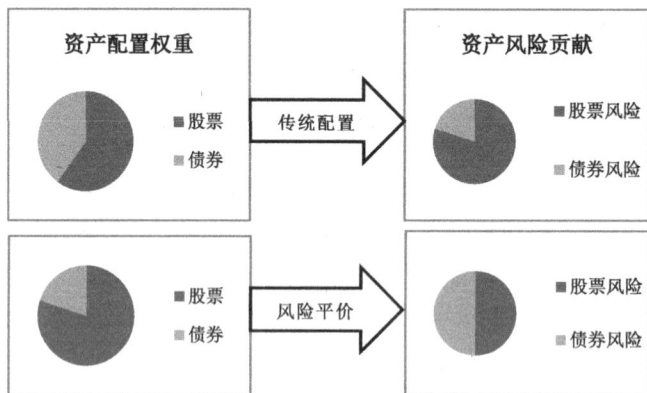

图 37.1　风险平价原理

　　风险平价策略在逻辑清晰的同时也具有很强的可操作性。桥水全天候基金是风险平价策略的成功典范。1970—2015 年，桥水的全天候投资策略实现了 12%的年化收益率及 7%的年化波动率。在相同的波动率下，传统的股债 60/40 配置只有 9%的年化收益率，全天候策略获得了年化 3%的超额收益率。

## 37.1　国外全天候策略

　　由于股票的风险远远大于债券的风险，从而导致在传统的资产配置方法中，组合的风险被股票所支配。而风险平价理论认为，应当加大债券类资产的杠杆，使债券获得与股票相近的预期收益率与波动率，保证整个组合风险的均衡。

## 1. 风险平价组合与纯股组合的比较

纯股组合将 100% 的资产配置于股票市场，而风险平价组合按照风险平价理念进行资产配置。从图 37.2 中可以看到，在收益率相同的情况下，风险平价组合的净值曲线更加平稳与光滑，回撤也显著低于纯股组合。而由具体的统计数据可知，风险平价组合在将自身的波动率控制在纯股组合 1/3 的同时，获得了与高风险的纯股组合相当的收益。

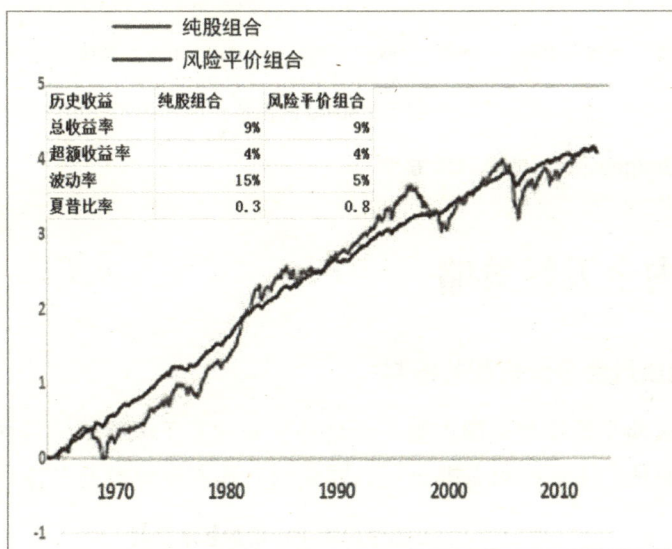

| 历史收益 | 纯股组合 | 风险平价组合 |
|---|---|---|
| 总收益率 | 9% | 9% |
| 超额收益率 | 4% | 4% |
| 波动率 | 15% | 5% |
| 夏普比率 | 0.3 | 0.8 |

图 37.2　风险平价组合与纯股组合的净值对比（1970—2015 年）

**数据来源：Bridgewater Daily Observations，星潮 FOF 整理**

## 2. 股债风险平价组合与传统资产配置组合的比较

为了和传统的资产配置组合，即 60/40 组合（60% 投资于股票，40% 投资于债券）进行比较，把风险平价组合的投资标的也限制在股票和债券之内，优化目标是组合内债券资产与股票资产保持风险平价。图 37.3 便是这两种配置思路的净值对比。在收益率相当的情况下，股债风险平价组合相比于传统资产配置组合依旧在波动率和回撤方面有着较大的优势。

图 37.3　全天候策略与传统股债 60/40 的净值对比（1970—2015 年）

数据来源：Bridgewater，星潮 FOF 整理

# 37.2　国内全天候策略

### 1. 上证股债风险平价指数的编制

上证股债风险平价指数是国内第一个公开发布的基于风险平价理念的策略指数，由上海证券交易所和中证指数有限公司共同编制，基本资料如表 37.1 所示。

表 37.1　上证股债风险平价指数基本资料

| 指数代码 | 中文全称 | 中文简称 | 英文全称 | 英文简称 |
| --- | --- | --- | --- | --- |
| H50041 | 上证股债风险平价指数 | 上证 RP | SSE Equity and Bond Risk Parity Index | SSE RP |

数据来源：中证指数有限公司

上证股债风险平价指数以 2005 年 12 月 31 日为基日，以该日收盘后所有样本股的调整市值为基期，以 1000 点为基点，以上证 180、上证 380、上证 5 年期国债指数（全价）、上证企债 30 指数为样本。指数每季度调整一次权重，具体调整实施时间为 3、6、9、12 月的第二个星期五收盘后的下一个交易日。

指数编制的目标是实现股票和债券对组合的风险贡献相同，即股票资产的风险贡献值（RC）与债券资产的风险贡献值相同。具体的计算方法如下：

$$\frac{\partial \sigma}{\partial w_i} = \frac{\partial (\sqrt{w'\Sigma w})}{\partial w_i} = \frac{1}{2\sqrt{w'\Sigma w}} \times \frac{\partial (w'\Sigma w)}{\partial w_i}$$

$$= \frac{1}{2\sqrt{w'\Sigma w}} \times \frac{\partial(w'\Sigma w)}{\partial w} \times \frac{\partial w}{\partial w_i} = \frac{1}{2\sqrt{w'\Sigma w}} \times 2w' \cdot 1_i$$

$$= \frac{w'\Sigma \cdot 1_i}{\sqrt{w'\Sigma w}} = \frac{1'_i \cdot (\Sigma w)}{\sqrt{w'\Sigma w}} = \frac{(\Sigma w)_i}{\sqrt{w'\Sigma w}}$$

风险贡献值$RC_i$为

$$RC_i = \frac{w_i}{\sigma}\frac{\partial \sigma}{\partial w_i} = w_i \frac{(\Sigma w)_i}{w'\Sigma w}$$

式中，$\sigma = \sqrt{w'\Sigma w}$ 为投资组合的波动率，用以衡量组合的整体风险。

$w$ 为风险组合内各项资产的权重向量，$w_i$ 为其中第 $i$ 项资产的权重。

$\Sigma$ 为投资组合收益率的协方差矩阵。

$1_i$ 为第 $i$ 个元素为 1、其他元素为 0 的 $n$ 维列向量。

$\Sigma w_i$ 为向量 $\Sigma w$ 的第 $i$ 行元素。

假设投资组合中共有 $n$ 个资产，第 $i$ 个资产对整个投资组合的风险贡献值为 $RC_i$，则可以根据上面的公式计算组合的波动率对每项资产权重的偏导数。

### 2. 上证股债风险平价指数的业绩表现

将上证股债风险平价指数与其他指数对比（见表 37.2）发现，相对于股票指数（沪深 300 和中证 500），它在波动率与回撤上有着巨大的优势；而和波动率接近的上证 5 年期国债指数相比，它又有着更高的收益率。此外，上证股债风险平价指数的夏普比率和 Calmar 比率都大于 1，表现出极其优异的收益-风险特征。

表 37.2　上证股债风险平价指数与其他指数的表现对比（2008.12.31—2016.06.20）

| 指　　数 | 上证股债风险平价指数 | 上证 180 | 上证 380 | 沪深 300 | 中证 500 | 上证 5 年期国债指数（全价） |
|---|---|---|---|---|---|---|
| 累计收益率 | 42.79% | 53.51% | 174.77% | 59.48% | 183.10% | 26.75% |
| 年化收益率 | 5.05% | 6.10% | 14.99% | 6.66% | 15.47% | 3.33% |
| 年化波动率 | 2.04% | 26.83% | 30.18% | 26.77% | 30.56% | 2.04% |
| 最大回撤 | 3.20% | 49.31% | 56.50% | 48.03% | 56.00% | 4.80% |
| 夏普比率 | 1.25 | 0.13 | 0.41 | 0.16 | 0.42 | 0.41 |
| Calmar 比率 | 1.57 | 0.12 | 0.27 | 0.14 | 0.28 | 0.69 |

数据来源：Wind，星潮 FOF 整理

### 3. 国内市场股债风险平价策略

对于国内市场，我们也尝试对股债风险平价策略进行测算。我们选用中证 800 指数作为股票类资产，选用中证全债指数作为固定收益类资产，利用股债风险平价策略进行权重优化，测算资产的收益情况，时间设定为 2009.01.01—2015.12.31。

从配置权重来看，由于中证全债指数的波动率远远小于中证 800 指数的波动率，因此，在不设杠杆的情况下，债券类资产在总资产中将始终占据超过 90%的比例，使得整体资产对于股票的暴露较小，难以分享股市上涨所带来的收益。

针对债券比重过大，无法分享股市上涨所带来的收益的情况，我们采用放大股票持仓的方法。在施加杠杆后，能在一定程度上使资产分配的比例相对均衡，也能够提高收益率，但同时也将加剧资产的波动及最大回撤。通过统计发现，通过调整股票持仓造成的波动及回撤仍然小于单纯股票指数的波动及回撤。如图 37.4 和表 37.3 所示是我们统计的股债风险平价指数收益情况。

图 37.4　股债风险平价指数收益情况

**数据来源：星潮 FOF 整理**

表 37.3　股债双资产配置风险平价统计（2009—2015 年）

| 指数表现 | 风险平价（无杠杆） | 风险平价（4 倍杠杆） | 中证 800 | 中证全债 |
|---|---|---|---|---|
| 年化收益率 | 7.98% | 11.19% | 19.03% | 3.39% |
| 年化波动率 | 7.19% | 9.07% | 23.21% | 7.19% |
| 夏普比率 | 0.859672455 | 1.035587197 | 0.742071 | 0.220674 |
| 最大回撤 | 6.65% | 24.14% | 44.13% | 2.37% |

**数据来源：星潮 FOF**

　　由此可见，股债风险平价策略能够在提高收益率的同时平缓市场波动，有杠杆的资产配置在提高收益率的同时加大了市场波动，但从夏普比率和最大回撤来看，仍然跑赢了市场。

　　我们认为，受到标的基金标的的稀缺及监管对于产品类型的限制，如何对现有的股票型、债券型、混合型及货币型基金进行资产的配置和风险的控制可能是公募 FOF 发展初期的重点。三种资产配置模式对比如表 37.4 所示。

表 37.4　三种资产配置模式对比

| 配置模式 | 配置目标 | 实施难点 | FOF 可行性 | 相关参考指数 |
|---|---|---|---|---|
| 目标日期策略 | 随时间逐步降低风险 | 如何根据市场波动调整资产下滑路径 | 国外有成熟经验，股债型 FOF 可行性较强 | 星潮退休宝系列指数 |
| 目标风险策略 | 设定风险上限，并尽可能调整 Beta 值 | 如何估计资产的未来相关性，以及市场基准的选择 | 可以模仿标普相关指数，利用 300ETF/中证 500ETF 等进行选择 | 标普目标风险指数 |
| 风险平价策略 | 保证各个资产风险贡献相同 | 如何估计资产未来相关系数及波动率 | 在私募产品领域可能有较大的机会 | 星潮 FOF 指数 |

# *38* 运气与技能

　　有不少研究报告都得出结论：过去收益率高的基金经理在接下来的几年里都不靠谱。那么问题来了：优秀投资到底来自哪里？是运气还是技能？那些明星基金经理到底是踏准了风口，还是真的来自深度的研究、前瞻的判断？对于基金经理的考评，归因分析非常重要。我们常常发现，有些基金经理前一年能获得 100% 的收益率，但并不保证第二年能获得 20% 以上的收益率，有些人甚至获得了负收益率。从长期来看，业绩的可预测性远远比单纯的优异过往业绩重要。

## 38.1　什么是运气

　　我们做的几乎所有事情都是运气和技能的结合，小到打一场得州扑克，大到做一次投资，甚至我们的整个人生都被运气和技能所影响。但如何分解到底有多少运气成分，多少来自我们的技能呢？从历史上来看，错误的资产配置往往高估了技能成分，有许多当年业绩很好的基金经理之后几年的表现都比较一般。

　　到底什么是运气？我们举一个例子，在图 38.1 中，笔者把一些活动放到纯技能栏，把另一些活动放到纯运气栏。比如，象棋和跑步是纯技能活动，而 21 点和掷骰子则几乎是纯运气活动。大部分活动在这两个极端的中间，需要运气和技术的结合。所以在这些活动中，你需要认真考虑这些因素对结果所带来的影响。一旦你知道哪些活动被运气和技能所驱动，你就有了有用的比较基础。

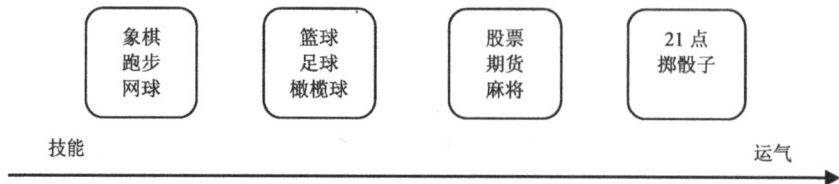

| 象棋<br>跑步<br>网球 | 篮球<br>足球<br>橄榄球 | 股票<br>期货<br>麻将 | 21 点<br>掷骰子 |

技能 ──────────────────────────────→ 运气

图 38.1　活动中的运气和技能

一个需要被立刻指明的观点是：任何结合技能和运气的活动最终都将回归均值。更详细地说，一个极端结果（无论好或坏）后将伴随着一个更接近均值的结果。

## 38.2　业绩均值回归

无论是投资还是人生，我们都习惯于线性思维，认为成功全部归因于自身，忘记了时代禀赋、运气和其他客观条件。所以我们最难接受的一件事就是均值回归，而这恰恰是在考验持续投资业绩中难以避免的。

均值回归的速度是由运气的贡献程度决定的。对于那些纯技能活动，均值回归不会产生任何影响，只有技能层面的变化会影响到结果。而对于运气主导的活动，均值回归就很重要。你可以把技能想象成减慢均值回归的因素。比如，一名好于平均水平的篮球投手，可能会有好或坏的投篮表现。但是因为他的技能，所以从长期来看并不会让他回归到平均值。这对于低于平均的运动员同样有效。运气可能在短期内扰动结果，但因为技能水平，回归会被限制。公司就如同运动员，也有生命周期。哥伦比亚大学教授 Bruce Greenwald 说过，"从长期来看，所有东西都是烤面包机"。他选择烤面包机来比喻一个成熟、充分竞争、没有进入壁垒及没有超额回报的商业。如图 38.2 所示是罗素 3000 公司的业绩均值回复。

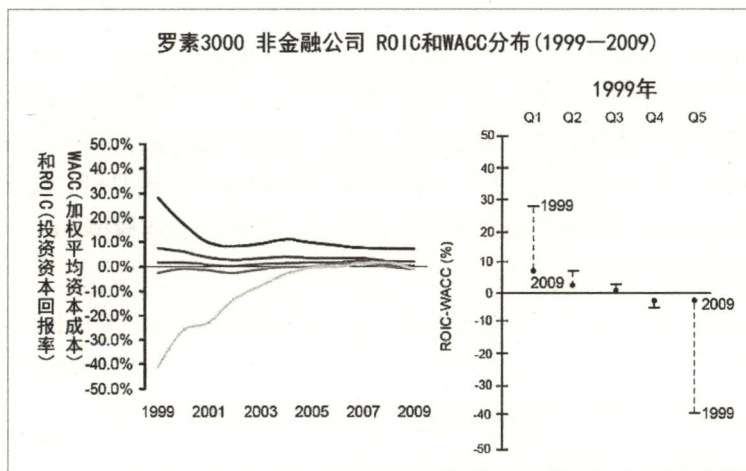

图 38.2　罗素 3000 公司的业绩均值回复

数据来源：星潮 FOF 整理

图 38.2 左边是罗素 3000 中有数据的非金融公司（样本超过 1800 家公司）根据其 ROIC 和 WACC 分布成 1/4 的排列。具体来看，最好的 1/4 和最差的 1/4 之间的差距从 1999 年的 70% 下滑到 2009 年的 10%（图 38.2 右边）。需要注意的是，这个强大的均值回归包含一些具有优秀业绩的公司。

我们再看看投资中的均值回归。Jack Bogle 把 1990 年公募基金的表现也分成 1/4 档，然后看它们在 2000 年怎样表现。1990 年表现最好的 1/4 基金平均相对收益率到 2000 年下滑了 7.8%。同样，1990 年表现最差的 1/4 基金平均相对收益率到 2000 年上升了 7.8%。

笔者一直认为这种错误的资产配置只会发生在散户身上，但是研究做机构配置的专业机构也发生了同样的问题。金融教授 Amit Goyal 和 Sunil Wahal 研究了 3400 只养老退休基金（比如退休金、慈善基金、捐助基金）在过去 10 年中聘用和解雇基金经理的决策。他们发现，这些养老退休基金在一名基金经理取得优异表现后聘用他，然而聘用后的超额收益为 0。而这些基金因为各种原因解雇基金经理（表现差是最主要的原因），却发现他们被解雇后取得了大幅的超额收益。

# 38.3　主要业绩归因模型

目前业界广泛应用的基金业绩评价方法主要有财务评价、单因素评价、多因素评价、证券选择能力及市场时机选择能力评价、归因评价、持续性评价和基金评级评价等。财务评价主要有单位净值及净值收益率法两个指标。单因素评价方法主要有特雷诺指数、夏普比率、詹森指数、信息比率方法、M2 方法、M3 方法、衰减度方法、RORAC 方法等。多因素评价方法主要有 Fama 的股票三因子模型和 Carhart 的四因素模型。证券选择能力及市场时机选择能力评价方法主要有 T-M 模型、H-M 模型、C-L 模型及 B-P 模型等。

对基金业绩进行归因评价，将基金整体的业绩分解为基准收益、择时收益、选股收益，也就区分了在投资决策行为中战略资产配置、市场时机选择及证券选择决策各自的影响，从而使得管理层能够评估基金各种决策的质量。

业内主要业绩归因模型汇总如图 38.3 所示。

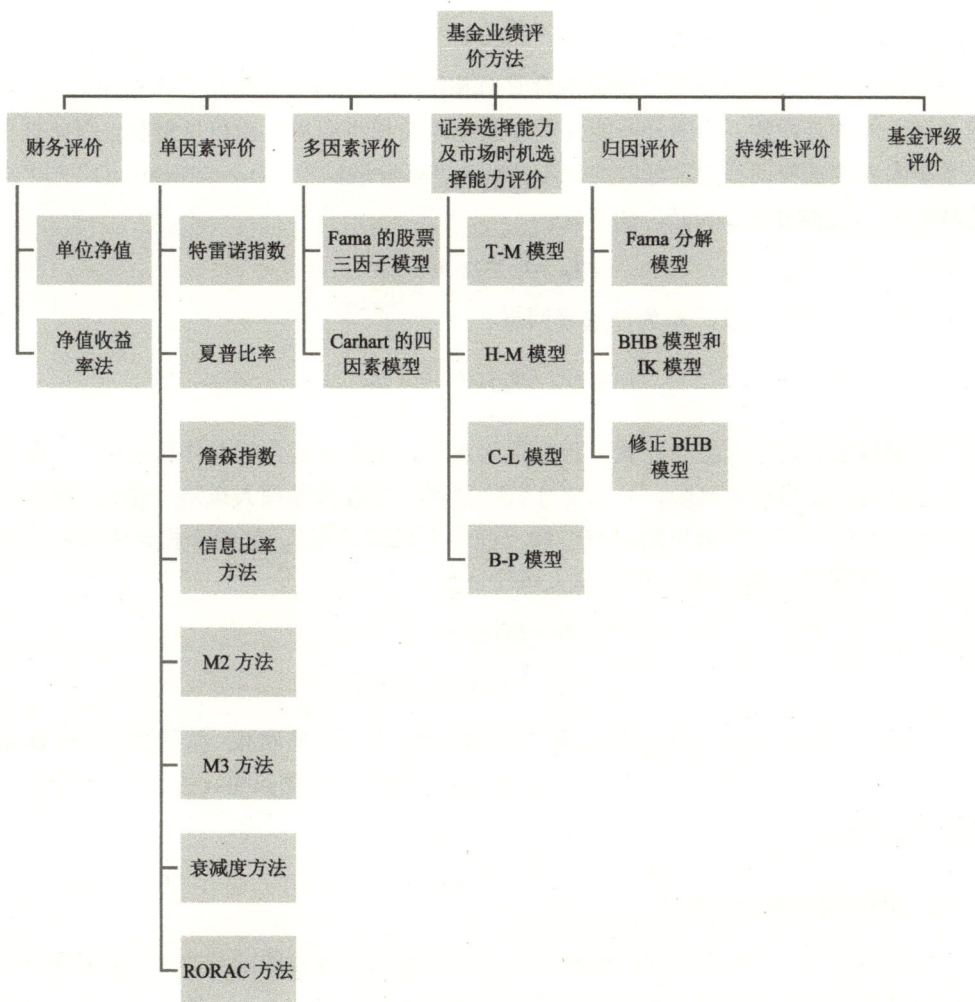

图 38.3 业内主要业绩归因模型汇总

## 1. Fama 分解模型

Fama（1972）将组合的超额收益率分解为"选择回报（Selectivity）"和"风险回报（Risk）"两部分。其数学表达式如下：

$$r_p - r_f = (r_p - r_{\beta_f}) - (r_{\beta_f} - r_f)$$

式中，$r_p$、$r_f$、$r_{\beta_f}$ 分别是组合 $p$ 的投资收益率、无风险收益率及 SML 线上与基金 $p$ 具有相同系统风险的收益率；$r_p - r_{\beta_f}$ 为选择回报；$r_{\beta_f} - r_f$ 为风险回报。

$$r_{\beta_f} = \beta_p(r_m - r_f)$$

选择回报为基金收益率与基金组合具有相同系统风险的被动组合收益率之差，也就是基金的詹森指数。该部分不能为基金系统风险和市场风险溢价所解释，因此被称为基金的股票选择回报。它可以进一步分解为"可分散回报（Diversification）"与"净选择回报（Net Selectivity）"，如下式：

$$r_p - r_f = r_D + r_N$$

式中，$r_D$ 为可分散回报，$r_N$ 为净选择回报。

$$r_D = (r_m - r_f) \times (\frac{\sigma_p}{\sigma_m} - \beta_p)$$

如果投资者对基金组合设置了目标风险水平，那么在基金的总体风险中，一部分风险可以被看作投资者风险，另一部分风险则可以被看作经理人风险。因此，风险回报就可以分解为"投资者风险回报"和"经理人风险回报"。如果令投资者目标风险为 $\beta_I$，则投资者风险回报 $r_I$ 和经理人风险回报 $r_m$ 分别为

$$r_I = \beta_I(r_m - r_f)$$

$$r_m = (\beta_p - \beta_I) \times (r_m - r_f)$$

总结：超额收益率=投资收益率–无风险收益率=选择回报–风险回报=詹森指数–(投资者风险回报+经理人风险回报)=可分散回报+净选择回报–(投资者风险回报+经理人风险回报)。

### 2. BHB 模型和 IK 模型

Brinson 等人（1986）认为，组合收益率与基准组合收益率的差异可以被归属为 3 个因素的作用：择时效应、选股效应及择时选股交互效应。由此，基金的业绩可以被分解为投资政策（战略资产配置）、择时贡献、选股贡献及择时选股交互影响的业绩分解模型，这就是 BHB 模型。

择时效应反映了组合配置比例与基准组合类别比例不同而带来的收益率差异；选股效应则反映了实际每类资产投资组合与其基准组合不同而导致的收益率差异。模型的基本框架可以用四象限图来表示，如图 38.4 所示。

选股

| | | 实际 | 被动 |
|---|---|---|---|
| 择时 | 实际 | （Ⅳ）组合实际收益率 $\sum_i (w_{ai} \times R_{ai})$ | （Ⅱ）政策与择时收益率 $\sum_i (w_{ai} \times R_{pi})$ |
| | 被动 | （Ⅲ）政策与选股收益率 $\sum_i (w_{pi} \times R_{ai})$ | （Ⅰ）政策收益率 $\sum_i (w_{pi} \times R_{pi})$ |

基金管理业绩分解：

| | |
|---|---|
| 择时贡献 | Ⅱ－Ⅰ |
| 选股贡献 | Ⅲ－Ⅰ |
| 交互影响 | Ⅳ－Ⅲ－Ⅱ＋Ⅰ |
| 合计 | Ⅳ－Ⅰ |

其中，$w_{ai}$ 为资产类别 $i$ 的实际投资权重；

$w_{pi}$ 为资产类别 $i$ 的政策权重；

$R_{ai}$ 为资产类别 $i$ 的实际收益率；

$R_{pi}$ 为资产类别 $i$ 的指数收益率。

图 38.4　Brinson 业绩分解模型图

两个轴分别代表选股和择时活动，它们又分别包括实际和被动两种情况。第一象限表示政策（战略资产配置）收益率，其值等于各资产类别政策权重与各资产类别指数收益率乘积的和（假定无任何选股及择时活动）。第二象限表示政策与择时收益率，其值等于投资组合各资产类别的实际权重与对应指数收益率乘积之和；实际权重和政策权重之间的差异反映了组合管理者对短期市场趋势的判断和投资时机的选择。第三象限表示政策与选股收益率，其值等于各资产类别实际收益率（包含选股因素）与政策权重乘积之和。第四象限表示组合实际收益率，其值等于各资产类别实际收益率与各资产类别实际权重乘积之和。

Ibbotson 和 Kaplan（2000）根据问题的需要，对 Brinson 模型进行了简化。他们将总收益率分解成政策收益率及积极管理收益率，也就是把 Brinson 模型中的择时贡献、选股贡献和择时选股交互影响合并成积极管理收益率。他们提出的 IK 模型如下：

$$\mathrm{TR}_{it} = (1+\mathrm{PR}_{it})(1+\mathrm{AR}_{it})-1$$

式中，$\mathrm{TR}_{it}$、$\mathrm{PR}_{it}$、$\mathrm{AR}_{it}$ 分别为时期 $t$ 基金 $i$ 的总收益率、政策收益率及积极管理收益率。

Brinson 等人提出的业绩归因模型和法玛（1972）提出的业绩归因模型有着本质的区别。Brinson 模型是从投资管理决策活动的角度来考虑基金业绩归属的。管理者在进行投资的时候首先要确定自己的投资目标，然后根据这个目标确定长期各个资产应该投资的比例，也就是基金的投资政策，这个过程被称为战略资产配置。Brinson

模型就是把基金的总收益率分解为战略资产配置、市场时机选择和证券选择 3 种投资管理决策贡献的。

Fama 模型建立在 CAPM 模型之上，它将基金的超额收益率分解为"选择回报"和"风险回报"两部分。选择回报等于基金收益率减去与基金组合具有相同系统风险的被动组合收益率（按照 CAPM 模型计算得到），这部分回报不能为基金系统风险和市场风险溢价所解释，因此被称为基金的股票选择回报。风险回报则给出了基金组合由于承担系统风险而活动的风险补偿收益率。Fama 模型就是从系统风险的角度对基金的业绩进行分解的。

# 39 国外资产管理公司

本章主要介绍国外主流的资产管理公司，这些都是综合类资产管理公司，包括巨头型的黑岩、专注于并购的资本之王 KKR、精品型的橡树资本、平台型的嘉信理财。

## 39.1 行业特征

从行业属性来看，美国资产管理机构的马太效应很明显。据统计，1995—2012年，美国市场规模最大的 5 家资产管理公司的市场份额从 34%提高到 40%，排名前25 位的资产管理公司管理的市场份额达到 73%。美国及欧洲市场共同基金资金流的前十大资产管理公司情况分析分别如表 39.1 和表 39.2 所示。

表 39.1　美国市场共同基金资金流的前十大资产管理公司

| 资产管理公司 | 2014 年净资金流（10 亿美元） | 净资金流市场份额（累计） | 占净资金流为正的公司的份额（累计） |
|---|---|---|---|
| Vanguard | 219 | 55% | 31% |
| BlackRock | 98 | 80% | 45% |
| Dimensional | 27 | 87% | 49% |
| TCW | 26 | 93% | 53% |
| Dodge & Cox | 26 | 100% | 57% |
| JPMorgan | 25 | 106% | 60% |
| GoldmanSachs | 15 | 110% | 62% |
| Natixis | 15 | 114% | 65% |
| StateStreet | 14 | 117% | 67% |
| TIAA-CREF | 13 | 121% | 68% |
| 2014 年前十大份额累计 | | 121% | 68% |
| 2013 年前十大份额累计 | | 73% | 53% |

数据来源：Bloomberg，星潮 FOF 整理

表 39.2 欧洲市场共同基金资金流的前十大资产管理公司

| 资产管理公司 | 2014 年净资金流<br>（10 亿美元） | 净资金流市场份额<br>（累计） | 占净资金流为正的公司的份额<br>（累计） |
| --- | --- | --- | --- |
| BlackRock | 48 | 9% | 6% |
| UBS | 28 | 14% | 10% |
| Nordea | 27 | 18% | 14% |
| JPMorgan | 24 | 23% | 17% |
| IntesaSPEurizon | 21 | 26% | 20% |
| Vanguard | 20 | 30% | 23% |
| Deutsche Bank | 20 | 34% | 25% |
| Pioneer | 17 | 36% | 27% |
| StateStreet | 16 | 39% | 30% |
| Allianz | 13 | 42% | 31% |
| 2014 年前十大份额累计 | | 42% | 31% |
| 2013 年前十大份额累计 | | 42% | 31% |

数据来源：Bloomberg，星潮 FOF 整理

## 39.2 巨头型：黑岩

### 1. 发展历史

作为全球资产管理机构的巨头，BlackRock（译为黑岩，简称 BLK）的股权结构较为分散，内部股东持股比例仅为 5%，机构和共同基金持股比例占 71%，但持股比例较为分散。

2000 年，BLK 成立了由一支分析师团队组成的"黑岩解决方案"公司。这家公司现拥有 800 多人的庞大分析师团队，2000 多名雇员，学科背景覆盖数学、金融、经济、工程等多个领域。

BLK Solutions（以下简称 BRS）是一个提供投资管理科技系统、风险管理服务和咨询服务的部门，以服务费为主要收入。其下分设两个部门：Aladdin 和金融市场咨询（Financial Markets Advisory，FMA）。FutureAdvisor 是 BLK 于 2015 年收购的智能财富管理平台，为金融机构提供高质量的技术建议。

Aladdin 是公司成立时便建立的专有技术平台，旨在为 BLK 和其他机构投资者提

供风险管理系统。FMA 于 2008 年创建，旨在为全球的金融机构、监管者、政府实体提供复杂的金融和风险建议。

### 2. 产品策略：权益被动，固收主动

#### 1）权益产品：ETF 占主导

2015 年，在公司权益投资中，机构客户 AUM 的投资额约为 2.7 万亿美元，占比最高，并且主要是非 ETF 指数型投资；其次是积极管理型投资；零售客户 AUM 的投资额约为 5411 万美元，占比最低，其中主动型投资占比最高；iShares 投资中包含零售和机构客户，其投资额约为 1.09 万亿美元。

#### 2）固定收益：主动类业务渐高

主动管理型固定收益组合收入增幅最为明显，收入占比约为 60%，2015 年收入为 15.66 亿美元；iShares（固定收益 ETF）收入略有上升，收入占比约为 20%；而 AUM 收入占比为 10%，说明其收费较高；非 ETF 指数型组合收入占比小于其 AUM，说明其收费较低。

从黑岩的发展历史来看，公司擅长基于权益的 ETF 产品（被动配置）和注重择时的固定收益类产品（主动配置），但对另类资产的投资并不占优势。在缺乏流动性的前提下，我们认为，另外资产的投资更重视对特殊资产和投资策略的把握，精品型的资产管理机构比全能型的巨头更有优势。

# 39.3　资本之王：KKR

### 1. 发展历史

20 世纪 70 年代末，KKR 起家于杠杆收购的兴起。公司与德崇证券密切合作，积极使用垃圾债，从此"以小吃大"的杠杆收购开始大行其道。在杠杆收购的第一次浪潮中，KKR 留下了不少经典案例，其中以 62 亿美元收购碧翠丝、以 246 亿美元的巨额资金收购雷诺兹-纳贝斯克的案例至今仍是人们常谈论的话题。但对于垃圾债券的过度依赖，以及"蛇吞象"之后的消化难题成为公司的隐患。

布局综合资产管理业务是 KKR 再次兴盛的驱动力。进入 20 世纪 90 年代，随着投资者对于垃圾债券的热情减弱，KKR 的发展暂时进入了瓶颈期。1996 年后，伴随

着债券市场的回暖，KKR 在当年募集到创纪录的 60 亿美元，"门口的野蛮人"又重新回到了市场，杠杆收购也迎来了第二次高峰。在 2007 年以前的这段时间里，KKR 也不断推陈出新，相继新设了债券基金、承销等业务，开始向多元化方向发展。

上市提升资金规模，促进了 KKR 业务的进一步多元化。2010 年，随着金融市场从 2007 年的金融危机中逐渐恢复，KKR 也迎来了其发展道路上的另一座里程碑——在纽约证券交易所（以下简称"纽交所"）IPO（首次公开募股），这进一步促进了 KKR 的业务多元化。在上市之后，KKR 相继推出了私募股权市场上的能源、基础设施、房地产专项投资基金，二级市场上的 FOF、另类信用投资等。现在，KKR 已从一个依赖垃圾债券融资进行杠杆收购的纯粹的私募股权公司发展成一个融资渠道多元化、投资覆盖面广、在多级市场上开展业务的综合性金融巨头。其发展历程如图 39.1 所示。

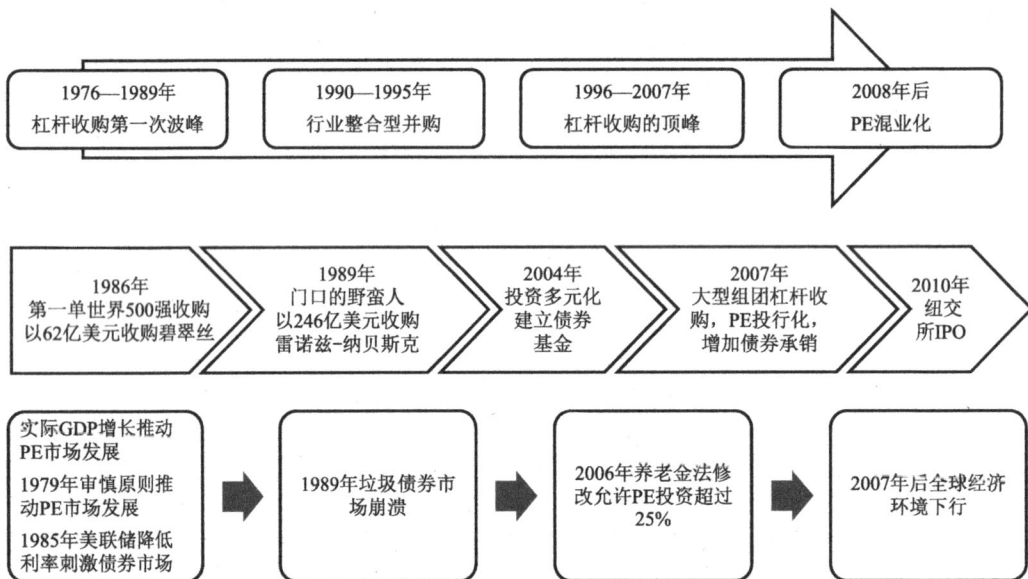

图 39.1　KKR 的发展历程

## 2. 业务模式：精英运作，融资多元

KKR 已经成为全球 PE/VC 的巨头，资金渠道多元。从投资者的角度来看，KKR 在 2015 年有超过半数的资金来自养老金，其次便是其他金融机构。

KKR 不仅有涵盖各行业的专业投资团队，还有经验丰富的投后管理咨询团队，更有来自国际知名企业的 38 位前高管。这样的团队结构保证了 KKR 从研究到投资再到投后管理整个过程的高效与价值的高增长，如图 39.2 所示。

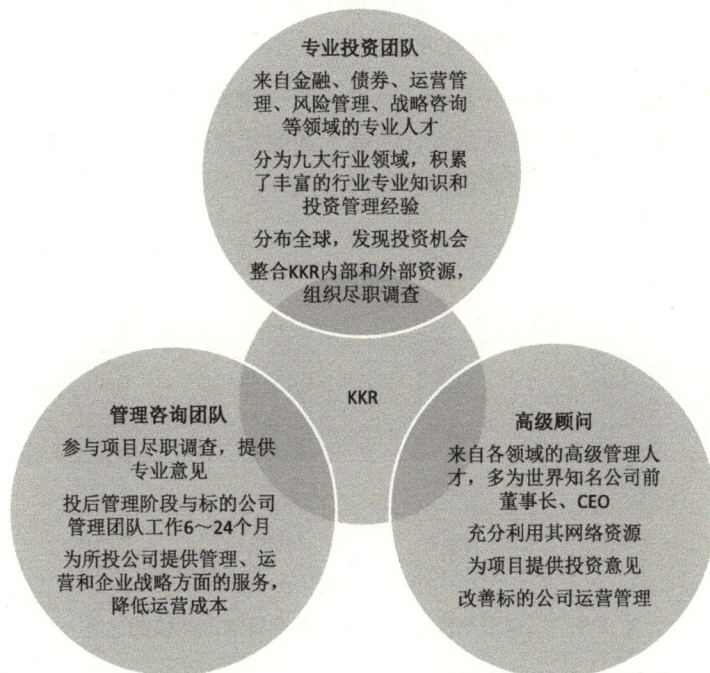

专业投资团队

来自金融、债券、运营管理、风险管理、战略咨询等领域的专业人才

分为九大行业领域，积累了丰富的行业专业知识和投资管理经验

分布全球，发现投资机会

整合KKR内部和外部资源，组织尽职调查

KKR

管理咨询团队

参与项目尽职调查，提供专业意见

投后管理阶段与标的公司管理团队工作6～24个月

为所投公司提供管理、运营和企业战略方面的服务，降低运营成本

高级顾问

来自各领域的高级管理人才，多为世界知名公司前董事长、CEO

充分利用其网络资源

为项目提供投资意见

改善标的公司运营管理

图 39.2 KKR 的核心团队

投资收益是 KKR 最重要的收入来源。2015 年，在 KKR 的总收入中，投资收益约占 86%，而相关的费用收入仅占 14%，这显示出其极强的创造投资收益的能力。按业务板块分解其投资收益，其中私募股权市场占了所有投资收益的 75%，其次是来自二级市场的 11%，而直接投资和主要活动的投资收益占比较小，分别为 8% 和 6%。从费用收入结构来看，私募股权市场占比最大，达到 70%，主要活动的费用收入占比达到 15%，而二级市场费用收入的比重为 11%，剩下的 4% 主要是直接投资费用收入。

# 39.4 精品型：橡树资本

橡树资本管理有限公司（Oaktree Capital）是一家国际性资产管理公司，创立于 1995 年，目前管理的资产规模为 970 亿美元。橡树资本一直专注于全球不良资产的投资机会，投资组合中包括企业困境债务、困境企业股权、困境房地产、银行不良贷款、高收益债券等资产类别。橡树资本在 2009 年参与了美国政府为应对次贷危机而发起的不良资产救援计划（TARP），并获得了不错的投资回报率。截至 2013 年 9 月底，橡树资本在 PPIP 项目中的内部收益率达到 26%。

从橡树资本的投资回报情况来看，不良资产投资的净内部收益率达到 17.1%，仅次于公司能源投资项目的收益率水平，远高于其他项目的投资回报水平。不良资产投资占橡树资本托管资产规模的比重如图 39.3 所示。

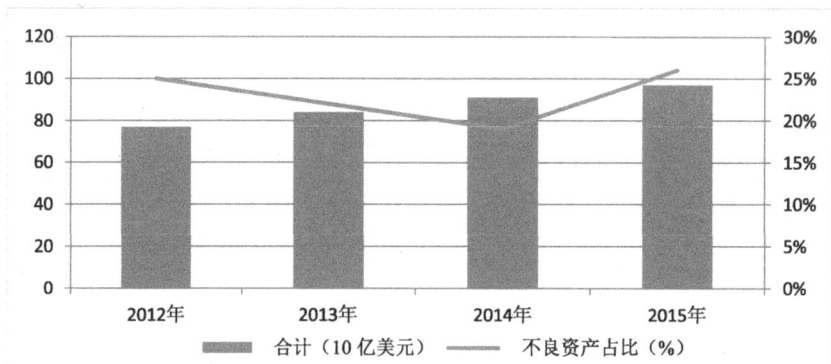

图 39.3　不良资产投资占橡树资本托管资产规模的比重

**数据来源：橡树资本，星潮 FOF 整理**

从橡树资本的经营业绩来看，不良资产管理行业的利润在整体不良率大幅提升的区间内不断下滑（前期买入的不良资产在不良率提升过程中面临贬值），直至整体不良率进入拐点区域；而盈利大多发生在经济好转、不良率持续下降的经济周期中，如表 39.3 所示。

表 39.3　橡树资本的不良资产投资项目所获投资收益率

| | 累计已投资资本（百万美元） | 毛内部收益率 | 净内部收益率 | 回收资本乘数 |
|---|---|---|---|---|
| 不良资产投资 | 39 994 | 22.1% | 16.3% | 1.7× |
| 房地产投资 | 6990 | 15.7% | 12.2% | 1.7× |
| 自有资金投资（全球） | 10 191 | 12.9% | 9.3% | 1.6× |
| 自有资金投资（欧洲） | 5232 | 14.4% | 9.8% | 1.6× |
| 能源投资项目 | 1609 | 34.8% | 26.7% | 2.4× |
| 夹层融资项目 | 3474 | 13.2% | 8.9% | 1.4× |

**数据来源：橡树资本，星潮 FOF 整理**

## 39.5　平台型：嘉信理财

### 1. 成长契机：别人高价，我家免费

嘉信理财（Charles Schwab）成立于 1971 年，1987 年在纽交所上市，总部位于美国加利福尼亚州。公司于 20 世纪 70 年代由低成本折扣经纪商起家，20 世纪 90 年代开发网上经纪业务线，之后逐渐转向资产管理业务，进入 21 世纪，机构业务成为公司业务拓展方向。在这种背景下，成立于 1971 年的嘉信理财开始了自主创新之路，公司在其低成本折扣经纪商的基础上不断增加全方位的客户咨询服务。

1975 年 5 月，美国证券交易委员会取消固定佣金制度，转而推行协商佣金制。对此，大多数证券经纪公司的应对措施是降低机构投资者缴纳的佣金率，提高一般投资者缴纳的佣金率。但与之不同的是，嘉信理财看准时机锁定中小投资散户，率先推出了折扣经纪业务，并加大对信息设备的投入，实现交易自动化。

公司于 1992 年推出了共同基金"一账通（One Source）"业务，该账户集合了多家资产管理机构产品，对客户免费，但对资产管理机构收取约 30BP 的管理费用。对此，嘉信理财实施客户细分，把客户细分为 3 类：委托投资者、投资意见征求者和自我定向投资者，并于 1995 年推出独立的"登记顾问资源（Registered Investment Advisor，RIA）"项目平台，该平台的投资顾问独立于公司，不收取公司固定报酬。

在 1995 年以后，互联网作用凸显，嘉信理财抓住时机，开始拓展电子经纪商业务。在 2002 年以后，网上经纪业务竞争进入白热化阶段，嘉信理财的竞争战略也开始向差异化转型，即开展机构业务，涉及类贷款等综合金融服务。

### 2. 产品策略：多类资产的配置服务

目前公司资产管理收入已经成为嘉信理财净利润的主要来源，占比高达 41%。而在这一业务领域，嘉信理财的优势在于对客户进行精细化管理，提供了 8 类基础资产管理产品，如表 39.4 所示，客户可根据自己的风险偏好及投资需求选择心仪的资产管理投资组合。产品差异化促使管理费率保持了较高水平，即使考虑了货币市场基金、指数基金等被动型理财产品，公司资产管理业务费率总体仍在 0.2% 以上。

表 39.4　嘉信理财提供的资产管理产品

| 产品名称 | 产品说明 | 最低投资门槛 | 费　率 |
|---|---|---|---|
| 嘉信管理组合 | 基于共同基金及 ETF 的多元化投资组合 | 25 000 美元 | 0.09% |
| 嘉信管理账户 | 由专业的第三方及专有资产管理方构造的股票/债券投资组合 | 股票：100 000 美元债券：250 000 美元 | 股票：1.36%；债券：0.65%；市政债券：0.35% |
| 多元化投资门槛 | 多位资产管理经理为客户设计多元化投资组合，由一位投资组合经理进行监督和管理 | 视具体策略而定，最低门槛为 250 000 美元 | 1.1% |
| 嘉信理财投资管理 | 利用嘉信股票评级来确定能在未来一年内跑赢大盘的投资组合策略 | 100 000 美元 | 1.35% |
| 嘉信私人客户 | 由专业人士组成的专业团队为客户量身定制咨询和个性化投资计划 | 500 000 美元 | 股票、股票基金、ETF：0.09%；债券及债券基金：0.7% |
| 嘉信理财顾问网络 | 由预先筛选的专门从事财富管理和复杂投资策略的本地投资顾问提供服务 | 500 000 美元 | 不同的投资顾问收费各异；推介服务不收取费用 |
| Windhave®策略 | 主要由 ETF 构成的全球多元化投资组合，力图在繁荣的市场上把握增长的同时在衰退的市场上降低风险 | 经纪账户/IRA：100 000 美元；合格雇员退休收入保障账户：25 000 美元 | 0.95% |
| ThomasPartners®股息增长策略 | 投资于派息的公司以寻求每月收入、每年收入增长及长期资本增值的投资策略 | 100 000 美元 | 0.90% |

数据来源：嘉信理财，星潮 FOF 整理

# 第五部分　量化策略

很多从事 FOF 业务的投资经理都是缺乏交易经验的业外人士，对 FOF 的困难度估计不足，特别是对各种策略的原理、适用范围、风险情况没有基本的了解，而只凭着对历史收益率等情况的分析，是难以做好 FOF 业务的。第五部分将对目前主流的量化策略进行梳理，期望读者有一个概念性的认识。

# *40* 多因子模型

多因子模型是应用极其广泛的一种选股模型，其基本原理是采用一系列因子作为选股标准，满足这些因子的股票则被买入，不满足的则被卖出。

## 40.1 基本原理

举一个简单的例子：有一批人参加马拉松比赛，如果想知道哪些人会跑到平均成绩之上，那么只需在跑前进行一次身体测试即可，那些健康指标排名靠前的运动员超越平均成绩的可能性较大。多因子模型的原理与此类似，只需找到那些与企业的收益率最相关的因子即可。

多因子模型最初的思想来自 CAPM 模型，该模型中使用了两个因子来解释资产的收益率：一个是无风险收益率；另一个是风险因子贝塔。到了 APT 模型，则使用一系列因子来预测资产的收益率，但是这一系列因子并没有确定的内容，所以并没有得到业界的广泛应用。到了法玛提出的股票三因子模型，则真正开创了因子投资的大局面，基于这个模型衍生出来的各种多因子模型在实战中得到了广泛的应用，如 Barr 多因子模型、SLIM 多因子模型等。

各种多因子模型的核心区别首先在于因子的选取，其次在于如何利用多因子综合得到一个最终的判断。

一般而言，多因子模型有两种判断方法：一是打分法；二是回归法。打分法就是根据各个因子的大小对股票进行打分，然后按照一定的权重加权得到一个总分，根据总分再对股票进行筛选。回归法就是用过去股票的收益率对多因子进行回归，得到一个回归方程，再把最新的因子值代入回归方程，得到一个对未来股票收益率的预判，最后以此为依据进行选股。

多因子模型的建立过程主要分为候选因子的选取、选股因子有效性的检验、有效但冗余因子的剔除、综合评分模型的建立、模型的评价和持续改进 5 个步骤。

## 40.2　主要步骤

### 1. 候选因子的选取

候选因子的选取主要依赖经济逻辑和市场经验，但选择更多和更有效的因子无疑是增强模型信息捕获能力、提高收益率的关键因素之一。

例如，2011 年 1 月 1 日，选取流通市值最大的 50 只股票构建投资组合，持有到 2011 年年底，该组合可以获得 10%的超额收益率。这就说明在 2011 年这段时间里，流通市值与最终收益率之间存在正相关关系。

从这个例子中可以看出，这个最简单的多因子模型说明了某个因子与未来一段时间收益率之间的关系。同样可以选择其他的因子，可能是一些基本面指标，如 PB、PE、EPS 增长率等；也可能是一些技术面指标，如动量、换手率、波动等；还可能是其他指标，如预期收益率增长、分析师一致预期变化、宏观经济变量等。

持有时间段也是一个重要的参数指标，到底是持有一个月还是两个月，或者一年，对最终的收益率影响很大。

### 2. 选股因子有效性的检验

一般采用排序的方法检验候选因子的选股有效性。例如，可以每月检验，具体而言，对于任意一个候选因子，在模型形成期的第一个月月初开始计算市场中每只正常交易股票的该因子的大小，按从小到大的顺序对样本股票进行排序，并平均分为 $n$ 个组合，一直持有到月末，在下个月月初再按同样的方法重新构建 $n$ 个组合并持有到月末。每月如此，一直重复到模型形成期期末。

上面的例子就已经说明了这种检验的方法，同样可以隔 $n$ 个月检验，比如 3 个月、4 个月，甚至更长时间。还有一个参数是候选组合的数量，到底是 50 只还是 100 只，也是非常重要的参数。具体的参数最优选择需要用历史数据进行检验。

### 3. 有效但冗余因子的剔除

不同的选股因子可能由于内在的驱动因素大致相同等原因，所选出的组合在个股构成和收益率等方面具有较高的一致性，因此其中一些因子需要作为冗余因子剔除，而只保留同类因子中收益率最好、区分度最高的一个因子。例如，成交量指标和流通量指标之间具有比较明显的相关性，流通量越大的，成交量一般也会比较大，因此在选股模型中，这两个因子只选择其中一个。

假设需要选出 $k$ 个有效因子，样本期有 $m$ 个月，那么具体的冗余因子剔除步骤如下：

（1）对不同因子下的 $n$ 个组合进行打分，分值与该组合在整个模型形成期的收益率相关，收益率越高，分值越高。

（2）按月计算个股的不同因子得分间的相关性矩阵。

（3）在计算完每月因子得分的相关性矩阵后，计算整个样本期内相关性矩阵的平均值。

（4）设定一个得分相关性阈值 MinScoreCorr，对于得分相关性平均值矩阵中大于该阈值的元素所对应的因子，只保留与其他因子相关性较小、有效性更强的因子，而其他因子则作为冗余因子被剔除。

### 4. 综合评分模型的建立

综合评分模型选取去除冗余后的有效因子，从模型运行期的某个时间点开始，如每月月初，对市场中正常交易的个股计算每个因子的最新得分并按照一定的权重求得所有因子的平均分，然后根据模型所得出的综合平均分对股票进行排序，最后根据需要选取排名靠前的股票。例如，选取得分最高的前 20% 的股票，或者选取得分最高的 50～100 只股票等。

举一个例子：可以构建一个多因子模型为（PE,PB,ROE），在月初的时候，对这几个因子进行打分，然后将得分最高的 50 只股票作为投资组合，在下个月按照同样的方法进行替换。在持续一段时间后，考察该投资组合的收益率是否跑赢比较基准。这就是综合评分模型的建立和后验过程。

当然，这是一个最简单的例子，实战中的模型可能会比较复杂。比如，沃尔评分法就是一个复杂的多因子模型，它对股票进行分行业比较，先计算每个行业得分高的组合，再组合成投资篮子。

### 5. 模型的评价和持续改进

一方面，由于量化选股的方法是建立在市场无效或弱有效的前提之下的，所以随着使用多因子选股模型的投资者数量的不断增加，有的因子会逐渐失效，而另一些新的因子可能被验证有效而加入模型当中；另一方面，一些因子可能在过去的市场环境下比较有效，而随着市场风格的改变，这些因子在短期内失效，而另一些以前无效的因子会在当前市场环境下表现较好。

另外，在计算综合评分的过程中，各因子得分的权重设计、交易成本考虑和风险控制等都存在进一步改进的空间。因此，在综合评分模型的使用过程中会对选用的因子、模型本身进行持续再评价和不断改进，以适应变化的市场环境。

多因子模型最重要的两个方面，一个是有效因子，另一个是因子的参数。例如，到底是PE有效还是ROE有效；到底是用1个月做调仓周期还是用3个月做调仓周期。这些因子和参数的获取只能通过历史数据回测来获得。但是在回测过程中要注意不能过度优化，否则可能会适得其反。

如图 40.1 所示为多因子模型的收益率曲线，如表 40.1 所示为多因子模型中剔除冗余后的因子。

图 40.1　多因子模型的收益率曲线

数据来源：[周冠伟 2016]

表 40.1　多因子模型中剔除冗余后的因子

| 估值因子 | 成长因子 | 资本结构因子 | 技术面因子 |
|---|---|---|---|
| 账面市值比 | ROA 变动 | 流通市值 | 换手率变动 |
| 盈利收益率 | EBITDA 增长率 | | 波动率 |
| 现金收益率 | 主营业务利润率变动 | | 1 个月反转 |
| P/SALES | | | |

数据来源：[周冠伟 2016]

# *41* 风格轮动模型

市场上的投资者是有偏好的，在不同的时期会有不同的偏好，比如，在价值股、成长股之间来回轮动，或者有时候偏好大盘股，有时候偏好小盘股。例如，2013 年年初，市场明显偏好小盘股，如果在年初配置小盘股，则会获得明显的超额收益。由于投资者的这种不同的交易行为形成了市场风格，因此在投资中利用市场风格的变化进行轮动投资会比一直持有的效果好很多。

由于投资风格的存在，因而产生了一种叫作风格动量的效应，即在过去较短时期内收益率较高的股票，在未来的中短期内收益率也较高；相反，在过去较短时期内收益率较低的股票，在未来的中短期内收益率也将会持续其不好的表现。

当然，对应的也有风格反转效应，也就是过去比较占优的风格，未来一段时间处于弱势；过去一段时间处于弱势的风格，未来一段时间占优。比如，2009 年是小盘股风格，小盘股持续跑赢沪深 300 指数；而 2011 年则是大盘股风格，大盘股跌幅远远小于沪深 300 指数跌幅。如果能事先通过一种模型来判断未来的风格，则进行风格轮动操作可以获得超额收益。

## 41.1　晨星风格箱判别法

晨星风格箱判别法是一个 3×3 矩阵，从大盘和小盘、价值型和成长型的角度来对基金风格进行划分。介于大盘和小盘之间的为中盘，介于价值型和成长型之间的为混合型，共有 9 类风格，如表 41.1 所示。

表 41.1　晨星风格箱判别法

| 价 值 型 | 混 合 型 | 成 长 型 |
|---|---|---|
| 大盘价值 | 大盘混合 | 大盘成长 |
| 中盘价值 | 中盘混合 | 中盘成长 |
| 小盘价值 | 小盘混合 | 小盘成长 |

（1）规模指标：市值。通过比较基金持有股票的市值中值来划分，市值中值小于10亿美元为小盘；大于50亿美元为大盘；在10亿~50亿美元之间为中盘。

（2）估值指标：平均市盈率、平均市净率。基金所持有股票的市盈率和市净率用基金投资于该股票的比例加权求平均，然后把两个加权平均指标和标普500成分股的市盈率、市净率的相对比值相加，对于标普500来说，这个比值和是2。如果最后所得比值和小于1.75，则为价值型；大于2.25则为成长型；介于1.75和2.25之间则为混合型。

这也就是我们经常看到的基金分类，如华夏大盘、海富小盘等名称的由来。

当宏观经济表现强劲时，小市值公司有一个较好的发展环境，易于成长壮大，甚至还会有高于经济增速的表现，因此，小盘股表现突出的概率高于大盘股表现突出的概率。而当经济走弱时，由于信心的匮乏和未来市场的不确定性，因而投资者可能会倾向于选择大盘股，能起到防御作用，即使低通货膨胀、货币走强，也不足以冒险去选择小盘股。

研究发现，经济名义增长率是用来解释规模效应市场周期的有力变量。当经济名义增长率提高时，小市值组合表现更优，因为小公司对宏观经济变动更为敏感，当工业生产率提高、通货膨胀率上升时，小公司成长得更快。

## 41.2 实证案例

大/小盘风格轮动最为投资者所熟知，本案例就A股市场的大/小盘风格轮动进行实证研究，通过建立普通的多元回归模型来探寻A股的大/小盘风格轮动规律。

### 1. 大/小盘风格轮动因子

大/小盘风格轮动因子有如下几个。

（1）M2同比增速：M2同比增速为货币因素，表征市场流动性的强弱。当流动性趋于宽松时，小盘股相对而言更容易受到资金的追捧。

（2）PPI同比增速：PPI反映生产环节的价格水平，是衡量通胀水平的重要指标，且PPI往往被看成CPI的先行指标。

（3）大/小盘年化波动率之比的移动均值：波动率表征股票的波动程度，同时也在一定程度上反映投资者情绪；可以认为大/小盘年化波动率之比能够反映出在一段时间内大/小盘风格市场情绪孰强孰弱，而经过移动平滑处理后的数值则更加稳定。

（4）工业增加值同比增速：工业增加值反映企业与国家是在创造价值还是在消耗财富，工业增加值同比上升，对市场有着推动意义。

### 2. 预测模型

$$D(R_t)=\alpha+\beta_1\cdot MG_{t-1}+\beta_2\cdot PG_{t-2}+\beta_3\cdot\sigma_{t-3}+\beta_4\cdot IND_{t-2}+\varepsilon_t$$

式中，$D(R_t)$ 为当月小/大盘收益率差（对数收益率）；$MG_{t-1}$ 为上月 M2 同比增速；$PG_{t-2}$ 为 2 个月前 PPI 同比增速；$\sigma_{t-3}$ 为 3 个月前小/大盘年化波动率之比的移动均值；$IND_{t-2}$ 为 2 个月前工业增加值同比增速；$\varepsilon_t$ 为误差项。

本案例采用滚动 60 个月的历史数据对模型进行回归，得到回归系数后对后一期的 $D(R_t)$ 进行预测，由修正预测值的正负来进行大/小盘股的投资决策。数据预测期为 2010 年 1 月至 2014 年 12 月。

### 3. 实证结果

在 60 个月的预测期中，准确预测的月数为 33 个月，准确率约为 55%，并不十分理想。但值得一提的是，2012 年 3 月至 2013 年 2 月，模型的预测效果非常好，准确预测的月数为 10 个月（仅在 2012 年 5 月和 2013 年 1 月出现了差错），准确率达 83.33%，结果如表 41.2 所示。

表 41.2　大/小盘风格轮动策略月收益率均值

| 2010.1—2014.12 | 年化收益率均值 | 夏普比率 | 累计收益率 |
|---|---|---|---|
| 轮动策略 | 6.68% | 0.284 | 38.07% |
| 大盘策略 | −0.08% | −0.003 | −0.38% |
| 小盘策略 | 3.37% | 0.140 | 18.01% |
| 上证综指 | −0.06% | −0.003 | −0.28% |
| 2013.1—2014.12 | 年化收益率均值 | 夏普比率 | 累计收益率 |
| 轮动策略 | 31.22% | 1.448 | 72.96% |
| 大盘策略 | 17.32% | 0.796 | 38.14% |
| 小盘策略 | 27.57% | 1.314 | 63.36% |
| 上证综指 | 20.00% | 1.083 | 42.03% |

数据来源：[周冠伟 2016]

如果从 2010 年 1 月开始按照轮动策略进行投资，则截至 2014 年 12 月底，轮动策略的累计收益率为 38.07%，同期上证综指的累计收益率为–0.28%，小盘策略的累计收益率为 18.01%；轮动策略稍强于小盘策略，但仍较大幅度地跑赢了市场指数。

如图 41.1 所示，轮动策略在 2014 年尾端的大牛市中能够很好地跟随大盘股的节奏，而在之前的结构性行情中又能较好地捕捉小盘股的投资机会。

图 41.1　大/小盘轮动策略收益率曲线

数据来源：[周冠伟 2016]

如果从 2013 年年初开始采用轮动策略进行投资，则截至 2014 年 12 月底，累计收益率可达 72.96%，同样超越同期上证综指及大/小盘策略的累计收益率。

# *42* 动量反转模型

动量与反转效应在市场上经常出现。所谓动量效应就是前一段时间表现强势的股票，未来一段时间继续保持强势；反转效应就是前一段时间表现弱势的股票，未来一段时间会变强势。但问题的关键是这个强势和弱势会保持多长时间和多大幅度，这是动量反转策略需要考虑的。

1993 年，美国学者 Je-gadeeshkg 与 Titman 在对股票组合的中间收益率进行研究时发现，以 3～12 个月为间隔所构造的股票组合的中间收益率呈连续性，即中间价格具有向某一方向连续的动量效应。一些研究显示，如果选择低市盈率（PE）、股票市值与账面价值比值低、历史收益率低的股票，则往往可以得到比预期收益率高很多的收益率，而且这种收益率是一种长期异常收益率。

而在我国市场上，热点的切换及投资者的偏好经常会发生转变，这也使得动量效应和反转效应在一段时间内反复出现。例如，在 2012 年年初的一波反弹中，酿酒类和地产类股票价格持续上涨，表现出明显的动量效应。

## 42.1　基本原理

### 1. 阿尔法动量

一只股票未来回报的预期可以拆成 Alpha、Beta 及残差三部分，用公式描述为

$$r_p = \alpha + \beta_m + \varepsilon$$

式中，第二项 $\beta_m$ 是股票价格随着市场总体涨落所带来的市场回报；最后一项 $\varepsilon$ 代表的是无法提前预知的股票价格相对于市场回报的差异；而第一项 $\alpha$ 同样也是偏离市场的回报，但是它与残差不同，$\alpha$ 代表了提前预知的偏离。

从量化投资的角度来看，积极型股票投资者的目标可以理解为寻找正的阿尔法动

量,这个过程通常是通过基本面分析来完成的。而动量模型的目标是通过数量方法寻找到股票持续的、正的阿尔法。

### 2. 阿尔法动量模型分析

假设股票的阿尔法是一个随机过程。出于简化的目的,假设阿尔法是最简单的AR(1)过程,则股票的收益率可以表示为下面的形式:

$$r_{pt}=\alpha_t+\beta r_{mt}+\varepsilon_t$$

$$\alpha_t=\delta\alpha_{t-1}+V_t$$

在这个模型中,当 $\delta < 0$ 时, $\alpha_t$ 会出现反转,这种情况意味着这只股票存在过度反应的现象。当 $\delta$ 介于 0 和 1 之间时,随着时间的变化, $\alpha_t$ 总会向 0 靠近,决定其减为 0 速度的关键是 $\delta$ 的大小。一只股票的 $\delta$ 越大,代表它的 $\alpha_t$ 向 0 回归的速度越慢。换句话说,如果我们能找到一只股票,其 $\delta$ 与现在的 $\alpha_t$ 都比较大,那么这只股票在接下来的时间内 $\alpha_t > 0$ 的可能性也比较大。可以使用马尔科夫链蒙特卡罗方法估计该模型的参数,使用模拟结果的均值作为各个参数的估计值。

## 42.2　动量策略

初始投资组合的构建:以 2010 年 1 月 4 日为初始投资组合构建日,选择待选股票池中 2008 年 6 月 1 日至 2009 年 12 月 31 日累计涨幅最大的前 10%股票,等权重配置作为初始投资组合。

组合的再平衡:持有投资组合 9 个月,以到期后的第一个交易日为再平衡日,将投资组合中的股票调整为再平衡日前 18 个月内累计涨幅最大的前 10% 股票,同时将新投资组合内样本股的权重调整至相等。重复上述过程,直至 2015 年 12 月 30 日。动量策略组合走势如图 42.1 所示。

在考虑交易成本以后,在长达 6 年的回测过程中,动量策略获得了 30.26%的累计收益率,高于同期沪深 300 指数获得的 5.54%的累计收益率。在回测期内,这一动量策略的年化复合增长率为 4.51%,同期沪深 300 指数的年化复合增长率为 0.90%。

在回测过程中,动量策略持有的股票数量大约为 30 只。

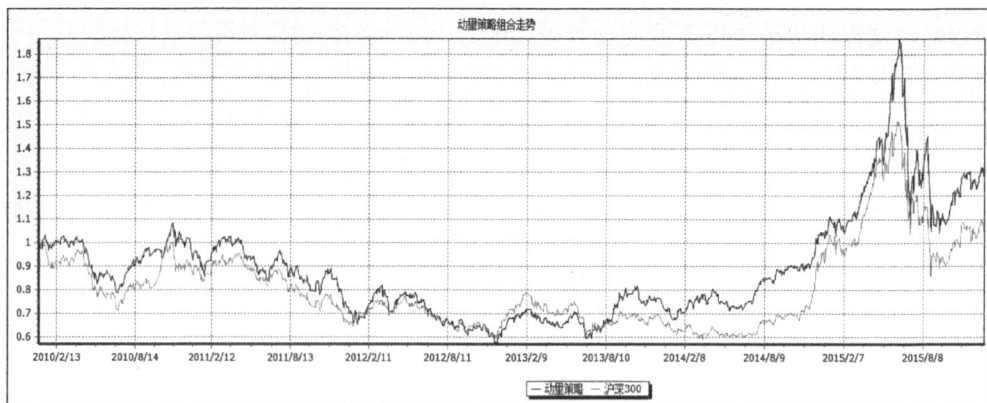

图 42.1　动量策略组合走势

数据来源：[周冠伟 2016]

从不同的市场阶段来看，动量策略在熊市阶段的表现略明显。动量策略相对于沪深 300 指数平均每个月可以获得 0.29 ％左右的超额收益率，战胜基准的频率在 52% 以上。动量策略风险收益率分析如表 42.1 所示。

表 42.1　动量策略风险收益率分析

| | 组合累计收益率（考虑交易成本） | 组合年化收益率（考虑交易成本） | 沪深 300 累计收益率 | 沪深 300 年化收益率 | 组合夏普比率 | 沪深 300 夏普比率 |
|---|---|---|---|---|---|---|
| 全阶段 | 30.26% | 4.51% | 5.54% | 0.90% | 0.166 | 0.036 |

数据来源：[周冠伟 2016]

# 42.3　反转策略

初始投资组合的构建：以 2010 年 1 月 4 日为初始投资组合构建日，选择待选股票池中 2009 年 12 月 31 日前 1 个月内累计涨幅最小的前 30 只股票进行等权重配置，作为初始投资组合。

组合的再平衡：持有投资组合 1 个月，以到期后当月的第一个交易日为再平衡日，将投资组合中的股票调整为再平衡日前 1 个月内累计涨幅最大的前 30 只股票，同时将新投资组合内样本股的权重调整至相等。重复上述过程，直至 2015 年 12 月 31 日。

在考虑双边 3‰交易成本以后，在长达 6 年的回测过程中，(2,1)反转策略获得了

500.82%的累计收益率，远高于同期沪深300指数获得的5.54%的累计收益率。在回测期内，这一反转策略的年化收益率为34.91%，年化波动率为27.38%；同期沪深300指数的年化收益率为0.9%，年化波动率为25.00%。

在回测过程中，(2,1)反转策略持有的股票数量大约为30只，每个月换手一次。由于换手率较高，这一策略的交易成本对收益的影响很大，平均到每个月大约为30基点。

从不同的市场阶段来看，反转策略在牛市和震荡市阶段表现出色。阶段反转策略相对于沪深300指数平均每个月可以获得接近2.54%的超额收益率，战胜指数的频率接近77.5%。而在熊市阶段，反转策略基本上与指数战平。反转策略风险收益率分析如表42.2所示，反转策略组合走势如图42.2所示。

表42.2 反转策略风险收益率分析

| | 组合累计收益率（考虑交易成本） | 组合年化收益率（考虑交易成本） | 沪深300累计收益率 | 沪深300年化收益率 | 组合夏普比率 | 沪深300夏普比率 |
|---|---|---|---|---|---|---|
| 全阶段 | 500.82% | 34.91% | 5.54% | 0.90% | 1.275 | 0.036 |

数据来源：[周冠伟 2016]

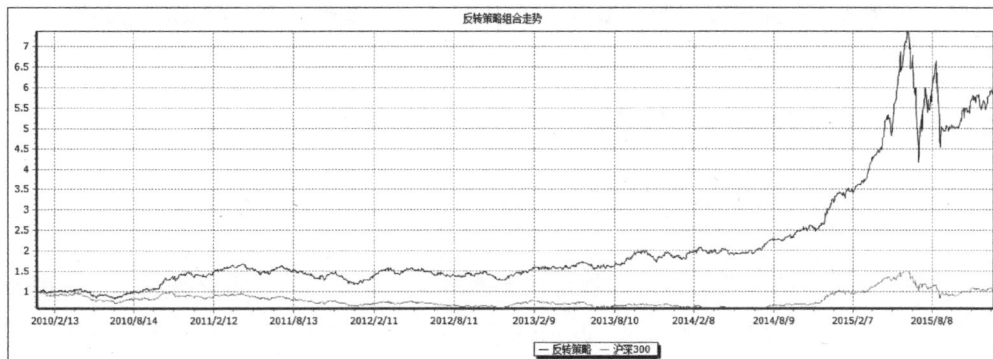

图42.2 反转策略组合走势

数据来源：[周冠伟 2016]

# 43 事件驱动策略

事件驱动策略（Event Driven Strategies）是国际对冲基金较为成熟的策略之一，它往往依赖影响公司价值的短期具体事件，如公司并购、破产、重组和重大资本结构变动等。事件驱动型基金在整个对冲基金行业管理资产规模中的比重高达 25%以上。该策略的收益率与大盘的相关系数一般较低，往往可以取得独立于大盘的较高收益率。这种类型的策略一般可以做到较低的风险和较高的收益率，但是作为代价，能够容纳的资金规模必然是比较小的。

许多知名券商的研究部门纷纷设置了金融工程组对其进行量化研究。目前我国业界事件驱动策略中包括的常用重大事件有重大政策、重要会议活动、天灾人祸、业绩预增、高送转、定向增发、股权激励、重组并购、ST 摘帽、分析师调研活动等。

## 43.1  困境证券类策略

### 1. 基于 ST 制度的策略

1998 年实施的股票上市规则规定，连续两年出现亏损等异常财务状况的上市公司的股票交易将被进行特别处理：股票报价日涨跌幅限制为 5%，股票名称改为原股票名前加"ST"，且公司的中期报告必须审计。公司经营如果连续三年亏损，则将被实施退市预警。这就是我们所说的 ST 制度。

首先，有研究表明，ST 制度导致上市公司会尽量避免亏损，其操纵利润的表征是：微亏的公司概率分布极低，但微利的公司概率分布异常高。如果上市公司在年末通过业绩操纵尽量避免了当年亏损，则其下一年年初的业绩因为此前的透支往往缺乏后劲。比如中国一重（601106.SH）为了在行业困难的 2012 年报出微利 2934 万元，在 2012 年年末进行了业绩操纵，但公司 2013 年第一季度的业绩恶化就较为明显，亏损了 9358 万元，同比增长–502%。当上市公司前一年已经报告了亏损之后，第二年会竭尽全力操纵利润避免连续亏损两年而被 ST。此时，可以根据前期季度财务报告、公司所处行业情况、控股股东情况等因素来提前综合判断公司年报亏损的概率。如果判断公司有较大概率在第二年将连续亏损，那么一般来说公司将操纵利润产生巨亏，通过"大洗澡"来转移利润至下一年度，减少第三年继续亏损的概率。因此，公司如果被 ST，则往往意味着其下一年度业绩反转的概率较高。比如，鞍钢股份（000898.SZ）在 2012 年报巨亏 41.57 亿元，而 2013 年业绩则大幅好转，实现盈利 7.7 亿元，部分原因就是其跨年度的业绩操纵。

其次，即使公司的经营再糟糕，通过业绩操纵在第三年也无法避免亏损，其控股股东也不会允许公司被退市。由于上市公司的"壳"价值较高，所以公司会积极寻找重组或者借壳的机会，其股票仍存在较好的获利机会。可以看出，我国的特殊制度导致了上市公司围绕盈亏平衡的大量业绩操纵行为，在很多情况下可以较清楚地预测公司的业绩走向，从而通过相应的交易策略获利。

### 2. 基于限售股解禁的策略

大小非限售股解禁日期是市场非常关注的事件，因此围绕该事件进行的策略研究也是热门。一般来说，上市公司的大小非如果存在减持动机，那么当然希望在其股票被解禁后能以较高的市场价格出售，以实现利益最大化。一方面，限售股解禁日是公开信息，普通投资者在解禁事件之前就可预期到解禁将对股价带来负面压力；另一方面，上市公司为了配合大小非解禁，可能会在其计划减持前进行业绩操纵，发布利好消息以促使股价上涨。这两方面的力量导致限售股解禁日附近存在大量不确定性，难以简单地使用该日期作为事件进行策略交易。比如，齐鲁证券对 2008—2013 年的所有首发限售股解禁进行了研究，发现在限售股被解禁前公司的股票价格明显跑输大盘，但在限售股被解禁后公司的股票价格则能小幅跑赢大盘。

通过对 2012 年 11 月至 2013 年 10 月 30 家创业板上市公司进行的 90 起控股股东减持事件进行研究，得出以下结论：在解禁日前 3 个月，创业板公司的股票价格平均跑赢创业板指数；创业板控股股东如果减持，则可能更倾向于在解禁后的短期内（1～3 个月）进行减持；解禁后减持比例较大且自然人股东的减持比例远远大于机构股东；在控股股东减持前的短期内公司倾向于披露好消息，而坏消息大都在减持后被披露；许多减持公司在减持前通过披露业绩靓丽的年报并发布"高送转"公告来拉升股价；自然人控股股东相比于机构控股股东来说更倾向于进行操纵。

## 43.2 并购套利类策略

### 1. 基于股权增发再融资的策略

我国长期以来对 IPO 市场的管制较为严格，对发行估值水平和发行融资量都进行了限制，造成许多公司的 IPO 融资价格过低且融资量不足。因此，不少公司在上市后不久仍计划通过股权增发进行融资。我国的增发可分为定向增发和公开发行。由于定向增发对于上市公司的盈利能力并无严格要求，因而自 2006 年以来定向增发类的融资项目发展迅猛。根据齐鲁证券研究部的报告，在 2008—2013 年向非关联方定向增发实施事件前后各 100 个交易日内，可分别获得 15.4% 和 6.1% 的超额收益率，大大高于公开发行事件的相应收益率水平。

定向增发期间的高额收益来源到底是什么？一般来说，上市公司都希望增发能顺利地以较高的价格完成。一种可能性是管理层选择市场高估公司股票价格的时机来进行增发。对美国市场的大量研究都支持了这类假想，他们发现增发公司的股票价格一般在此后相当长的时期内会跑输大盘。另一种可能性是上市公司在增发期间主动通过粉饰，甚至操纵报表业绩，以及进行选择性的正面消息披露来影响市场价格。由于定向增发面对的是特定的投资者，因而上市公司可以与其私下"沟通"，为了成功增发，更容易进行合谋操纵。对于之前盈利能力较差的公司，要使定向增发成功，往往需要在短期内释放出更多的利好消息。因此，公司在增发期间的操纵可能更为严重，导致其股票长期表现不佳。

### 2. 与关联方相关的定向增发及整体上市交易策略

与上述股权增发再融资的一般动机不同，当定向增发涉及从控股股东或其他关联方融资或购买资产时，上市公司可能会希望增发的价格较低，这样公司的关联方能以相同的资金或资产换取上市公司更多的股份。在这种动机的驱使下，上市公司在增发期间不倾向于披露促使股价上涨的正面信息，甚至有可能通过各种手段将公司业绩下调，或选择性地披露负面消息来打压股价。

有学术研究发现了与此动机一致的经验证据：当上市公司向其控股股东及其子公司增发新股以收购其资产时，会进行负向的盈余管理；第一大股东的持股比例越高，上市公司盈余管理的程度就会越强；在定向增发前负向盈余管理的程度越高，在定向增发后股票价格表现越好。此外，在齐鲁证券的研究报告中，在向关联方定向增发的预案公告后的 100 个交易日中，股票的超额收益率甚至为负数，较向非关联方定向增发的相应事件收益率要低 5% 左右；与之类似，在向关联方定向增发实施事件前后各 100 个交易日中，超额收益率仅分别为 3% 和 1% 左右，大大低于向非关联方定向增发的相应事件收益率。这些发现都与上市公司存在对关联方定向增发期间向下打压股价的动机相吻合。

当上市公司的控股股东通过定向增发将其大部分未上市资产注入上市公司实现整体上市时，交易的金额较高，对控股股东的重要性也更大，因此其操纵动机也更为明显。对 2006—2013 年 119 家实行定向增发整体上市的国有企业样本进行研究发现：计划整体上市的国有控股上市公司在方案公告前往往会采用负向的盈余管理来隐藏利润、压低股价，导致在重组方案公告前 3 天至前 30 天期间的股票累计收益率平均为负值；在方案正式公告前 2 天至方案公告后的 5 个交易日左右，整体上市公司股票的超额收益率平均可达 15% 左右。2013 年 9 月，中国重工（601989.SH）公告计划将其控股股东中国船舶重工集团所属的军工重大装备总装业务资产整体上市。在公告前的大半年时间里，中国重工的股价走势疲软且走势整体弱于大盘和行业指数，尤其是在所选择的定价基准日 2013 年 9 月 11 日，股价达到 9 个月以来的最低点。分析表明，为了将整体上市的定价基准降低，中国重工在 2012 年年末进行了较明显的负向盈余操纵，比如公司的海洋工程产品在营业收入大涨 606% 的情况下，毛利率却大幅下挫 17%。

## 43.3  绩效激励类策略

### 1. 基于股权激励的策略

上市公司向其高管及骨干力量授予股票或期权进行股权激励，对公司的股价将产生长期影响。一方面，被激励人员与上市公司的利益较之前更为一致，使其在股权激励实施后会更努力地工作，改善公司基本面。另一方面，被授予的股权激励对于高管个人来说往往是一笔较大的财富，给他们带来较强的动机进行操纵，从而在股权激励的授予、考核、行权及减持等过程中获取对自身有利的条件。

首先，在股权激励预案出台之前，上市公司的管理层存在的动机主要是获得较优惠的激励价格及考核条件。因此，上市公司在股权激励方案的制订过程中会尽量避免释放利好，有时甚至会进行向下的业绩操纵来打压股价和压低考核指标。例如，海信科龙在 2010 年年底公布的首期股票期权激励计划规定授予期权行权的主要业绩条件是：各年扣除非经常性损益后净利润增长率的平均数不低于 20%，且各年加权平均净资产收益率的平均数不得低于 15%。然而，这些指标的设计颇值得玩味。2010 年，海信科龙的扣非后净利润仍在低位，仅为 1.85 亿元，对应净利率才有 1.05%；且公司的净资产在海信集团资产注入后才从负权益恢复，2010 年年末余额仅为 5.41 亿元，占总资产的 6.75%。一旦公司的经营改善，非常容易达到这些考核标准。

其次，在股权激励开始实施后，当年公司的年报往往会存在一定程度的业绩反转，引发股价持续上涨。在股权激励的考核期间，管理层一方面要尽量使公司的业绩满足考核要求，另一方面会控制业绩的释放节奏，保留一些后劲供减持期使用。在此期间，公司的股价很难持续大涨。如果公司的前期业绩能满足股权激励方案的考核条件，则上市公司的行为会受管理层的节税动机影响。当管理层计划将其持有的期权行权时，会希望股价走低，这样他们缴纳的所得税会较少。比如，海信电器在 2011 年及 2012 年的两批次管理层行权前均披露了较差的季度业绩，且股价都在阶段低点。在管理层所获的股权可以出售时，他们具有最强的动机来释放业绩和披露各种正面信息以推高股价。海信电器的多位高管在 2012 年及 2013 年年初都成功地在最高价附近减持。

最后，由于所有人缺位，因而国有控股的上市公司存在较强的代理问题，其管理层对公司决策的影响也更大，导致公司更倾向于发布"福利型"的股权激励计划；而民营控股上市公司的股权激励计划更倾向于"激励型"，对管理层的努力和公司未来业绩增长会提出较高的要求。对于这两类股权激励计划，有必要分开进行研究。因此，上市公司实施股权激励对于其业绩的波动具有复杂的潜在影响，在构建交易策略时要根据公司的特征及管理层在相应阶段的操纵动机进行设计。

### 2. 基于"高送转"的策略

上市公司送股、转增股票既不影响其当期现金流，也不影响其未来现金流，在本质上并不应该影响公司价值。但长期以来，我国投资者对高送转公司的股票趋之若鹜，市场反应积极，导致近年来上市公司高送转的比例逐年提升，10 送 10 这样的"高送转"已较为常见。对于如何理解这种我国资本市场较特殊现象的背后机制，学术界一直没有达成共识。但较为确定的是，上市公司时常利用投资者对高送转公司股票的认识误区，通过高送转的公告来推高股价，以达成某些特定的目的。比如，近年来创业板控股股东在减持前经常使用高送转公告进行配合。

那么，从投资策略的角度来看，是否可以利用上市公司的高送转行为来获利呢？

笔者在 2012 年发表的论文中对 2006—2010 年进行每 10 股送转 5 股及以上的公司进行了研究，发现有助于预测高送转的因子包括股价、每股未分配利润与资本公积、股本、是否为次新股及上一年是否高送转等。在每年第三季度报告出台后，可利用这些因子进行建模，预测当年公司进行高送转的概率。然后选取预测概率最高的 30 家公司的股票构建投资组合，在公司公布分红方案后卖出。在该研究中，使用样本外数据进行预测的准确率为 53%～87%，鉴于所有股票高送转的平均概率只有 11.3%，预测效果还算不错。此外，2007—2010 年基于高送转概率模型的投资组合的收益率为 8%～48%，平均收益率高达 27%。考虑到持仓期仅有几个月，这样的回报率高得惊人。

上市公司在高送转公告出台之前往往还会陆续披露其他利好信息，以促使股价上涨。高送转不是上市公司的目的，而仅是其操纵股价的手段之一。基于高送转的预期构建的交易策略是否成功，在较大程度上依赖投资者对上市公司控制者操纵动机的解读。

# 43.4 制度缺陷类策略

### 1. 基于可转债转股操纵的策略

我国的可转债市场与国际成熟市场的规则大为不同，发行的可转债一般来说内含美式看涨期权、回售权、特别向下修正权和提前赎回权等选择权。在股票融资受到较严格监管的情况下，我国上市公司往往将可转债作为股权融资的替代品，期望最终将其转为股票，而不是还本付息。当公司股票估值低迷时，发行可转债的上市公司往往会通过向下修正转股价、释放利好甚至操纵业绩来将股价抬高至转股价之上，促成转股。由于小盘股波动性大，对利好信息的敏感度更高，因而业界普遍认为小盘转债公司的操纵动机更强。

在可转债的发行和存续期间，我国的上市公司存在较多动机对公司业绩及股价进行操纵。与股权增发类似，在可转债发行前，上市公司希望能以较优惠的利率募集较多的资金，因此存在动机粉饰业绩，披露利好消息。这样，在可转债发行完成后的一段时间里，发行公司的股票价格将缺乏上涨的动因，可能表现疲软。

我国许多可转债的条款中都含有修正转股价格的较灵活条款，比如隧道转债规定的修正条件是：当公司股票在任意连续 20 个交易日中有 10 个交易日的收盘价低于当期转股价格的 90% 时。这样的规定能极大地增加可转债的内在价值，但对于中小股东来说实为不利，会以不利条件大幅稀释其持股比例。上市公司提出向下修正转股价格就反映了公司董事会希望促成可转债最终转股的强烈动机。在治理结构比较完善的公司里，修正转股价格的议案可能会遇到较大阻力。比如，2014 年 2 月，民生转债向下修正转股价的议案就在民生银行的股东大会上被否决。

因此，在可转债存续期间，上市公司决定何时促成转股存在较大的不确定性。一方面，可以使用模型预测公司将转股价向下修正发生的概率，应考虑大股东持券情况、大股东持股比例、可转债的稀释比例、可转债的价内外程度及上市公司的偿债能力等多方面因素，选取预测修正概率较高的可转债进行投资。另一方面，在上市公司难以通过修正转股价来促成转股的情况下，如公司股价远低于净资产，判断上市公司对业绩及信息披露进行操纵来促成股价上涨的动机，可以考虑的因素有回售条款是否接近被触发、可转债的存续期限、可转债的价内外程度、大股东的股权性质、大股东的资源情况等。基于这些分析，较好的策略是选择操纵动机较强的公司股票或可转债进行投资，等待公司释放业绩及利好。

### 2. 制度环境引发获利空间

尽管现有研究发现，美国上市公司的管理层也会出于期权行权或其他相关动机进行对其有利方向的盈余管理，但从上市公司或管理层的操纵动机的角度进行选股的策略在美国较为少见。一方面，美国市场的公司治理结构完善、法制约束力强，管理层往往不敢或不能进行过分的操纵行为。另一方面，其投资者较为专业，在大多数情况下能从其报表中解读出盈余管理成分，从而在定价时进行相应的调整。

而在我国 A 股市场上，法律制度对中小投资者的保护严重不足，导致上市公司的各类操纵成为普遍现象。首先，会计师事务所对于财务报告把关不严，造成许多上市公司操纵利润甚至造假。而在多数情况下，中小投资者对此毫无办法，最多只能"用脚投票"。其次，不少上市公司与机构投资者合谋，进行所谓的"市值管理"，利用各项利好或利差信息的释放来配合机构投资者对其股票的炒作。尽管近期监管层对内幕交易进行了一定程度的打击，但此类合谋操纵股价的现象在实务中仍较为常见。最后，我国股票市场的投资者普遍专业程度缺乏，且投机性强，对财务报表及其他信息披露的解读不深，容易被上市公司提供的表面信息所误导。

可以预见，在我国 A 股市场的制度环境大幅改善之前，上市公司基于自身或关联方的利益诉求对公司的业绩及其他信息披露进行操纵的现象很难得到本质上的缓解。因此，从上市公司操纵动机的角度进行相应的事件驱动策略投资在今后较长时间内仍可获利丰厚。

# *44*    **Hurst 指数择时**

择时策略就是通过对市场的分析，试图找到大盘的高点和低点，从而可以进行高抛低吸的操作。这种策略比单纯的阿尔法策略收益要提高很多。择时策略又分为拐点择时和趋势择时两大类，Hurst 指数就是拐点择时的一个重要模型。

根据分形理论，定义 Hurst 指数来判断趋势的拐点，将 Hurst 指数和大盘指数对比就可以发现，股市大盘走势具有长期记忆性，这成为 Hurst 指数择时的基本出发点。

## 44.1    基本原理

分形市场理论预示着股市具有分形结构，而这种结构恰能解释收益率分布呈现的"尖峰肥尾"特性。分形市场是一个既稳定又有活力的市场，整体的有序使得系统稳定，而局部的无序为系统带来活力，但又不影响系统的整体稳定性。

分形布朗运动用来描绘股票分形市场，它是对布朗运动模型的推广，其数学模型如下。

$B_H(t)$ 为随机过程，若 $B_H(t)$ 满足

$$B_H(t) - B_H(0) = \frac{1}{\Gamma(H+\frac{1}{2})} \left\{ \int_{-\infty}^{0} \left[ (t-s)^{H-\frac{1}{2}} dB(-s)^{H-\frac{1}{2}} \right] dB(s) + \int_{0}^{t} (t-s)^{H-\frac{1}{2}} dB(s) \right\}$$

则称 $B_H(t)$ 为分形布朗运动。其中，$0<H<1$；$B_H(0)$ 为常数；$B(s)$ 为布朗运动。

可以看到，当 $H=1/2$ 时，$B_H(t)$ 为布朗运动，即随机游走模型；当 $1/2<H<1$ 时，未来增量与过去增量正相关，随机过程具有持久性；而当 $0<H<1/2$ 时，未来增量与过去增量负相关，随机过程具有反持久性。

如图 44.1 所示为上证指数与对应 Hurst 指数的关系。

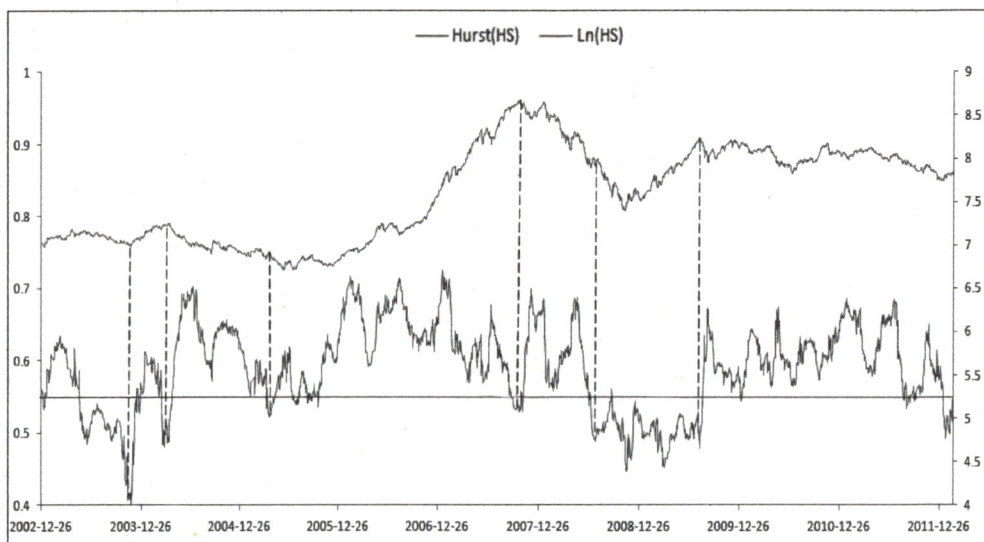

图 44.1　上证指数与对应 Hurst 指数的关系

数据来源：[高钢杰 2012]

　　Hurst 指数并不能精确地告诉我们具体哪一天市场开始反转，但大致位置和市场的反转时间惊人地吻合，所以完全可以把移动 Hurst 指数的低位（小于 0.55）当作市场酝酿反转的一个重要参照指标。

　　移动 Hurst 指数的低位和市场反转期的吻合并不是一个偶然现象，因为中国的股票市场并不能完全达到有效市场假说的要求，在熊市和牛市的更替中，市场表现出对趋势的长期记忆性，使得市场的运动明显偏离没有记忆的随机运动。

　　而 Hurst 指数正是描述市场长期记忆性强弱的指标，Hurst 指数越高，市场对趋势的记忆性越强；Hurst 指数越低，市场对趋势的记忆性越弱；当 $H=\dfrac{1}{2}$ 时，时间序列是完全没有记忆的。每当市场反转时，就意味着前期的趋势弱化，被市场忘记，那么对应的 Hurst 指数应该下降，所以市场反转期对应的 Hurst 指数接近 $\dfrac{1}{2}$ 是完全合乎逻辑的。

## 44.2　利用 Hurst 指数进行市场择时

　　如图 44.2 所示为 1999 年年初至 2010 年 5 月上证综指的 Local Hurst 指数，图中

$E(H)$为 Hurst 指数的期望值。$E(H)$的算法与 $H$ 的算法类似，即对 $\ln\{E[(R/S)_n\}$ 及 $\ln(n)$ 应用最小二乘法回归求得。对于 $E[(R/S)_n]$ 的计算，我们采用 Peters 的方法。

$$E[(R/S)_n] = [(n-0.5)/n] \times (n\pi/2)^{-0.5} \times \sum_{r=1}^{n-1} \sqrt{(n-1)/r}$$

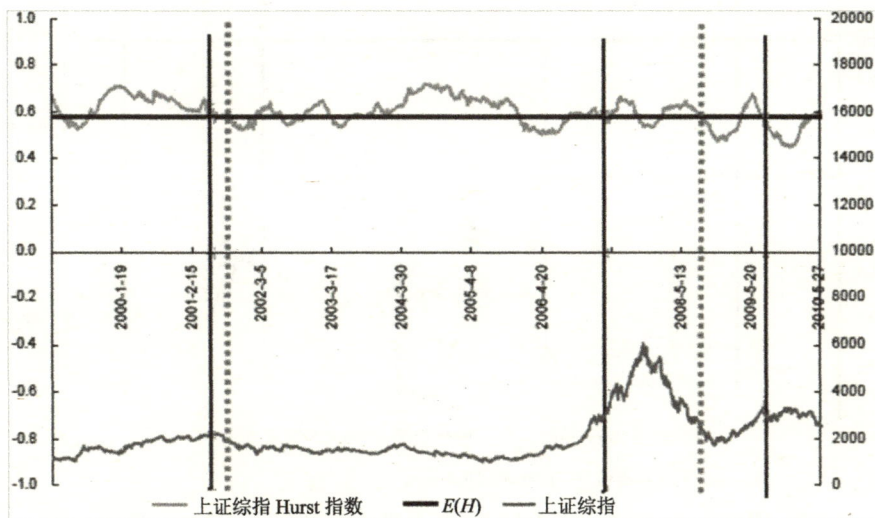

注：实线表示卖出信号；虚线表示买入信号。

图 44.2　1999 年年初至 2010 年 5 月上证综指的 Local Hurst 指数

**数据来源：[曹源 2010]**

这里设计如下择时投资策略：

（1）当发出买入指令时，全仓买入市场指数。

（2）当发出卖出指令时，空仓市场指数。

（3）Local Hurst 指数连续 5 个交易日低于 $E(H)$，且此时市场指数较 233 个交易日前表现为上涨。如果此时处于满仓状态，则于第 6 个交易日发出卖出指令；如果此时处于空仓状态，则不进行操作。

（4）Local Hurst 指数连续 5 个交易日低于 $E(H)$，且此时市场指数较 233 个交易日前表现为下跌。如果此时处于空仓状态，则于第 6 个交易日发出买入指令；如果此时处于满仓状态，则不进行操作。

该策略于 1999 年 1 月 4 日全仓买入市场指数，并根据上述择时策略进行投资。

由图 44.2 和图 44.3 可以看到，1999 年年初至 2010 年 5 月，上证综指共发出 3 次卖出信号、2 次买入信号，深证成指共发出 4 次卖出信号、3 次买入信号。

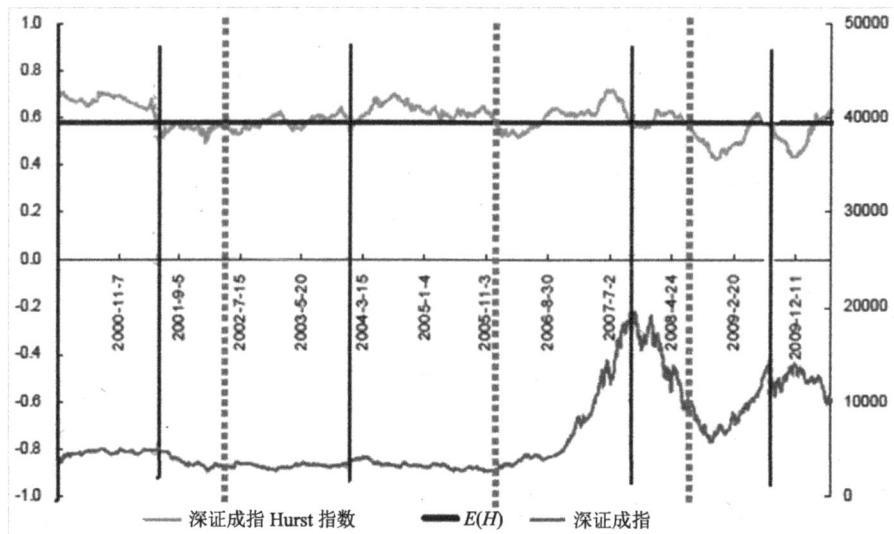

注：实线表示卖出信号；虚线表示买入信号。

图 44.3　1999 年年初至 2010 年 5 月深证成指的 Local Hurst 指数

**数据来源：**[曹源 2010]

上证综指的累计收益率为 190.14%，利用择时策略买卖上证综指获得的累计收益率为 403.44%；深证成指的累计收益率为 367.30%，利用择时策略买卖深证成指获得的累计收益率则达到异常可观的 1820.37%。

# *45* SVM 分类择时

支持向量机（SVM）是目前很流行的一种数学方法，主要用于分类与预测。择时在本质上是一个预测过程，即利用过去的数据预测未来一段时间大盘是上涨还是下跌。但市场是非线性的，这就使得传统的线性预测方法效果不佳。由于 SVM 对非线性预测有非常好的效果，因此利用 SVM 技术来建立择时模型，可以有效地避免传统回归模型的精度和扩展性问题。

## 45.1 模型设计

利用 SVM 技术对股票价格进行预测主要包括训练数据准备、训练参数输入、学习样本输入、SVM 模型训练、训练结果评估、训练参数优化等一系列循环过程，如图 45.1 所示。

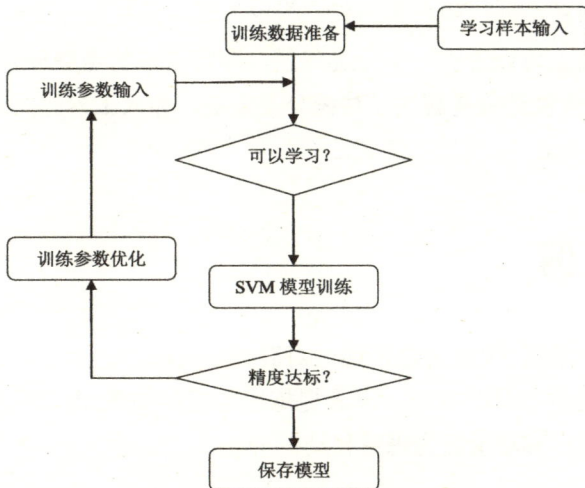

图 45.1 基于 SVM 的择时模型流程

（1）训练数据准备阶段的任务主要是对预测指标的选定和对已有历史数据资料的收集，并确定股票价格影响的输入向量。

（2）训练参数输入阶段的任务主要是确定 SVM 模型的参数。如果是初次运行，则可以随意地预定义训练参数；但如果是重复运行多次，则训练参数优化的步骤便开始起作用。

（3）学习样本输入阶段的任务是将学习样本进行标准化处理，处理公式如下：

$$x_i' = \frac{x_i - \overline{x_i}}{\sigma}$$

式中，$\overline{x_i}$ 为 $x_i$ 分量的平均值，$\sigma$ 为 $x_i$ 分量的标准差。在完成标准化工作后，将样本集任意地分为训练样本和测试样本，分别用于模型训练和精度检验。

（4）SVM 模型训练阶段的任务包括：先对输入的训练样本进行训练，得到模型的初始值 $a$ 和 $b$；然后利用上述算法提取出有效的、相关的数据点重新训练，得到最终的模型。

（5）训练结果评估阶段的任务主要是对训练得出的模型推广（又称泛化）能力进行验证。所谓推广能力，是指经训练（学习）后的模型对未在训练集中出现的样本（测试样本集）做出正确反应的能力，通常用平均平方误差（MSE）来表示。

如果得出的 MSE 结果较小，则说明该评估模型的推广能力强，或泛化能力强；否则说明其推广能力较差。另外，也可以用平均绝对百分误差（MAPE）来衡量。当然还有很多其他的衡量指标，如误差绝对值的最大值、误差绝对值的平均值等。

择时问题在本质上可以看作一个分类问题，即将未来的走势分为"涨"和"跌"两大类。SVM 的一大优势就是解决了传统分类方法，如人工神经网络的次优陷阱问题，这使得 SVM 成为近 10 年来备受关注的数学方法。

# 45.2　实证案例

在本实证案例中采用 SVM 方法，通过对股指期货标的沪深 300 指数进行预测分析来对市场短期趋势进行择时判断。笔者提炼出的指标如表 45.1 所示，输出为市场未来一周是涨还是跌，移动滑窗为每日移动。

**表 45.1　SVM 择时模型的指标**

| Close/Mean | Volume/Mean | Return | S |
|---|---|---|---|
| 收盘价/均值 | 现量/均量 | 区间收益率 | 区间标准差 |
| Max/Mean | Min/Mean | Price | Vol |
| 最高价/均价 | 最低价/均价 | 现价 | 现量 |

数据来源：D-Alpha 量化对冲系统

计算过程如下：

（1）计算每日 8 个输入指标。

（2）当前日期为 $T$ 日，样本期为 $T-200$ 日到 $T-1$ 日，找到样本期内最优的 SVM 模型的参数。

（3）利用 $T$ 日的输入指标预测输出指标。

（4）如果预测分类为 1，也就是说未来一周市场可能上涨，则在市场行情低于 $T$ 日收盘价时买入，如果涨幅超过 2%则卖出，否则到 $T+5$ 日平仓；反之，做空也可以。

如图 45.2 所示为根据 SVM 模型的预测结果对沪深 300 指数进行多空操作的收益率曲线。时间范围为 2005 年 11 月 15 日至 2011 年 5 月 3 日，交易周期为一周，采用被动挂单的方式，等待价格到达合适的位置，止盈为 2%，止损为浮亏超过 2%。如果没有触及止盈线和止损线，则以最后时刻平仓。7 年的时间净值从 1.0 增长到 4.77，策略的夏普比率也很稳定。

图 45.2　根据 SVM 模型的预测结果对沪深 300 指数进行多空操作的收益率曲线

数据来源：D-Alpha 量化对冲系统

# 46 单线突破类模型

趋势型指标是投资者运用最多、也最容易在市场中获利的方法。市场中最著名的格言"让利润充分增长，限制损失"是趋势型指标的真实反映。趋势型指标通常利用两根线的交叉作为交易信号，并以此作为对买卖时点的判断。

常用的均线趋势择时指标主要包括 MA、MACD、DMA 和 TRIX。选择这 4 个指标进行趋势型指标择时模型构建的原因是：它们都是市场中常用的技术指标，受到投资者多年的实践检验，长盛不衰；它们的运用方法都以交叉法则为主，择时相关性较强，便于后面的叠加。

## 46.1 均线模型

上述每种指标都是经过前人长期检验的，其有效性或有用性是有保证的，但就单只证券而言，不同的计算参数将导致不同的择时效果。因此，在进行择时模型构建时，首先需要检验单个指标不同参数的测试效果，并选择一个相对较好的参数，然后将多个指标结合起来，构建一个多指标的择时模型。

这里简要介绍一个基于 MA 的择时策略模型的测试结果。在测试区间选择上，考虑到不同的时间阶段和市场行情，不同参数导致的择时效果也会有所不同。因此，在本案例中，分别测试了不同时间区间的择时情况，然后从中选择一种相对稳定的参数指标。具体来说，先将 1994—2011 年的 18 年划分为 3 个 6 年，分别测试各种参数组合在 3 个区间内的择时表现，然后对其进行打分，最后选择得分最高的一组参数作为最优参数。3 个测试区间分别为 1994.1—1999.12、2000.1—2005.12 和 2006.1—2011.12。

交易成本是影响择时交易的一个重要因素，在单个指标择时中我们不考虑交易成本，只在综合指标择时中计算 1%的双边交易成本。

MA 指标利用短期移动均线与长期移动均线的交叉来进行择时交易，具体法则如下：

$$Signal = \begin{cases} 1, SMA_t > SMA_{t-1} \, \& \, SMA_t > LMA_t \, \& \, SMA_{t-1} < LMA_{t-1} \\ 0, LMA_t < LMA_{t-1} \, \& \, SMA_t < LMA_t \, \& \, SMA_{t-1} > LMA_{t-1} \end{cases}$$

式中，Signal=1 表示买进，Signal=0 表示卖出。

测试参数包括计算短期均线天数 $S$ 和长期均线天数 $L$。在每个测试区间内，$S$ 以 2 天为间隔，测试范围从 2 天到 20 天；$L$ 以 5 天为间隔，测试范围从 20 天到 120 天。测试中采用遍历的搜索方法，分别计算不同参数匹配下的择时交易情况。

从测试情况来看，MA 指标适合长线择时。在不考虑交易成本的情况下，交叉择时交易法则能获得不错的收益率表现。综合而言，以 4 日为短期均线、40 日为长期均线进行交叉择时的效果相对较好；从长期的择时收益率来看，MA 择时能大幅跑赢指数收益。如表 46.1 所示为 MA 指标择时测试最好的 20 组参数及其表现。

表 46.1　MA 指标择时测试最好的 20 组参数及其表现

| 区间（$S \sim L$） | 收 益 率 | | |
|---|---|---|---|
| | 1994.1—1999.12 | 2000.1—2005.12 | 2006.1—2011.12 |
| 2～30 | 139.7055% | 15.2461% | 89.6807% |
| 2～40 | 95.7076% | 0.8033% | 266.5444% |
| 2～65 | 126.8295% | −10.2765% | 283.9404% |
| 2～70 | 56.2791% | −3.3556% | 347.3881% |
| 4～35 | 135.3355% | 20.4150% | 158.3764% |
| 4～40 | 114.3548% | 12.2246% | 212.9089% |
| 4～70 | 39.7951% | −7.7508% | 380.3649% |
| 4～75 | 38.6308% | −9.3614% | 373.9609% |
| 6～40 | 116.1128% | 0.8419% | 192.1448% |
| 6～70 | 66.4828% | −15.9698% | 377.1127% |
| 8～35 | 56.8283% | 37.0839% | 157.4256% |
| 8～50 | 76.7762% | 10.0772% | 245.0511% |
| 8～55 | 46.7380% | 19.6556% | 274.6968% |
| 8～60 | 71.2832% | −14.1985% | 336.4202% |
| 14～40 | 65.8874% | 6.5493% | 208.7987% |
| 上证指数 | 63.8782% | −17.4431% | 86.2393% |

数据来源：[李洋 2012]

## 46.2　海龟策略

1983 年年中，著名的商品投机家理查德·丹尼斯与他的老友比尔埃·克哈特进行了一场辩论，这场辩论是关于伟大的交易员是天生造就的还是后天培养的。理查德相信，他可以教会人们成为伟大的交易员；比尔埃则认为遗传和天性才是决定因素。为了解决这一问题，理查德建议招募并培训一些交易员，给他们提供真实的账户进行交易，看看两个人中谁是正确的。他们在《巴伦氏》《华尔街期刊》和《纽约时报》上刊登了大幅广告，招聘交易学员。广告中称，在一个短暂的培训会后，新手将被提供一个账户进行交易。因为里克（理查德的昵称）或许是当时世界上最著名的交易员，所以，有 1000 多位申请人前来投奔他，他会见了其中的 80 位。

他从这一群人中精选出 10 人，后来这个名单变成 13 人。1983 年 12 月底，这 13 人被邀请到芝加哥进行为期两周的培训；到 1984 年 1 月初，他们开始用小账户进行交易；到 1984 年 2 月初，在证明了自己的能力之后，理查德给大多数人提供了 50 万～200 万美元的资金账户。"学员们被称为'海龟'。"——斯坦利·W·安格瑞斯特，《华尔街期刊》。1989 年 9 月 5 日，海龟成为交易史上最著名的实验，因为在随后的 4 年中，海龟取得了年均复利 80% 的收益率。海龟证明了交易可以被传授，用一套简单的法则可以使仅有很少或根本没有交易经验的人成为优秀的交易员，这套法则就是我们熟知的海龟交易系统。海龟交易系统是为数不多的公开且完整的机械交易系统，系统的设计原理和思路非常值得借鉴。

### 1. 策略原理

1）开仓

海龟交易系统采用两个通道突破开仓，这两个系统分别为系统一和系统二。

系统一：以 20 日突破为基础的偏短线系统。

系统二：以 55 日突破为基础的较简单的长线系统。

系统一入市：只要有一个信号显示价格超过前 20 天的最高价，系统就会发出做多信号。如果上次突破已经导致交易盈利，则系统一的突破入市信号就会被忽视。如果在盈利后的 10 个交易日内，同时也是突破日后，股价又下跌了 2ATR，那么，这一突破就会被视为失败的突破。《海龟交易法则》中的仓位管理方法是以 ATR 指标为核心的。ATR 即平均真实波幅。上次突破的方向与这项法则无关。因此，亏损的多头突破将使随后新的突破被视为有效的突破。然而，如果系统一的入市突破由于以前的交易已经取得盈利而被忽略，那么还可以在 55 日突破时入市，以免错过主要的波动。这种 55 日突破被视为自动保险突破点（Failsafe Breakout Point）。

系统二入市：只要有一个信号显示价格超过前 55 日的最高价就买入。如果价格超过前 55 日的最高价，那么，海龟交易系统就会在相应的商品上建立多头头寸。无论以前的突破是成功还是失败，所有系统二的突破都会被接受。

2）加仓

海龟交易系统在突破时只建立一个单位的头寸，在建立头寸后以 1/2ATR 的间隔增加头寸。这种 1/2ATR 的间隔以前面指令的实际成交价为基础。因此，如果初始突破指令降低了 1/2ATR，那么，为了说明 1/2ATR 的降低，新指令就是突破后的 1ATR 加上正常的 1/2ATR 个单位的增加间隔。在达到最大许可单位数之前，这样做都是正确的。如果市场波动很快，则有可能在一天之内就增加到最大 4 个单位。

3）跟踪止损（止盈）

海龟交易系统使用以 ATR 为基础的止损以避免净值的大幅损失。海龟交易系统规定任何一笔交易都不能出现 2%以上的风险。因为价格波动 1ATR 表示 1%的账户净值，容许风险为 2%的最大止损就是价格波动 2ATR。海龟交易系统的止损设置在买入价格以下的 2ATR。为了保证全部仓位的风险最小，如果另外增加单位，则前面单位的止损就提高 1/2ATR。这一般意味着全部头寸的止损将被设置在距最近增加的单位的 2ATR 处。然而，在后面单位因市场波动太快造成滑点（Skid）或者因开盘跳空而以较大的间隔设置的情况下，止损就会有所不同。

海龟交易系统止损的好处：由于海龟交易系统的止损以 ATR 为基础，因此，它能够适应市场的波动性。更不稳定的市场有更宽的止损，但是，每个单位的买卖数量也会更少。这等于把风险分散在所有的入市决策上，这样会导致更好的多样化和更为健全的风险管理。

## 2. 测试结果

本次测试采用 30 个国内期货品种，分为 2 小时、4 小时和日线级别的测试，结果如表 46.2 和图 46.1 所示。

表 46.2　海龟交易系统测试结果

| 评价指标＼测试周期 | 2h | 4h | 日线 |
|---|---|---|---|
| 年度收益率 | 14.72% | 33.64% | 31.09% |
| 胜率 | 37.96% | 40.53% | 41.94% |
| 平均盈利/平均亏损 | 1.79 | 1.92 | 2.30 |
| 夏普比率 | 0.42 | 0.99 | 0.98 |
| 收益风险比 | 0.38 | 1.29 | 0.97 |
| $R^2$ | 0.59 | 0.82 | 0.65 |

数据来源：宽潮教育

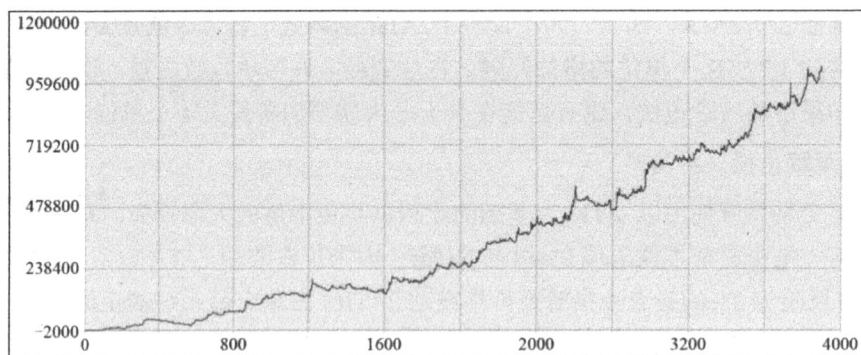

图 46.1　海龟交易系统测试收益率曲线（日线级别）

数据来源：宽潮教育

总结一下：

（1）该策略品种和周期适应性都十分出色，适合大部分交易品种。

（2）该策略适合多品种多周期交易。上文中的测试结果显示，在固定参数的情况下，该策略在 2 小时、4 小时及日线级别的表现相对稳定，但大周期的绩效表现更为出色，因此，海龟交易系统更加适合长周期的趋势追踪。

（3）该策略回撤较大，需要做好严格的资金管理和风险控制。

# *47* 通道类模型

单线突破的问题在于经常会出现噪声信号，发出误操作的指令，从而带来多次的止损。为了降低这种错误信号的发出频率，诞生了通道类的策略，也就是用两根线构成一个区间，只有突破了这个区间才认为是有效趋势。

## 47.1 凯特纳通道

### 1. 策略简介

凯特纳通道交易系统是由技术分析专家 Chester Keltner 在 50 多年前开发出来的，最初他是使用 10 日均线来绘制这个指标的。凯特纳通道有 3 条线，中心线是由(最高价+最低价+收盘价)/3 得出的平均价格的 10 日均线，而波动部分是以单根 K 线的（最高价−最低价）的 10 日均线为基础进行计算的，上通道就是中心线加上波动部分，下通道是中心线减掉波动部分。后来，Linda Raschke 对凯特纳通道进行了改进，中心线采用收盘价作为指数移动平均线的计算基础,而通道宽度的设定由单根 K 线的振幅改为 ATR（真实波动幅度）。

凯特纳通道可以让交易员很快地观察到股价的趋势是向上还是向下，或横盘走，也可以判断可能的支撑或压力区。不过跟布林通道相比，凯特纳通道更加平滑，如图 47.1 所示。

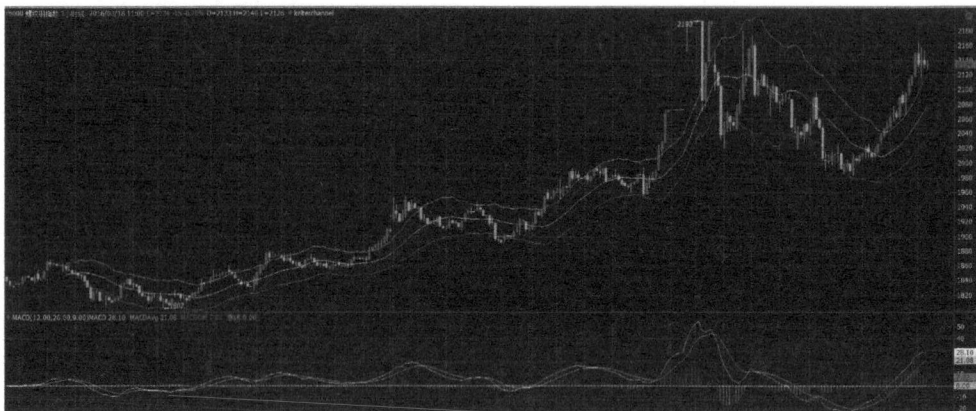

图 47.1　凯特纳通道示意图

## 2. 策略原理

（1）中轨及通道的确定：

中轨=(最高价+最低价+收盘价)/3 的简单移动平均线

通道宽度=单日振幅（最高价−最低价）的移动平均线

通道上轨=中轨+一定倍数的通道宽度

通道下轨=中轨−一定倍数的通道宽度

（2）开仓信号：

突破上轨，买入开仓做多。

突破下轨，卖出开仓做空。

（3）平仓信号：

多头持仓，前一根 K 线的收盘价跌破中轨平仓。

空头持仓，前一根 K 线的收盘价上穿中轨平仓。

## 3. 测试结果

本次测试采用 30 个国内期货品种，分为 2 小时、4 小时和日线级别的测试，结果如表 47.1 所示。

表 47.1　凯特纳通道测试结果

| 测试周期 评价指标 | 2h | 4h | 日线 |
|---|---|---|---|
| 年度收益率 | 30.62% | 37.34% | 48.19% |
| 胜率 | 38.91% | 39.43% | 41.79% |
| 平均盈利/平均亏损 | 1.87 | 1.98 | 2.23 |
| 夏普比率 | 0.56 | 0.64 | 1.02 |
| 收益风险比 | 0.49 | 0.69 | 0.54 |
| $R^2$ | 0.84 | 0.88 | 0.83 |

数据来源：宽潮教育

（1）从测试结果来看，日线周期的商品组合表现最为稳定、出色，无论是收益率、回撤控制还是曲线姿态都好于小周期。究其原因，主要是大周期的平均利润很高，这样滑点和手续费的冲击成本要比小周期低得多，这提醒我们在构建交易策略的过程中一定要考虑到这一点。

（2）该策略的参数分布十分稳定，将均线参数调整至 20、30、60 对组合曲线的影响都不大。

（3）与其他突破开仓策略相像，该策略尽管做了投资组合的分散，但仍然难以规避较大的回撤风险，在实盘过程中需要重点考虑回撤问题，在仓位控制上需要重点关注。

# 47.2　克罗均线

## 1. 策略简介

斯坦利·克罗是全球顶级的期货投资专家，他从 1960 年开始进入华尔街，在 33 年的职业生涯中，不但赢得了丰厚的回报，也积累了丰富的经验。《克罗谈投资策略》《期货交易策略》等著作为后人留下了宝贵的精神财富。在这些著作中零星地渗透着克罗的交易思想，如 KISS（Keep it Simple,Stupid）原则。

克罗的交易系统同样基于简单的均线进行交易，并遵循顺势原则，如图 47.2 所示。

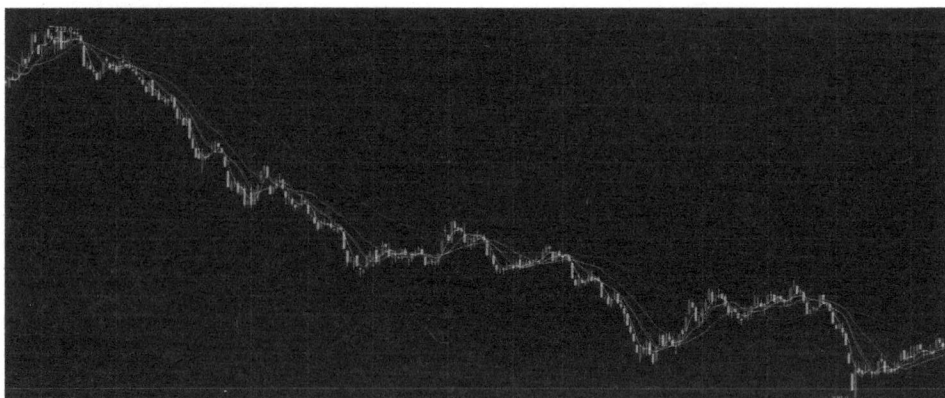

图 47.2　克罗均线交易系统示意图

## 2. 策略原理

（1）均线系统确定：

长期均线组——回溯期分别为 10 天、20 天、50 天的长期简单移动平均线。

短期均线组——回溯期分别为 4 天、9 天、18 天的短期简单移动平均线。

（2）买入信号：

收盘价大于所有长期均线组，并且长期均线组多头排列（MA10>MA20>MA50）。

收盘价大于所有短期均线组，并且短期均线组多头排列（MA4>MA9>MA18）。

以上两个信号出现一个即可做多。

（3）卖出信号：

收盘价小于所有长期均线组，并且长期均线组空头排列（MA10<MA20<MA50）。

收盘价小于所有短期均线组，并且短期均线组空头排列（MA4<MA9<MA18）。

以上两个信号出现一个即可做空。

## 3. 测试结果

本次测试采用 30 个国内期货品种，分为 2 小时、4 小时和日线级别的测试，结果如表 47.2 所示。

表 47.2　克罗均线测试结果

| 评价指标＼测试周期 | 2h | 4h | 日线 |
|---|---|---|---|
| 年度收益率 | 15.64% | 29.47% | 64.62% |
| 胜率 | 35.08% | 35.92% | 38.90% |
| 平均盈利/平均亏损 | 1.96 | 2.03 | 2.51 |
| 夏普比率 | 0.24 | 0.50 | 1.03 |
| 收益风险比 | 0.21 | 0.33 | 0.57 |
| $R^2$ | 0.35 | 0.74 | 0.85 |

数据来源：宽潮教育

（1）从测试结果来看，与凯特纳通道交易系统类似，克罗均线交易系统日线周期的商品组合表现最为稳定、出色，无论是收益率、回撤控制还是曲线姿态都远远好于小周期。究其原因，主要是大周期的平均利润很高，这样滑点和手续费的冲击成本要比小周期低得多。另外，小周期的交易信号过于频繁，过多的交易噪声也对交易利润造成了极大的损耗，这提醒我们在构建交易策略的过程中一定要考虑到这一点。

（2）该策略更适合大级别的交易机会。

（3）与其他大级别的交易策略类似，资金管理和回撤控制仍是难点。为了有效控制回撤，应该将仓位尽量降低。

# 47.3　区间突破

### 1．策略简介

与 Dual Thrust 这种动量突破系统类似，RangeBreak 区间突破系统被市场广泛用于日内交易，曾经连续多年在《美国期货杂志》盈利交易系统排行榜中位居前十。目前该程序化交易系统仍被很多专业机构和个人投资者所推崇。

### 2．策略原理

对于 RangeBreak 区间突破交易系统来说，区间的上、下轨根据前一个交易日的振幅决定。具体交易原则如下。

（1）区间上下轨的确定：

$$昨日振幅=昨日最高价-昨日最低价$$

$$今日行情区间上轨=今日开盘价+N×昨日振幅$$

$$今日行情区间下轨=今日开盘价-N×昨日振幅$$

其中，变量 $N$ 的取值范围较为灵活，可以依据交易品种的波动属性和个人交易经验进行变换。通常情况下，$N$ 的取值范围为 0.5～0.8。

（2）买卖信号：

突破上轨，买入开仓做多。

突破下轨，卖出开仓做空。

### 3. 测试结果

本次测试采用 30 个国内期货品种，分为 2 小时、4 小时和日线级别的测试，结果如表 47.3 所示。

表47.3　区间突破策略测试结果

| 评价指标 ＼ 测试周期 | 2h | 4h | 日线 |
|---|---|---|---|
| 年度收益率 | 220.37% | 211.17% | 191.21% |
| 胜率 | 39.14% | 38.69% | 37.52% |
| 平均盈利/平均亏损 | 2.31 | 2.31 | 2.33 |
| 夏普比率 | 1.22 | 1.15 | 0.99 |
| 历史最大回撤 | 278114 | 269714 | 258434 |
| 收益风险比 | 1.28 | 1.27 | 1.2 |
| $R^2$ | 0.64 | 0.61 | 0.42 |

数据来源：宽潮教育

（1）该策略对于投资标的的流动性有较强的要求，流动性越好，策略表现越好。谨慎参与价格跳空的交易标的。

（2）该策略回撤较大，需要做好严格的资金管理和风险控制。

# *48* 统计套利

所谓统计套利，是指在不依赖经济含义的情况下，运用数量手段构建资产组合，从而对市场风险进行免疫，获取一个稳定的、无风险的 Alpha（超额收益率）。统计套利代表着投资机会：获取特定资产价格变化动态中的可以被预测部分，并且从统计意义上讲，该部分与市场整体变化或者其他一些市场风险因素无关。由于只基于特定资产相互的变动并不能被市场参与者所直接观察到，因此这种动态的规律虽然存在，但并不容易被市场参与者直接观察到，这种套利机会被"套利掏空（Arbitrage Away）"的概率比较小。

统计套利在方法上可以分为两类：一类是利用股票的收益率序列建模，目标是在组合的 $\beta$ 值等于零的前提下实现 $\alpha$ 收益，称为 $\beta$ 中性策略；另一类是利用股票的价格序列的协整关系建模，称为协整策略。

前者基于日收益率对均衡关系的偏离，后者基于累计收益率对均衡关系的偏离。基于日收益率建模的 $\beta$ 中性策略是一种超短线策略，只要日偏离在短期内不修复，策略就会失效。并且，如果日偏离是缓慢修复的，那么这种策略很难搜索到合适的平仓时机。实证分析也表明，$\beta$ 中性策略经常会发出错误的交易信号。而协整策略直接利用原始变量——股价进行建模，在累计收益率偏离到一定程度时建仓，在偏离修复到一定程度或反向时平仓。

## 48.1 股票配对交易

配对交易的第一步是选取适合配对的两只股票，这里选择北京银行和华夏银行，主要考虑的是北京银行和华夏银行在基本面上的相似性，而不仅仅考虑相关系数的高低。首先，北京银行总股本为 73.3 亿元，流通股为 62.3 亿元；华夏银行总股本为 68.5 亿元，流通股为 49.9 亿元（2011 年数据）。其次，北京银行和华夏银行的注册地都在北京，北方区域银行特色浓厚。两家银行 2011 年全年的股价走势如图 48.1 所示。

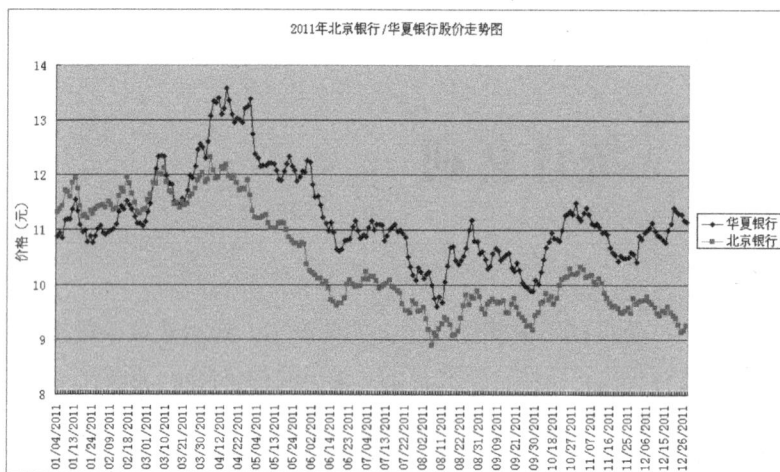

图 48.1　北京银行和华夏银行股价走势比较（2011.01.01—2011.12.31）

可以看到，两家银行的股价走势基本保持一致，相对强弱指数围绕均值上下波动。如果我们把两只银行股股价进行一定的数学处理，那么单独放大来看（见图 48.2），两者股价比围绕 0.9 这一价格中轴上下波动的趋势更加明显。造成这种现象的原因主要是两家银行的主营业务相近，受到的宏观、行业影响因素相似，虽然市场消息面和大宗交易的冲击可能造成股价短期的偏离，但在公司基本面无显著变化的情况下，股价的偏离不会太大，待前期的冲击效应逐渐被市场消化后，两者的股价比有回归均衡状态的趋势。

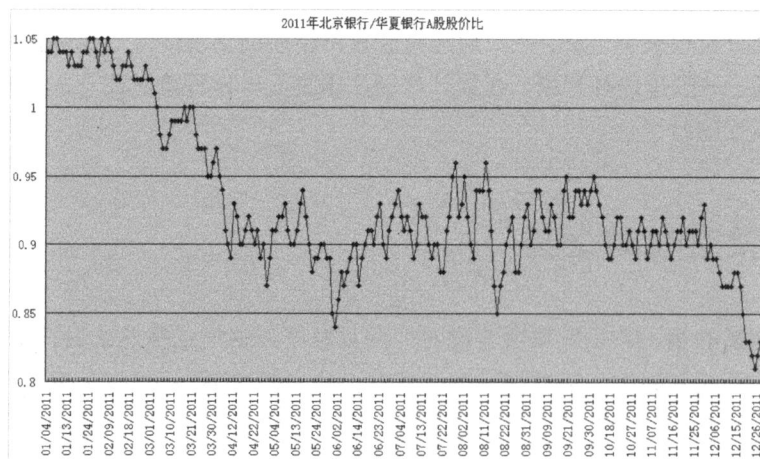

图 48.2　北京银行和华夏银行股价比（2011.01.01—2011.12.31）

在考察北京银行和华夏银行 2011 年的数据时发现，北京银行与华夏银行的股价比围绕 0.9 这一价格中轴上下波动，因此对 $P_1-0.9\times P_2$（$P_1$ 代表北京银行股价；$P_2$ 代表华夏银行股价）进行残差平稳性检验。协整关系的条件 1 是历史股价序列是一阶单整向量，即股价序列是非平稳的（有明显趋势）；条件 2 是这两个序列的某种线性组合是平稳的，即以这两个序列构成的线性方程的残差是平稳的。通过对 $P_1-0.9\times P_2$ 这一线性组合的残差进行检验，表明两只股票股价的协整关系成立。

利用两只股票的股价比向均值回归的特性，可以设计如下交易策略：2011 年 6 月 1 日，北京银行的股价为 10.25 元，华夏银行的股价为 12.22 元，两者股价比达到 0.84，说明近期华夏银行走势明显强于北京银行，股价比向上回归均值的可能性较大，因此可以在这个时点融券卖出 100 万元华夏银行，卖出华夏银行股数为 100 万元/12.22 元= 820 手；同时买入 820 手北京银行股票，需要资金 84 万元。等到 2011 年 6 月 10 日，北京银行的股价为 10.05 元，华夏银行的股价为 11.12 元，股价比回到均值 0.9 附近，同时平掉持有的两只股票的仓位，即卖出 820 手北京银行股票，获得资金 82.4 万元；买入 820 手华夏银行股票，需要资金 91.2 万元。两次交易的总收益为 100−84+82.4−91.2=7.2（万元）。

类似地，2011 年 7 月 27 日，北京银行的股价为 9.74 元，华夏银行的股价为 10.23 元，两者股价比为 0.95，有向下回归均值的趋势，投资者可以买入 100 万元华夏银行，即买入 100 万/10.23 元=977 手；同时融券卖出 977 手北京银行，获得资金 95.16 万元。等到 2011 年 8 月 5 日，北京银行的股价为 9.04 元，华夏银行的股价为 9.95 元，股价比回到均值 0.9 附近，买入 977 手北京银行，需要资金 88.32 万元；卖出 977 手华夏银行，获得资金 97.21 万元。两次交易的总收益为−100+95.16−88.32+97.21=4.05（万元）。

由上面的例子可知，配对交易的收益与建仓时股价比偏离均值的幅度有关，偏离的幅度越大，在股价比回归均值后，配对交易的收益也就越高。在上面的例子中，设定的建仓阈值为 0.05。不过需要注意的是，建仓阈值设置得越高，建仓机会也就越少。另外，配对交易的收益还与股价比回归均值所需的时间有关，上例中两次交易获取的相对收益相同，在时间上也只有 10 个自然日左右。

## 48.2　波动率套利

除对价格序列进行统计套利外，在国外发达的期权市场上，对波动率这个参数也可以进行套利交易，其实质与价格序列的统计套利一样。

进行波动率交易即建立一个经 Delta 对冲的期权头寸。有 3 种波动率交易策略：多头策略、多头-空头策略和宏观策略。其中，多头-空头策略用于统计套利最为合适。我们在下面的讨论中对一种波动率套利的方法进行了分析。

在国外还有一种非常流行的交易方法，称为离差交易（Dispersion Trading），即买入一系列股票期权，卖空指数期权，这样相当于卖出了个股之间的平均波动率。利用指数期权和成分股期权，还能交易一种更加复杂的隐含参数——相关性。可以利用隐含相关系数和实际相关系数的差异来进行统计套利。

一般将期权市场称为波动率交易的场所，因此，交易波动率需要运用期权。其原理很简单，主要有 4 种组合构建波动率的头寸，可以归纳如下。

构建波动率多头头寸：

（1）买入看涨期权，卖空股票。

（2）买入看跌期权，买入股票。

构建波动率空头头寸：

（1）卖空看涨期权，买入股票。

（2）卖空看跌期权，卖空股票。

其实上面提到的 4 种策略可以用一句话来概括：建立期权头寸，并运用 Delta 对冲过滤掉标的资产价格变动对期权价格的（一阶）影响，仅仅保留波动率因素对期权价格的影响。

举一个例子，经过 Delta 对冲后的期权头寸的损益情况如图 48.3 所示。这是一份指数期权合约的头寸（买入看涨期权，卖空现货），其波动率为 16%（图中横轴为现货价格，纵轴为期权价格）。

如果上面的隐含波动率下跌 1%，则将导致 3.8 元的亏损，假设股票价格不发生变动，期权头寸的损益情况如图 48.4 所示。

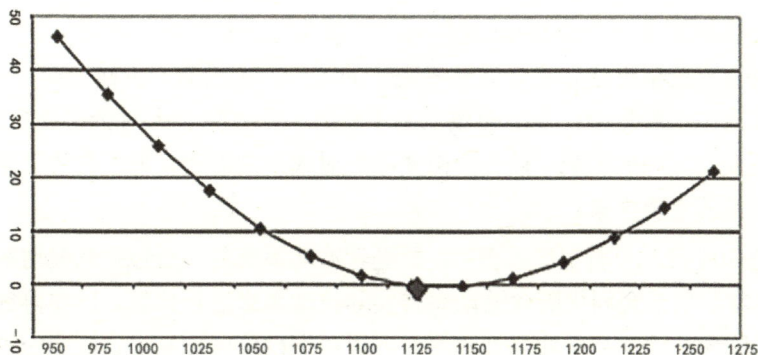

图 48.3　经过 Delta 对冲后的期权头寸的损益情况

**数据来源：**[金志宏 2016]

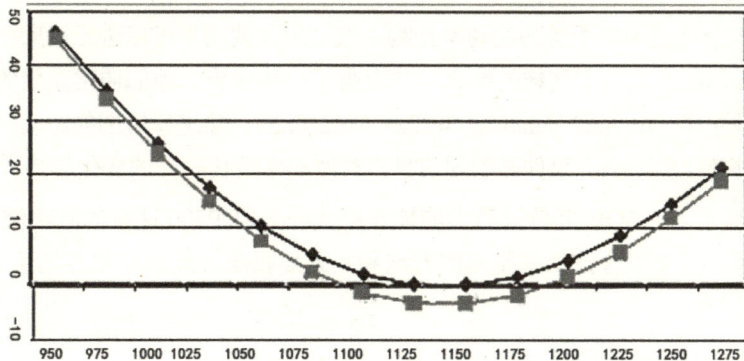

图 48.4　隐含波动率下跌 1% 的期权头寸的损益情况

**数据来源：**[金志宏 2016]

根据 BS 模型可以推导出经过 Delta 对冲后的期权头寸如何进行损益记录。

$$P/L=\theta(n^2-1)+V\cdot d\sigma$$
$$=\frac{1}{2}\,\Gamma(\frac{(dI)^2}{I^2}-\sigma^2 dt)+V\cdot d\sigma$$

式中，$\theta$ 是期权价值对时间变化的敏感性，$\Gamma$ 是期权价值对标的资产二阶变化的敏感

性（也可以解释为期权价值对 Delta 的敏感性），$n=\dfrac{\frac{\Delta s}{s}}{\sigma\sqrt{\Delta t}}=\dfrac{价格变动的百分率}{预期日波动率}$（$n$

代表从标准差角度来衡量股票价格变动的百分比），$V$ 是期权价值对隐含波动率的敏

感性，$\sigma$ 指波动率，$V\cdot d\sigma$ 是标准化 Vega。

通过上面对持有一个经 Delta 对冲后的期权头寸损益的数学描述，我们可以将该头寸的损益视为股票价格和隐含波动率变化的综合。标的资产价格变动对 Delta 对冲的期权头寸产生二阶影响，当隐含波动率不变时，头寸持有人对价格变化是中性的，即不受价格变动方向的影响，只受价格变动绝对大小的影响，则隐含波动率的变化是影响头寸损益的主要因素。

在知道如何买入和卖空波动率后，要进行波动率交易，还必须对波动率水平进行判断。在通常情况下会利用隐含波动率与实际波动率来进行比较，以便得到合理的交易策略。当隐含波动率高于实际波动率时，说明期权价值被高估，则卖空波动率；当隐含波动率低于实际波动率时，说明期权价值被低估，此时建立一个波动率的多头。

经过长期的实证研究发现，波动率在较长时间内是不能被有效预测的，但是在期权市场上提供了一种市场对波动率的预测，即隐含波动率，挂牌交易的期权提供了对标的资产从 1 个月到 1 年不等的波动率预测。通过隐含波动率可以进行短期的波动率预测，国外有专门的机构从事这样的研究，并取得了一些成果，他们通常采用的方法是波动率表面函数建模（Implied Volatility Surface Modeling）。除进行短期的波动率预测外，还需要考虑外部信息冲击、事件和宏观信息，对波动率较长时间的变化趋势进行判断。

图 48.5 展示了 CBOE 交易量最大的期权产品——S&P500 期权的隐含波动率及 30 天历史波动率，其中隐含波动率是按照看涨和看跌期权隐含波动率收盘均值来计算的。

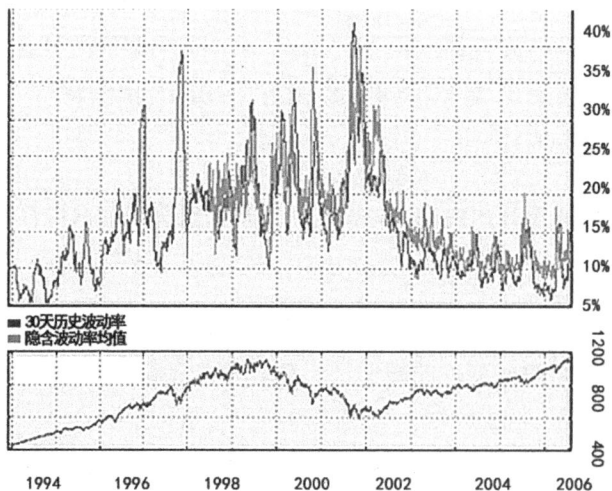

图 48.5　S&P500 期权的隐含波动率及 30 天历史波动率（1994.12—2007.6）

数据来源：[金志宏 2016]

通过图 48.5 可以发现，隐含波动率与历史波动率是相关的，二者在绝大多数时间内的变化趋势基本一致，但也并非完全一致，很多时候会发现两种波动率水平偏离很远，但是具有最后收敛的特征，可以通过上述的波动率交易策略构建波动率头寸，发掘波动率方面的定价偏差。

基于上述理论和实践，可以采取如下 3 种波动率交易策略。

（1）多头策略：该策略在 2001 年前表现比较好，但在 2001 年后由于股市的下跌导致该策略表现不佳。该策略现在很少直接用于获得投资收益，通常作为其他投资策略的辅助策略。

（2）多头–空头策略：相对价值评估的方法，主要通过发现期权的定价偏差来获利。这种方法在近几年才被运用于资产管理领域。这种策略要求做到 Vega 中性，即对市场波动率变化进行对冲，通常会用到标的资产相关性和波动率之间的关系；需要暴露于单一风险和市场崩溃风险进行严格的控制。

（3）宏观策略：进行跨市场和跨资产（股票、外汇、固定收益及现金）的波动率投资。

其中，多头–空头策略是构成波动率套利的思路。

# 49 期权类策略

期权因为其不对称的风险收益，成为最佳的风险管理工具，也诞生了很多期权交易策略。

## 49.1 股票–期权套利

股票和期权的套利组合有两种：一种是在做多股票的同时买入认沽权证；另一种是在做空股票的同时买入认购权证，分别用多头套利和空头套利来表示。多头股票–期权套利综合分析如表 49.1 所示。

表 49.1　多头股票–期权套利综合分析表

| 组合方式 | 在买入股票的同时，买入该股票的认沽权证<br>在买入 A 股票的同时，买入指数的认沽权证 |
|---|---|
| 使用范围 | 后市方向不明确，但认为会有显著的价格变动，波动性会增大。波动性越大，对期权部位越有利。只要价格波动超过高平衡点或低于低平衡点，就会有盈利 |
| 最大风险 | 所支付的全部权利金。随着时间的损耗，对部位不利 |

## 49.2 转换套利

### 1. 正向转换套利

正向转换套利是指在买入看跌期权、卖出看涨期权的同时，买入相关期货合约。其中，看涨期权和看跌期权的执行价格和到期日是相同的，相关期货合约的交割月份与期权合约的到期月份也是相同的。在期货合约到期前，当期货价格高于执行价格的时候，交易者的空头看涨期权将被履约，并自动与交易者的多头期货部位相对冲，多头看跌期权则任其作废。如果在期货合约到期前，期货价格低于执行价格，则交易者的多头看跌期权将被履约，并自动与交易者的多头期货部位相对冲，空头看涨期权则任其到期取消。

正向转换套利收益的一般计算公式如下：

$$正向转换套利收益=(看涨期权权利金-看跌期权权利金) -$$
$$(期货价格-期权执行价格)$$

### 2. 反向转换套利

反向转换套利与正向转换套利的操作相反，是指在买入看涨期权、卖出看跌期权的同时，卖出相关期货合约。其中，看涨期权与看跌期权的执行价格和到期日都相同，相关期货合约的交割月份与期权合约的到期月份也相同，并且在执行价格上尽可能接近期货价格。在这种操作下，如果相关期货价格在到期时高于期权执行价格，则多头看涨期权将被履约，并自动与交易者的空头期货部位相对冲，空头看跌期权被放弃。如果期货价格在到期时低于期权执行价格，则空头看跌期权将被履约，并自动与交易者的空头期货部位相对冲，多头看涨期权被放弃。

反向转换套利收益有一个一般性的计算公式，如下：

$$反向转换套利收益=(看跌期权权利金-看涨期权权利金)-$$
$$(期权执行价格-期货价格)$$

## 49.3 跨式套利

跨式套利（Straddle）也称马鞍式期权、骑墙组合、等量同价对敲期权、双向期权（Double Options）、底部跨式期权（Bottom Straddle），是指以相同的执行价格同时买进或卖出不同种类的期权。跨式套利包括买入跨式套利和卖出跨式套利两种。

### 1. 买入跨式套利

买入跨式套利的综合分析如表 49.2 所示。

表 49.2　买入跨式套利综合分析表

| 组合方式 | 以相同的执行价格同时买入看涨期权和看跌期权（月份、标的物也相同） |
| --- | --- |
| 使用范围 | 后市方向不明确，但认为会有显著的价格变动，波动性会增大。波动性越大，对期权部位越有利。只要价格波动超过高平衡点或低于低平衡点，就会有盈利 |

| | |
|---|---|
| 损益平衡点 | 高平衡点（P2）=执行价格+总权利金 |
| | 低平衡点（P1）=执行价格−总权利金 |
| 最大风险 | 所支付的全部权利金。随着时间的损耗，对部位不利 |
| 收　　益 | 价格上涨，收益增加，收益=期货价格−执行价格−权利金 |
| | 价格下跌，收益也增加，收益=执行价格−期货价格−权利金 |
| 履约部位 | 两类期权不可能同时履约，因此，上涨有利履约为多头，下跌有利履约为空头 |

### 2. 卖出跨式套利

卖出跨式套利的综合分析如表 49.3 所示。

**表 49.3　卖出跨式套利综合分析表**

| | |
|---|---|
| 组合方式 | 以相同的执行价格同时卖出看涨期权和看跌期权 |
| 使用范围 | 预计价格会变动很小或没有变动，价格上升或下跌的幅度收窄；市场波动率下跌市况日趋盘整，价位波幅收窄，在图表上形成"楔形""三角形"或"矩形"形态走势 |
| 损益平衡点 | 高平衡点（P2）=执行价格+总权利金 |
| | 低平衡点（P1）=执行价格−总权利金 |
| 最大风险 | 如果价格上涨超过高平衡点，则期权买方有权执行看涨期权，卖方损失=执行价格−期货价格+权利金 |
| | 如果价格下跌超过低平衡点，则期权买方有权执行看跌期权，卖方损失=期货价格−执行价格+权利金 |
| 最大收益 | 所收取的全部权利金 |
| 履约部位 | 如果价格上涨，则履约后为空头；如果价格下跌，则履约后为多头 |

## 49.4　宽跨式套利

宽跨式套利又称异价对敲或勒束式期权组合，是指投资者同时买进或卖出相同标的物、相同到期日但不同执行价格的看涨期权和看跌期权。根据投资者买卖方向的不同，宽跨式套利可以分为买入宽跨式套利与卖出宽跨式套利两种。

### 1. 买入宽跨式套利

买入宽跨式套利的综合分析如表 49.4 所示。

**表 49.4 买入宽跨式套利综合分析表**

| 组合方式 | 以较低的执行价格（A）买入看跌期权，并以较高的执行价格（B）买入看涨期权 |
|---|---|
| 使用范围 | 预测标的物价格将有大的变动，但无法确定其方向；市场波动率上升<br>宽跨式套利的成本比跨式套利低，这是因为两个执行价格都处于较深的虚值状态，因此成本比较低 |
| 损益<br>平衡点 | 高平衡点（P2）=高执行价格+权利金<br>低平衡点（P1）=低执行价格−权利金 |
| 最大风险 | 支付的全部权利金 |
| 收　益 | 如果价格上涨或者下跌，则具有巨大的收益潜力，但价格向任何方向的变动必须显著才能获益<br>如果期货价格高于高平衡点，则收益=期货价格−高执行价格−权利金<br>如果期货价格低于低平衡点，则收益=低执行价格−期货价格−权利金 |
| 履约部位 | 买高卖低，因此同时履约是不利的。如果价格大幅度上涨，则可执行看涨期权获得期货多头；如果价格大幅度下跌，则可执行看跌期权获得期货空头 |

多头宽跨式套利的权利金比较少，包括虚值期权，因为如果市场发展为单边市，则宽跨式套利的杠杆作用比较大。

## 2. 卖出宽跨式套利

卖出宽跨式套利的综合分析如表 49.5 所示。

**表 49.5 卖出宽跨式套利综合分析表**

| 组合方式 | 以较高执行价格（B）卖出看涨期权，并以较低执行价格（A）卖出看跌期权 |
|---|---|
| 使用范围 | （1）预测标的物价格将有变动，但无法确定其方向。空头宽跨式套利的成本比跨式套利低，这是因为两个执行价格都处于较深的虚值状态<br>（2）市况日趋盘整，价位波幅收窄，在图表上形成"矩形"形态走势<br>（3）市场波动率下降<br>（4）到达损益平衡点较慢，因此适合长线的买卖策略 |
| 损益平衡点 | 高平衡点（P2）=高执行价格+权利金<br>低平衡点（P1）=低执行价格−权利金 |
| 风　险 | 如果价格上涨或者下跌，则都有巨大损失的可能性，但价格向任何方向的变动必须显著才会受损<br>期货价格高于高平衡点的风险=期货价格−高执行价格+权利金<br>期货价格低于低平衡点的风险=低执行价格−期货价格+权利金 |
| 最大收益 | 所收取的全部权利金 |
| 履约部位 | 当价格上涨超过高平衡点时，看涨期权将被履约，则得到空头期货部位<br>当价格下跌超过低平衡点时，看跌期权将被履约，则得到多头期货部位 |

# 49.5　蝶式套利

蝶式套利的原理和垂直套利的原理相似，都是利用同时买进和卖出同一商品、同一到期月份但不同敲定价格的看涨或看跌期权合约来进行套利的。但不同的是，蝶式套利由两个买卖方向相反、共有一个相同并居中的执行价格的垂直套利交易所组成。具体的套利方式是：买入（或卖出）低执行价格的看涨（或看跌）期权，卖出（或买入）居中执行价格的看涨（或看跌）期权，同时买入（或卖出）高执行价格的看涨（或看跌）期权。其中，居中执行价格的期权的交易数量是低执行价格和高执行价格期权交易量之和，这相当于两个垂直套利的组合。低执行价格和高执行价格的期权分居于居中执行价格的两边，形同蝴蝶的两只翅膀，所以称为蝶式套利。根据买卖方向的不同，蝶式套利分为买入蝶式套利和卖出蝶式套利两种。

## 1. 买入蝶式套利

买入蝶式套利的操作特点是在卖出居中执行价格的看涨（看跌）期权的同时，买入两边低执行价格和高执行价格的看涨（看跌）期权。对买入蝶式套利的综合分析如表 49.6 所示。

表 49.6　买入蝶式套利综合分析表

| 组合方式 | 方式 1：买入一份低执行价格（A）的看涨期权，卖出两份居中执行价格（B）的看涨期权，再买入一份高执行价格（C）的看涨期权 |
| --- | --- |
| | 方式 2：买入一份低执行价格（A）的看跌期权，卖出两份居中执行价格（B）的看跌期权，再买入一份高执行价格（C）的看跌期权 |
| | 注意：本策略的执行价格间距相等 |
| 使用范围 | 对于那些认为标的物价格不可能发生较大波动的投资者来说，这是一个非常合适的策略。使用该策略可以保证当期货价格在一定幅度内波动时获得一定的收益，并且在价格超过既定波动幅度时面临的亏损也是有限的 |
| 损益平衡点 | 高平衡点（P2）＝居中执行价格＋最大收益<br>低平衡点（P1）＝居中执行价格－最大收益 |
| 最大风险 | 净权利金 |
| 最大收益 | 居中执行价格－低执行价格－净权利金 |

## 2. 卖出蝶式套利

卖出蝶式套利的操作特点是在买入居中执行价格的看涨（看跌）期权的同时，卖出两边低执行价格和高执行价格的看涨（看跌）期权。对卖出蝶式套利的综合分析如表 49.7 所示。

表 49.7　卖出蝶式套利综合分析表

| 组合方式 | 方式 1：卖出一份低执行价格（A）的看涨期权，买入两份居中执行价格（B）的看涨期权，再卖出一份高执行价格（C）的看涨期权<br>方式 2：卖出一份低执行价格的看跌期权（A），买入两份居中执行价格（B）的看跌期权，再卖出一份高执行价格（C）的看跌期权<br>注意：本策略的执行价格间距相等 |
| --- | --- |
| 使用范围 | 适合标的物价格可能发生较大波动的情形。投资者认为市价出现向上或者向下突破，但是又不愿意支付买入跨式期权那么多的权利金。这种策略可以在价格出现大幅变化时获取收益，并且即使预测错误，所承担的损失也是有限的 |
| 损益平衡点 | 高平衡点（P2）=居中执行价格+最大风险值<br>低平衡点（P1）=居中执行价格–最大风险值 |
| 最大风险 | 居中执行价格–低执行价格–净权利金 |
| 最大收益 | 净权利金 |

# 附录　策略组合理论（SGT）

　　策略组合理论（Strategy Group Theory，SGT）是笔者多年思考和投资经验的一个理论总结，试图从根本上讨论有关投资策略组合的问题，包括：策略组合的基本概念、投资不可能三角、如何对策略的效用进行评估、如何对投资经理的能力进行评估；策略的相关性分析、筛选标准和组合效用；如何在不同的策略之间进行资金分配等。SGT从根本上奠定了投资组合的理论基础，是对目前各种投资理论的集大成之作。

# A 基本概念

## A.1 策略的定义

有关投资策略的文献是汗牛充栋，但到底什么是策略、策略的基本因子是什么，却很少有人提及。在这里，笔者给出策略的一种数学定义：所谓策略组合（Strategy Group），就是对资产的一系列动态操作的集合。

数学上的定义为：

（1）三元组 $SGT_i(Return,Risk,Size)$ 为一个策略，其中，Return 为策略预期收益率，Risk 为策略风险，Size 为策略资金容量。

（2）策略组合 SGT 为一系列策略的集合，即 $SGT=(sgt_1,sgt_2,\cdots,sgt_i,\cdots,sgt_n)$，其中 $sgt_i$ 为单个策略。

在我们日常的分析中，最常见的错误就是过于重视策略的收益率，忽视风险度和资金容量的影响。实际上，任何策略最终的评估都离不开收益率、风险度和资金容量这三个因子，对策略的研究和分析应该是三维立体化的，而不应该只偏向收益率这个因子。

## A.2 投资不可能三角

任何投资策略，根据收益率、风险度、资金容量的三因子组合，共有 8 种类型的策略，如表 A.1 所示。

表 A.1　策略类型

| 收 益 率 | 风 险 度 | 资金容量 | 代表性策略 |
| --- | --- | --- | --- |
| 低 | 低 | 低 | 淘汰 |
| 低 | 低 | 高 | 相对价值策略 |
| 低 | 高 | 低 | 淘汰 |

| 收 益 率 | 风 险 度 | 资金容量 | 代表性策略 |
|---|---|---|---|
| 低 | 高 | 高 | 淘汰 |
| **高** | **低** | **低** | **高频交易策略** |
| 高 | 低 | 高 | 不存在 |
| 高 | 高 | 低 | 淘汰 |
| **高** | **高** | **高** | **择时投机策略** |

## 1. 策略类型的转化

### 1）不存在的策略：高收益/低风险/高容量

由经济学原理就可以得出结论：这种类型的策略一定是不存在的，一旦有这样的策略存在，大量的资金一定会涌入该策略，从而造成收益率大幅降低，或者市场容量大幅降低，从而转化为低收益/低风险/高容量策略，或者高收益/低风险/低容量策略。

也就是说，策略的三个因子——收益率、风险度、资金容量是不可兼得的，任何策略只能选择其中的两个因子进行优化，而必然要牺牲另一个因子，这就是"投资不可能三角"的原理。

### 2）淘汰的策略1：低收益/高风险/高容量和低收益/高风险/低容量

这不符合人性，任何人承担了高风险，追求的就是高收益。如果是高风险/低收益的策略，那么没有人愿意长期从事该策略交易，投资者会大量撤出，从而使得该策略的收益率变大，最终转化为高风险/高收益/高容量策略。

### 3）淘汰的策略2：高收益/高风险/低容量

在高收益/高风险的情况下，投资者肯定会选择高容量的策略，来使自己的绝对收益最大化，所以该策略也会遭到淘汰。由于采用该策略的投资者变少，从而使得该策略的资金容量变大，最终转化为高收益/高风险/高容量策略。

### 4）淘汰的策略3：低收益/低风险/低容量

在低收益/低风险的情况下，投资者肯定优先选择高容量的策略，来使自己的绝对收益最大化，所以该策略也会遭到淘汰。由于采用该策略的投资者变少，从而使得该策略的收益率变大，最终转化为高收益/低风险/低容量策略。

从图A.1中可以看出这几种不存在的策略之间的转化过程。随着投资者的涌入和撤出，最终留下的长期有效的策略只有3种。

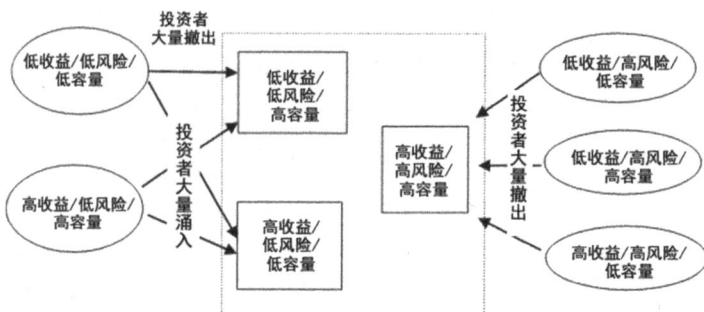

图 A.1 不同策略之间的转化

### 2. 长期有效的策略

**1）低收益/低风险/高容量**

这种策略属于类固定收益率策略，如银行理财、货币基金、债券及各种对冲套利策略。目前国际上主流的对冲基金基本上以追求这种收益为主要特征，其代表策略就是"相对价值"。

**2）高收益/高风险/高容量**

这种策略也是主流基金所采用的策略，即投机型策略，包括一级市场的天使投资/创投/风投、二级市场的各种单边投机策略，它们的高收益来自承担了高风险，这也是传统的资本资产定价模型（CAPM）中所揭示的原理。其代表策略就是"择时投机"。

**3）高收益/低风险/低容量**

这种策略主要利用市场的缺陷去赚钱，各种制度套利都属于这种类型的策略。如高频交易，利用交易系统的速度差或者行情数据的深度差，从而获得稳定的收益机会。这种策略可以做到低风险、高收益，但是作为代价，资金容量相当有限。其代表策略就是"高频交易"。

### 3. 高收益/低风险/低容量策略的经济学解释

传统理论认为，超额收益只是承担了更多的风险而已。但在笔者提出的策略组合模型中，有第三类策略，即高收益/低风险/低容量策略。那么，这是否违背了经典的理论呢？下面对此进行经济学原理上的解释。

经典的定价模型有 3 个基本假设：（1）投资者都依据期望收益率评价证券组合的收益率水平，依据方差评价证券组合的风险水平；（2）投资者对证券的收益率、风险及证券间的关联性具有完全相同的预期；（3）资本市场没有"摩擦（市场对资本和信息自由流动的阻碍）"。因此，该假设意味着：在分析问题的过程中，不考虑交易成本和对红利、股息及资本利得的征税，信息在市场中自由流动，任何证券的交易单位都是无限可分的，市场只有一个无风险利率，在借贷和卖空上没有任何限制。

其中第三个假设是对现实市场的一个近似，但是在现实市场中，这个条件是不被满足的。尤其信息是不可能完全实现自由流动的，总是有少数人先得到信息，大多数人后知后觉。而且很多交易也是有门槛的，如定向增发就对投资者的资质有要求。正因为这些条件不可能被满足，从而使得市场有了"缺陷"，这些缺陷就成为一种稳定获利的机会，这也就是"高收益/低风险/低容量"策略存在的原因。也就是说，市场上之所以存在"高收益/低风险/低容量"策略，是因为存在"信息不对称"。

### 4. 策略的不变特性：风险度

从图附 1 中可以看出，随着信息的不断传递，投资者会不断地涌入或者撤出某种类型的策略，从而造成该类型策略的收益率和资金容量的变化，但其中不变的是风险度，这是策略的核心特性。

当投资者大量涌入某一类型的策略时，会使得该策略的收益率下降，或者资金容量降低；当投资者大量撤出某一类型的策略时，会使得该策略的收益率提高，或者资金容量提升。但是无论投资者如何进出，策略的风险度是不会变化的。例如，债券策略天然是低风险策略，股票和期货的单边投机天然是高风险策略，无论投资者涌入或撤出，这种策略的风险特性是不会改变的。所以对策略的各种优化方法可以改变的是策略的预期收益率和资金容量，而无法改变策略的风险特性。

因此，投资的核心在于控制风险。因为只要控制了风险，就可以利用杠杆放大策略的资金容量，并且获得更高的绝对收益。

# A.3　策略的收益来源

在实际的运作中大家都有一个疑惑：为什么很多策略曾经表现很好，一旦大规模投入使用则表现变差？策略的稳定性一直是基金经理最关心的问题。这个问题实际上涉及投资策略的本质问题：策略的收益到底来源于哪里？

这个问题最初的回答者是夏普的 CAPM 模型,该模型认为投资的收益有两个最重要的因子:一个是无风险收益率;另一个是风险因子贝塔。也就是说,想获得超额的收益,就必须承担超额的风险。

当然,这个模型的基础假设是认为市场处于均衡状态。笔者认为,从实战出发,不能事先假定市场处于某种完美状态,而正是不完美的市场才给了大家获得超额收益的机会。

实际上,市场永远没有均衡状态,一直在均衡状态上下波动。市场也不存在完美状态,因为社会是进步的,永远会有新的游戏规则出现。笔者基于此提出一个策略三因子模型(Strategy Three Factors,STF)来解释策略的收益来源,笔者认为最重要的是三个因子:时间因子、风险因子和信息因子。

$$S(i)= F_1(\text{time})+F_2(\text{risk})+F_3(\text{info})$$

式中,$S(i)$代表策略 $i$ 的预期收益率,time、risk、info 分别代表时间因子、风险因子和信息因子,$F_1$、$F_2$、$F_3$ 分别代表对应的三个函数。对于这三个因子的解释如下。

### 1. 时间因子

时间因子就是说,从长期来看,资产的价格都是上涨的,不管是不动产、股票还是债券,在大的时间周期上都是向上的,其背后的原因是通货膨胀。现代社会采用的是主权货币制,这就决定了不管是美元、欧元还是人民币等主权货币,其发行量都是不断增加的。货币如水,资产如船,水涨船高,这就是时间所带来的收益。

时间因子更多地表现在债券的收益率和股票的分红率上。债券通过收益率返还给投资人,股票通过分红率为投资人创造收益。

### 2. 风险因子

这个风险因子和 CAPM 模型中所说的贝塔的内涵一致,如果想获得更高的收益率,就必须做高风险的投资。比如,做天使投资的收益率显然要高于做 PE 的收益率,一级市场的收益率显然要高于二级市场的收益率,就是这个道理。当然,高风险的投资就意味着不一定是收益,很可能也会亏得很惨,甚至血本无归。

### 3. 信息因子

信息因子的意思就是,如果想获得超越别人的更多的收益,就必须掌握更多的信息。这在尤金·法玛的有效市场假说中也提到过。当处于半强有效市场的时候，就必须依靠私人信息来战胜市场。这个私人信息可以是内幕消息，也可以是采用数据挖掘等技术获得的信息。

要想在市场上长期战胜对手，就必须拥有信息优势，也就是我们常说的信息不对称。这种信息不对称可以来自科技手段、分析模型或者独特的市场壁垒等。

在这三个因子中，只有信息因子是最有价值的，这也是众多量化投资大师的盈利原因所在，比如德邵依靠的是高速计算机系统，西蒙斯依靠的是人工智能模型。从长期来看，只有拥有了信息优势的策略，才是稳定、可靠的策略。

# B 策略的评估

开发策略是很简单的事情，但在策略投入实际运用之前，必须进行全面的评估。特别是在开发了大量策略之后，到底用哪个策略、为什么要用它，就必须有一个对策略的评估标准。

## B.1 最大回撤与杠杆

### 1. 绝对收益

CAPM 模型揭示了一个基本原理：风险与收益是对等的，风险越大，收益就越大。但是对此结论笔者有不同的看法。笔者认为，准确的说法应该是：风险越大，收益率就越大。但是绝对收益的大小并不仅仅与收益率有关，更重要的是和投入的本金有关，因为

$$绝对收益=本金×收益率$$

从上面这个简单的公式中可以看出，绝对收益由本金和收益率两个指标决定，其中对最终的绝对收益有重大影响的不是收益率，而是本金。本金规模的扩大要比收益率提高容易得多。从 20% 的收益率提高到 30% 的收益率是非常困难的，但是从 1 亿元的规模扩大到 10 亿元的规模则容易得多。

那么，本金又与什么样的因素相关呢？很显然，本金的大小和风险是负相关的。风险越大的策略，可以投入的本金越小。而风险和收益率又是正相关的，则可以知道，本金和收益率是负相关的。也就是说，收益率越大的策略，可投入的本金越小；收益率越小的策略，可投入的本金越大。

这也就是我们在日常市场中观察到的现象：债券市场的收益率低于股票市场的收益率，但是规模比股票市场的规模大得多；股票市场的收益率高于期货市场的收益率，

但是规模比期货市场的规模小得多。从投资者的心理也可以看出：投资者更愿意将主要的资金投资于低风险的策略或产品，而将少量的资金投资于高风险的策略或产品。

所以，对于一个策略来说，最重要的是绝对收益，而不是收益率，那么本金的变化就成为最重要的因素。

低收益率的策略由于风险较低，因此可以通过放大杠杆的方式扩大本金的规模，从而大大增加绝对收益。

### 2. 策略的最大回撤

最大回撤是投资者，尤其是资产管理人需要密切关注的一个指标，因为最大回撤往往代表了投资人所能忍耐亏损的极限。很多基金产品都会有一条止损线，一旦突破该止损线，将被强制清盘。所以，纵然资金管理人对自己的策略多么有信心，认为在未来一段时期内肯定会挽回亏损，但是短期的回撤一旦超过止损线，将会被强制出局，再也没有挽回的余地。因此，从实战角度来说，最大回撤往往比收益率和夏普比率更加重要。

另外，最大回撤也决定了产品所能使用杠杆的比例。例如，有一个策略，最大回撤是 20%，那么理论上可以用 20% 的自由资金做保底，设计一个结构化产品，该产品亏损 20% 的时候先从自有资金中扣除，这样的产品就相当于获得了 5 倍的杠杆，放大了本金，从而获得更大的收益。

这里我们用 $M\_R$ 和 $M\_Rr$ 分别表示历史最大回撤和期望最大回撤。

### 3. 最大回撤与杠杆

绝对收益=本金×收益率，对于最终的绝对收益而言，本金这个变量的影响是巨大的，远远超过了收益率的影响。投资过期货的人都有经验，一般而言，期货是很难进行满仓操作的，因为一旦反向波动，就意味着出现穿仓现象，期货公司会强制平仓。出于稳健考虑，很多时候只能使用 30%、40% 的仓位进行交易，这样一来，本金的利用率大大降低，纵然收益率很高，但是最终的绝对收益并没有想象的那么大。

下面就这个问题进行深入探讨。假定有一个策略，可以实现 $R$ 的期望收益率（年），期望最大回撤为 $M\_Rr$。令 $P_1$ 表示无杠杠的收益，$V_1$ 表示本金，则可以轻易得出

$$P_1 = V_1 \times R \tag{1}$$

到此为止了吗？显然不是，可以以 $V_1$ 作为保证金，构建一个保底的结构化产品，

业绩提成为 $K$（年），则该结构化产品的理论最大杠杆倍数为 $1/M\_Rr$。也就是说，$V_1$ 为本金，客户资金为 $V_2=(1/M\_Rr-1)\times V_1$，总资金规模为 $V_1+(1/M\_Rr-1)\times V_1=V_1\times(1/M\_Rr)$。

（1）当策略出现历史最大回撤 $M\_R$ 时，该结构化产品的亏损为 $V_1\times(1/M\_R)\times M\_R=V_1$，即刚好亏完本金，客户实现保本。

（2）当实现了 $R$ 的期望收益率后，该策略的最终收益是多少呢？

令 $P_2$ 为客户资金的收益，则

$$P_2=V_2\times R=(1/M\_Rr-1)\times V_1\times R$$

业绩提成 $P_3=P_2\times K=(1/M\_Rr-1)\times V_1\times R\times K$

$$总收益=P_1+P_3=V_1\times R+(1/M\_Rr-1)\times V_1\times R\times K \tag{2}$$

$$杠杆后收益率\ G\_R=总收益/本金=R+R\times K\times(1/M\_Rr-1) \tag{3}$$

从式（3）中可以看出，该公式的第一部分就是本金的收益率，第二部分是加入杠杆后增加的收益率。考虑杠杆后的收益率与期望最大回撤 $M\_Rr$ 具有负相关的关系，即期望最大回撤越小，理论上可以放大的杠杆越大，则最终的收益率还是放大的。

例如，有两个策略 A 和 B，A 的期望收益率为 15%，最大回撤为 5%；B 的期望收益率为 30%，最大回撤为 20%，业绩提成为 20%。可以计算出策略 A 和 B 的理论最大杠杆收益率分别为

$$G\_R\_A= 0.15+0.15\times(1/0.05-1)\times 0.2=72\%$$

$$G\_R\_B=0.3+0.3\times(1/0.2-1)\times 0.2=54\%$$

可以看出，策略 A 由于最大回撤小，获得了更大的杠杆倍数，从而获得了更高的理论杠杆收益率。所以，最大回撤越小，杠杆收益率越大，再次证明了策略稳定性的重要。也就是说，绝对收益与风险是负相关的关系。传统 CAPM 所说的"风险越小，收益越小"是不完备的，正确的说法应该是"风险越小，收益率越小，绝对收益越大"。

# B.2　D-Ratio 指标

在实战交易中，对于策略有很多考量，如收益率、风险度，对于这些考量也有很多指标来衡量，收益率有绝对收益率、相对收益率、年化收益率、阿尔法收益率等，风险度指标也有 $\beta$ 系数、夏普比率等。

但是从绝对收益的角度来看，笔者认为，一个实战策略最重要的考虑因素是该策略的资金容量。一个好的策略，不仅仅是在小资金的时候能获得高额收益，更重要的是当该策略面对大资金的时候，是否还可以保持收益率的稳定性。

收益=本金×收益率，所以最终的收益不仅取决于收益率，更取决于本金的大小。一个在 10 亿元资金容量可以获得 10%收益率的策略，显然要比在 1 亿元资金容量可以获得 30%收益率的策略更有价值，因为资金容量的限制决定了该策略可以复利的程度。

为了考虑资金容量的影响，笔者在夏普比率的基础上提出了一个新的指标：

$$D\text{-Ratio} = (R_p - R_f) / (\sigma \times (1 + e^{-c}))$$

式中，$R_p$ 为预期收益率，$R_f$ 为无风险收益率，$\sigma$ 为收益率标准差，$c$ 为最大资金容量。$c$ 的范围为 $0 \sim \infty$。当 $c=0$ 时，$e^{-c}=1$；当 $c=\infty$ 时，$e^{-c}=0$。这说明最大资金容量越大，D-Ratio 值越大。该指标可以判断大资金策略和小资金策略的区别。

例如，有一个策略，1 亿元资金容量可以做到 30%的收益率，无风险收益率为 5%，标准差为 10%。有另一个策略，5 亿元资金容量可以做到 15%的收益率，无风险收益率为 5%，标准差为 5%。这两个策略的 D-Ratio 分别为

$$D\text{-Ratio}_1 = (0.3-0.05)/[0.1 \times (1+e^{-1})] = 1.83$$

$$D\text{-Ratio}_2 = (0.15-0.05)/[0.05 \times (1+e^{-5})] = 1.99$$

表 B.1 是这两个策略的收益率、夏普比率和 D-Ratio 的比较。

表 B.1  不同策略的收益率、夏普比率和 D-Ratio 的比较

|  | 策略 1 | 策略 2 |
|---|---|---|
| 收益率 | 30% | 15% |
| 夏普比率 | 2.5 | 2.0 |
| D-Ratio | 1.83 | 1.99 |

很明显，虽然第二个策略的收益率和夏普比率不如第一个策略的收益率和夏普比率，但在考虑了资金容量后，该策略的价值更大。

从 D-Ratio 的公式定义来看，其实就是在夏普比率的基础上考虑了资金容量后的一个分母项$(1+e^{-c})$，当 $c$ 趋向 0 的时候，$e^{-c}=1$，$1+e^{-c}=2$；当 $c$ 趋向无穷的时候，$e^{-c}=0$，$1+e^{-c}=1$。可以看出，最大资金容量越小，D-Ratio 值越小；最大资金容量越大，D-Ratio 值越大。

那么，这里有另一个问题：怎么定义最大资金容量呢？这里给出一个简单的说法：让收益率趋近无风险收益率的那个资金值即最大资金容量。数学上的定义如下：

令 $C\_M$ 为最大资金容量，$C$ 为策略的资金量，$R$ 为策略的收益率，$R_p$ 为无风险收益率，则

$$\lim_{C \to C\_M} R = R_p$$

## B.3  D-三因子模型

D-Ratio 是针对策略或者具体某个投资产品的评估，但是在做资产配置或者策略组合的时候，特别是通过 FOF 的方式做基金产品组合的时候，还需要考虑基金经理在其中的重要作用，这就需要对基金经理有一个客观的评估。笔者在研究中发现，基金经理的历史收益率和管理规模与未来的绩效负相关，更有价值的可能是基金经理的学历和从业年限，故而我们提出 D-三因子模型。

$$Y = p_1 \times \text{Equity} + p_2 \times \text{Edu} + p_3 \times \text{Year} + \varepsilon$$

式中，$Y$ 为对冲基金公司的评分；Equity 是指对冲基金公司的基金经理控股情况；Edu 是基金经理的学历；Year 是基金经理的从业年限；$\varepsilon$ 为误差项；$p_1$、$p_2$、$p_3$ 为权重。

该公式适合对对冲基金公司进行整体评价，而不是针对单个产品的。我们认为，一家优秀的、能长期稳定盈利的对冲基金公司必须有优质的股权结构、高学历的基金经理和长期的投资经验。满足这些条件的对冲基金公司就算短期业绩有所波动，从长期来看，也是值得信赖的管理人。

Equity 的建议区间评分如表 B.2 所示。

表 B.2  Equity 的建议区间评分

| 股权结构 | | 控 制 力 | 得 分 |
|---|---|---|---|
| 基金经理完全控股 | 股份≥66% | 可以完成主要决策 | 90~100 分 |
| 基金经理绝对控股 | 51%≤股份<66% | 可以完成大部分决策 | 80~90 分 |
| 基金经理相对控股 | 23%≤股份<51% | 拥有否决权 | 60~80 分 |
| 基金经理参股 | 0<股份 | 拥有分红权 | 30~60 分 |
| 基金经理无股 | 股份=0 | 无任何权利 | 0~30 分 |

假定有一只国外归来的新的对冲基金，其创始人为美国常青藤学校的博士，他在

某大型对冲基金公司里有 10 年的从业经验。并且该创始人同时也是基金经理，占据 80%的股权。按照传统的做法，该公司在国内并没有可追溯的历史业绩，很难评价。业内通行的做法是要求该对冲基金公司发行小产品，观察一段时间后再考虑进入白名单之类。但是这种做法往往会失去与优秀对冲基金经理合作的机会。

根据 D-三因子模型，可以得出该公司的评价得分为

$$Y=40\%\times90+30\%\times90+30\%\times80=87$$

这是相当不错的数字，可以得到 AA 评价。

# C 策略的筛选与组合

在金融市场越来越复杂的情况下，需要开发不同的策略来拟合市场的机会。那么，如何进行策略的筛选与组合呢？

## C.1 策略的相关系数

在进行多策略组合的时候，最需要考虑的是策略之间的相关系数。相关系数过大的策略，在面对同样的市场环境时，会出现近似的表现，从而带来较大的策略风险。因此，在进行策略组合之前需要对相关性过大的策略进行筛选，这里定义策略的相关系数如下：

令策略 $x$ 的预期收益率为 $x_i(i=1,2,\cdots,n)$，策略 $y$ 的预期收益率为 $y_i(i=1,2,\cdots,n)$，则 $x_i$ 与 $y_i$ 的相关系数即策略 $x$ 与策略 $y$ 的相关系数。

$$\rho_{xy} = \frac{\sum_{i=1}^{n}(x_i - \bar{x})(y_i - \bar{y})}{\sqrt[2]{\sum_{i=1}^{n}(x_i - x)^2 \sum_{i=1}^{n}(y_i - y)^2}}$$

当 $\rho_{xy}=1$ 时，表示策略 $x$ 和 $y$ 完全正相关。

当 $\rho_{xy}=-1$ 时，表示策略 $x$ 和 $y$ 完全负相关。

当 $\rho_{xy}=0$ 时，表示策略 $x$ 和 $y$ 完全不相关。

在实际交易中，我们希望策略之间最好不相关，也就是尽量进行 $\rho_{xy}=0$ 的策略之间的组合。

## C.2　筛选方法

### 1. 策略筛选的两个基本原则

（1）将与整体策略池负相关的策略剔除，因为这意味着该策略对整体的贡献是负的。

（2）两个负相关的策略，保留那个与整体策略池最独立的策略。

假定策略池中有 $n$ 个策略（$s_1,s_2,s_3,\cdots,s_n$），$\rho_{ij}$ 为 $s_i$ 与 $s_j$ 的相关系数，则可以有这样一个策略池中不同策略之间的相关系数矩阵：

$$\rho = \begin{pmatrix} 1 & \cdots\rho_{1i} & \cdots & \rho_{1n} \\ \vdots & & & \vdots \\ \rho_{i1} & \cdots 1 \cdots & & \rho_{in} \\ \vdots & & & \vdots \\ \rho_{n1} & \cdots\rho_{ni}\cdots & & 1 \end{pmatrix}$$

从上式中可以看出，这是一个对角线元素为 1 的对称阵，$\rho_{in}=\rho_{ni}$。其中第 $i$ 行（$\rho_{i1},\rho_{i2},\cdots,\rho_{in}$）表示策略 $s_i$ 与策略池中所有策略（包括自己）的相关系数。

我们可以定义 $\rho'_i = \sum_{j=1}^{n}\rho_{ij}-1$ 表示策略 $s_i$ 与策略池的相关系数（减掉 1 是因为要去除与自身的相关系数值），则可以得到策略与策略池的相关系数矩阵为

$$\rho' = \begin{pmatrix} \rho'_1 \\ \vdots \\ \rho'_i \\ \vdots \\ \rho'_n \end{pmatrix}$$

### 2. 筛选步骤

第一步：如果 $\rho'_i < 0$，则将 $s_i$ 从策略池中剔除。重复此过程，在剔除所有与策略池负相关的策略后，假定还剩下 $k$ 个策略（$s_1,s_i,\cdots,s_k$），$k \leqslant n$，其中 $\rho'_i > 0(i=1,\cdots,k)$，则相关系数矩阵分别为

$$\boldsymbol{\rho} = \begin{pmatrix} 1 & \cdots \rho_{1i} & \cdots & \rho_{1k} \\ \vdots & & & \vdots \\ \rho_{i1} & \cdots 1 \cdots & & \rho_{ik} \\ \vdots & & & \vdots \\ \rho_{k1} & \cdots \rho_{ki} \cdots & & 1 \end{pmatrix}, \quad \boldsymbol{\rho}' = \begin{pmatrix} \rho'_1 \\ \vdots \\ \rho'_i \\ \vdots \\ \rho'_k \end{pmatrix}$$

第二步：如果相关系数矩阵中有两个策略 $s_i$、$s_j$，其中 $\rho_{ij} < 0$（意味着 $s_i$ 与 $s_j$ 负相关，则二者只能选其一），如果 $0 < \rho'_i < \rho'_j$，则将 $s_j$ 剔除（因为 $\rho'_i$ 更接近 0，则表示 $s_i$ 与策略池的关系更独立）。

经过这两步筛选后，剩下的 $m$ 个策略就是剔除负相关的策略后剩下的有效策略，$m \leqslant k \leqslant n$，相关系数矩阵分别为

$$\boldsymbol{\rho} = \begin{pmatrix} 1 & \cdots \rho_{1i} & \cdots & \rho_{1m} \\ \vdots & & & \vdots \\ \rho_{i1} & \cdots 1 \cdots & & \rho_{im} \\ \vdots & & & \vdots \\ \rho_{m1} & \cdots \rho_{mi} \cdots & & 1 \end{pmatrix}, \quad \boldsymbol{\rho}' = \begin{pmatrix} \rho'_1 \\ \vdots \\ \rho'_i \\ \vdots \\ \rho'_m \end{pmatrix}$$

我们来看一个例子。假定策略池中有 5 个策略（$s_1, s_2, s_3, s_4, s_5$），策略池的相关系数矩阵为

$$\boldsymbol{\rho} = \begin{pmatrix} 1 & 0.2 & -0.1 & 0.2 & 0.1 \\ 0.2 & 1 & 0.1 & 0.3 & -0.8 \\ -0.1 & 0.1 & 1 & 0.7 & 0.8 \\ 0.2 & 0.3 & 0.7 & 1 & 0.5 \\ 0.1 & -0.8 & 0.8 & 0.5 & 1 \end{pmatrix}$$

计算出

$$\boldsymbol{\rho}' = \begin{pmatrix} 0.4 \\ -0.2 \\ 1.5 \\ 1.7 \\ 0.6 \end{pmatrix}$$

第一步：剔除与整个策略池负相关的策略。可以看出策略 $s_2$ 与整个策略池的相关

系数为-0.2，则将 $s_2$ 从策略池中剔除，留下的策略池为（$s_1,s_3,s_4,s_5$），对应的相关系数矩阵分别为

$$\rho = \begin{pmatrix} 1 & -0.1 & 0.2 & 0.1 \\ -0.1 & 1 & 0.7 & 0.8 \\ 0.2 & 0.7 & 1 & 0.5 \\ 0.1 & 0.8 & 0.5 & 1 \end{pmatrix} \qquad \rho' = \begin{pmatrix} 0.2 \\ 1.4 \\ 1.4 \\ 1.4 \end{pmatrix}$$

第二步：我们发现策略 $s_1$ 和 $s_3$ 的相关系数为-0.1，这意味着这两个策略是负相关的，则考虑它们相对策略池的相关系数，$\rho'_1 = 0.2$，$\rho'_3 = 1.4$，也就是说 $s_1$ 与整个策略池更加独立，则保留 $s_1$，将 $s_3$ 从策略池中剔除。那么在留下的策略池中，就只有（$s_1,s_4,s_5$）3 个策略，对应的相关系数矩阵分别为

$$\rho = \begin{pmatrix} 1 & 0.2 & 0.1 \\ 0.2 & 1 & 0.5 \\ 0.1 & 0.5 & 1 \end{pmatrix} \qquad \rho' = \begin{pmatrix} 0.3 \\ 0.7 \\ 0.6 \end{pmatrix}$$

## C.3 策略组合

经过前面的筛选后，假定有 $m$ 个策略组合 $S=(s_1,s_2,s_3,\cdots,s_m)$，资金以 $r_1,r_2,r_3,\cdots,r_m$ 权重分配到 $s_1,s_2,s_3,\cdots,s_m$ 上，其中 $r_i \geqslant 0$，$\sum_{i=1}^{m} r_i = 1$。

做空操作包含在策略中，所以权重就不存在为负的情况，这和马科维茨的证券组合理论中的情况有些不一致，读者需要注意。

令策略 $s_i$ 的收益率为 $x_i$，则策略组合 $S$ 的收益率为

$$R_S = \sum_{i=1}^{m} x_i r_i$$

策略方差为

$$\sigma_p^2 = \sum_{i=1}^{m} \sum_{j=1}^{m} x_i x_j \operatorname{Cov}(x_i, x_j) = \sum_{i=1}^{m} \sum_{j=1}^{m} x_i x_j \sigma_i \sigma_j \rho_{ij}$$

式中，$x_i$、$x_j$ 分别为策略 $s_i$ 与 $s_j$ 的收益率，$\rho_{ij}$ 为策略 $s_i$ 与 $s_j$ 的相关系数。

策略的最大资金容量为

$$C_p = \sum_{i=1}^{m} c_i r_i$$

式中，$c_i$ 是策略 $s_i$ 的最大资金容量。

这样，根据单个策略的收益率、方差和最大资金容量，就可以得出组合策略的收益率、方差和最大资金容量，也就可以计算出夏普比率和 D-Ratio 这样的评价指标。

# D 策略的资金分配

多资产配置和策略组合最终取得成功，最关键的就是资金分配。对于这个问题，笔者提出了两种方法：一种是基于因子平价的 D-公式；另一种是基于策略最低相关性的 R-公式。

## D.1 D-公式

因子平价（Factor Parity）方法是从风险平价的思想推广而来的。风险平价追求的是所有资产的绝对风险相同，因子平价是对其的扩展，也就是说，对于策略有不同的评价因子，根据这些因子的表现，我们可以追求某个因子的绝对数值一致，笔者将其命名为 D-公式，具体如下。

假定某个投资组合中有 $n$ 个资产，资金权重用 $w_i(i=0,\cdots,n)$ 表示，每个资产的评价因子为 $f_i(i=0,\cdots,n)$。根据因子平价理念，该投资组合应该满足以下两个条件：

$$w_i \times f_i = w_j \times f_j \qquad (1)$$
$$\sum w_i = 1 \qquad (2)$$

式（1）的意思就是：投资组合中单个资产的绝对因子相同，对于 factor 值大的策略，权重应该小一些；对于 factor 值小的策略，权重可以大一些。

式（2）的意思就是：对于所有的策略组合，其总权重等于 1。

根据上面两个公式，可以推导出单个策略的权重为

$$w_i = \frac{1/f_i}{\sum_1^n (\frac{1}{f_i})}$$

我们来看一个案例。假定一个策略组合中有 3 个策略 $(A_1, A_2, A_3)$，其 factor 值分别为 $(0.1, 0.2, 0.25)$。

则可以计算出

$$w_1 = \frac{1/0.1}{\left(\frac{1}{0.1} + \frac{1}{0.2} + \frac{1}{0.25}\right)} = 52.6\%$$

$$w_2 = \frac{1/0.2}{\left(\frac{1}{0.1} + \frac{1}{0.2} + \frac{1}{0.25}\right)} = 26.3\%$$

$$w_3 = \frac{1/0.25}{\left(\frac{1}{0.1} + \frac{1}{0.2} + \frac{1}{0.25}\right)} = 21.1\%$$

从结果中可以看出，factor 值最小的策略 $A_1$ 的仓位最重，factor 值最大的策略 $A_3$ 的仓位最轻。绝对 factor 值分别为

$$w_1 \times v_1 = 52.6\% \times 0.1 = 5.26\%$$

$$w_2 \times v_2 = 26.3\% \times 0.2 = 5.26\%$$

$$w_3 \times v_3 = 21.1\% \times 0.25 = 5.26\%$$

这样就实现了绝对 factor 值相同的结果，从而实现了 factor 值的平均分配。

这样我们可以有 4 种因子平价方式：

（1）收益率平价，factor 用预期收益率表示。

（2）风险平价，factor 用风险因子表示，如方差、VaR 等。

（3）风险收益平价，factor 用夏普比率表示。

（4）绝对收益平价，factor 用 D-Ratio 表示。

# D.2　R-公式

另一种确定资金分配的方式是尽可能地扩大策略之间的独立性，也就是降低相关性，从而保持策略的生存概率，笔者将其命名为 R-公式。在不同策略之间进行资金分配的关键在于确定权重 $r_1, r_2, \cdots, r_m$。资金在不同策略之间的分配遵循一个原则：与策略池独立性越高的策略要给予更大的权重。

在目前的相关系数中，1 代表完全相关，0 代表完全独立。因为我们更希望给予相关系数为 0 的策略更大的权重，所以这里需要对相关系数矩阵进行一些改造。定义绝对相关系数矩阵为

$$\boldsymbol{\rho}^t = \begin{pmatrix} \rho^t_{11} & \cdots \rho^t_{1i} & \cdots & \rho^t_{1m} \\ \vdots & & & \vdots \\ \rho^t_{i1} & \cdots \rho^t_{ii} \cdots & & \rho^t_{im} \\ \vdots & & & \vdots \\ \rho^t_{m1} & \cdots \rho^t_{mi} \cdots & & \rho^t_{mm} \end{pmatrix} = |\boldsymbol{\rho} - 1| = \begin{pmatrix} 0 & \cdots |\rho_{1i} - 1| & \cdots & |\rho_{1m} - 1| \\ \vdots & & & \vdots \\ |\rho_{i1} - 1| & \cdots 0 \cdots & & |\rho_{im} - 1| \\ \vdots & & & \vdots \\ |\rho_{m1} - 1| & \cdots |\rho_{mi} - 1| \cdots & & 0 \end{pmatrix}$$

这样就将(0,1)之间的相关系数 $\rho$ 转化为(1,0)之间的绝对相关系数 $\rho^t$ 了。

例如，如果 $\rho_{ij} = 1$，则 $\rho^t_{ij} = |1-1| = 0$；如果 $\rho_{ij} = 0$，则 $\rho^t_{ij} = |0-1| = 1$；如果 $\rho_{ij} = 0.3$，则 $\rho^t_{ij} = |0.3-1| = 0.7$。

越是独立的策略，将获得更大的 $\rho^t_{ij}$ 值，这就为下面的权重计算奠定了基础。

我们可以定义 $\rho^{t\prime}_i = \sum_{j=1}^{m} \rho^t_{ij}$ 表示策略 $s_i$ 与策略池的绝对相关系数，则可以得到策略与策略池的绝对相关系数矩阵为

$$\boldsymbol{\rho}^{t\prime} = \begin{pmatrix} \rho^{t\prime}_1 \\ \vdots \\ \rho^{t\prime}_i \\ \vdots \\ \rho^{t\prime}_m \end{pmatrix}$$

则可以定义权重 $r_i = \dfrac{\rho^{t\prime}_i}{\sum_{i=1}^{m} \rho^{t\prime}_i}$，这样就可以获得资金在不同策略之间的最佳分配比例。

假设某策略池中有 3 个策略$(s_1, s_2, s_3)$，对应的相关系数矩阵分别为

$$\boldsymbol{\rho} = \begin{pmatrix} 1 & 0.2 & 0.1 \\ 0.2 & 1 & 0.5 \\ 0.1 & 0.5 & 1 \end{pmatrix} \qquad \boldsymbol{\rho}' = \begin{pmatrix} 0.3 \\ 0.7 \\ 0.6 \end{pmatrix}$$

则计算出策略之间的绝对相关系数矩阵为

$$\boldsymbol{\rho}^t = |\boldsymbol{\rho} - 1| = \begin{pmatrix} 0 & 0.8 & 0.9 \\ 0.8 & 0 & 0.5 \\ 0.9 & 0.5 & 0 \end{pmatrix}$$

策略与策略池的绝对相关系数矩阵为

$$\boldsymbol{\rho}^{t\,\prime}=\begin{pmatrix}1.7\\1.3\\1.4\end{pmatrix}$$

根据权重 $r_i = \dfrac{\rho^{t\,\prime}_{\ i}}{\sum\limits_{i=1}^{m}\rho^{t\,\prime}_{\ i}}$，可以得出策略 $s_1$ 的权重为 1.7/(1.7+1.3+1.4)=38.6%。按此

计算得出策略池的权重矩阵为(38.6%,29.5%,31.9%)，这就是最终的资金比例。从结果中可以看出，策略 $s_1$ 与策略池的相关系数最小，也就是最独立，从而获得最大的资金权重。

# E 小结

    SGT 理论是笔者在多年的投资生涯中经验性的总结，总的来说，SGT 理论从另一个角度探讨了资产管理的问题，并且得出了和传统资产定价模型不一样的结论。

    （1）证明了"主动管理是可行的"的道理。因为市场上确实存在一种低风险/高收益策略，虽然它的资金容量不大。传统的 CAPM 模型和有效市场假说都认为无法通过主动管理来战胜市场，但是笔者认为，这个结论只适合大多数的普通投资者。由于信息不对称，有些优秀的策略确实是可以战胜市场的，当然这种策略所能占据的市场规模是较小的。

    （2）阐述了"赚大钱靠杠杆"的道理。文中通过一个公式证明了，策略的最大回撤越小，所能放大的理论杠杆就越大，从而使得杠杆后的收益就越大。这也同时说明了传统的 CAPM 模型中"风险越小，收益越小"的说法是不完备的，正确的说法应该是"风险越小，收益率越小，绝对收益越大"。

    （3）阐述了"应该积极地主动控制风险，而不是将风险选择权交给投资者"的道理。根据 CAPM 模型和有效市场假说，过去 40 年资本管理行业被动投资大行其道，这其实是管理人主动交出风险控制权，由投资者根据自己的偏好自行选择相关的被动管理产品的结果。例如，风险偏好低的，可以选择大盘指数 ETF；风险偏好高的，可以选择小盘指数 ETF。但是无论选择哪种产品，风险选择权都在投资者手里。笔者认为，作为一名积极的管理人，应该主动控制风险，并且通过对风险的严格控制，进而放大杠杆来获得更高的绝对收益。

# 反侵权盗版声明

电子工业出版社依法对本作品享有专有出版权。任何未经权利人书面许可，复制、销售或通过信息网络传播本作品的行为；歪曲、篡改、剽窃本作品的行为，均违反《中华人民共和国著作权法》，其行为人应承担相应的民事责任和行政责任，构成犯罪的，将被依法追究刑事责任。

为了维护市场秩序，保护权利人的合法权益，我社将依法查处和打击侵权盗版的单位和个人。欢迎社会各界人士积极举报侵权盗版行为，本社将奖励举报有功人员，并保证举报人的信息不被泄露。

举报电话：（010）88254396；（010）88258888

传　　真：（010）88254397

E-mail： dbqq@phei.com.cn

通信地址：北京市万寿路 173 信箱　电子工业出版社总编办公室

邮　　编：100036